Octave DOIN et Fils, éditeurs, 8, place de l'Odéon, Paris.

# ENCYCLOPÉDIE SCIENTIFIQUE

Publiée sous la direction du D<sup>r</sup> TOULOUSE

## BIBLIOTHÈQUE DE PHYSIQUE

Directeur : **A. LEDUC**

Professeur adjoint de Physique à la Sorbonne.

Il devient de plus en plus difficile de fixer les limites des sciences diverses qui se pénètrent mutuellement. La classification établie dans cette Encyclopédie présente donc nécessairement une certaine part d'arbitraire.

La Physique en particulier, science expérimentale avant tout, emprunte beaucoup aux mathématiques et prête en revanche son concours à la mécanique, à l'astronomie, à la chimie, aux sciences biologiques, etc.

Il n'est point possible de traiter sérieusement une question de physique sans y introduire des développements mathématiques plus ou moins étendus. On a seulement détaché, sous la rubrique Physique mathématique, un ensemble de théories dont le caractère spécial permet de les distraire d'un cours de physique sans qu'il cesse d'être *général*.

De même, la physique appliquée comprendrait, si on le voulait bien, toute la physique; car toutes les parties de la physique comportent des applications, et l'on ne concevrait pas bien que l'on pût exclure d'un ouvrage sur l'électricité, par exemple, les électromoteurs ou la télégraphie.

Il n'en reste pas moins que les applications pourront être utilement décrites ailleurs, au point de vue technique et avec discussion de nombreux détails.

C'est exceptionnellement que l'on a dû se demander, par exemple, si le deuxième volume sur la télégraphie sans fils (applications), par M. Tissot, devait être placé dans la bibliothèque de physique générale ou dans celle de physique appliquée. Il nous a paru préférable de le maintenir dans la première, non seulement parce qu'il n'eût pas été bon de séparer deux volumes du même auteur qui se font suite naturellement, mais aussi parce qu'on ne saurait exclure d'un cours de physique générale la description au moins sommaire des appareils et la théorie de leur fonctionnement.

L'astronomie voisine de plus en plus avec la physique. Il a été convenu que l'astronomie sidérale serait rattachée à l'astronomie (volume déjà paru par M. P. Salet) de même que l'analyse spectrale à la chimie, tandis que les méthodes générales de la spectroscopie resteraient au programme de physique générale.

Un certain nombre de chapitres feront l'objet des volumes de la Physico-Chimie ; grâce à cette zone neutre, on aura moins de peine à établir la démarcation entre la physique et la chimie.

Les courants de haute fréquence, qui font en partie l'objet du premier volume de M. Tissot, seront décrits de nouveau dans un volume de la *Physique biologique;* mais, le point de vue étant tout différent, il n'y aura pas, à proprement parler, double emploi.

Il en sera de même de la calorimétrie et de la thermodynamique, par exemple, qui appartiennent nécessairement à la Physique générale et se retrouveront sous des aspects particuliers en chimie et en biologie.

La Météorologie et la Physique du globe feront l'objet d'une bibliothèque spéciale.

La table des volumes que nous donnons ci-après montre

ce que nous avons considéré comme notre programme irréductible.

Tel qu'il est conçu et limité, ce programme est encore très vaste, et nous avons dû faire appel à un grand nombre de collaborateurs pour le remplir. Nous nous sommes adressé à des physiciens expérimentés en même temps que professeurs distingués, afin d'assurer à l'œuvre une certaine homogénéité, malgré la diversité des auteurs. Quelques-uns ont bien voulu se mettre au travail ou nous promettre un concours prochain; d'autres ont demandé quelque délai. Sachant combien le laboratoire est exigeant, nous saurons attendre qu'ils puissent interrompre momentanément leurs recherches pour se consacrer à l'Encyclopédie.

Les volumes sont publiés dans le format in-18 jésus cartonné; ils forment chacun 350 pages environ, avec ou sans figures dans le texte. Le prix marqué de chacun d'eux, quel que soit le nombre de pages, est fixé à 5 francs. Chaque volume se vend séparément.

**Voir, à la fin du volume, la notice sur l'ENCYCLOPÉDIE SCIENTIFIQUE, pour les conditions générales de publication.**

# TABLE DES VOLUMES
## ET LISTE DES COLLABORATEURS

*Les volumes publiés sont indiqués par un* *

1. Élasticité des solides.
2. Élasticité des fluides.
3. Oscillations et vibrations en général. Ondulations, par M. BOUTARIC, professeur agrégé de l'Université.
4. Théorie du Potentiel. Application aux forces newtoniennes. Pendule.
5. Inertie et masse. Métrologie. Systèmes d'unités.
6. Hydrostatique. Écoulement des liquides.
7. Thermométrie, dilatations.
8. Changements d'état.
9. Calorimétrie.
10. Thermodynamique.
11. Électrostatique, par M. LAMOTTE, professeur-adjoint à la Faculté des sciences de Clermont-Ferrand.
12. Magnétisme.
13. Courant électrique; effets et lois. Mesures.
14. Électrolyse. Théorie des ions.
15. Piles et accumulateurs. Phénomènes thermoélectriques.
16. Électrodynamique et induction.
*17. Oscillations électriques, par M. TISSOT, professeur à l'École navale, docteur ès sciences.
18. Rayons cathodiques; rayons X.

19. Radioactivité.
20. Ionisation des gaz, par M. Langevin, professeur au Collège de France.
21. Optique géométrique.
22. Instruments d'optique. Mesures.
23. Propagation de la lumière. Interférences. Diffraction, par M. Boutaric, professeur agrégé de physique.
24. Polarisation. Double réfraction.
25. Optique cristalline. Polarisation rotatoire.
26. Rayonnement en général. Spectroscopie.
27. Énergie calorifique et photochimie. Luminescence.
28. Acoustique. Propagation du son ; interférences.
29. Instruments de musique.

# ENCYCLOPÉDIE SCIENTIFIQUE

PUBLIÉE SOUS LA DIRECTION
du **D<sup>r</sup> TOULOUSE**, Directeur de Laboratoire à l'École des Hautes-Études.
Secrétaire général : **H. PIÉRON**, Agrégé de l'Université.

---

## BIBLIOTHÈQUE DE PHYSIQUE

Directeur : **A. LEDUC**
Professeur adjoint de Physique à la Sorbonne.

---

# OSCILLATIONS ÉLECTRIQUES

# LES
# OSCILLATIONS ÉLECTRIQUES

PRINCIPES

DE LA

## TÉLÉGRAPHIE SANS FIL

PAR

### C. TISSOT

LIEUTENANT DE VAISSEAU, PROFESSEUR A L'ÉCOLE NAVALE
DOCTEUR ÈS SCIENCES

Avec 152 figures dans le texte.

OCTAVE DOIN ET FILS, ÉDITEURS
8, PLACE DE L'ODÉON, 8

1910

Tous droits réservés.

# LES
# OSCILLATIONS ÉLECTRIQUES

## LES
## PRINCIPES DE LA TÉLÉGRAPHIE SANS FIL

## INTRODUCTION

MOUVEMENTS VIBRATOIRES ET PHÉNOMÈNES PÉRIODIQUES

**1. Mouvement pendulaire.** — Les exemples familiers des mouvements vibratoires les plus divers nous sont fournis par les corps matériels qui, écartés de leur position d'équilibre, n'y reviennent qu'après une série d'oscillations.

Tels, parmi les plus simples, ceux des branches d'un diapason ou d'une corde ébranlée par l'archet.

Pour faire l'étude de pareils mouvements, on emploie souvent des méthodes graphiques qui permettent de les enregistrer. C'est ainsi, par exemple, que l'on munit le corps vibrant d'une plume ou d'un bout de fil métallique dont la pointe appuie sur un cylindre recouvert de noir de fumée et qui est animé d'un mouvement de rotation uniforme. Le corps vibrant trace alors lui-même la courbe de ses écarts en fonction du temps.

D'autres procédés, analogues comme principe, peuvent être employés dans le cas de mouvements délicats ou plus complexes. C'est, par exemple, le rayon réfléchi par un miroir fixé au corps vibrant qui trace la courbe du mouvement sur une pellicule sensible animée d'une translation. Ou bien c'est l'image même d'un point du corps vibrant qui, vivement éclairé, est projetée sur une plaque photographique.

L'examen des courbes ainsi obtenues conduit, le plus souvent, à les assimiler à des sinusoïdes. Tel est le cas, en particulier, pour la courbe tracée par la branche d'un diapason sur un cylindre animé d'un mouvement de rotation uniforme.

Si l'on accepte l'assimilation de la courbe à une sinusoïde, il en résulte que la réaction élastique qui détermine le mouvement du corps vibrant est proportionnelle à l'écart. Rapportée à deux axes de coordonnées rectangulaires, l'équation de la courbe est, en effet :

$$y = A \sin Bx,$$

où A et B sont des constantes.

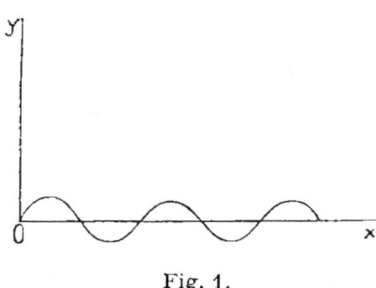

Fig. 1.

Le mouvement du cylindre étant supposé uniforme, les arcs décrits sont proportionnels aux temps.

On a donc : $x = kt$, $k$ étant une nouvelle constante.

De sorte que $y = A \sin Bkt,$

et $$\frac{d^2y}{dt^2} = - B^2k^2y.$$

C'est l'équation différentielle connue du mouvement d'un point mobile attiré par un centre fixe par une force proportionnelle à l'écart, en particulier l'équation du mouvement du pendule simple pour de petites oscillations.

Aussi lui donne-t-on le nom de *mouvement harmonique* ou *pendulaire*.

L'intérêt de ce mouvement réside tout d'abord dans le fait qu'il est très simple et très général.

Les réactions élastiques développées dans le mouvement d'un corps vibrant vont en croissant avec l'écart. Or, quand l'amplitude est faible, cette force élastique, qui est une fonction croissante de l'écart, nulle en même temps que lui, est toujours développable en une série $F = ax + bx^2 + \ldots$ qui se réduit au premier terme $F = ax$ pour des valeurs suffisamment faibles de l'écart $x$.

De sorte que, pour de faibles amplitudes, tous les systèmes vibrants suivent la loi pendulaire.

L'espace se trouve lié au temps par la relation
$$x = -a \cos \omega t,$$
et la vitesse vibratoire $v = \dfrac{dx}{dt}$

a pour expression : $v = a\omega \sin \omega t.$

Les fonctions $x$ et $v$, c'est-à-dire l'*écart* et la vitesse, admettent toutes deux la période $T = \dfrac{2\pi}{\omega}$, c'est-à-dire qu'au temps $\theta + T$, les valeurs de l'écart et de la vitesse redeviennent les mêmes qu'au temps $\theta$.

La signification de la constante $a$ est claire.

Pour $t = 0$, on a : $x = -a$. La constante $a$ représente donc l'écart maximum, ou *élongation*.

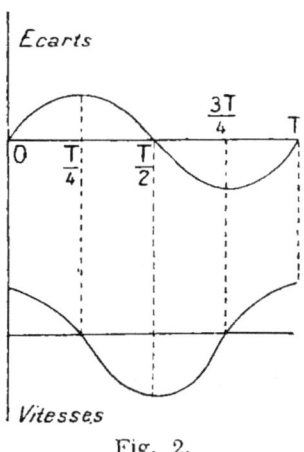

Fig. 2.

D'ailleurs, lorsque l'écart est maximum, la vitesse est nulle. Elle prend au contraire une valeur maximum $v = a\omega = A$ lorsque l'écart redevient nul, c'est-à-dire quand le mobile repasse par sa position d'équilibre (fig. 2).

Cette valeur maximum A est l'*amplitude*.

Les éléments caractéristiques d'un mouvement pendulaire sont la *période* T et l'*amplitude* A. On les met en évidence dans les relations en écrivant :

$$v = A \sin 2\pi \frac{t}{T}.$$

Une représentation graphique très simple permet de figurer le mouvement harmonique.

Imaginons un mobile M décrivant, avec une vitesse constante $\omega$, une circonférence de rayon $OA = a$ dans le sens du mouvement des aiguilles d'une montre.

Si l'on compte les angles dans le même sens à partir de l'origine OA, on a :

$$\widehat{AOM} = \alpha = \omega t, \qquad \overline{Om} = a \cos \omega t.$$

La projection $m$ de M suit donc la loi du mouvement harmonique. On peut ainsi représenter à tout instant la position d'un point $m$ animé d'un pareil mouvement, en la faisant correspondre à la position d'un mobile M animé d'un mouvement circulaire uniforme.

La même représentation convient à toute fonction périodique harmonique.

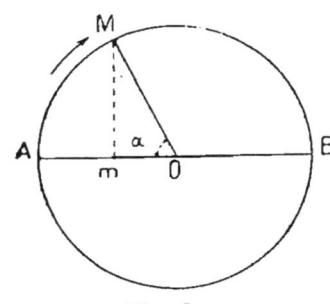

Fig. 3.

## 2. Mouvement vibratoire quelconque. —

L'intérêt du mouvement pendulaire tient aussi à ce que tout mouvement vibratoire complexe et, plus généralement, tout mouvement périodique peut être regardé comme la superposition de mouvements pendulaires.

On sait, en effet (théorème de Fourier), que toute fonction périodique $z = f\left(\dfrac{2\pi t}{T}\right)$ de période T peut être développée en série trigonométrique convergente suivant les sinus et cosinus des multiples de la variable $\dfrac{2\pi t}{T}$.

De sorte que l'on a, le développement étant d'ailleurs toujours possible et d'une seule manière :

$$z = a_0 + a_1 \cos \frac{2\pi t}{T} + a_2 \cos 2 \cdot \frac{2\pi t}{T} + \ldots$$
$$+ a_n \cos n \cdot \frac{2\pi t}{T} + \ldots$$
$$+ b_1 \sin \frac{2\pi t}{T} + b_2 \sin 2 \cdot \frac{2\pi t}{T} + \ldots + b_n \sin n \cdot \frac{2\pi t}{T} + \ldots$$

Le nombre des termes est infini ; mais, en général,

les constantes $a_1\ a_2 \ldots a_n \ldots$ sont rapidement décroissantes, de sorte que l'on peut réduire la série à un petit nombre de termes.

D'ailleurs, si l'on réunit deux à deux les termes qui contiennent le même arc, et que l'on pose :

$$a_n \cos n\frac{2\pi l}{T} + b_n \sin n\frac{2\pi l}{T} = A_n \sin 2\pi\left(\frac{nl}{T} - \varphi_n\right),$$

c'est-à-dire :
$$A_n \cos \varphi_n = a_n,$$
$$- A_n \sin \varphi_n = b_n,$$

$A_n$ et $\varphi_n$ étant de nouvelles constantes, il vient :

$$z = A_0 + A_1 \sin 2\pi\left(\frac{l}{T} - \varphi_1\right) + A_2 \sin 2\pi\left(\frac{2l}{T} - \varphi_2\right) + \ldots$$
$$A_n \sin 2\pi\left(\frac{nl}{T} - \varphi_n\right) + \ldots,$$

et les termes successifs représentent des fonctions harmoniques ayant pour périodes respectives : $T$, $\dfrac{T}{2}$, $\dfrac{T}{3} \ldots$, $\dfrac{T}{n} \ldots$ Quant aux constantes $\varphi_1\ \varphi_2 \ldots \varphi_n \ldots$, nous allons voir quelle en est la signification.

3. **Phase.** — Lorsque deux mouvements vibratoires

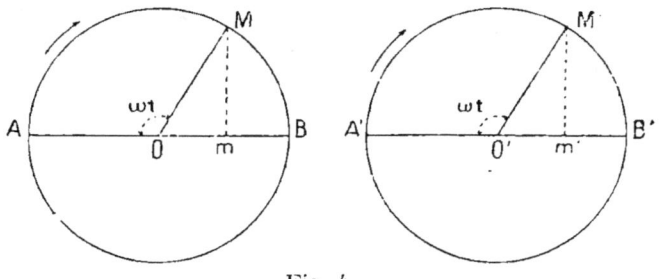

Fig. 4.

de même période ont commencé exactement en même

temps, ils sont représentés par des mobiles fictifs qui occupent au même instant la même position sur leur cercles respectifs, c'est-à-dire par des vecteurs toujours parallèles. Pour exprimer le *synchronisme* des mobiles $m$ et $m'$, on dit qu'ils sont en *phase*.

La *phase* du mouvement du point $m$ est l'angle $\omega t$ du vecteur $\overline{OM}$ avec l'axe origine $\overline{OA}$.

Si le mobile M' ne part pas de l'origine A' en même

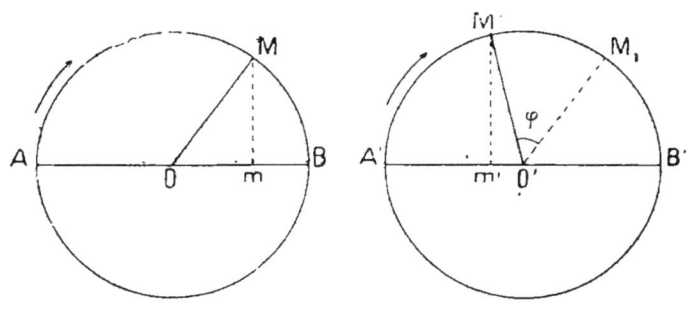

Fig. 5.

temps que le mobile M de l'origine A, les vecteurs $\overline{O'M'}$ et $\overline{OM}$ ne demeurent plus parallèles, mais conservent entre eux un angle constant.

Cet angle constant $\varphi$, qui est l'angle que ferait le vecteur $\overline{O'M'}$ avec le vecteur $\overline{O'M_1}$ constamment parallèle à $\overline{OM}$, s'appelle la *différence de phase* des mouvements vibratoires $m$ et $m'$.

Désignons par $\alpha$ et $\alpha'$ les angles respectifs de $\overline{OM}$ et de $\overline{O'M'}$ avec $\overline{OA}$ et $\overline{O'A'}$.

$$\overline{Om} = a \cos \alpha, \quad \overline{O'm'} = a' \cos \alpha' = a' \cos(\alpha - \varphi).$$

La loi du mouvement du point $m$ étant :

$$x = a \cos \omega t, \quad v = -a\omega \sin \omega t,$$

la loi du mouvement du point $m'$ est :
$$x' = a'\cos(\omega t - \varphi), \quad v' = -a'\omega \sin(\omega t - \varphi),$$
et se trouve connue quand on sait quelle est la valeur de la différence de la phase $\varphi$.

Dire que les mouvements de $m$ et de $m'$ présentent entre eux une différence de phase revient à dire, dans le cas présent, que le mobile $m'$ est en *retard* sur le mobile $m$ d'un temps $\theta = \dfrac{\varphi}{\omega}$.

Inversement, le mobile $m$ est en *avance* sur le mobile $m'$ du temps $\theta = \dfrac{\varphi}{\omega}$.

Ces considérations sont applicables à toute espèce de phénomènes périodiques, et nous aurons à y revenir.

Les constantes $\varphi_1, \varphi_2, \ldots, \varphi_n, \ldots$, que nous avons été amenés à introduire dans le développement en série trigonométrique d'une fonction périodique quelconque, représentent les différences de phase des mouvements harmoniques élémentaires dont la superposition donne le mouvement complexe considéré.

### 4. Propagation d'un mouvement vibratoire.

— Afin d'analyser les caractères généraux de la propagation d'un ébranlement dans un milieu élastique, considérons une colonne cylindrique de ce milieu : une colonne gazeuse, par exemple, dont la première tranche, la tranche origine, est mise en mouvement par un diapason.

Cette première tranche $a$, se trouvant animée d'un mouvement vibratoire harmonique, se rapproche et s'éloigne tour à tour de la suivante $b$ qui est maintenue en équilibre par des forces moléculaires qui dépendent de la réaction des tranches voisines et en particulier de $a$.

La variation de ces forces, que l'on peut supposer proportionnelles au déplacement de $a$, va imprimer à $b$ un mouvement analogue à celui de $a$. Ce mouvement oscillatoire se transmettra ainsi de proche en proche à des tranches de plus en plus éloignées,

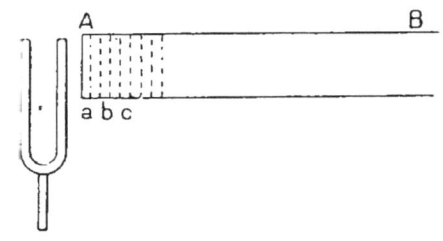

Fig. 6.

de sorte que la colonne gazeuse finira par vibrer tout entière. Mais, comme la communication du mouvement n'est pas instantanée d'une tranche à la suivante à cause de l'inertie, la transmission du mouvement du point A à un point quelconque B exigera un certain temps.

Il en résultera que les différentes tranches oscillantes ne se trouveront pas au même instant à la même distance de leur position d'équilibre, ce que l'on exprimera en disant qu'elles sont à des *phases différentes* de vibration, et il se produira dans chaque partie du système des alternatives de *condensation* et de *dilatation*.

**5. Longueur d'onde.** — En adoptant le mode de représentation graphique indiqué ci-dessus, le mouvement de chacune des tranches moléculaires peut être figuré par celui de la projection $m$ d'un mobile fictif M. Tous ces mobiles fictifs se déplacent avec la même vitesse sur des circonférences de même rayon, si l'on admet que, le milieu étant homogène, des forces identiques font naître en tout point les mêmes réactions élastiques. Le retard constant qui se produit dans la communication du mouvement d'une tranche à la suivante pourra être traduit en faisant partir les mobiles sur leurs cercles respectifs à des intervalles de temps égaux.

Ainsi, le mobile $M_1$ est en retard sur $M_0$ d'un angle très petit $\varepsilon$, angle décrit par le vecteur $\overline{OM_0}$ pendant le temps que le mouvement met à se transmettre de $m_0$ à $m_1$. $M_2$ est, de même, en retard sur $M_1$ de l'angle $\varepsilon$, et

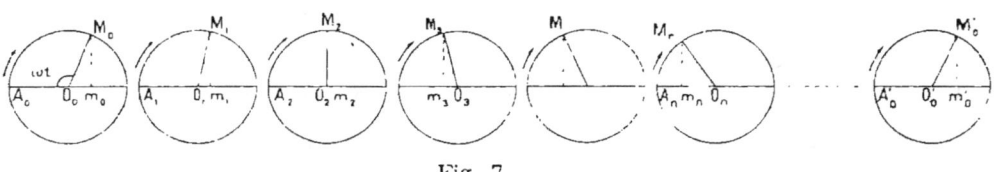

Fig. 7.

le $n^{ième}$ mobile $M_n$ est en retard sur le $(n-1)^{ième}$ de l'angle $\varepsilon$, c'est-à-dire en retard sur le premier $M_0$ de l'angle $n\varepsilon$.

Lorsque toute la colonne est ébranlée, toutes les tranches, c'est-à-dire tous les mobiles $M$ qui les représentent, sont animés du même mouvement ; mais chacun d'eux est en retard du même angle sur celui qui le précède.

De sorte que si, à une époque quelconque $t$, l'angle décrit par $M_0$ à partir de l'origine est $\alpha = \omega t$, l'angle décrit par $M_n$ sera $(\alpha - n\varepsilon)$.

L'angle $\varphi = n\varepsilon$ est ce que nous avons appelé la différence de phase entre $m_n$ et $m_0$.

D'ailleurs, la tranche $m_n$ se trouve à une distance L de l'origine $m_0$, égale à $n\delta$ si l'on désigne par $\delta$ la distance constante très petite qui sépare les positions d'équilibre des tranches successives. Et l'on a :

$$\frac{\overset{\circ}{\varphi}}{L} = \frac{\varepsilon}{\delta} = c,$$

$c$ étant une constante.

L'angle $\varphi$ va en croissant uniformément lorsqu'on se déplace le long de la colonne en s'éloignant de l'origine $m_0$. De sorte qu'il existe une certaine tranche $m'_0$ correspondant à un mobile $M'_0$, pour lequel on a : $\varphi = 2\pi$.

Lors de l'ébranlement de la colonne entière, le mobile $M'_0$ exécute un mouvement identique au mouvement de $M_0$ et repasse en même temps que lui par l'origine.

Les mouvements de $m'_0$ et de $m_0$ sont, par suite, absolument *synchrones*, ou se trouvent en *phase*.

D'ailleurs, à la valeur $\varphi = 2\pi$ correspond une certaine valeur $\lambda$ de L, telle que

$$\frac{2\pi}{\lambda} = \frac{\varphi}{L} = c.$$

Cette longueur $\lambda$ s'appelle la *longueur d'onde*.

A partir de $m'_0$, on trouvera une suite de tranches successives $m'_1$ $m'_2$... $m'_n$, qui occupent à la même époque, par rapport à $m'_0$, les mêmes positions respectives que les tranches $m_1$, $m_2$..., $m_n$ par rapport à $m_0$.

En d'autres termes, le mouvement est périodique dans l'espace.

A la distance $K\lambda$ d'une tranche vibrante quelconque, on trouve une tranche animée d'un mouvement synchrone.

Il est aussi périodique dans le temps : car si l'on

désigne par T la période commune des mouvements harmoniques des tranches vibrantes, elles se retrouvent toutes, à l'époque $KT + \theta$, dans les mêmes positions qu'à l'époque $\theta$.

**6. Vitesse vibratoire à distance de l'origine.** — Dans la colonne indéfinie que nous avons pris comme exemple, considérons deux tranches, ou, plus généralement, deux molécules vibrantes $m$ et $m'$ quelconques, distantes d'une longueur $x$ quand elles se trouvent dans leurs positions respectives d'équilibre.

Soit $\varphi$ la différence de phase de ces deux molécules : les vecteurs $OM$ et $O'M'$ des mobiles fictifs qui leur correspondent font entre eux l'angle constant $\varphi$.

De sorte que, si l'angle $\overline{OM}$ avec l'axe origine a pour valeur $\alpha$ à une époque quelconque $t$, l'angle de $O'M'$, avec la même origine, a pour valeur à la même époque : $(\alpha - \varphi)$.

Les écarts respectifs des points $m$ et $m'$ sont ainsi, au même temps $t$ :

$$\overline{Om} = a\cos\alpha, \quad \overline{O'm'} = a\cos(\alpha - \varphi).$$

D'ailleurs, $\quad \dfrac{\varphi}{x} = c = \dfrac{2\pi}{\lambda},$

et : $\quad \dfrac{\alpha}{t} = \omega = \dfrac{2\pi}{T}.$

Par suite, $O'm' = a\cos 2\pi\left(\dfrac{t}{T} - \dfrac{x}{\lambda}\right).$

La vitesse vibratoire de $m'$ s'en déduit immédiatement :

$$v' = -\frac{2\pi a}{T}\sin 2\pi\left(\frac{t}{T} - \frac{x}{\lambda}\right) = A\sin 2\pi\left(\frac{t}{T} - \frac{x}{\lambda}\right).$$

7. **Vitesse de propagation.** — Supposons que l'on imprime au cercle du mobile $M_0$ une translation parallèle le long de la colonne vibrante, tandis que le point $M_0$ demeure fixe sur son cercle dans la position qu'il occupe au temps $t$. Si cette vitesse est constante et telle que le centre O du cercle franchisse la distance $\delta$ qui sépare deux tranches, c'est-à-dire deux cercles consécutifs, pendant le temps que chaque mobile M met à tourner de l'angle $\varepsilon$, le point $M_0$ se trouvera constamment en coïncidence avec chacun des mobiles devant lesquels il passe.

Il occupe ainsi la place du mobile $M'$ à l'époque $t+\theta$, et ce temps $\theta$, qui représente le temps que le cercle $M_0$ a mis à parcourir avec la vitesse V la distance L qui sépare la tranche $m'$ de l'origine, représente aussi le temps qu'a mis le mobile $M'$ à tourner sur son cercle de l'angle $\varphi$.

De sorte que l'on a :
$$L = V\theta, \quad \varphi = \omega\theta = \frac{2\pi}{T}\theta.$$

D'ailleurs, $$\frac{\varphi}{L} = \frac{2\pi}{\lambda} ;$$

c'est-à-dire : $$\frac{\theta}{T} = \frac{L}{\lambda}.$$

Par suite, $$V = \frac{L}{\theta} = \frac{\lambda}{T}.$$

La vitesse V est donc la vitesse constante qu'il faut attribuer au cercle mobile pour qu'il se déplace d'une longueur égale à la longueur d'onde $\lambda$ pendant la durée d'une période T.

On peut imaginer que l'on imprime une translation

parallèle, non seulement au cercle $M_0$, mais à tous les cercles des mobiles fictifs, en supposant chacun des points M fixes sur leurs cercles respectifs dans la position qu'ils occupent à l'époque $t$.

Si cette translation s'effectue avec la vitesse V que nous venons de définir, il est clair que les positions occupées à tout instant par tous les points déplacés dans le mouvement de translation coïncideront avec les positions occupées par les mobiles vibrants. Et l'on peut dire que tout se passe comme si le mouvement se transportait tout d'une pièce avec une vitesse constante.

Cette vitesse constante V, telle que $V = \dfrac{\lambda}{T}$, est la *vitesse de propagation* du mouvement vibratoire.

On peut résumer tout ceci de la manière suivante :

Représentons graphiquement les vitesses des différentes tranches d'une colonne vibrante à un intant $t_0$ quelconque, c'est-à-dire traçons la courbe représentative de la fonction :

$$v = A \sin 2\pi \left( \frac{t_0}{T} - \frac{x}{\lambda} \right),$$

en donnant à la variable $x$ les valeurs qui correspondent aux distances à l'origine des tranches successives. Cette courbe est une certaine sinusoïde $S_0$. Traçons aussi la courbe qui représente les valeurs de la même fonction au temps $t_1$ :

$$v_1 = A \sin 2\pi \left( \frac{t_1}{T} - \frac{x}{\lambda} \right).$$

Nous obtenons une autre sinusoïde $S_1$, dont la période est la même que celle de la sinusoïde $S_0$.

L'ordonnée d'un point quelconque $x$ de la sinusoïde

$S_0$ est la même que l'ordonnée d'un point $x_1$ de la sinusoïde $S_1$ tel que

$$\frac{t_0}{T} - \frac{x}{\lambda} = \frac{t_1}{T} - \frac{x_1}{\lambda},$$

ou : $\quad x_1 = x + (t_1 - t_0)\dfrac{\lambda}{T} = x + V(t_1 - t_0)$;

puisque $\qquad \lambda = VT.$

c'est-à-dire que l'on obtient les valeurs des vitesses de tous les points vibrants
à l'époque $t_1$ en déplaçant parallèlement à elles-mêmes, de la même quantité

$V(t_1 - t_0)$,

toutes les ordonnées de la courbe $S_0$.

On peut ainsi représenter les variations de vitesse vibratoire de toutes les tranches de

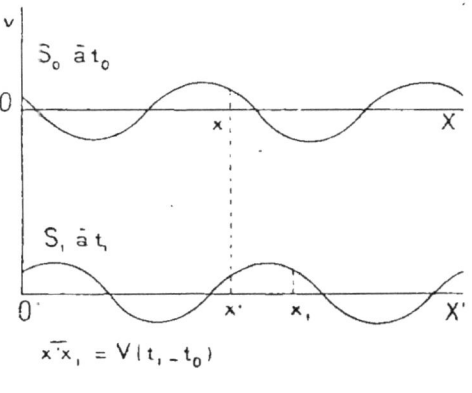

Fig. 8.

la colonne avec le temps, en supposant que la coube $S_0$ se déplace tout d'une pièce dans le sens de propagation avec la vitesse constante V.

8. **Mouvement vibratoire transversal.** — Le mouvement vibratoire que nous venons de considérer est caractérisé par le fait que les déplacements des tranches ou molécules vibrantes se produisent dans le sens même de la propagation : c'est le mouvement vibratoire *longitudinal*.

Tel est le mécanisme de la propagation d'un ébranlement sonore dans une colonne gazeuse, dans un tuyau, par exemple.

Au lieu de s'effectuer dans le sens de la propagation, le déplacement des molécules peut se produire *perpendiculairement* à cette direction. Si l'on considère une file de molécules liées entre elles par des forces élastiques dépendant de leurs distances mutuelles, les molécules matérielles d'une tige métallique rigide ou d'une corde tendue par exemple, le déplacement de l'une des molécules de $a$ en $a'$ fera naître des réactions dont la résultante aura pour effet d'entraîner également la molécule voisine $b$ perpendiculairement à la ligne $abc$, dans la direction $bb'$.

Si le point $a$ est animé d'un mouvement harmonique, il en sera de même du point $b$, puis du point $c$, par suite du mouvement de $b$, et ainsi de proche en proche.

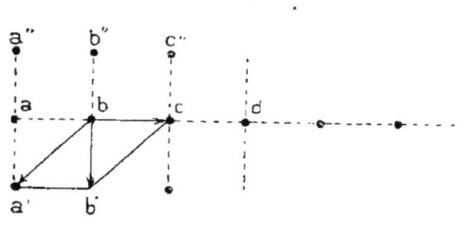

Fig. 9.

Lorsque le système entier est ébranlé, toutes les molécules de la file exécutent des oscillations de même période et de même amplitude ; de $a'$ en $a''$, de $b'$ en $b''$...

Mais, comme la transmission du mouvement n'est pas instantanée, ces diverses molécules se trouvent à des *phases* différentes de leur mouvement.

Il en résulte qu'il se produit le long de la file des alternatives de *protubérances* et de *creux*.

D'ailleurs, si l'on s'éloigne de l'origine on retrouve,

à intervalles égaux, des molécules animées de mouvements synchrones. La distance commune qui sépare ces molécules *en phase* est la *longueur d'onde*. Elle est représentée ici par la distance de crête à crête, ou de creux à creux.

Ce mouvement vibratoire *transversal*, auquel il est facile de donner naissance en imprimant un ébranlement à l'extrémité d'une longue corde tendue ou d'un tuyau de caoutchouc, est celui qui se produit dans la corde vibrante d'un piano frappée par le marteau, ou d'un violon attaquée par l'archet.

C'est par un mécanisme analogue que se propage la houle cylindrique. Toutes les molécules liquides décrivent des trajectoires sensiblement circulaires, de sorte que le profil de la surface liquide, — supposée figée à un instant donné, — se trouve figuré par la courbe même que l'on obtiendrait en reliant entre eux les mobiles M de la figure 7.

C'est la courbe que décrirait un point situé à une distance $a$ du centre d'un cercle de rayon $R = \dfrac{\lambda}{2\pi}$,

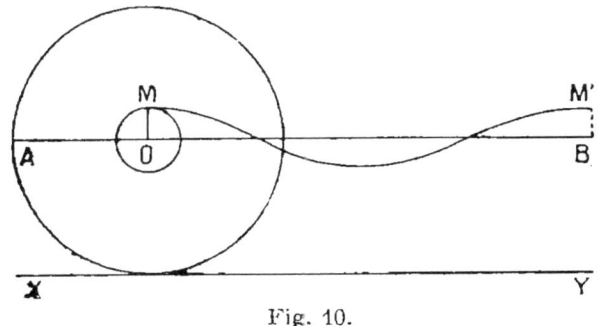

Fig. 10.

entraîné dans le mouvement de roulement de ce cercle sur une droite parallèle à la direction de propagation;

c'est-à-dire une cycloïde raccourcie, ou trochoïde. C'est pourquoi la houle permanente régulière s'appelle aussi *houle trochoïdale*.

## 9. Propagation dans un milieu indéfini. Surface d'onde.

— Imaginons maintenant qu'un mouvement vibratoire se propage dans tous les sens autour d'un centre d'ébranlement au lieu d'être limité à une colonne cylindrique étroite.

On peut supposer que l'ébranlement est produit par une *sphère pulsante*, c'est-à-dire par une petite sphère dont le centre occupe le centre d'ébranlement O, et dont le rayon subit des dilatations et contractions périodiques.

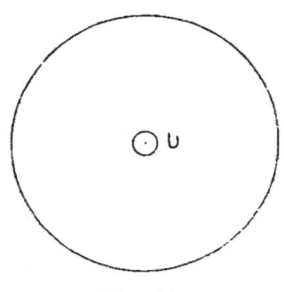

Fig. 11.

Si le milieu est parfaitement homogène, le mouvement va se transmettre symétriquement dans toutes les directions autour du point O avec la même vitesse.

De sorte qu'à un instant donné, tous les points qui appartiennent à une même surface sphérique ayant le point o pour centre se trouvent à la même distance de leur position respective d'équilibre, c'est-à-dire à la même phase de leur mouvement.

Une pareille surface s'appelle une *surface d'onde* ou, simplement, une *onde*.

Le phénomène familier des rides circulaires qui prennent naissance par la chute d'une pierre dans une nappe d'eau donne une première idée des ondes.

Il se produit, autour du point de chute, un bourrelet

MOUVEMENTS VIBRATOIRES ET PHÉNOMÈNES PÉRIODIQUES 19

liquide dont le diamètre va s'élargissant et atteint des points de plus en plus éloignés.

Le mouvement, rendu sensible en chaque point par la protubérance liquide à laquelle succède un creux, se transmet à distance sans qu'il y ait transport de matière : un corps flottant demeure, en effet, sensiblement à la place qu'il occupe et subit seulement des oscillations de part et d'autre de sa position d'équilibre.

On observe de même aisément la propagation d'ondes rectilignes dans le sillage d'un bâtiment en marche.

Par exemple, un canot à vapeur qui se déplace en eau calme selon OA donne naissance à deux bourrelets liquides AB et AB', c'est-à-dire à deux ondes rectilignes dont l'angle demeure constant, tandis qu'elles se propagent perpendiculairement à leurs directions respectives.

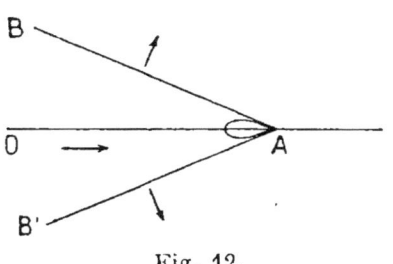

Fig. 12.

Dans un milieu indéfini, les ondes ne sont rigoureusement sphériques que dans le cas de symétrie parfaite que nous avons supposé : milieu absolument homogène[1], ébranlement identique dans toutes les directions.

Ces conditions ne se trouvent pas réalisées, en général, soit parce que le milieu n'est pas homogène, soit

---

[1] Milieu tel, par exemple, qu'une droite de longueur constante rencontre le même nombre de molécules dans toute direction : un pareil milieu est dit *isotrope*. Un tas de sable matérialise l'idée que l'on peut se faire d'un pareil milieu.

parce que l'ébranlement n'est pas parfaitement symétrique.

Les surfaces d'onde pourront affecter alors des formes très différentes de la sphère.

Il existera, dans tous les cas, des surfaces ou portions de surfaces d'autant plus étendues que l'on sera plus loin du centre d'ébranlement, sur lesquelles les mouvements de tous les points seront en phase.

En se déplaçant selon la normale OX à l'une de ces surfaces, on en rencontrera une autre S' où les mouvements seront non seulement en phase entre eux, mais aussi en phase avec ceux de S, puis une autre S" présentant le même caractère, et ainsi de suite.

Les distances $\overline{mm'}$, $\overline{m'm''}$, $\overline{m''m'''}$ ..., etc., de ces différentes surfaces d'onde seront constantes et représenteront la longueur d'onde λ du mouvement vibratoire dans le milieu considéré.

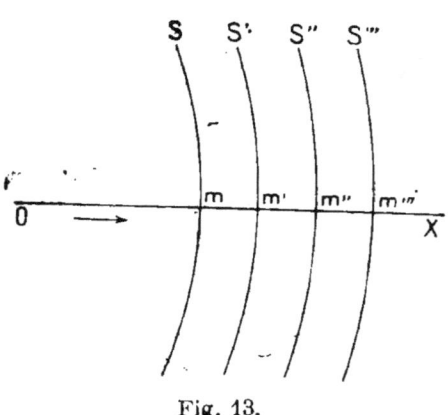

Fig. 13.

A grande distance du centre d'ébranlement, tout se passe comme si la surface S se déplaçait tout d'une pièce, sans déformation, et venait occuper successivement les positions S', S", S'''.

L'onde se déplace ainsi avec une vitesse constante V de la longueur λ pendant la durée d'une période T, et l'on a toujours, par suite : λ = VT.

Dans la propagation d'un ébranlement périodique le

long d'une colonne cylindrique, les surfaces d'onde, représentées par les tranches condensées ou dilatées, étaient des plans normaux à l'axe du cylindre.

On a de même des *ondes planes* lorsqu'on considère des ondes sphériques et, plus généralement, des ondes quelconques à grande distance du centre d'ébranlement, les surfaces pouvant être confondues avec leur plan tangent.

Les relations générales que nous avons obtenues pour la propagation le long d'une colonne cylindrique s'appliquent à la propagation d'une onde quelconque, tout au moins tant que le rayon de courbure de la portion d'onde considérée est suffisamment grand par rapport à la longueur d'onde.

10. **Principe de Huygens.** — Analysons de plus près le phénomène des ondes circulaires qui prennent naissance sur une nappe liquide quand on agite un point de la surface. A un instant donné $t$, le mouvement se trouve réparti sur une certaine circonférence ou onde liquide C ; un peu plus tard, en $t'$, sur une circonférence C' de rayon plus grand.

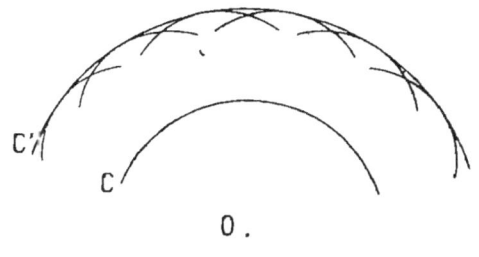

Fig. 14.

D'ailleurs, à l'instant $t$, il n'y a de mouvement que sur l'onde C : le centre d'ébranlement revient au repos aussitôt que l'agitation cesse, et dès que l'onde a passé il en est de même des points intérieurs à C.

Pour un observateur qui, commençant à examiner le phénomène à l'instant $t$, le suivrait jusqu'à l'époque $t'$, le mouvement qui au temps $t'$ se trouve réparti uniquement sur l'onde C' est la conséquence immédiate de l'état du liquide à l'époque $t$.

Le mode de transport du mouvement d'un point ébranlé de la circonférence C à la circonférence C' doit d'ailleurs être le même que le mode de transport du mouvement du centre primitif O à C.

De sorte que l'on est conduit à imaginer que tous les points de l'onde C, devenus des centres d'ébranlement au même instant $t$, ont envoyé chacun des ondes élémentaires qui se propagent avec la même vitesse, et ont, à l'époque $t'$, l'onde C' pour *enveloppe*.

Ces considérations s'étendent immédiatement au cas de la propagation en tous sens dans un milieu indéfini. Le mouvement issu d'un centre O d'ébranlement sera réparti au temps $t$ sur la surface d'une sphère de rayon $Vt$, V désignant la vitesse de propagation. A l'instant $t$, chacun des points de cette sphère devient à son tour un centre d'ébranlement, de sorte qu'au temps $(t+\theta)$ le mouvement se trouve réparti sur des sphères ayant ces divers points pour centres et des rayons de même grandeur $V\theta$.

Toutes ces sphères ou ondes élémentaires sont tangentes à la sphère de centre O et de rayon $V(t+\theta)$ qui est leur enveloppe et représente l'onde générale résultante à l'époque $(t+\theta)$. Le mouvement en un point de cette surface peut ainsi être considéré comme la résultante des mouvements qu'y enverrait isolément chacun des points de l'onde dans l'une quelconque de ses positions antérieures.

Cette conception de la propagation du mouvement vibratoire est due à Huygens, et constitue le principe des *ondes enveloppes*.

Tel quel, il laisse subsister certaines difficultés. On conçoit bien qu'à l'époque $t'$ le mouvement doive être plus énergique sur la circonférence C', où les ondes élémentaires sont plus serrées que partout ailleurs. On se rend moins aisément compte de l'absence *totale* de mouvement à l'intérieur de cette circonférence C'.

Il semble même que la composition des mouvements élémentaires doive s'effectuer sur les demi-circonférences $aa''$ comme sur les demi-circonférences $aa'$, et donner naissance à une onde *rétrograde* ou *centripète*.

Il est nécessaire, en effet, de compléter le principe d'Huygens, et c'est Fresnel qui l'a justifié et établi d'une manière rigoureuse en faisant appel au *principe des interférences*.

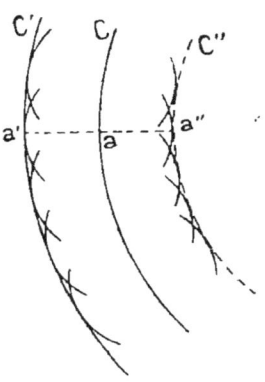

Fig. 15.

## 11. Superposition des petits mouvements.

— Lorsque deux ondes provenant de centres d'ébranlement différents se propagent à la surface d'une nappe liquide, on les voit s'entrecroiser et poursuivre chacune séparément leur route comme si l'autre n'existait pas.

Les vallonements et dépressions de la surface en chaque point sont dus à la superposition des déplacements imprimés par chacune des ondes aux molécules liquides. Le principe est général. On établit que lorsqu'un milieu est soumis à l'action simultanée de plusieurs centres d'ébranlement, le déplacement de l'un quelconque de ses points est la somme géométrique ou résultante des déplacements que produirait chaque centre agissant séparément, pourvu que ces déplacements soient *très petits*[1].

L'application du principe de la superposition des petits mouvements conduit à des résultats particulièrement simples dans le cas fréquent où les points mobiles sont soumis à l'action simultanée de mouvements vibratoires *parallèles* et de *même période*. Les déplacements s'effectuent alors selon la même droite, et les vitesses ayant la même direction s'ajoutent algébriquement.

Supposons, par exemple, qu'il s'agisse de déterminer le mouvement d'un point M d'une nappe liquide, atteint à l'instant $t$ par l'onde C émanée du centre d'ébranlement O et par l'onde C' émanée du centre O'.

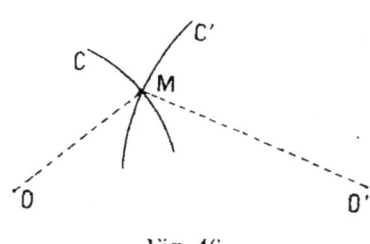

Fig. 16.

La vitesse vibratoire $v$ du point M sous l'action du mouvement de centre O a pour expression :

$$v = a \sin\left(\frac{2\pi t}{T} - \varphi\right),$$

---

[1] Ce principe doit être considéré comme une conséquence de la *forme linéaire* des équations du mouvement des points d'un système soumis à des forces qui admettent un potentiel dont la valeur est un minimum pour une configuration particulière du système caractérisant l'état d'équilibre stable.

MOUVEMENTS VIBRATOIRES ET PHÉNOMÈNES PÉRIODIQUES 25

et la vitesse $v'$ qu'il prendrait sous l'action du mouvement de centre $O'$ est :

$$v' = a' \sin\left(\frac{2\pi t}{T} - \varphi'\right).$$

Si les déplacements s'effectuent tous deux perpendiculairement à la surface du liquide, la vitesse résultante V est donnée par la somme algébrique :

$$V = v + v',$$

et s'obtient en faisant la somme de deux fonctions harmoniques de même période.

Dans nombre de cas, pour obtenir la composition des mouvements vibratoires, on se trouve ainsi ramené à faire la somme de fonctions harmoniques de même période, différant entre elles par l'*amplitude* et la *phase*.

La sommation de pareilles fonctions se présente également dans la solution de questions toutes différentes que nous aurons à envisager, et offre par elle-même un grand intérêt. Aussi convient-il de la traiter d'un point de vue général.

12. **Sommation de deux fonctions harmoniques de même période.** — Considérons donc deux fonctions harmoniques :

$$y = a \sin\left(\frac{2\pi t}{T} - \varphi\right),$$

$$y' = a' \sin\left(\frac{2\pi t}{T} - \varphi'\right),$$

dont les *amplitudes* respectives ont pour valeurs $a$ et $a'$, et les *phases* $\varphi$ et $\varphi'$.

La somme $Y = y + y'$ peut s'écrire sous la forme :
$$Y = A \sin\left(\frac{2\pi t}{T} - \Phi\right),$$
à la condition de poser :
$$A \sin \Phi = a \sin \varphi + a' \sin \varphi',$$
$$A \cos \Phi = a \cos \varphi + a' \cos \varphi',$$
c'est-à-dire :
$$A^2 = a^2 + a'^2 + 2aa' \cos(\varphi' - \varphi),$$
$$\operatorname{tg} \Phi = \frac{a \sin \varphi + a' \sin \varphi'}{a \cos \varphi + a' \cos \varphi'},$$
relations auxquelles il est toujours possible de satisfaire et qui déterminent les constantes indépendantes $A$ et $\Phi$.

Sous la forme :
$$Y = A \sin\left(\frac{2\pi t}{T} - \Phi\right),$$
on voit que la fonction *résultante* $Y$ est une fonction harmonique de même période que les fonctions composantes.

13. **Règle de Fresnel.** — Les quantités $A$ et $\Phi$ qui représentent l'*amplitude* et la *phase* de la fonction résultante peuvent être obtenues par une construction géométrique simple.

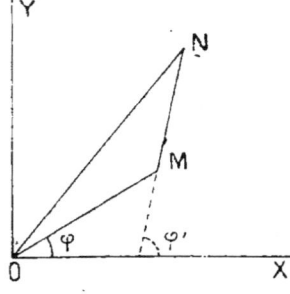

Fig. 17.

Menons, en effet, un vecteur $\overline{OM}$ de longueur $a$ faisant avec un axe $OX$ un angle $\varphi$ égal à la phase de la fonction $y$, et du point $M$ menons un vecteur $MN$ de longueur $a'$ faisant avec $OX$ un angle $\varphi'$.

Le vecteur $\overline{ON}$ est la *somme géométrique* ou *résultante* des vecteurs $\overline{OM}$ et $\overline{MN}$.

Or, si l'on projette sur les axes OX et OY, on a :

$$\overline{ON} \sin(\widehat{NOX}) = a \sin \varphi + a' \sin \varphi',$$
$$\overline{ON} \cos(\widehat{NOX}) = a \cos \varphi + a' \cos \varphi'.$$

Le vecteur ON représente donc l'*amplitude* A, et l'angle $\widehat{NOX}$ la *phase* $\Phi$ de la fonction résultante Y.

D'ailleurs, dans le triangle OMN, on a directement la relation :

$$\overline{ON}^2 = \overline{OM}^2 + \overline{MN}^2 - 2 . \overline{OM} . \overline{MN} \cos \widehat{OMN};$$

c'est-à-dire :

$$A^2 = a^2 + a'^2 + 2aa' \cos (\varphi' - \varphi);$$

car $\qquad \widehat{OMN} = \pi - (\varphi' - \varphi).$

La représentation *cinématique* des mouvements harmoniques se prête de même à la figuration du mouvement résultant.

Les mobiles fictifs représentatifs des mouvements $m$ et $m'$ occupent à l'instant $t$ les positions M et M' sur leurs cercles respectifs (que l'on doit supposer concentriques). Le mouvement résultant est figuré au même instant par la

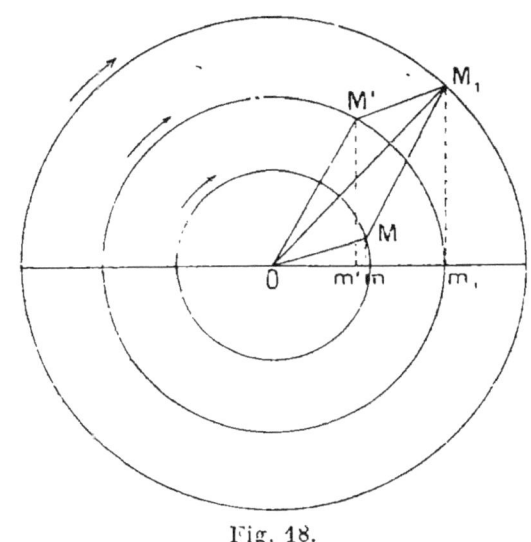

Fig. 18.

projection $m_1$ de l'extrémité $M_1$ du vecteur $\overline{OM_1}$, qui est la *résultante* des vecteurs $\overline{OM}$ et $\overline{OM'}$, c'est-à-dire la diagonale du parallélogramme construit sur ces deux vecteurs. Quand les mobiles M et M' se déplacent avec la même vitesse ω sur leurs cercles, l'angle des vecteurs $\overline{OM}$, $\overline{OM'}$ demeure constant, et le parallélogramme conserve une forme invariable tandis que le mobile $M_1$ se déplace également avec la vitesse ω sur le cercle $OM_1$.

### 14. Sommation de plusieurs fonctions harmoniques de même période.

La construction de Fresnel s'étend immédiatement à la composition d'un nombre quelconque de fonctions harmoniques. Pour obtenir la résultante de plusieurs fonctions harmoniques de même période :

$$y_1 = a_1 \sin\left(\frac{2\pi t}{T} - \varphi_1\right), \qquad y_2 = a_2 \sin\left(\frac{2\pi t}{T} - \varphi_2\right),$$

dont les amplitudes sont $a_1$, $a_2$, $a_3$, ... et les phases $\varphi_1$, $\varphi_2$, $\varphi_3$ ... on portera à la suite les uns des autres des vecteurs $OM_1$, $M_1M_2$, ... de longueurs $a_1$, $a_2$, ..., faisant, avec l'axe OX, des angles respectivement égaux à $\varphi_1$, $\varphi_2$, ...

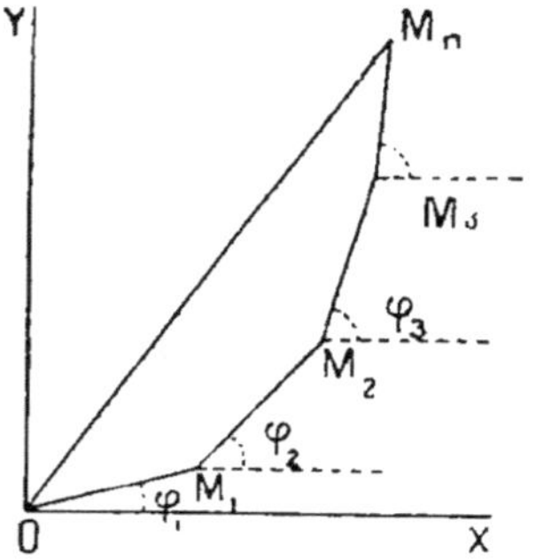

La résultante sera fournie par le vecteur $\overline{OM_n}$, qui ferme le polygone. La fonction harmonique résultante conserve toujours la même période que les composantes : son *amplitude* est représentée par la lon-

Fig. 19.

gueur du vecteur $\overline{OM_n}$ et sa *phase* par l'angle de ce vecteur avec l'axe OX.

**15. Interférences.** — On voit que l'on obtient la vitesse d'un point soumis à l'action de deux mouvements vibratoires simultanés en composant leurs vitesses comme on compose les forces en statique. Quand la résultante est nulle, on dit en statique qu'il y a équilibre. De même, quand la vitesse résultante est nulle, le point soumis à l'action des différents mouvements vibratoires qui le sollicitent demeure *constamment* en repos : on dit qu'il y a *interférence*.

**16. Cas de deux mouvements vibratoires parallèles.** — Un cas particulièrement intéressant, est le cas simple d'un point soumis à l'action de deux mouvements vibratoires parallèles de même période.

La vitesse résultante est une fonction harmonique de même période que les fonctions composantes et a pour expression :

$$v = A \sin\left(\frac{2\pi t}{T} - \Phi\right),$$

où l'amplitude A est donnée par la relation :

$$A^2 = a^2 + a'^2 + 2aa' \cos(\varphi - \varphi'),$$

en fonction des amplitudes et des phases des mouvements composants.

Ou : $\quad A^2 = a^2 + a'^2 + 2aa' \cos 2\pi \dfrac{x - x'}{\lambda}\,;$

en exprimant les phases $\varphi$ et $\varphi'$ en fonction des distances respectives $x$ et $x'$ du point considéré aux centres d'ébranlement.

L'amplitude du mouvement résultant dépend de la différence de phase $(\varphi - \varphi')$ des mouvements composants, ou de la différence de *marche* $(x - x')$, c'est-à-dire de la position du point considéré relativement aux deux centres d'ébranlement.

Selon la position de ce point, le cosinus prendra toutes les valeurs comprises entre $-1$ et $+1$, et l'amplitude variera entre un maximum $A = a + a'$ et un minimum $A = a - a'$.

Les maxima correspondent aux valeurs de $(x - x')$, telles que :

$$\cos 2\pi \frac{x - x'}{\lambda} = +1 \ ;$$

c'est-à-dire : $(x - x') = 2k \dfrac{\lambda}{2},$

et les minima aux valeurs de $(x - x')$, telles que :

$$\cos 2\pi \frac{x - x'}{\lambda} = -1 \ ;$$

c'est-à-dire : $(x - x') = (2k + 1) \dfrac{\lambda}{2}.$

La composition de deux mouvements vibratoires donne ainsi lieu, selon la position du point qu'ils atteignent simultanément, tantôt à un accroissement, tantôt à une diminution de l'amplitude.

En particulier, quand les mouvements composants ont la même amplitude, c'est-à-dire quand $a = a'$, les minima de l'amplitude résultante sont *nuls*, et ces deux mouvements *interfèrent* complètement.

On rencontre, dans l'étude des ondes sonores et des ondes lumineuses, d'importantes applications de cette notion d'interférence.

## 17. Justification du principe des ondes enveloppes.

— Ainsi que l'a montré Fresnel, c'est la notion des interférences qui fournit la véritable explication du principe d'Huygens et rend compte, en même temps que de l'absence totale du mouvement en dehors de l'onde même, du fait qu'il n'y a pas d'onde rétrograde.

On doit observer, tout d'abord, que l'on n'a jamais à considérer la propagation d'un ébranlement isolé, mais bien la propagation d'une succession d'ondes ou d'un *train d'ondes*.

Or, si pour obtenir l'action exercée au point M il est légitime de substituer à l'action directe du centre d'ébranlement O celle de différents centres secondaires répartis sur l'onde C, il faut attribuer à ces sources fictives des mouvements tels qu'ils reproduisent exactement le mouvement qui a lieu *réellement* sur l'onde C. On est ainsi conduit à substituer à chacun des points de l'onde C des centres d'ébranlement secondaires qui ont bien la même période que la vibration *réelle* au point correspondant, mais présentent avec elle une *différence de phase*.

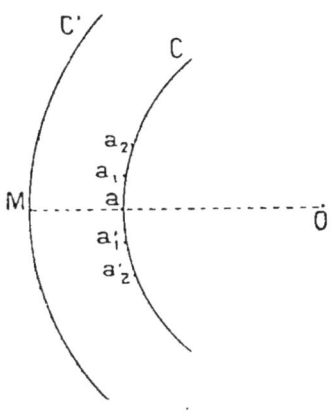

Fig. 20.

On conçoit qu'il puisse alors se produire, entre les ondes successives d'un même train, des phénomènes d'interférence tels que, pour employer les propres expressions de Fresnel, « les mouvements se retranchent l'un de l'autre dans les ondes rétrogrades et s'ajoutent dans celles qui se propagent en avant[1]. »

**18. Fonctions harmoniques de périodes peu différentes.** — Considérons deux fonctions harmoniques de périodes *légèrement* différentes T et T', présentant chacune, au temps origine $t=0$, une phase nulle. Soient les fonctions :

$$y = a \sin \frac{2\pi t}{T},$$

$$y' = a' \sin \frac{2\pi t}{T'};$$

on peut écrire :

$$y' = a' \sin \left[ \frac{2\pi t}{T} - 2\pi \left( \frac{1}{T} - \frac{1}{T'} \right) t \right];$$

---

[1] Le calcul montre, en effet, qu'il faut attribuer à chacune des sources fictives $a$, $a_1$, $a_2$, $a'_1$, $a'_2$,... indépendantes, dont l'ensemble est susceptible de remplacer l'onde C pour son action sur un point extérieur M, une différence de phase de $\frac{\pi}{4}$ avec les vibrations réelles aux points $a$, $a_1$, $a_2$. On peut interpréter ceci en disant que le déplacement d'un point du milieu dépend, non seulement de la valeur du *déplacement,* mais aussi de celle de la *vitesse* du centre d'ébranlement.

Les vitesses dont sont animées les molécules produisent l'entraînement des molécules voisines, aussi bien en deçà qu'au delà de l'onde, c'est-à-dire donnent naissance à une onde directe et à une onde rétrograde dans lesquelles les mouvements sont de *même sens.*

Mais ces vitesses vibratoires sont nécessairement accompagnées de déplacements relatifs, c'est-à-dire de condensations et dilatations successives qui, par réactions élastiques, donnent également naissance à une onde directe et à une onde rétrograde dans lesquelles les mouvements sont de *sens contraire.*

On conçoit que ces mouvements qui se *retranchent* dans les ondes rétrogrades puissent s'*annuler.*

ou, en posant :

$$\frac{1}{T} - \frac{1}{T'} = \frac{1}{\theta}, \quad \text{et} \quad \frac{2\pi}{\theta} t = \varphi,$$

$$y' = a' \sin\left(\frac{2\pi t}{T} - \frac{2\pi}{\theta} t\right) = a' \sin\left(\frac{2\pi t}{T} - \varphi\right);$$

et les deux fonctions de périodes différentes peuvent être considérées comme deux fonctions de même période présentant entre elles une différence de phase $\varphi$ *variable avec le temps*.

L'interprétation n'a d'intérêt que lorsque la variation de cette différence de phase est *lente*, c'est-à-dire quand on peut la considérer comme sensiblement constante pendant un intervalle de temps de l'ordre de grandeur de la période T.

C'est ce qui a lieu si les périodes T et T' sont très peu différentes, car $\frac{1}{\theta} = \frac{1}{T} - \frac{1}{T'}$ est alors un nombre très petit.

La différence de phase $\varphi = \frac{2\pi}{\theta} t$, variant uniformément avec le temps, prend alternativement les valeurs $2k\pi$, $(2k+1)\pi$, de sorte que les fonctions $y$ et $y'$ se trouvent tantôt en *concordance*, tantôt en *discordance*.

Ces *concordances* se reproduisent à intervalles de temps $t$ égaux, tels que : $\frac{2\pi}{\theta} t = 2\pi$, c'est-à-dire $t = \theta$, et constituent un nouveau phénomène périodique de période $\theta = \frac{TT'}{T' - T}$ d'autant plus grande, c'est-à-dire de périodicité d'autant plus *lente* que les périodes T et T' sont plus voisines.

Graphiquement, les fonctions $y$ et $y'$ sont figurées par les vecteurs $\overline{OM}$ et $\overline{OM'}$ qui, entraînés avec des vitesses différentes, font entre eux un angle $\varphi$ lentement variable qui croît uniformément avec le temps.

L'application de la règle de Fresnel donne, pour une

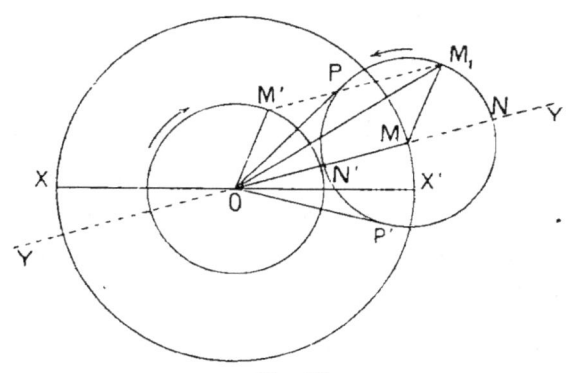

Fig. 21.

valeur déterminée de l'angle $\varphi$, c'est-à-dire à un instant $t$, la valeur $\overline{OM_1}$ du vecteur résultant ; mais cette résultante n'est plus constante et présente avec les composantes $y$ et $y'$ des différences de phase variables.

On représentera graphiquement ces variations d'une manière très simple.

Si l'on imprime à tout le système un mouvement de rotation autour du centre O, de sens contraire à celui des vecteurs $\overline{OM}$, $\overline{OM'}$, et avec une vitesse $\dfrac{2\pi}{T}$, $\overline{OM}$ devient immobile et $\overline{OM'}$ tourne au sens contraire du sens de rotation primitif avec la vitesse $\frac{2\pi}{\theta}$.

Il en est de même de $\overline{MM_1}$. C'est-à-dire que le point $M_1$ se déplace sur une circonférence de centre $M$ et de rayon constant $\overline{MM_1} = \overline{OM'}$, avec la vitesse constante $\frac{2\pi}{\theta}$.

En joignant le point O aux différents points de cette circonférence, on obtient les différentes valeurs de la résultante, ainsi que les valeurs de la différence de phase qu'elle présente avec $\overline{OM}$ devenu l'axe fixe $\gamma\gamma'$.

On voit que la résultante oscille périodiquement entre un maximum $\overline{ON}$ et un minimum $\overline{ON'}$.

Les variations de la phase sont données par les variations de l'angle de $\overline{OM_1}$ avec $\gamma\gamma'$ : on voit que l'angle de phase oscille périodiquement entre la valeur zéro et une valeur maximum $\Phi$ qui correspond à la position du point $M_1$ en P et P' points de contact des tangentes menées du point O à la circonférence $MM_1$.

## 19. Application des notions précédentes. —

En dehors du fréquent usage que nous aurons à en faire dans l'étude de phénomènes électriques importants (courants alternatifs, notamment), les notions précédentes trouvent leur application dans nombre de phénomènes très différents.

Citons par exemple :
La méthode stroboscopique ;
Le phénomène des battements en acoustique ;
Le phénomène des marées ;
La comparaison des chronomètres.

Examinons quelques-unes de ces applications, à titre d'illustrations de la théorie générale.

1° *Méthode stroboscopique.* — Imaginons que l'on fixe, perpendiculairement à un axe animé d'un mouvement de rotation de période T, un disque portant $2n$ secteurs équidistants, alternativement noirs et blancs. On produit un éclairement intermittant du disque en projetant sur lui, à l'aide d'une lentille L, un faisceau lumineux réfléchi par un miroir plan $m$ porté par l'une des branches d'un électro-diapason. Quand le diapason

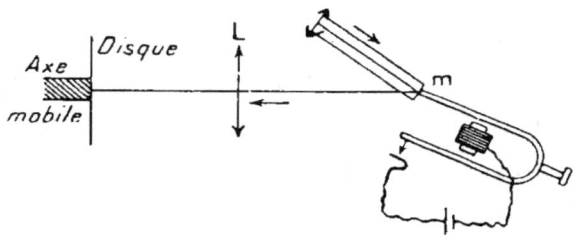

Fig. 22.

vibre, le faisceau, en se déplaçant, vient éclairer périodiquement le disque à intervalles T', T' étant la période des oscillations simples du diapason.

Si $T' = \dfrac{T}{n}$, le disque paraîtra immobile, car la période de visibilité sera juste égale au temps que met un secteur blanc pour prendre la place du suivant.

Si l'on désire donner au disque, c'est-à-dire à l'axe qui le supporte, une vitesse de rotation déterminée et parfaitement invariable, on choisira au préalable le nombre $n$ des secteurs, ainsi que la période T' du diapason, et l'on modifiera la vitesse du disque jusqu'à ce qu'il apparaisse fixe.

Si la période $T'$ diffère légèrement de $\dfrac{T}{n}$, on verra le disque tourner *lentement* $\left(\text{dans un sens ou dans l'autre selon que } T' \gtreqless \dfrac{T}{n}\right)$ avec une vitesse $\dfrac{2\pi}{\theta}$ telle que
$$\dfrac{2\pi}{\theta} = \dfrac{2\pi}{T} - \dfrac{2\pi}{T'}.$$

D'après cet exemple simple, on conçoit comment la méthode stroboscopique puisse permettre de substituer à l'observation d'un phénomène périodique rapide (ici rotation du disque à secteurs) l'observation du même phénomène périodique considérablement *ralenti*.

2° *Comparaison des chronomètres.* — Les meilleures montres, bien réglées, ne battent pas exactement $86400^s$ par jour moyen de $24^h$, c'est-à-dire ont une *période* $T'$ légèrement différente de la période $T$ du soleil moyen.

La différence $T - T'$ est ce que l'on appelle la *marche* du chronomètre.

L'existence de la marche fait qu'il existe une différence de *phase* variable entre le chronomètre et le soleil moyen, c'est-à-dire le temps moyen de Paris.

La valeur de la phase à un instant donné s'appelle l'*état absolu* du chronomètre : c'est la correction à ajouter à l'heure qu'il indique pour obtenir l'heure de Paris au même instant.

Cette correction s'obtient, par exemple, en *comparant* le chronomètre à une pendule réglée sur l'heure de Paris et notant les heures simultanées indiquées par le chronomètre et la pendule.

Oscillations électriques.

On effectue une opération analogue quand, possédant l'état absolu d'un chronomètre réglé, on désire obtenir celui d'un *compteur* ou montre transportable.

La détermination des heures simultanées s'obtient avec précision en mettant à profit la différence de période des battements des montres à comparer.

En général, en effet, le chronomètre bat la $\frac{1}{2}$ seconde, tandis que le compteur bat les $0^s,4$.

Quand on écoute à la fois les battements des deux instruments, il se produit à l'oreille une superposition de deux phénomènes périodiques ayant l'un une période $T = 0^s,4$, et l'autre une période $T' = 0^s,5$.

Cette superposition donne naissance à un nouveau phénomène périodique qui se traduit par la coïncidence de battements à intervalles égaux $\theta$, tels que :

$$\frac{1}{\theta} = \frac{1}{T} - \frac{1}{T'}.$$

c'est-à-dire :

$$\theta = 2^s,$$

et permet de relever les temps simultanés des deux montres à $0^s,1$ près.

On peut obtenir une approximation beaucoup plus grande dans la comparaison de deux montres, si l'on fait usage de deux instruments dont les battements présentent des périodes très peu différentes. C'est ainsi, par exemple, que l'on peut employer avec avantage deux chronomètres réglés, l'un sur le temps sidéral, l'autre sur le temps moyen.

La seconde de temps sidéral, exprimée en temps moyen, vaut $0^s,9973$. Comme les deux chronomètres battent la $\frac{1}{2}$ seconde, leurs périodes exprimées en temps moyen sont respectivement :

$$T = \frac{1}{2} \quad \text{et} \quad T' = \frac{1}{2,0055};$$

de sorte que $\quad \frac{1}{\theta} = \frac{1}{T'} - \frac{1}{T} = 0,0055,$

et $\quad\quad\quad\quad\quad\quad \theta = 182^s.$

Les coïncidences se reproduisent alors toutes les $3^m,2^s$ et donnent les heures simultanées avec une grande approximation $\left(\text{le } \frac{1}{100} \text{ de seconde au moins}\right)$.

3° *Phénomènes des marées.* — Les marées sont dues à l'attraction exercée par la lune et le soleil sur la masse liquide des océans entraînée par le mouvement de rotation de la terre.

Soumise à l'action de forces attractives périodiquement variables, la masse liquide prend un mouvement oscillatoire, de sorte qu'il se forme une *onde de marée* analogue aux ondes de houle. Seulement, tandis que dans la houle les oscillations sont *libres*, dans la marée ces oscillations sont *forcées*, c'est-à-dire que le régime oscillatoire prend la période des forces qui le produisent.

D'ailleurs, les circonstances qui accompagnent le phénomène (entraînement de la masse par la rotation de la terre, frottements variables sur le fond selon la profondeur, etc.) causent un *retard* de l'effet sur la force, c'est-à-dire produisent des différences de phase et des amplitudes variables avec le lieu, mais n'ont aucune influence sur la période même du phénomène.

La mécanique céleste montre qu'il doit se produire deux ondes principales pour chacun des astres : une onde *semi-diurne* et une *onde diurne*.

Considérons en particulier les ondes semi-diurnes, et supposons comme première approximation que les deux astres soient dans l'équateur.

La durée du *jour lunaire* est de $24^h 50^m$, tandis que la durée du *jour solaire* est de $24^h$. Il se produit donc une onde solaire de période $T = 12^h$ et une autre onde lunaire de période $T' = 12^h 25^m$.

D'ailleurs, le calcul montre que les *amplitudes* des déplacements qui seraient imprimés à une molécule libre par la lune et le soleil sont dans le rapport de $\dfrac{54}{25} = 2,16$ environ.

La superposition des deux ondes, lunaire et solaire, donne naissance à un nouveau phénomène périodique de période $\theta$ telle que :

$$\frac{1}{\theta} = \frac{1}{12} - \frac{1}{12,417};$$

c'est-à dire $\theta = 346^h$, soit environ quinze jours.

Il se produit ainsi tous les mois (lunaires) deux marées fortes ou de *vive-eau* (astres en conjonction), et deux marées faibles ou de *morte-eau* (astres en quadrature).

En faisant intervenir les mouvements périodiques des astres en déclinaison, on rendrait compte de la même façon des marées de *sigygie*.

Les différentes circonstances du phénomène se traduiraient aisément à l'aide du graphique qui a été donné plus haut.

La fonction harmonique représentant l'onde lunaire semi-diurne est figurée par la projection du vecteur $\overline{OM}$ sur l'axe XX'.

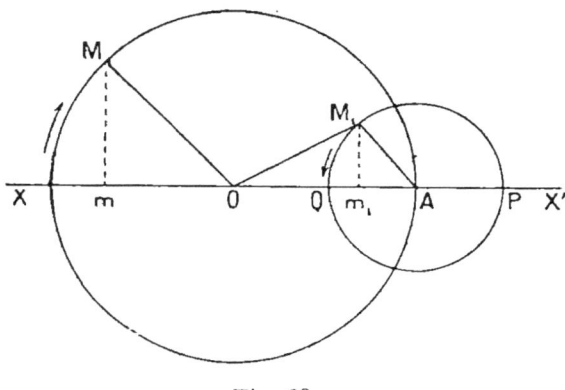

Fig. 23.

Si l'on décrit, du point A comme centre, une circonférence de rayon $\overline{AP} = \dfrac{1}{2,16} \cdot \overline{OA}$, la superposition des ondes sera figurée par la projection du vecteur $\overline{OM_1}$ que l'on obtient en joignant le point O à un point $M_1$ qui décrit d'un mouvement uniforme la circonférence AP dans le temps $\theta = 346^h$.

On doit noter que, le mouvement de la lune étant le plus rapide, le déplacement du point $M_1$ sur sa circonférence s'effectue en sens inverse du déplacement du point M. Le graphique indique également très nettement comment varie la phase.

## 20. Cas particuliers d'interférences. Ondes stationnaires.

— La notion d'*onde stationnaire* joue un rôle important dans l'étude et les applications des oscillations électriques. Aussi convient-il de s'y arrêter.

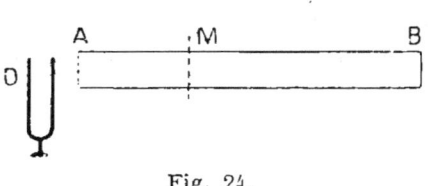

Fig. 24.

Considérons le cas simple d'un tuyau sonore AB de longueur L, ouvert en A et fermé en B, et supposons qu'à l'aide d'un diapason D on imprime à la tranche A un mouvement harmonique de période T.

La vitesse de cette tranche est donnée à tout instant $t$ par la formule : $v = a \sin 2\pi \dfrac{t}{T}$.

Cherchons quel est l'état vibratoire d'une tranche M située à une distance $x$ du fond B, c'est-à-dire à une distance $L - x$ de A.

Si la colonne gazeuse était indéfinie, la propagation du mouvement vibratoire de la tranche origine, s'effectuant selon le mécanisme que nous avons décrit, donnerait naissance à une série d'ondes condensées et d'ondes dilatées successives progressant de A vers B avec une vitesse constante V. Le tuyau étant fermé en B par une paroi fixe, la réaction de la paroi doit être remplacée par une force égale et contraire à celle qui produirait le mouvement de la tranche B si elle était libre.

Sans insister sur la solution dynamique de la question, on peut dire que tout se passe, au point de vue

MOUVEMENTS VIBRATOIRES ET PHÉNOMÈNES PÉRIODIQUES 43

cinématique, comme si le point B, devenant un nouveau centre d'ébranlement, donnait naissance à des ondes de même période que les ondes primitives, mais progressant de B vers A. En d'autres termes, il y a *réflexion* du mouvement vibratoire en B.

La superposition des ondes directes qui progressent de A vers B et des ondes réfléchies qui progressent de B vers A produit des phénomènes d'interférences.

Le mouvement de la tranche M considérée est dû à la superposition du mouvement direct issu de A et du mouvement revenu en M après réflexion en B.

Le premier mouvement imprime à M une vitesse :

$$v' = a \sin 2\pi \left( \frac{t}{T} - \frac{L-x}{\lambda} \right).$$

Le mouvement réfléchi provient d'une onde qui, partie également du point A, a parcouru un chemin $L+x$. Il lui imprime une vitesse :

$$v'' = -a \sin 2\pi \left( \frac{t}{T} - \frac{L+x}{\lambda} \right).$$

Le signe — étant mis pour tenir compte du changement de sens de propagation de l'onde. La vitesse résultante est :

$$V = v' + v'' = a \sin 2\pi \left( \frac{t}{T} - \frac{L-x}{\lambda} \right)$$
$$- a \sin 2\pi \left( \frac{t}{T} - \frac{L+x}{\lambda} \right),$$

ou $\qquad V = 2a \sin 2\pi \frac{x}{\lambda} \cos 2\pi \left( \frac{t}{T} - \frac{L}{\lambda} \right).$

Et la tranche M prend un mouvement harmonique de période T :

$$V = A \cos 2\pi \left(\frac{t}{T} - \varphi\right)$$

dont l'amplitude est : $A = 2a \sin 2\pi \dfrac{x}{\lambda}$

et la phase : $\varphi = \dfrac{2\pi L}{\lambda}$.

L'amplitude varie avec la position du point M.
Elle est nulle à tout instant aux points tels que :

$$\sin 2\pi \frac{x}{\lambda} = 0, \qquad \text{ou } x = K \frac{\lambda}{2},$$

c'est-à-dire en une série de points équidistants que l'on appelle les *nœuds*, et prend une valeur maximum aux points pour lesquels :

$$\sin 2\pi \frac{x}{\lambda} = \pm 1, \qquad \text{ou } x = (2K+1) \frac{\lambda}{4},$$

et que l'on appelle les *ventres*.

D'ailleurs, la phase $\dfrac{2\pi L}{\lambda}$ étant indépendante de $x$, les vitesses sont nulles ou maximum en *même temps* sur toute la longueur du tuyau.

L'état vibratoire de la colonne contenue dans le tuyau se trouve caractérisé par le fait qu'à un même instant la phase a la même valeur en tout point, tandis que l'amplitude prend des valeurs variables selon la distance à l'origine.

Il diffère donc de l'état vibratoire d'une colonne indéfinie parcourue par des *ondes progressives*, dans

MOUVEMENTS VIBRATOIRES ET PHÉNOMÈNES PÉRIODIQUES 45

laquelle la phase a en chaque point des valeurs différentes, tandis que l'amplitude est constante.

Pour définir cet état vibratoire particulier, on dit que la colonne gazeuse du tuyau est le siège d'une *onde stationnaire*. La production de l'onde stationnaire est due à ce que les ondes directes et réfléchies interfèrent après avoir pris une *différence de marche*.

Réciproquement, quand on reconnaît qu'un ébranlement périodique est susceptible de donner naissance à des ondes stationnaires, c'est-à-dire à un système de nœuds et de ventres équidistants, cela démontre la production de phénomènes d'interférence et implique l'existence d'une vitesse de propagation *finie*.

21. **Ondes liquides stationnaires.** — « **Clapotis** ». — Le phénomène de la *houle* nous a donné un exemple simple de propagation d'un mouvement oscillatoire transversal.

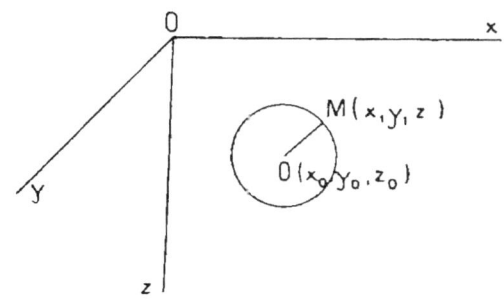

Fig. 25.

Dans la houle *pure*, les molécules situées à une même cote $z_0$, c'est-à-dire à la même profondeur, décrivent toutes, avec une vitesse de rotation constante

$\omega = \dfrac{2\pi}{T}$, autour d'un centre o, des petits cercles parallèles de même rayon orbitaire $r$.

Ce rayon orbitaire, maximum à la surface (où pour $z_0 = o$, $r = r_0$), va en diminuant avec la profondeur selon une loi exponentielle.

De sorte que l'on a : $r = r_0 e^{-\frac{z_0}{R}}$, R étant une certaine constante dont les équations de l'hydrodynamique permettent de déterminer aisément la valeur. Le phénomène de propagation peut se traduire en disant que le mouvement d'une molécule située à une distance $x_0$ de l'origine est le même que le mouvement de la molécule origine au temps $t - \dfrac{x_0}{v}$, $v$ étant la *vitesse de propagation*.

La trajectoire d'une molécule liquide M dont le centre d'oscillation est en o $(x_0, y_0, z_0)$ est ainsi représentée par les équations :

$$\begin{cases} x = x_0 - r \sin \omega \left(t - \dfrac{x_0}{v}\right), \\ y = y_0 \\ z = z_0 + r \cos \omega \left(t - \dfrac{x_0}{v}\right); \end{cases}$$

ou bien, en introduisant la *longeur d'onde* $\lambda = vT$ :

$$\begin{cases} x - x_0 = -r \sin 2\pi \left(\dfrac{t}{T} - \dfrac{x_0}{\lambda}\right), \\ y - y_0 = o, \\ z - z_0 = r \cos 2\pi \left(\dfrac{t}{T} - \dfrac{x_0}{\lambda}\right). \end{cases}$$

L'équation d'une surface d'onde (de la surface de niveau, par exemple), au temps $t=0$, est donc :

$$x = x_0 + r \sin 2\pi \frac{x_0}{\lambda},$$

$$z = z_0 + r \cos 2\pi \frac{x_0}{\lambda}.$$

C'est une surface cylindrique dont la section droite est une *trochoïde*, c'est-à-dire la courbe décrite par un point situé à la distance $r$ du centre $o$ d'un cercle de rayon $R = \dfrac{\lambda}{2\pi}$ roulant sur une droite horizontale (fig. 10).

Supposons qu'une houle vienne rencontrer une paroi plane verticale parallèle à ligne des crêtes : il se produit une onde réfléchie, c'est-à-dire une onde de même période que l'onde incidente et qui se propage en sens opposé avec la même vitesse de propagation

Le mouvement d'une molécule liquide s'obtient en composant les mouvements qui lui sont imprimés par les deux ondes, et se trouve représenté par les équations

$$x - x_0 = -r \sin \omega \left(t - \frac{x_0}{v}\right) + r \sin \omega \left(t + \frac{x_0}{v}\right),$$

$$y - y_0 = 0,$$

$$z - z_0 = r \cos \omega \left(t - \frac{x_0}{v}\right) + r \cos \omega \left(t + \frac{x_0}{v}\right),$$

ou :

$$x - x_0 = -r \sin 2\pi \left(\frac{t}{T} - \frac{x_0}{\lambda}\right) + r \sin 2\pi \left(\frac{t}{T} + \frac{x_0}{\lambda}\right),$$

$$z - z_0 = r \cos 2\pi \left(\frac{t}{T} - \frac{x_0}{\lambda}\right) + r \cos 2\pi \left(\frac{t}{T} + \frac{x_0}{\lambda}\right),$$

dans le plan $y = y_0$.

En développant les seconds membres, on peut écrire :

$$x - x_0 = 2r \sin 2\pi \frac{x_0}{\lambda} \cos 2\pi \frac{t}{T},$$

$$z - z_0 = 2r \cos 2\pi \frac{x_0}{\lambda} \cos 2\pi \frac{t}{T}.$$

La molécule considérée prend donc un mouvement harmonique de même période T que les mouvements composants.

Si l'on envisage en particulier la composante selon l'axe des $z$ qui indique les dénivellations du liquide, on voit que l'amplitude

$$A = 2r \cos 2\pi \frac{x_0}{\lambda}$$

prend des valeurs variables selon la distance à la paroi réfléchissante, tandis que la phase demeure constante.

Il existe une série de points, situés dans des plans parallèles à la paroi, où l'amplitude étant toujours nulle, la surface du liquide demeure horizontale, et une série de points intermédiaires où les crêtes et les creux apparaissent alternativement.

Cette localisation dans la nappe liquide de plages d'agitation et de repos constitue le phénomène du *clapotis*.

Comme la houle incidente, le clapotis présente des lignes de crêtes parallèles à la paroi. Mais, tandis que dans la houle, *onde progressive*, la surface libre affecte la forme d'un cylindre trochoïdal, d'aspect invariable, animé d'un mouvement de translation parallèle, dans le clapotis, *onde stationnaire*, les crêtes et les creux ne sont pas visibles à tout moment et n'apparaissent qu'à des emplacements bien déterminés qui ne changent pas de position avec le temps[1].

## 22. Problème dynamique de la propagation des ondes.

— Les considérations cinématiques que nous avons développées suffisent à rendre compte, au moins d'une manière générale, du mécanisme de la propagation des ondes dans les milieux élastiques. Il importe, toutefois d'examiner sommairement la question au point de vue dynamique afin de faire ressortir certaines analogies que nous aurons à invoquer par la suite.

Considérons d'abord la propagation d'un ébranlement dans une colonne cylindrique. Lors du passage d'une onde par une section M, il se produit un déplacement $u$ du plan M, et un déplacement $u + du$ du plan infiniment voisin

---

[1] Aux *ventres* du clapotis, la hauteur de crête à creux varie périodiquement de la valeur zéro à une valeur maximum.

Au moment de l'élongation maximum, la surface de niveau affecte la forme d'un cylindre trochoïdal. L'équation de cette surface est, en effet, représentée au temps $t = 0$ par le système :

$$x - x_0 = r \sin 2\pi \frac{x_0}{\lambda},$$

$$z - z_0 = r \cos 2\pi \frac{x_0}{\lambda},$$

identique à celui qui représente l'équation de la surface de niveau de la houle.

La trajectoire des molécules liquides est d'ailleurs rectiligne, car on a :

$$\frac{x - x_0}{z - z_0} = \operatorname{tg} 2\pi \frac{x_0}{\lambda};$$

c'est-à-dire $\frac{x - x_0}{z - z_0} = $ constante, pour une valeur donnée de $x_0$.

Sur chacune de ces trajectoires rectilignes, le mouvement des molécules est d'ailleurs harmonique.

N, situé à la distance $dx$. Le volume compris entre les plans M et N, qui était égal à $\omega dx$, $\omega$ représentant la section du cylindre, est devenu $\omega\left(dx + \dfrac{du}{dx}dx\right)$. La quantité $u_1 = \dfrac{du}{dx}$ représente la *déformation* par unité de longueur de la colonne cylindrique considérée.

Cette déformation fait naître une force élastique proportionnelle (tant qu'elle demeure suffisamment faible), et que l'on peut représenter par $e\omega u_1$ pour la surface de la section M, en désignant par $e$ le coefficient d'élasticité.

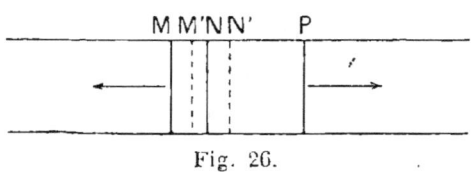

Fig. 26.

En une autre section voisine P, distante de $dx$, il se produit de même une réaction élastique :

$$e\omega(u_1 + du_1).$$

Ces deux forces agissent en sens opposé sur la tranche qu'elles comprennent. De sorte que la force totale est :

$$F' - F = e\omega du_1 = e\omega \frac{d^2u}{dx^2} dx.$$

D'autre part, la force qui produit le mouvement a pour expression le produit de la masse $\omega dx.\delta$ ($\delta$ étant la densité) par l'accélération $\dfrac{d^2u}{dt^2}$,

et l'on a : 
$$\omega dx.\delta.\frac{d^2u}{dt^2} = e\omega \frac{d^2u}{dx^2} dx.$$

C'est-à-dire :
$$\frac{d^2u}{dt^2} = \frac{e}{\delta} \cdot \frac{d^2u}{dx^2},$$

ou :
$$\frac{d^2u}{dt^2} = V^2 \frac{d^2u}{dx^2}, \qquad (1)$$

en posant :
$$V = \sqrt{\frac{e}{\delta}}.$$

C'est une équation aux dérivées partielles du second ordre, qui admet pour intégrale générale ;

$$u = \varphi(x + Vt) + \psi(x - Vt),$$

$\varphi$ et $\psi$ étant deux fonctions arbitraires.

La solution obtenue exprime qu'il se produit dans la colonne deux perturbations qui se propagent, l'une vers la droite, l'autre vers la gauche, avec une vitesse constante V. Sans suivre pour l'instant les conséquences qui en résultent et sur lesquelles nous aurons à revenir ultérieurement à propos d'autres phénomènes, nous noterons l'expression $V = \sqrt{\dfrac{e}{\delta}}$ de la vitesse de propagation, qui nous a été fournie par l'analyse dynamique. Cette vitesse dépend uniquement des propriétés du milieu, — élasticité et densité, — et est indépendante de la forme de la perturbation ou de la loi de l'ébranlement. Étendons immédiatement la même analyse à l'étude de la propagation dans un milieu indéfini.

Si nous supposons le milieu parfaitement homogène, c'est-à-dire isotrope, et l'ébranlement produit par une sphère pulsante, par raison de symétrie, les ondes seront sphériques.

L'inégal déplacement des molécules distribuées sur deux surfaces sphériques infiniment voisines S et S' cause des déformations dans le milieu compris entre ces deux surfaces. Considérons en particulier une tranche limitée par les surfaces sphériques S, S' et quatre plans, rectangulaires deux à deux, passant par le centre d'ébranlement o.

Les forces ou *pressions* exercées par suite des réactions élastiques sur les surfaces $\omega$ et $\omega'$ du petit volume compris entre S et S' pourront être évaluées de la même manière que ci-dessus.

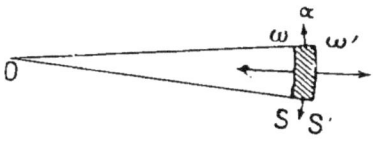

Fig. 27.

La force F exercée sur la surface ω a pour expression :
$$F = e\omega u_1,$$
en désignant par $e$ l'élasticité et par $u_1$ la déformation, c'est-à-dire la variation $\dfrac{du}{dr}$ du déplacement des molécules selon le rayon $r$ de la sphère.

La force F exercée sur la surface ω' est alors :
$$F' = e\omega'(u_1 + du_1);$$
ou, comme $\omega' = \omega \dfrac{(r+dr)^2}{r^2} = \omega\left(1 + 2\dfrac{dr}{r}\right),$
en négligeant les infiniment petits d'ordre supérieur,
$$F' = e\omega\left(1 + 2\dfrac{dr}{r}\right)(u_1 + du_1).$$

A la vérité, il faudrait aussi tenir compte des pressions $z$ qui s'exercent sur les faces latérales du petit volume considéré, et projeter ces quatre forces, égales par raison de symétrie, sur la normale à la surface ω en son centre.

Ces forces peuvent, en première approximation, être considérées comme négligeables vis-à-vis de F et F'.

De sorte que la résultante est :
$$F' - F = e\omega\left(du_1 + 2\dfrac{u_1}{r}dr\right) + 2e\omega\dfrac{dr}{r}\cdot du_1;$$
ou, en négligeant le terme $2\cdot\dfrac{e\omega}{r}dr.du_1,$
$$F' - F = e\omega\left(du_1 + 2\dfrac{u_1}{r}dr\right);$$
ou, en remplaçant $u_1$ par $\dfrac{du}{dr}$ et $du_1$ par $\dfrac{d^2u}{dr^2}dr,$
$$F' - F = \omega e\left(\dfrac{d^2u}{dr^2} + \dfrac{2}{r}\dfrac{du}{dr}\right)dr.$$

Cette force est aussi représentée par le produit de la masse par l'accélération, c'est-à-dire par :

$$\omega dr . \delta . \frac{d^2 u}{dt^2},$$

en désignant par $\delta$ la densité ;

et l'on a : $\omega dr . \delta . \dfrac{d^2 u}{dt^2} = e\omega \left( \dfrac{d^2 u}{dr^2} + \dfrac{2}{r} . \dfrac{du}{dr} \right) dr,$

c'est-à-dire : $\quad \dfrac{d^2 u}{dt^2} = V^2 \left( \dfrac{d^2 u}{dr^2} + \dfrac{2}{r} . \dfrac{du}{dr} \right). \qquad (2)$

Cette équation aux dérivées partielles n'a pas la forme de l'équation (1) qui a été obtenue plus haut, mais on peut l'y ramener par un changement de variable.

Si l'on pose, en effet : $u = \dfrac{v}{r}$, on a :

$$du = \frac{1}{r} \frac{dv}{dr} - \frac{v}{r^2},$$

$$\frac{d^2 u}{dr^2} = \frac{1}{r} \frac{d^2 v}{dr^2} - \frac{2}{r^2} \frac{dv}{dr} + 2 \frac{v}{r^3} ; \quad \frac{d^2 u}{dt^2} = \frac{1}{r} \frac{d^2 v}{dt^2} ;$$

et en substituant dans l'équation (2) :

$$\frac{d^2 v}{dt^2} = V^2 \frac{d^2 v}{dr^2}, \qquad (3)$$

l'équation (3) a la même forme que l'équation (1) et admet pour intégrale générale :

$$v = \varphi(r + Vt) + \psi(r - Vt) ;$$

c'est-à-dire que l'on a :

$$u = \frac{1}{r} \left[ \varphi(r + Vt) + \psi(r - Vt) \right],$$

en remplaçant $v$ par $ur$.

Il se produit encore une propagation avec une vitesse

constante $V = \sqrt{\dfrac{e}{\delta}}$ qui a la même valeur que dans une colonne cylindrique.

Mais l'amplitude des déplacements varie en raison inverse de $r$, c'est-à-dire de la distance au centre d'ébranlement, au lieu de conserver une valeur constante.

# CHAPITRE I

COURANTS ALTERNATIFS DE BASSE FRÉQUENCE.

**23. Courant sinusoïdal.** — On sait le rôle important que jouent dans l'industrie moderne les courants à variations périodiques que l'on désigne sous le nom de *courants alternatifs*. A l'avantage de pouvoir être obtenus à l'aide de machines d'une grande simplicité de construction et sous des voltages notablement plus élevés que les courants continus, ils joignent celui de se prêter aisément aux transformations les plus variées.

Ces courants sont caractérisés par la forme *pério-*

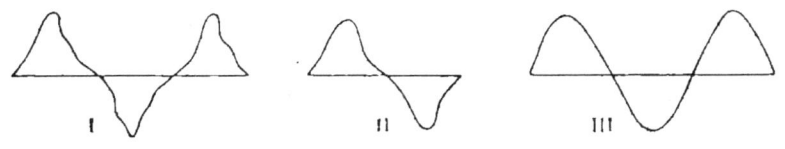

Fig. 28.

*dique* de la fonction $I = f(t)$, qui lie l'intensité au temps.

Les graphiques de la figure 28, qui représentent des courants relevés sur différents alternateurs industriels, montrent que la fonction périodique affecte des formes diverses, en se rapprochant souvent, toutefois, de la forme III, qui est sensiblement sinusoïdale.

Il résulte du théorème de Fourier, que nous avons déjà rappelé, qu'une fonction périodique quelconque peut toujours être représentée, — et d'une seule manière, — par une somme de fonctions harmoniques.

Un courant alternatif de période T et de forme quelconque peut donc être représenté par une somme de courants de périodes

$$T, \frac{T}{2}, \frac{T}{3}, \ldots$$

Cette représentation n'est pas seulement analytique, mais répond à une réalité physique parfaitement concrète. Certains artifices expérimentaux (mise en résonance) permettent en effet de mettre en évidence les composantes, ou *harmoniques* successifs, d'un courant alternatif complexe.

L'étude des courants alternatifs peut donc toujours être ramenée à l'étude du courant *sinusoïdal*, c'est-à-dire au cas où la fonction $I = f(t)$ affecte la forme simple $f(t) = a \sin \omega t$.

### 24. **Production d'un courant sinusoïdal.** —

Pour obtenir un courant sinusoïdal, il suffit de faire tourner dans un champ magnétique uniforme, autour d'un axe perpendiculaire au champ et avec une vitesse constante, un circuit plan fermé, de forme d'ailleurs quelconque.

Supposons, par exemple, que l'on fasse tourner avec une vitesse constante $\omega$ autour d'un axe horizontal

MN, un cadre rectangulaire ABCD dans un champ vertical uniforme. Le champ, étant uniforme, est représenté par un système de lignes de force parallèles et équidistantes. Désignons par S la surface du circuit et par H l'intensité du champ, c'est-à-dire le flux de force par unité de surface normale à la direction du faisceau.

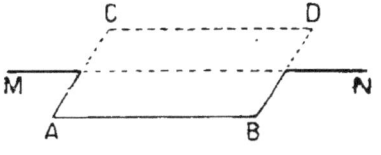

Si l'on prend comme origine des temps l'instant où le cadre est horizontal, c'est-à-dire normal aux lignes de force du champ, le nombre des lignes de force ou flux qui traverse le cadre au temps $t$ est proportionnel à la projection de l'aire du circuit sur le plan horizontal.

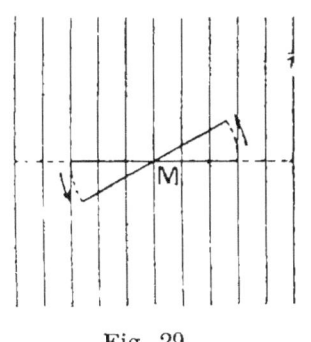

Fig. 29.

Ce flux de force variable $\Phi$ est donc :

$$\Phi = HS \cos \omega t, \qquad (1)$$

et la force électromotrice d'induction, égale d'après la loi de Faraday à la dérivée par rapport au temps du flux de force qui traverse le circuit, est :

$$E = \frac{d\Phi}{dt} = - HS\omega \sin \omega t. \qquad (2)$$

Le sens du courant, conforme à celui qu'indique la loi de Lenz, est tel qu'il tende à créer des actions électromagnétiques qui s'opposent au mouvement imprimé au circuit. Il est du reste donné à tout instant par le signe de la force électromotrice qui lui donne naissance.

Si le circuit est dépourvu de self induction, il n'y a à agir sur ce circuit que la seule force électromotrice dont nous venons d'obtenir l'expression.

L'application de la loi de Ohm est alors immédiate et fournit la valeur de l'intensité :

$$I = -\frac{HS\omega}{R}\sin \omega t, \qquad (3)$$

en fonction de la force électromotrice d'induction E et de la résistance R du circuit considéré.

Cette intensité peut être représentée graphiquement par les ordonnées d'une sinusoïde. Le cadre tourne avec une vitesse constante $\omega$. Si l'on désigne par T la durée d'une révolution complète, on a :

$$\omega = \frac{2\pi}{T}.$$

Au temps $\theta + T$, l'intensité a la même valeur qu'au temps $\theta$ : T est la *période* du courant, on l'exprime en secondes.

L'inverse $n = \frac{1}{T}$ de la période est la *fréquence*.

On donne parfois à la quantité $\frac{2\pi}{T}$ le nom de *pulsation*.

Dans le cas simple que nous avons considéré, la force électromotrice est représentée par une fonction harmonique de même période que celle qui représente l'intensité.

De plus, ces deux fonctions harmoniques ont une différence de phase égale à zéro, c'est-à-dire sont représentées par des sinusoïdes qui coupent l'axe des temps aux mêmes points.

Il n'en est plus de même si le circuit considéré possède de la self-induction, ou si l'on fait agir la force électromotrice $E = E_0 \sin \omega t$ sur un circuit auxiliaire doué de self-induction.

## 25. Cas où le circuit possède de la self-induction.

— Quand on applique à un circuit une force électromotrice *variable*, on fait naître en effet, dans le circuit même, des phénomènes d'induction qui ont pour effet de modifier à tout instant le courant dont le circuit est le siège.

La force électromotrice agissante se trouve diminuée de la force électromotrice de self-induction.

D'ailleurs, cette force électromotrice de self-induction s'exprime en fonction du flux créé dans son propre circuit par le courant qui le parcourt comme une force électromotrice d'induction quelconque.

Le courant I, en passant dans le circuit, donne naissance à un flux $\Phi$ qui traverse le circuit : ce flux, proportionnel à l'intensité (rigoureusement s'il n'y a pas de fer, approximativement seulement si l'on est voisin de la saturation), a pour expression : $\Phi = LI$, et la force électromotrice de self-induction est :

$$\frac{d\Phi}{dt} = L \frac{dI}{dt}.$$

Le coefficient L, qui est alors *constant*, est le *coefficient de self-induction* du circuit considéré.

La force électromotrice *réelle* qui existe dans le circuit à un instant donné $t$ est donc :

$$E - L\frac{dI}{dt} = e$$

et non E.

De sorte que, pour appliquer la loi de Ohm, on doit écrire :
$$I = \frac{e}{R},$$

et non :
$$I = \frac{E}{R};$$

c'est-à-dire que l'on a à résoudre une équation où, par le terme $e$, s'introduit une fonction implicite de l'intensité I.

On voit que le calcul de I dépend de l'intégration d'une équation différentielle linéaire à coefficients constants et à second membre :

$$I = \frac{e}{R} = \frac{E - L\frac{dI}{dt}}{R};$$

c'est-à-dire :

$$\frac{dI}{dt} + \frac{R}{L}I = \frac{E}{L} = \frac{E_0 \sin \omega t}{L}. \qquad (4)$$

L'intégrale générale d'une pareille équation s'obtient en ajoutant à l'intégrale générale de l'équation sans second membre une solution particulière de l'équation avec second membre.

L'équation sans second membre

$$\frac{dI}{dt} + \frac{R}{L}I = 0 \qquad (5)$$

a pour intégrale générale :

$$I_1 = ce^{-\frac{R}{L}t}.$$

Pour obtenir une solution particulière de l'équation avec second membre, cherchons à satisfaire à cette équation en posant :

$$I_2 = a \sin \omega t + b \cos \omega t ;$$

$a$ et $b$ étant deux nouvelles constantes.

La substitution à $I$ et $\dfrac{dI}{dt}$, de $I_2$ et $\dfrac{dI_2}{dt}$ donne :

$$\left(a\omega + \frac{R}{L} b\right) \cos \omega t + \left(\frac{R}{L} a - b\omega\right) \sin \omega t = \frac{E_0}{L} \sin \omega t ;$$

c'est-à-dire :

$$\begin{cases} a = \dfrac{RE_0}{R^2 + L^2\omega^2}, \\ b = -\dfrac{L\omega E_0}{R^2 + L^2\omega^2}. \end{cases} \qquad (6)$$

D'où, pour $I_2$, la valeur

$$I_2 = \frac{E_0}{R^2 + L^2\omega^2} [R \sin \omega t - L\omega \cos \omega t]. \quad (7)$$

De sorte que l'intégrale générale de l'équation proposée est :

$$I = ce^{-\frac{R}{L}t} + \frac{E_0}{R^2 + L^2\omega^2} [R \sin \omega t - L\omega \cos \omega t]. \quad (8)$$

L'expression de l'intensité se compose de deux termes : un terme exponentiel $ce^{-\frac{R}{L}t}$, et un terme périodique.

Le terme exponentiel diminue rapidement quant $t$ augmente et devient, en général, vite négligeable. Dans l'étude du régime permanent il n'y a donc pas à en tenir compte.

On peut observer que ce régime permanent se trouve atteint au bout d'un temps d'autant plus court que le rapport $\frac{L}{R}$ est plus petit.

On retrouve le même rapport quand on étudie la période variable de l'établissement d'un courant dans un circuit soumis à l'action d'une force électromotrice constante.

L'équation différentielle, qui est alors simplement :

$$\frac{dI}{dt} + \frac{R}{L} I = E_0$$

s'intègre immédiatement et donne :

$$I = \frac{E_0}{R}\left(1 - e^{-\frac{R}{L}t}\right).$$

Le régime permanent est également atteint d'autant plus vite que le rapport $\frac{L}{R}$ est petit.

Ce rapport $\frac{L}{R}$, duquel dépend la durée d'établissement du courant, s'appelle la *constante de temps* du circuit.

L'étude du régime permanent du courant alternatif dépend du terme

$$\frac{E_0}{R^2 + L^2\omega^2}\left[R \sin \omega t - L\omega \cos \omega t\right] \qquad (9)$$

auquel se réduit l'expression de I.

On peut remarquer que le courant, représenté par

la somme algébrique de deux fonctions harmoniques de même période

$$R \sin \omega t, \quad \text{et} \quad L\omega \cos \omega t,$$

$$\text{ou} \quad L\omega \sin\left(\omega t + \frac{\pi}{2}\right),$$

est une fonction harmonique également de même période.

Cherchons à le représenter par une fonction harmonique de période $\omega$ présentant avec E une différence de phase $\varphi$, et posons :

$$I = \frac{E_0}{R^2 + L^2 \omega^2} [R \sin \omega t - L\omega \cos \omega t] = A \sin (\omega t - \varphi). \tag{10}$$

En identifiant les coefficients respectifs de

$$\sin \omega t \quad \text{et} \quad \cos \omega t,$$

on a :

$$\begin{cases} \dfrac{R E_0}{R^2 + L^2 \omega^2} = A \cos \varphi, \\ \dfrac{L\omega E_0}{R^2 + L^2 \omega^2} = A \sin \varphi; \end{cases} \tag{11}$$

c'est-à-dire :

$$A = \frac{E_0}{\sqrt{R^2 + L^2 \omega^2}}, \quad tg\, \varphi = \frac{L\omega}{R}.$$

On peut donc mettre l'expression de I sous la forme :

$$I = \frac{E_0}{\sqrt{R^2 + L^2 \omega^2}} \sin (\omega t - \varphi). \tag{12}$$

L'intensité du courant est représentée par une fonction harmonique de même période que la force électromotrice, mais présente avec elle une différence de phase; c'est-à-dire que les sinusoïdes correspondantes ne coupent pas l'axe des temps aux mêmes points. En particulier, pour $\mathrm{I}=0$, on n'a plus $t=0$, mais

$$t = \frac{\varphi}{\omega}.$$

Le passage par zéro de l'intensité ne coïncide plus avec le passage par zéro de la force électromotrice, et s'effectue un certain temps $\frac{\varphi}{\omega}$ *après*.

C'est ce que l'on exprime en disant que l'intensité est en *retard* sur la force électromotrice : le retard est $\frac{\varphi}{\omega}$. Ce retard dépend de la *phase* $\varphi$. Dans le cas présent, la phase est représentée par l'angle décrit par le cadre depuis la position où la force électromotrice est nulle jusqu'à la position où l'intensité est nulle.

Si l'on considère deux circuits de même résistance R, dont l'un possède une self-induction L, tandis que l'autre ne possède pas de self-induction (circuit non inductif), et qu'on fasse agir sur eux la même force électromotrice sinusoïdale $\mathrm{E} = \mathrm{E}_0 \sin \omega t$, les valeurs respectives de l'intensité seront :

Pour le premier :

$$\mathrm{I} = \frac{\mathrm{E}_0}{\sqrt{\mathrm{R}^2 + \mathrm{L}^2 \omega^2}} (\sin \omega t - \varphi);$$

Pour le second :

$$\mathrm{I} = \frac{\mathrm{E}_0}{\mathrm{R}} \sin \omega t.$$

COURANTS ALTERNATIFS DE BASSE FRÉQUENCE

Et l'on voit que l'effet de la self-induction est double :

1° Elle produit une différence de phase (*retard* de l'intensité sur la force électromotrice);

2° Elle modifie la valeur de l'intensité maximum, qui devient
$$I_0 = \frac{E_0}{\sqrt{R^2 + L^2\omega^2}}, \quad (13)$$

au lieu de
$$I_0 = \frac{E_0}{R}.$$

De sorte que tout se passe comme si la résistance du circuit avait pris une valeur $\sqrt{R^2 + L^2\omega^2} > R$.

La quantité $\sqrt{R^2 + L^2\omega^2}$ s'appelle la *résistance apparente* ou l'*impédance* du circuit.

Elle diffère d'autant plus de la résistance réelle ou ohmique du circuit considéré, que le coefficient de self-induction et la fréquence ont des valeurs plus considérables.

26. **Représentation graphique.** — L'expression obtenue pour l'intensité du courant alternatif en régime permanent :
$$I = \frac{E_0}{R^2 + L^2\omega^2}[R \sin \omega t - L\omega \cos \omega t], \quad (9)$$

peut s'écrire sous la forme :
$$I = \frac{E_0}{R^2 + L^2\omega^2}\left[R \sin \omega t - L\omega \sin\left(\omega t + \frac{\pi}{2}\right)\right], \quad (14)$$

et est susceptible d'être représentée graphiquement par l'application de la règle de Fresnel (paragraphe 13).

Traçons un vecteur OA de longueur égale à R et faisant avec l'axe XX' l'angle $\omega t$ (dans le sens du mouvement des aiguilles d'une montre que nous avons adopté déjà).

Pour retrancher le vecteur $L\omega$, qui présente avec le premier un retard de phase égal $\frac{\pi}{2}$, menons en sens contraire du mouvement un vecteur $\overline{AB}$ de longueur $L\omega$, perpendiculaire à $\overline{OA}$. L'amplitude résultante est représentée par le vecteur $\overline{OB}$.

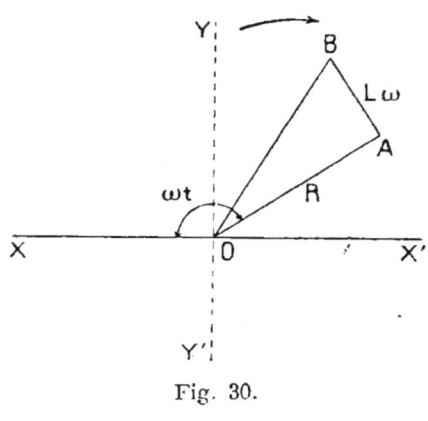

Fig. 30.

Ce vecteur $\overline{OB}$ a pour longueur :

$$\overline{OB} = \sqrt{R^2 + L^2\omega^2}$$

et fait avec $XX'$ un angle $(\omega t - \varphi)$. L'angle $\varphi$, qui représente la différence de phase entre le vecteur résultant $\overline{OB}$ et le vecteur $\overline{OA}$, a pour expression :

$$\operatorname{tg} \varphi = \frac{L\omega}{R}.$$

On voit qu'au facteur constant près $\frac{E_0}{R^2 + L^2\omega^2}$, le vecteur $\overline{OB}$ représente l'intensité I.

$$I = \frac{E_0}{R^2 + L^2\omega^2} \cdot \overline{OB} \cdot \sin(\omega t - \varphi)$$
$$= \frac{E_0}{\sqrt{R^2 + L^2\omega^2}} \sin(\omega t - \varphi).$$

Si l'on suppose que le vecteur OB tourne dans le sens de la flèche avec la vitesse $\omega$, la projection de ce vecteur sur l'axe YY' perpendiculaire à XX' donne à tout instant la valeur de l'intensité $\left(\text{au facteur constant près } \dfrac{E_0}{R^2+L^2\omega^2}\right)$.

## 27. Différence de potentiel aux extrémités d'un circuit parcouru par un courant sinusoïdal.

— On obtient des résultats analogues si l'on se propose de déterminer la valeur de la différence de potentiel qui prend naissance entre les extrémités d'un circuit inductif de résistance R, et de self-induction L parcouru par un courant sinusoïdal d'intensité

$$I = I_0 \sin \omega t.$$

Cette différence de potentiel $e$ est égale à la somme de la différence de potentiel RI due à la résistance ohmique du circuit, et à la force électromotrice de self-induction $L \dfrac{dI}{dt}$.

On a ainsi : $\quad e = RI + L\dfrac{dI}{dt}$.

D'ailleurs, comme : $I = I_0 \sin \omega t$,

on a : $\quad RI = RI_0 \sin \omega t,$

$$L\dfrac{dI}{dt} = LI_0 \omega \sin\left(\omega t + \dfrac{\pi}{2}\right).$$

Par suite :

$$e = RI_0 \sin \omega t + LI_0 \omega \sin\left(\omega t + \dfrac{\pi}{2}\right). \quad (15)$$

La différence de potentiel $e$ est donnée par la somme de deux fonctions harmoniques de même période présentant entre elles une différence de phase de $\frac{\pi}{2}$.

On peut observer, à ce propos, que le caractère de présenter une différence de phase de $\frac{\pi}{2}$ appartient toujours à une fonction harmonique et à sa dérivée.

Pour représenter $e$, on tracera un vecteur $\overline{OA}$, de longueur $RI_0$, faisant avec l'axe $XX'$ l'angle $\omega t$, puis le vecteur $\overline{AB}$, de longueur $LI_0\omega$, faisant avec $\overline{OA}$ un angle $\frac{\pi}{2}$ dans le sens même du mouvement, c'est-à-dire en avance.

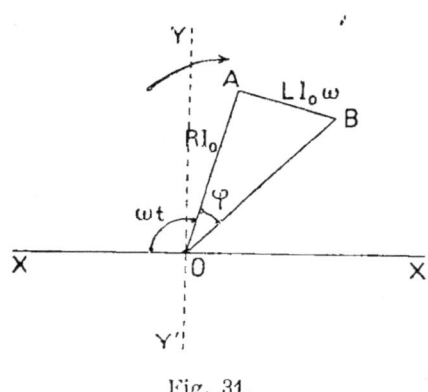

Fig. 31.

Le vecteur résultant $\overline{OB}$ fournit à tout instant, par projection sur $YY'$, la valeur de la différence de potentiel cherchée.

La figure donne, d'ailleurs :

$$\overline{OB} = I_0\sqrt{R^2 + L^2\omega^2} \qquad \operatorname{tg} \varphi = \frac{L\omega}{R},$$

et l'on a :

$$e = \overline{OB} \sin(\omega t + \varphi) = I_0\sqrt{R^2 + L^2\omega^2} \sin(\omega t + \varphi).$$

Si l'on considère deux circuits de même résistance R, dont l'un possède une self-induction L, tandis que l'autre ne possède pas de self-induction (circuit non-inductif), et que ces circuits soient parcourus par un même courant sinusoïdal $I = I_0 \sin \omega t$, les valeurs respectives de la différence de potentiel aux extrémités des circuits seront :

Pour le premier : $e = I_0 \sqrt{R^2 + L^2\omega^2} \sin(\omega t + \varphi)$.

Pour le second : $e = I_0 R \cdot \sin \omega t$.

La self-induction a donc deux effets :

1° Elle produit une différence de phase (*avance* de la différence de potentiel sur l'intensité).

2° Elle modifie la valeur de la différence de potentiel maximum ou *amplitude* du potentiel, qui prend la valeur

$$e_0 = I_0 \sqrt{R^2 + L^2\omega^2} \qquad (16)$$

au lieu de $e_0 = I_0 R$.

Et l'on retrouve la quantité $\sqrt{R^2 + L^2\omega^2}$ que nous avons rencontrée précédemment et appelée l'*impédance* du circuit.

Sous la forme :

$$e = R I_0 \sin \omega t + L I_0 \omega \sin\left(\omega t + \frac{\pi}{2}\right), \qquad (17)$$

on voit que la différence de potentiel est la somme de deux vecteurs $\overline{RI_0}$ et $\overline{LI_0\omega}$.

Le premier est en phase avec l'intensité et peut être considéré comme la portion de la chute de potentiel provenant de la résistance ohmique.

Le second est décalé de $\dfrac{\pi}{2}$ avec l'intensité et peut être considéré comme la portion de la différence de potentiel qui provient des effets de self-induction.

## 28. Cas où le circuit possède de la capacité.

— Quand un condensateur est intercalé dans un circuit en relation avec une force électromotrice constante E, un courant de charge d'une durée très courte parcourt le circuit lors de la fermeture. Le condensateur de capacité C se charge d'une quantité d'électricité $q = CE$ et le courant devient nul. Si la force électromotrice est variable, il en est de même de la charge prise par le condensateur à chaque instant, qui peut être représentée par une fonction du temps $q = f(t)$, de sorte que le circuit se trouve parcouru par un courant variable et différent de zéro : $I = \dfrac{dq}{dt} = f'(t)$.

Ainsi, un condensateur intercalé dans un courant continu coupe ce courant, mais ne coupe pas un courant alternatif. Considérons un condensateur AB, de capacité C, intercalé dans un circuit MN entre les extrémités duquel existe une différence de potentiel sinusoïdale $E = E_0 \sin \omega t$, et dont les branches MA et BN présentent respectivement des résistances égales à $r$ et $r'$. Nous supposerons d'abord que le circuit est dépourvu de self-induction, c'est-à-dire que les résistances $r$ et $r'$ sont *non inductives*. La différence de potentiel entre M et N est égale à la somme des différences de potentiel qui existent entre les points M et A, A et B, B et N.

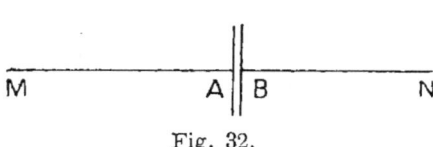

Fig. 32.

On a ainsi :
$$v_M - v_N = E = (v_M - v_A) + (v_A - v_B) + (v_B - v_N).$$

COURANTS ALTERNATIFS DE BASSE FRÉQUENCE

Si l'on désigne par I la valeur *instantanée* du courant à l'instant $t$, l'application de la loi de Ohm aux conducteurs MA et BN donne :

$$(v_M - v_A) = rI \qquad (v_B - v_N) = r'I.$$

D'ailleurs le condensateur, dont les armatures sont soumises au temps $t$ à la différence de potentiel *instantanée* $(v_A - v_B)$, est chargé d'une quantité d'électricité $q$ :

$$q = C(v_A - v_B).$$

Et l'intensité I du courant au temps $t$ est reliée à la quantité $q$ par la relation

$$I = \frac{dq}{dt}.$$

On a donc : $\quad rI + r'I + \dfrac{q}{C} = E = E_0 \sin \omega t.$

Ou, en posant $(r + r') = R$, résistance ohmique totale du circuit : $\quad RI + \dfrac{q}{C} = E_0 \sin \omega t;$

c'est-à-dire : $\quad \dfrac{dq}{dt} + \dfrac{1}{CR} q = \dfrac{E_0 \sin \omega t}{R},$

équation différentielle tout à fait analogue à celle qui a été résolue précédemment.

On peut observer qu'elle ne diffère de l'équation en question :

$$\frac{dI}{dt} + \frac{R}{L} I = \frac{E_0 \sin \omega t}{L},$$

qu'en ce que L est remplacé par R, et R par $\dfrac{1}{C}$.

Il suffit donc d'opérer ces substitutions dans la valeur obtenue pour I, pour obtenir la valeur de $q$.

Il vient ainsi :

$$q = ce^{-\frac{1}{CR}t} + \frac{E_0}{\frac{1}{C^2} + R^2\omega^2}\left[\frac{1}{C}\sin\omega t - R\omega\cos\omega t\right].$$

Le terme exponentiel s'évanouit rapidement quand le temps va en croissant, de sorte qu'il n'y a pas à en tenir compte dans l'étude du régime permanent.

Quant au terme périodique, on peut l'écrire sous la forme :

$$\frac{E_0}{R^2 + \frac{1}{C^2\omega^2}}\left[\frac{1}{C\omega^2}\sin\omega t - \frac{R}{\omega}\cos\omega t\right]. \quad (18)$$

On en déduit la valeur de $I = \dfrac{dq}{dt}$ :

$$I = \frac{E_0}{R^2 + \frac{1}{C^2\omega^2}}\left[\frac{1}{C\omega}\cos\omega t + R\sin\omega t\right], \quad (19)$$

et en posant $I = B\sin(\omega t + \psi)$ et identifiant, on obtient :

$$B = \frac{E_0}{\sqrt{R^2 + \frac{1}{C^2\omega^2}}} \qquad \operatorname{tg}\psi = \frac{1}{CR\omega}.$$

C'est-à-dire l'expression de l'intensité du courant sous la forme :

$$I = \frac{E_0}{\sqrt{R^2 + \frac{1}{C^2\omega^2}}} \cdot \sin(\omega t + \psi) \quad (20)$$

L'intensité est représentée par une fonction harmonique de même période que la différence de potentiel, mais qui présente avec elle une différence de phase.

# COURANTS ALTERNATIFS DE BASSE FRÉQUENCE

Si l'on considère deux circuits de même résistance R, dont l'un possède une capacité C tandis que l'autre n'a pas de capacité, et que l'on fasse agir sur eux la même force électromotrice sinusoïdale $E = E_0 \sin \omega t$, les valeurs respectives de l'intensité seront :

Pour le premier :

$$I = \frac{E_0}{\sqrt{R^2 + \frac{1}{C^2 \omega^2}}} \cdot \sin(\omega t + \psi) ;$$

Pour le second :

$$I = \frac{E_0}{R} \sin \omega t ;$$

et la capacité intercalée dans le circuit entraîne deux effets :

1° Elle produit une différence de phase (*avance* de l'intensité sur la force électromotrice) ;

2° Elle modifie la valeur du maximum, ou *amplitude*, de l'intensité, qui prend la valeur :

$$I_0 = \frac{E_0}{\sqrt{R^2 + \frac{1}{C^2 \omega^2}}}, \qquad (21)$$

au lieu de $\quad I_0 = \frac{E_0}{R}.$

La représentation graphique s'obtiendra de la même manière que ci-dessus. En écrivant :

$$(22)$$
$$I = \frac{E_0}{R^2 + \frac{1}{C^2 \omega^2}} \left[ R \sin \omega t + \frac{1}{C\omega} \sin\left(\omega t + \frac{\pi}{2}\right) \right].$$

Oscillations électriques.

On voit que l'intensité peut être représentée, au facteur près $\dfrac{E_0}{R^2 + \dfrac{1}{C^2\omega^2}}$, par la somme des deux fonctions harmoniques :

$$R \sin \omega t \quad \text{et} \quad \dfrac{1}{C\omega} \cdot \sin\left(\omega t + \dfrac{\pi}{2}\right),$$

qui présentent entre elles une différence de phase de $\dfrac{\pi}{2}$.

On portera donc sur un vecteur faisant avec l'axe XX' un angle $\omega t$ une longueur $\overline{OA}$ égale à R ; puis, à partir de A, un vecteur $\overline{AB}$ de longueur égale à $\dfrac{1}{C\omega}$, faisant avec $\overline{OA}$ *dans le sens du mouvement*, c'est-à-dire *en avance*, un angle $\dfrac{\pi}{2}$.

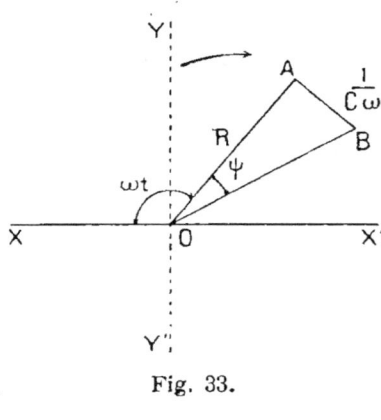

Fig. 33.

Le vecteur résultant $\overline{OB}$ fournit la représentation de l'intensité.

Le triangle OAB donne d'ailleurs les relations que nous avons obtenues. On a en effet immédiatement :

$$\overline{OB}^2 = R^2 + \dfrac{1}{C^2\omega^2} \qquad \operatorname{tg} \psi = \dfrac{1}{CR\omega}.$$

La valeur de l'intensité est donnée à tout instant par la projection de $\overline{OB}$ sur l'axe YY' perpendiculaire à XX' en rétablissant le facteur $\dfrac{E_0}{R_2 + \dfrac{1}{C^2\omega^2}}$.

$$I = \dfrac{E_0}{R^2 + \dfrac{1}{C^2\omega^2}} \cdot \overline{OB} \sin(\omega t + \psi),$$

$$= \dfrac{E_0}{\sqrt{R^2 + \dfrac{1}{C^2\omega^2}}} \cdot \sin(\omega t + \psi). \qquad (23)$$

On peut présenter la question sous un autre aspect, ainsi que nous l'avons fait dans le cas d'une self-induction intercalée dans le circuit. Supposons que le circuit MN, qui comprend le condensateur AB, soit le siège d'un courant sinusoïdal $I = I_0 \sin \omega t$, et proposons-nous de déterminer la différence de potentiel $e$ aux extrémités M et N du circuit.

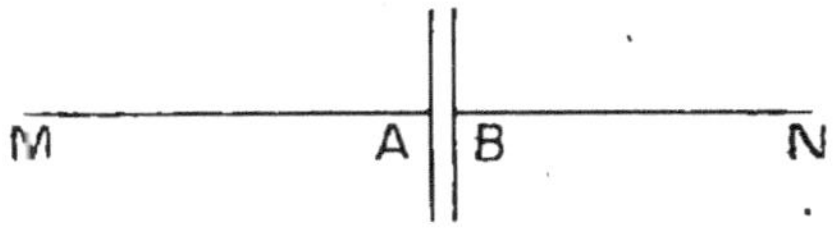

Fig. 34.

En adoptant les notations déjà employées, on a évidemment : $e = RI + (v_A - v_B)$.

D'ailleurs, si l'on désigne par $q$ la charge prise par le condensateur à l'instant $t$ sous la différence de potentiel $(v_A - v_B)$ :

$$v_A - v_B = \dfrac{q}{C},$$

comme on a : $\dfrac{dq}{dt} = I = I_0 \sin \omega t,$

$$q = \int_0^t I\, dt = I_0 \int_0^t \sin \omega t\, dt = -\dfrac{I_0}{\omega}(\cos \omega t - 1).$$

La partie périodique de $e$ peut donc s'écrire sous la forme :

$$e = RI_0 \sin \omega t - \frac{I_0}{C\omega} \sin\left(\omega t + \frac{\pi}{2}\right),$$

ou :  $e = RI_0 \sin \omega t + \frac{I_0}{C\omega} \sin\left(\omega t - \frac{\pi}{2}\right).$  (24)

La différence de potentiel est représentée par la somme des deux fonctions harmoniques :

$$RI_0 \sin \omega t \text{ et } \frac{I_0}{C\omega} \sin\left(\omega t - \frac{\pi}{2}\right),$$

dont la seconde présente sur la première un *retard* de $\frac{\pi}{2}$.

Pour figurer graphiquement le résultat, on portera sur un vecteur faisant avec l'axe XX' un angle $\omega t$ une longueur $\overline{OA} = RI_0$ ; puis un vecteur $\overline{AB}$ de longueur $\frac{I_0}{C\omega}$ faisant avec OA en *sens contraire du mouvement*, c'est-à-dire *en retard*, un angle égal à $\frac{\pi}{2}$.

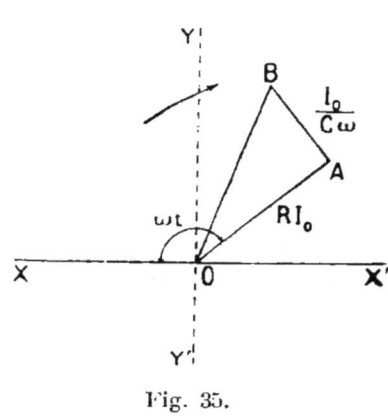

Fig. 35.

Le vecteur $\overline{OB}$ donnera la représentation de la différence de potentiel.

## 29. Cas où le circuit présente à la fois de la self-induction et de la capacité. — Si le cir-

cuit présente de la self-induction, c'est-à-dire un coefficient de self-induction L, à la différence de potentiel RI due à la résistance ohmique il convient d'ajouter la force électromotrice d'induction $L\dfrac{dI}{dt}$,

et l'on a : $e = RI + (v_A - v_B) + L\dfrac{dI}{dt}$ :

1° Si la force électromotrice est *donnée* et supposée sinusoïdale de la forme : $e = e_0 \sin \omega t$,

en remplaçant $(v_A - v_B)$ par $\dfrac{q}{C}$, I par $\dfrac{dq}{dt}$, et $\dfrac{dI}{dt}$ par $\dfrac{d^2q}{d^2t}$, on obtient l'équation différentielle :

$$L\frac{d^2q}{dt^2} + R\frac{dq}{dt} + \frac{q}{C} = e_0 \sin \omega t, \qquad (25)$$

équation différentielle du second ordre à second membre et à coefficients constants, dont l'intégration n'offre aucune difficulté, et qui donne une valeur $q = f(t)$ d'où l'on peut déduire I par différentiation.

Comme nous aurons l'occasion de discuter ultérieurement une équation de la même forme, nous n'y insisterons pas pour l'instant.

2° Si l'intensité est donnée sous la forme $I = I_0 \sin \omega t$, et que l'on cherche à déterminer la différence de potentiel $e$ aux extrémités du circuit MN, pour en obtenir la partie périodique, on a à faire la somme :

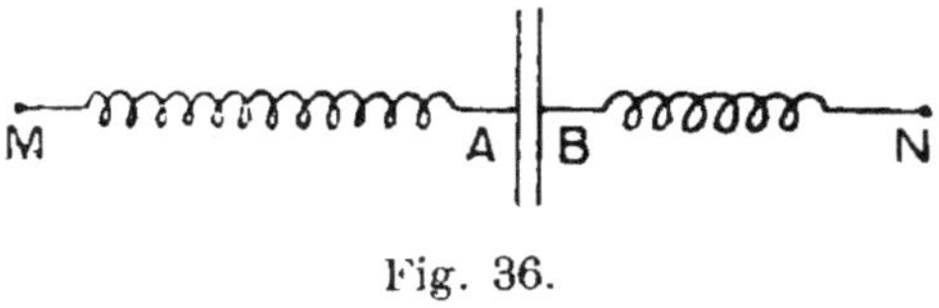

Fig. 36.

$$e = RI_0 \sin \omega t + \frac{I_0}{C\omega} \sin\left(\omega t - \frac{\pi}{2}\right) + L\omega I_0 \sin\left(\omega t + \frac{\pi}{2}\right).$$

c'est-à-dire la somme des trois fonctions harmoniques

$$RI_0 \sin \omega t \quad \frac{I_0}{C\omega} \sin\left(\omega t - \frac{\pi}{2}\right) \quad L\omega I_0 \sin\left(\omega t + \frac{\pi}{2}\right),$$

dont la seconde présente avec la première un *retard* de $\frac{\pi}{2}$, et la troisième présente avec la première une *avance* de $\frac{\pi}{2}$.

Pour obtenir la représentation de $e$, on tracera un vecteur $\overline{OA}$ de longueur égale à $RI_0$, faisant avec l'axe XX' un angle $\omega t$.

Sur une perpendiculaire à OA au point A, on portera de A en C, c'est-à-dire en *retard* de $\frac{\pi}{2}$, un vecteur $\overline{AC} = \frac{I_0}{C\omega}$, et de C en B, c'est-à-dire en *avance* de $\frac{\pi}{2}$, un vecteur $\overline{CD} = L\omega I_0$.

Le vecteur résultant $\overline{OD}$ représente la différence de potentiel cherchée $e$. Ce vecteur fait avec $\overline{OA}$ un angle $\psi$ en *avance* ou en *retard* selon que le vecteur $\overline{CD}$ est plus grand ou plus petit que le vecteur $\overline{AC}$. La résultante des deux vec-

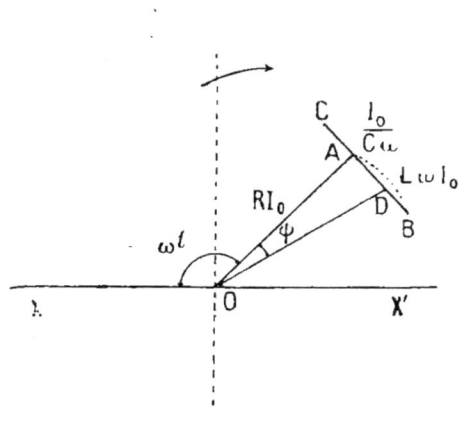

Fig. 37.

teurs $\overline{AB}$ et $\overline{AC}$ est égale à leur somme algébrique :
$$I_0\left(L\omega - \frac{1}{C\omega}\right).$$

Le triangle OAD donne :
$$\overline{OD} = I_0\sqrt{R^2 + \left(L\omega - \frac{1}{C\omega}\right)^2},$$
$$\operatorname{tg}\psi = \frac{1}{R}\left(L\omega - \frac{1}{C\omega}\right),$$

et l'on a :
$$e = \overline{OD}\sin(\omega t + \psi)$$
$$= I_0\sqrt{R^2 + \left(L\omega - \frac{1}{C\omega}\right)^2} \cdot \sin(\omega t + \psi).$$

Ainsi : 1° La différence de potentiel est décalée par rapport à l'intensité d'un angle $\psi$.

2° L'amplitude de cette différence de potentiel se trouve modifiée par le fait que le circuit présente de la capacité et de la self-induction et prend la valeur :
$$e = I_0\sqrt{R^2 + \left(L\omega - \frac{1}{C\omega}\right)^2}, \qquad (26)$$

au lieu de : $\qquad e = RI_0.$

Tout se passe comme si le circuit présentait la résistance : $\sqrt{R^2 + \left(L\omega - \frac{1}{C\omega}\right)^2}.$

On peut généraliser la définition donnée précédemment en donnant à cette *quantité* le nom de *résistance apparente* ou *impédance* du circuit; quant à la quantité $L\omega - \frac{1}{C\omega}$, qui modifie la valeur de la résistance ohmique, on la désigne sous le nom de *réactance*.

Les cas particuliers que nous avons examinés tout d'abord rentrent évidemment dans le cas général.

Quant la capacité est nulle, l'impédance se réduit à l'expression $\sqrt{R^2 + L^2\omega^2}$ que nous avons déjà rencontrée.

On donne parfois à la quantité L le nom d'*inductance*; quand le circuit présente de la capacité, tout se passe comme s'il avait une *inductance* $L_1 = L - \dfrac{1}{C\omega^2}$.

L'*impédance* d'un pareil circuit s'exprime en fonction de l'*inductance* L, comme l'impédance d'un circuit dépourvu de capacité en fonction de l'inductance, et l'on a : Impédance $= \sqrt{R^2 + L_1^2 \omega^2}$.

30. **Cas particulier. Résonance.** — La réactance d'un circuit qui présente de la self-induction et de la capacité, étant égale à la différence $L\omega - \dfrac{1}{C\omega}$, peut prendre une valeur plus faible que chacun des termes qui la composent.

Elle devient *nulle*, en particulier, si l'on a :

$$L\omega = \frac{1}{C\omega} \quad \text{ou} \quad CL\omega^2 = 1. \qquad (27)$$

Il vient alors :

$$\operatorname{tg}\psi = 0 \quad \text{et} \quad \sqrt{R^2 + L_1^2 \omega^2} = R_1.$$

Le courant et la différence de potentiel sont en *phase*, et l'ensemble de la capacité et de la self-induction se comporte comme un conducteur *non-inductif* dont la résistance serait égale à la résistance ohmique $R_1$.

COURANTS ALTERNATIFS DE BASSE FRÉQUENCE 81

Considérons un circuit de résistance R constitué par une self-induction L et un condensateur de capacité C disposés en série, et supposons que la condition $L\omega = \dfrac{1}{C\omega}$ soit satisfaite.

Si le circuit est le siège d'un courant sinusoïdal $I = I_0 \sin \omega t$, pour obtenir la différence de potentiel aux extrémités MN du circuit on est conduit à porter sur une perpendiculaire élevée au point A sur le vecteur $\overline{OA} = RI_0$, et en sens contraire, deux longueurs égales $\overline{AC} = \dfrac{I_0}{C\omega}$ et $\overline{AB} = L\omega I_0$. Le vecteur résultant $e_0$ est évidemment le vecteur $\overline{OA}$ lui-même, c'est-à-dire que l'on a $e_0 = RI_0$ comme s'il n'y avait ni capacité, ni self dans le circuit.

Fig. 38.

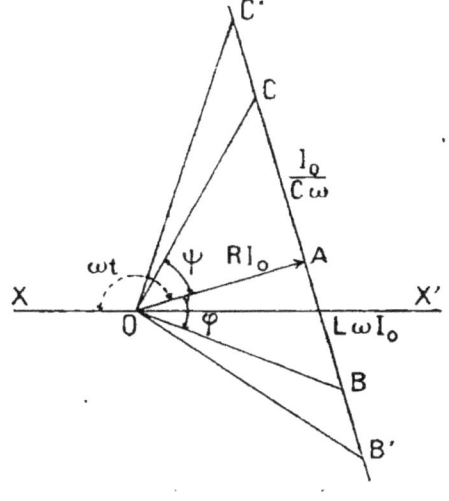

Fig. 39.

Mais les différences de potentiel respectives aux bornes du condensateur et aux extrémités de la self-induction, qui sont représentées par les vecteurs égaux et opposés $\overline{AC}$ et $\overline{AB}$, peuvent prendre des valeurs notablement supérieures à leur résultante $\overline{OA}$.

Pour une valeur constante $e_0$ de l'amplitude du

potentiel entre M et N, c'est-à-dire pour une valeur donnée du vecteur $\overline{OA}$, les positions des points B et C sont déterminés par les valeurs des angles φ et ψ des triangles AOB, AOC.

Or, ces angles sont donnés par les relations :

$$\operatorname{tg} \varphi = \frac{L\omega}{R}, \qquad \operatorname{tg} \psi = \frac{\frac{1}{C\omega}}{R}.$$

Si l'on suppose que R aille en diminuant et tende vers zéro tandis que l'amplitude $e_0$ reste constante, les tangentes croissent indéfiniment, les angles φ et ψ tendent vers $\frac{\pi}{2}$, et les points B et C, tout en demeurant symétriques l'un de l'autre par rapport au point A, prennent des positions B' et C' de plus en plus éloignées.

A une amplitude de potentiel totale très faible, peuvent ainsi correspondre des amplitudes considérables aux extrémités de la capacité et de la self-induction, quand la relation $L\omega = \frac{1}{C\omega}$ se trouve satisfaite.

La réalisation de cette condition, que l'on désigne sous le nom de *condition de résonance*, joue un rôle important dans nombre de phénomènes dépendant des courants alternatifs.

Les effets de résonance peuvent se produire spontanément dans certains réseaux alimentés par des courants alternatifs quand les lignes présentent par elles-même une capacité notable, ce qui arrive en particulier lorsqu'elles sont constituées par des câbles concentriques (effet Ferranti [1]).

---

[1] Le nom d'*effet Ferranti* provient de ce que le phénomène a

Toutefois, comme les self-inductions en circuit, — self des alternateurs comprises, — sont toujours assez faibles, la capacité de la ligne est en général insuffisante pour faire résonner la fréquence fondamentale, et ce sont les harmoniques du courant qui donnent lieu aux effets de résonance (même des harmoniques assez élevés, le septième ou le neuvième, par exemple). Ces effets de résonance dans les circuits donnent naissance à des surtensions capables de compromettre les isolements; aussi cherche-t-on, *en général*, à les éviter.

Nous rencontrerons, au contraire, certains cas où il est avantageux de les utiliser.

L'un des moyens les plus simples pour constater l'existence de la résonance, dans un circuit qui comprend une self-induction et un condensateur, consiste à comparer les indications de deux voltmètres (appropriés) V et V' mis en dérivation respectivement sur la self-induction et la capacité.

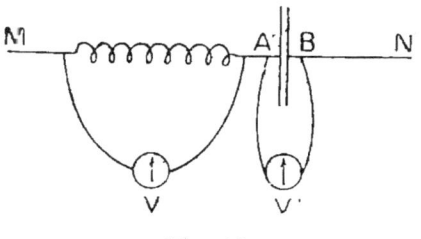

Fig. 40.

Les indications des deux instruments sont, en général, différentes. A mesure que l'on s'approche de la résonance, ces indications vont toutes deux en croissant.

été tout d'abord constaté dans une installation de transport de force, faite par la Société Ferranti, de Deptford à Londres. Le câble employé avait des armatures concentriques et présentait une capacité notable. La tension passait de 8 000$^v$ à 10 000$^v$ lorsque le câble était relié au transformateur de la station centrale.

Elles passent en même temps par un maximum en devenant *égales* quand les conditions de résonance se trouvent remplies. C'est ce qui se produit, par exemple, quand on fait varier progressivement, soit la valeur de la capacité en circuit, soit la valeur de la fréquence.

### 31. Application du phénomène de résonance. Analyse harmonique d'une courbe périodique.

— A titre d'illustration du phénomène de la résonance, nous signalerons la méthode de Pupin pour obtenir l'analyse harmonique de la courbe périodique d'un alternateur, c'est-à-dire pour déterminer quels sont les termes de la série de Fourier qui entrent dans cette courbe.

Le courant $I = f(t)$, fonction périodique du temps de période $T = \dfrac{2\pi}{\omega}$, peut se développer en série de Fourier. Si le courant provient d'un alternateur dont l'induit est de révolution et dont les pièces polaires sont symétriques par rapport à leur axe, la fonction périodique change de signe en conservant la même valeur quand on remplace $t$ par $t + \dfrac{T}{2}$ (T étant la période). Il faut pour cela que tous les coefficients des termes pairs soient nuls. La série se réduit donc aux termes impairs, de sorte que l'on peut écrire :

$$I = I_1 \sin \omega t + I_3 \sin(3\omega t - \varphi_3) + \ldots$$
$$I_n \sin(n\omega t - \varphi_n) + \ldots$$

La différence de potentiel aux extrémités MN d'un

circuit non inductif parcouru par le courant a une expression analogue :

$$e = c_1 \sin \omega t + c_3 \sin(3\omega t - \varphi_3) + \ldots$$
$$+ c_n \sin(n\omega t - \varphi_n) + \ldots$$

Établissons, en dérivation aux bornes M et N, un circuit auxiliaire comprenant une self-induction S (sans fer), un rhéostat non-inductif R et un condensateur C.

En dérivation, aux bornes du condensateur, est disposé un électromètre (en idiostatique).

Le rhéostat est réglable et la capacité du condensateur est variable par fractions.

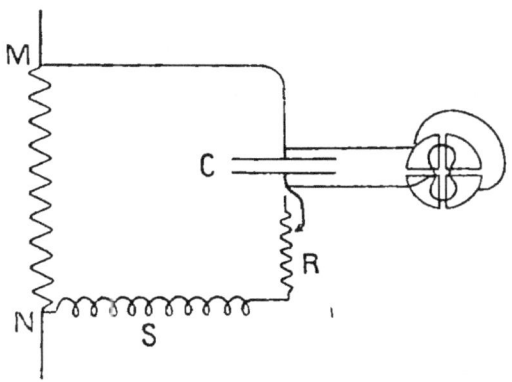

Fig. 41.

Le courant qui traverse le circuit est une somme de termes de la forme :

$$\frac{c_n}{\sqrt{R^2 + \left(L - \dfrac{1}{Cn^2\omega^2}\right)^2 n^2\omega^2}} \sin(n\omega t - \varphi_n),$$

relation dans laquelle R représente la résistance ohmique totale du circuit, — et pratiquement celle du rhéostat R, — L la self-induction de la bobine S, et C la capacité du condensateur.

$n$ est l'ordre de l'harmonique considéré, c'est-à-dire du terme correspondant de la série de Fourier.

Le courant ayant ainsi pour expression :

$$I = \sum \frac{e_n}{\sqrt{R^2 + \left(L - \frac{1}{Cn^2\omega^2}\right)^2 n^2\omega^2}} \sin(n\omega t - \varphi_n). \quad (28)$$

si, pour un certain terme d'ordre $n$, on a :

$$L - \frac{1}{Cn^2\omega^2} = 0,$$

c'est-à-dire si la condition de résonance se trouve satisfaite pour ce terme, il prend la forme :

$$\frac{e_n}{R} \sin(n\omega t - \varphi_n).$$

et devient *prépondérant*, c'est-à-dire beaucoup plus grand que les autres.

L'amplitude de la différence de potentiel aux bornes du condensateur a pour valeur :

$$a_n = \frac{e_n}{RC_n n\omega}$$

($a_n$ est proportionnel à la lecture de l'électromètre), en désignant par $C_n$ la valeur de la capacité qui correspond à la résonance de l'harmonique $n$.

D'ailleurs, pour l'harmonique 1, c'est-à-dire pour la fréquence fondamentale, on a :

$$a_1 = \frac{e_1}{RC_1\omega}.$$

Mais la condition de résonance donne :
Pour l'harmonique $n$ :

$$L - \frac{1}{C_n n^2\omega^2} = 0.$$

Pour l'harmonique 1 :

$$L - \frac{1}{C_1 \omega^2} = 0.$$

Par suite : $\quad \dfrac{a_n}{a_1} = n \dfrac{e_n}{e_1}.$

Ainsi, pour obtenir les rapports des amplitudes des harmoniques successifs, il suffit de faire varier progressivement et d'une manière très lente la valeur de la capacité et de noter les maxima de la tension à l'électromètre.

**32. Intensité efficace. Force électromotrice efficace.** — La quantité d'électricité totale mise en jeu par un courant alternatif sinusoïdal pendant la durée d'une période est nulle. Elle est, en effet, numériquement égale à l'aire de la sinusoïde représentative du courant, puisque l'on a : $dq = \mathrm{I}\,dt$.

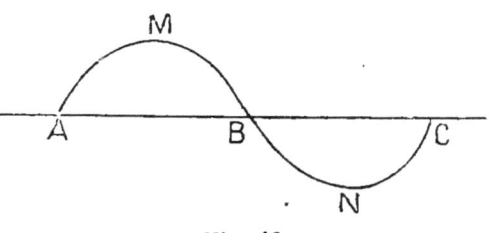

Fig. 42.

L'*intensité moyenne* pendant la durée T d'une période, c'est-à-dire le rapport de la quantité totale d'électricité mise en jeu, au temps est donc également nulle[1].

---

[1] On désigne parfois sous le nom d'*intensité moyenne*, la valeur moyenne de l'intensité pendant *une demi-période*.
Cette valeur moyenne est :

$$\frac{1}{\frac{T}{2}} \int_0^{\frac{T}{2}} \mathrm{I}\,dt = \frac{2 \mathrm{I}_0}{\mathrm{T}} \int_0^{\frac{T}{2}} \sin \omega t\, dt.$$

Intensité moyenne $= \dfrac{2}{\pi} \mathrm{I}_0 = 0{,}636\, \mathrm{I}_0.$

Un courant sinusoïdal ne fait pas dévier l'équipage d'un galvanomètre électromagnétique quand, ainsi qu'il arrive en général, la période d'oscillation de l'équipage mobile est notablement supérieure à celle du courant. Il ne produit non plus aucun effet appréciable en traversant un électrolyte (une solution de sel de cuivre entre électrodes de cuivre, par exemple), car, pendant un intervalle de temps très court, il y a successivement transport et dissolution de métal sur chaque électrode en quantités égales. Mais il est capable de donner naissance à des phénomènes calorifiques en traversant un conducteur. Ces effets, proportionnels au produit $RI^2$, en vertu de la loi de Joule, dépendent du *carré* de l'intensité et non de la simple puissance comme les effets magnétiques ou chimiques. Le changement de sens du courant n'affecte pas le sens de l'action produite, puisque le carré de I conserve toujours le même signe.

La quantité de chaleur dépensée par le courant $I = I_0 \sin \omega t$ pendant un temps $dt$ dans le conducteur de résistance R a pour expression :

$$dQ = \frac{1}{J} RI^2 dt.$$

Pendant une période T, on a donc :

$$Q = \frac{1}{J} \int_0^T RI^2 dt = \frac{1}{J} RI_0^2 \int_0^T \sin^2 \frac{2\pi}{T} t \, dt$$

$$= \frac{1}{2} \cdot \frac{1}{J} RI_0^2 T, \qquad (29)$$

et pendant une seconde :

$$Q_0 = \frac{1}{2} \cdot \frac{1}{J} RI_0^2.$$

L'intensité d'un courant continu capable de développer, pendant le même temps, dans le même circuit, la même quantité $Q_0$ de chaleur, aurait une valeur $i$ telle que :
$$Q_0 = \frac{1}{J} R i^2,$$

c'est-à-dire :
$$\frac{1}{2} \cdot \frac{1}{J} R I_0^2 = \frac{1}{J} R i^2 \,;$$

ou :
$$i = \frac{I_0}{\sqrt{2}}. \qquad (30)$$

Le courant continu d'intensité $i$ est équivalent, au point de vue de la production des effets calorifiques, au courant sinusoïdal considéré.

On donne à l'intensité $i$ ainsi définie le nom d'*intensité efficace* du courant alternatif I.

On doit observer que la notion d'intensité efficace demeure indépendante de la forme du courant alternatif.

L'intensité efficace est, dans tous les cas, l'intensité du courant continu capable de produire dans le circuit les mêmes effets calorifiques que le courant périodique considéré. Mais elle ne prend la forme simple $\dfrac{I_0}{\sqrt{2}}$ que lorsque le courant périodique est sinusoïdal.

A la notion d'intensité efficace correspond la notion de *force électromotrice efficace*, qui se définit d'une manière analogue.

Soumis à une différence de potentiel alternative, l'équipage d'un instrument à indications lentes proportionnelles aux différences de potentiel (voltmètre électromagnétique ou électromètre employé en *hétérostatique*) ne dévie pas.

Il en est autrement si l'on emploie un électromètre en *idiostatique*, c'est-à-dire de manière à ce qu'il donne des indications proportionnelles aux *carrés* des différences de potentiel. La déviation $\Delta$ de l'instrument est alors :

$$\Delta = K \frac{1}{T} \int_0^T E^2 dt = K \frac{1}{T} E_0^2 \int_0^T \sin^2 \omega t \, dt$$

$$= \frac{1}{2} K E_0^2. \qquad (31)$$

La différence de potentiel $e$ constante, capable de donner à l'instrument la même déviation $\Delta$, est :

$$e = \frac{E_0}{\sqrt{2}}. \qquad (32)$$

On lui donne le nom de *différence de potentiel*, ou *force électromotrice efficace*.

### 33. Puissance d'un courant sinusoïdal. —
Pendant un intervalle de temps infiniment petit $dt$, l'énergie du courant est représentée par le produit $EI dt$. Pour obtenir l'énergie mise en jeu pendant la durée d'une période, il suffit de considérer l'intégrale :

$$\int_0^T EI \, dt.$$

Supposons que la force électromotrice sinusoïdale donnée soit appliquée à un circuit présentant de la self-induction.

La force électromotrice étant : $E = E_0 \sin \omega t$.

L'intensité du courant a pour expression :
$$I = I_0 \sin(\omega t - \varphi)$$
et présente un *retard* $\dfrac{\varphi}{\omega}$ sur la force électromotrice.

COURANTS ALTERNATIFS DE BASSE FRÉQUENCE 91

L'expression de l'énergie mise en jeu pendant une période complète est ainsi :

$$W = E_0 I_0 \int_0^T \sin \omega t \sin(\omega t - \varphi)\, dt, \quad (33)$$

ou :
$$W = E_0 I_0 \cos \varphi \int_0^T \sin^2 \omega t\, dt$$
$$- \frac{1}{2} E_0 I_0 \sin \varphi \int_0^T \sin 2\omega t\, dt.$$

La seconde intégrale est nulle ; quant à la première, elle a pour valeur $\dfrac{T}{2}$.

On a donc : énergie mise en jeu pendant le temps T,

$$W = \frac{1}{2} E_0 I_0 T \cos \varphi,$$

et pendant une seconde, puissance :

$$w = \frac{1}{2} E_0 I_0 \cos \varphi.$$

L'on peut écrire, d'ailleurs :

$$w = \frac{E_0}{\sqrt{2}} \cdot \frac{I_0}{\sqrt{2}} \cos \varphi. \quad (34)$$

Et dire que *la puissance d'un courant sinusoïdal est égale au produit de la force électromotrice efficace par l'intensité efficace et par le cosinus de la différence de phase.*

34. **Instruments de mesures pour courants alternatifs.** — Les données les plus directement accessibles à la mesure sont la différence de potentiel

efficace et l'intensité efficace. Par définition même, on peut obtenir la différence de potentiel efficace à l'aide d'un électromètre quelconque employé en *idiostatique*, à l'aide d'un électromètre à quadrants, par exemple, en reliant l'aiguille à l'une des paires de quadrants. Industriellement, et principalement pour les hautes tensions, on fait usage de *voltmètres électrostatiques* basés sur le principe de l'électromètre à quadrants, mais construits d'une manière plus robuste.

Dans le voltmètre statique de Lord Kelvin, une aiguille d'aluminium verticale, en forme de S, et mobile autour d'un axe horizontal entre deux secteurs fixes, est rappelée dans sa position d'équilibre par un contrepoids. Cette aiguille constitue avec les secteurs un condensateur à armature mobile et dévie sous l'action des pressions électrostatiques. L'instrument est gradué par comparaison, avec des différences de potentiel constantes et connues.

Pour la mesure des intensités efficaces (et aussi des forces électromotrices efficaces), on se sert surtout d'*appareils thermiques*. Le plus souvent, c'est la dilatation d'un fil qui est utilisée. Un courant d'intensité $i$ (constante) fait prendre au fil une température d'équilibre $t$. La longueur du fil devient :

$$l_t = l_0 (1 + \lambda t).$$

Il suffit de mesurer $l_0 \lambda t$ pour obtenir la valeur de $i$ : l'instrument est gradué par comparaison avec un galvanomètre ou ampèremètre électromagnétique.

On peut observer que les ampèremètres thermiques basés sur la dilatation demeurent toujours comparables entre eux. On a, en effet : $l_{t'} - l_t = l_0 \lambda (t' - t).$

Et l'accroissement de longueur $\Delta l$ est proportionnel à l'accroissement $\Delta t$ de la température.

L'effet calorifique développé dans le fil étant proportionnel au carré de l'intensité, ces instruments sont aptes à mesurer des courants où l'intensité change périodiquement de sens et à fournir la valeur efficace de l'intensité d'un courant alternatif.

Le plus ancien appareil de ce genre est l'appareil de Cardew (employé comme voltmètre).

Un fil en alliage platine-argent (inaltérable et très dilatable) est fixé en deux points fixes C, D, et passe sur le système des poulies fixes A, B et de la poulie mobile E.

La dilatation du fil entraîne verticalement la poulie E. Un cordon de soie attaché en un point K par un ressort R fait tourner une poulie M qui porte une aiguille mobile sur un cadran divisé.

La sensibilité de l'appareil est médiocre, car on n'utilise que la moitié de l'allongement du fil. Aussi est-on obligé de donner à ce fil une assez grande longueur.

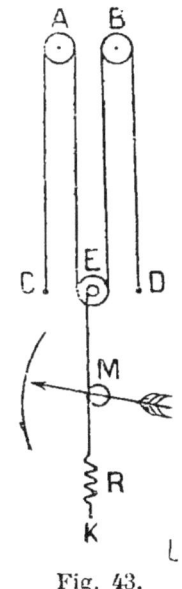

Fig. 43.

Dans les appareils plus récents (ampèremètres Hartmann et Braun, et Carpentier), on utilise l'augmentation de *flèche* au lieu de l'accroissement direct de la longueur du fil.

Le fil dilatable est tendu et attaché aux deux points fixes A, B.

Un fil métallique fin MN est fixé au milieu M de AB.

Enfin, un fil de soie s'attache au point P, passe sur une poulie qui porte l'aiguille indicatrice et est maintenu tendu par un ressort R. Lorsque le fil AB se dilate, il prend une flèche, donne du mou au fil MN, et le mouvement de la poulie se trouve amplifié.

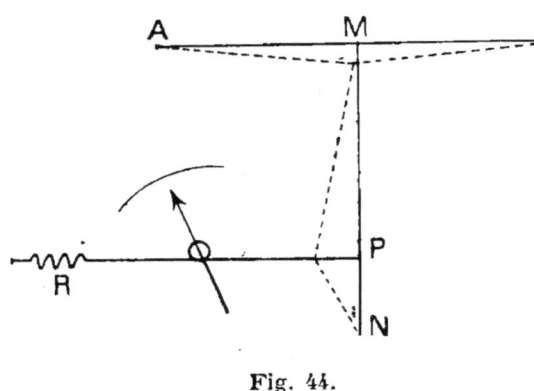

Fig. 44.

Les instruments thermiques ne sont pas sensibles *en principe*, puisque les effets étant proportionnels au carré de l'intensité ne donnent que des variations du deuxième ordre pour une variation du premier ordre de l'intensité.

On peut obtenir cependant des appareils très sensibles en enregistrant, non plus les variations de *longueur* causées par la dilatation, mais les variations de *résistance* causées par l'échauffement d'un fil.

La loi de variation de résistivité d'un fil métallique en fonction de la température a une expression analogue à celle de la dilatation.

On a : $\rho_t = \rho_0 (1 + \alpha t)$.

Le coefficient de variation $\alpha$ d'un métal pur avec la température présente une valeur numérique sensiblement égale à la valeur numérique du coefficient de dilatation des gaz.

En utilisant la mesure de la variation $\Delta \rho = \alpha \rho_0 \Delta t$, on obtient déjà, par conséquent, une *sensibilité* plus grande qu'en mesurant $\Delta l = \lambda l_0 \Delta t$, puisque $\alpha$ est beaucoup plus grand que $\lambda$.

Mais, comme il est possible de mesurer pratiquement des variations de résistance incomparablement plus petites que des variations de longueur, il suit que le procédé permet d'atteindre un haut degré de sensibilité. Nous en retrouverons l'application plus loin (bolomètre).

**35. Actions électrodynamiques des courants alternatifs.** — Les actions électrodynamiques de deux courants parallèles sont régies par la loi d'Ampère : elles sont attractives quand les courants sont de même sens, répulsives quand les courants sont de sens contraire.

Pour deux courants alternatifs de même période, — c'est le cas le plus intéressant, — les sens respectifs des courants à un instant donné dépendent de leur différence de phase.

Si la durée pendant laquelle les courants se trouvent être de même sens est plus grande que la durée pendant laquelle ils sont de sens contraire, c'est l'action attractive qui l'emporte : c'est l'action répulsive qui domine dans le cas contraire.

Il serait facile de voir, en traçant les courbes représentatives des intensités des courants, que c'est le premier cas qui se produit lorsque la différence de phase est inférieure à $\frac{\pi}{2}$, et le second lorsque la différence de phase est supérieure à $\frac{\pi}{2}$ (comprise entre $\frac{\pi}{2}$ et $\pi$).

On arrive au même résultat en considérant l'expression générale de l'action électrodynamique.

L'action électrodynamique est, en effet, proportionnelle au produit des intensités des deux courants.

Si les intensités sont :

$$I = I_0 \sin \omega t, \qquad I' = I'_0 \sin (\omega t - \varphi),$$

l'action électrodynamique, pendant une période, peut être représentée par une quantité proportionnelle à l'expression

$$F = I_0 I'_0 \int_0^T \sin \omega t \sin (\omega t - \varphi)\, dt, \qquad (35)$$

c'est-à-dire par une expression analogue à celle qui a été obtenue dans le calcul de la puissance d'un courant alternatif.

On a ainsi : $\qquad F = \dfrac{I_0 I'_0}{2} \cos \varphi, \qquad (36)$

et le sens de l'action dépend du signe de $\cos \varphi$.

Un cas particulier intéressant est celui où l'un des courants alternatifs est dû à l'induction de l'autre. C'est ce qui se produit lorsqu'un courant alternatif agit sur un circuit fermé placé dans son voisinage.

La force électromotrice développée dans ce circuit fermé, ou force électromotrice secondaire, présente, par rapport au courant primaire, un retard de $\dfrac{\pi}{2}$, et la self-induction du circuit secondaire y ajoute un nouveau retard compris entre $\dfrac{\pi}{2}$ et $\pi$.

Le $\cos \varphi$ est donc négatif, et il se produit toujours, dans ces conditions, une *répulsion* entre les deux circuits.

COURANTS ALTERNATIFS DE BASSE FRÉQUENCE 97

C'est ce que montre une expérience frappante d'Elihu Thomson.

Un anneau métallique, approché du pôle P d'un électro-aimant vertical parcouru par un courant alternatif intense, est repoussé avec force. Si l'on maintient l'anneau par deux fils, de manière à l'empêcher de s'écarter, il se tient en équilibre le plus loin possible de l'électro-aimant (fig. 45).

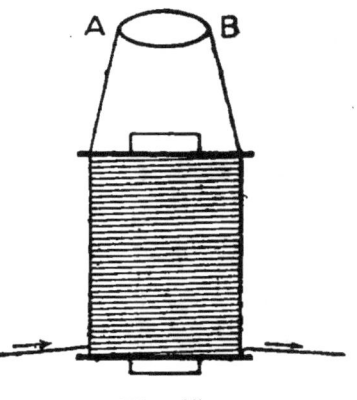

Fig. 45.

On peut traduire le fait en disant que le circuit mobile se déplace de manière à ce que le flux qui le traverse soit *minimum*.

Les mêmes actions peuvent produire des *rotations* au lieu de *translations*.

Dans l'électrodynamomètre de Fleming (fig. 46), un anneau métallique A est suspendu par un fil de torsion ou un bifilaire à l'intérieur d'une bobine verticale B, de manière à ce que son plan fasse, avec le plan des spires de la bobine B, un angle voisin de 45°.

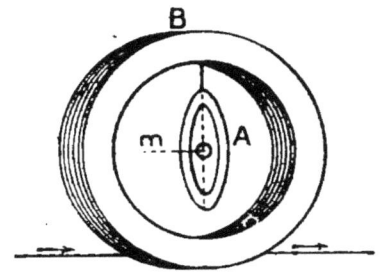

Fig. 46.

Quand la bobine B est parcourue par un courant alternatif, l'anneau tend à s'orienter de manière à ce que le flux qui le traverse soit *minimum*, c'est-à-dire perpendiculairement au plan des spires.

La bobine B peut être enroulée avec peu de spires,

Oscillations électriques. 3*

de sorte que l'appareil ne présente qu'une self-induction modérée.

Les déviations se lisent à l'aide d'un petit miroir *m* entraîné par la rotation de l'anneau.

### 36. Phénomènes généraux présentés par les courants alternatifs.

— Les considérations qui précèdent montrent que le caractère saillant des courants alternatifs est qu'ils ne s'ajoutent pas, ainsi que les courants continus, comme des quantités algébriques, mais comme des *vecteurs*.

C'est un point que l'on ne doit jamais perdre de vue quand on a à envisager de tels courants. On y trouve l'explication des phénomènes spéciaux, et parfois paradoxaux, que présentent les circuits qu'ils parcourent.

### 37. Bobines de réaction.

— Pour réduire l'intensité d'un courant alternatif, on peut opérer comme sur un courant continu et intercaler dans le circuit une résistance convenable.

On peut aussi intercaler une self-induction sous forme de bobine. Cette bobine, qui a une résistance R et un coefficient d'induction L, présente pour le courant alternatif une *résistance apparente* égale à $\sqrt{R^2 + L^2 \omega^2}$, qui est susceptible de prendre telle valeur que l'on désire par la seule modification de L.

Une pareille bobine s'appelle une *bobine de réaction*. La variation du coefficient de self-induction s'obtient très simplement en munissant la bobine d'un noyau de fer que l'on enfonce à l'intérieur d'une quantité plus ou moins grande.

Il est clair que, pour obtenir la même réduction

d'intensité, on peut employer soit une bobine de réaction de résistance R et de self-induction L, soit une résistance *non inductive* de valeur $\rho = \sqrt{R^2 + L^2\omega^2}$.

Le grand avantage que présente l'emploi de la bobine de self, c'est que l'énergie dissipée en effet calorifique dans la résistance n'est que la quantité $RI^2_{eff}$, tandis qu'elle devient $\rho I^2_{eff}$ avec la résistance non inductive équivalente. Or, en donnant à L une valeur suffisante, on peut faire en sorte que R soit beaucoup plus faible que $\rho$, c'est-à-dire que la quantité $RI^2_{eff}$ soit une fraction très faible de $\rho I^2_{eff}$.

Pour une différence de potentiel constante aux extrémités de la bobine de réaction AB, l'intensité du courant est *diminuée*. Mais pour une intensité constante dans le circuit, la différence de potentiel entre les points A et B est *augmentée* proportionnellement à l'impédance de la bobine.

C'est ainsi que, si l'on dispose en dérivation sur une bobine AMB de faible résistance R, mais de grande self-induction parcourue par un courant alternatif, une lampe de résistance $R_0$ beaucoup plus grande que R, on pourra la porter à l'incandescence.

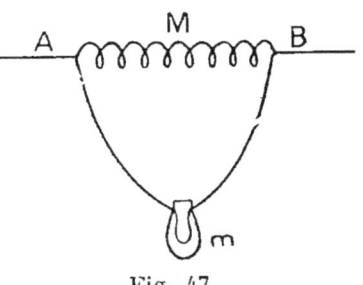

Fig. 47.

La résistance apparente $\sqrt{R^2 + L^2\omega^2}$ croît avec la fréquence. Si la fréquence est très élevée, on pourra obtenir l'incandescence de la lampe en la mettant en dérivation, non sur une bobine, mais sur une simple portion de conducteur rectiligne de longueur relativement faible.

## 38. Représentation par les quantités complexes.

Un vecteur $\overline{OA}$ de longueur $\rho$, qui fait avec l'axe OX un angle $\theta$, peut être représenté par la quantité complexe $\rho(\cos\theta + i\sin\theta) = \rho e^{i\theta}$ dont $\rho$ est le *module*, et $\theta$ *l'argument*. Pour représenter un vecteur $\overline{OB}$ de longueur $\rho'$ faisant avec OA l'angle $\varphi$, c'est-à-dire avec OX l'angle $(\theta + \varphi)$, on aura de même la quantité complexe $\rho' e^{i(\theta + \varphi)} = \rho' e^{i\theta} e^{i\varphi}$.

Le décalage $\varphi$ du vecteur $\overline{OB}$ sur $\overline{OA}$ s'exprime en multipliant la quantité complexe qui représente le vecteur $\overline{OA}$ par $e^{i\varphi}$ : on passe ainsi de l'une des quantités à l'autre d'une manière très simple.

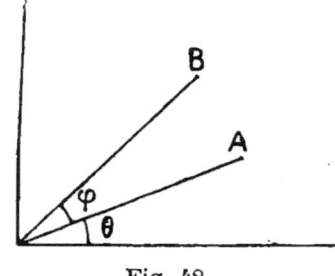

Fig. 48.

Les différents vecteurs que nous avons eu à considérer dans l'étude des courants alternatifs sont évidemment susceptibles d'être ainsi *représentés* par des quantités complexes.

Les opérations que nous avons eu à faire, et pour lesquelles nous avons utilisé avec avantage la représentation graphique, consistent en la sommation géométrique de vecteurs. L'emploi des quantités complexes permet de les effectuer par voie purement algébrique avec une grande simplicité d'écriture.

Considérons en particulier le cas d'un circuit de résistance R et de self-induction L parcouru par un courant sinusoïdal

$$I = I_0 \sin \omega t.$$

COURANTS ALTERNATIFS DE BASSE FRÉQUENCE 101

Nous savons que la différence de potentiel aux extrémités du circuit est figurée par un vecteur $\overline{OB}$ en avance d'un angle $\varphi$ sur le vecteur $\overline{OA}$ qui figure le courant.

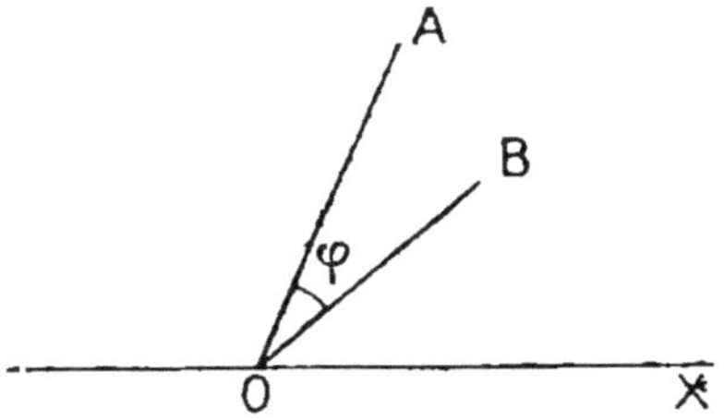

De sorte que si le courant est représenté par la quantité complexe $\overline{OA}$ ou $[I] = I_0 e^{i\omega t}$, la différence de potentiel peut être représentée par la quantité

Fig. 49.

complexe $\overline{OB}$ ou $[E] = E_0 e^{i(\omega t + \varphi)}$, et la relation générale : $E = RI + L \dfrac{dI}{dt}$ donne :

$$E_0 e^{i(\omega t + \varphi)} = RI_0 e^{i\omega t} + LI_0 i\omega e^{i\omega t},$$

ou $\qquad E_0 e^{i(\omega t + \varphi)} = I_0 e^{i\omega t} \times (R + iL\omega),\qquad [37]$

c'est-à-dire : $\qquad [E] = [I](R + iL\omega). \qquad [38]$

On désigne la quantité complexe $R + iL\omega$ sous le nom *d'impédance imaginaire*, et l'on pose :

$$R + iL\omega = [R].$$

La relation prend alors la forme :

$$[E] = [I][R] \quad \text{ou} \quad [I] = \frac{[E]}{[R]},$$

c'est-à-dire la forme même de la loi de Ohm pour les courants continus.

Si l'on convient de désigner les quantités complexes $[E]$ et $[I]$ que *représentent* les vecteurs $\overline{OB}$ et $\overline{OA}$ par les noms de *différence de potentiel imaginaire* et d'in-

*tensité imaginaire*, on peut énoncer la loi des courants alternatifs dans un circuit inductif en disant que l'intensité (imaginaire) est égale au quotient de la différence de potentiel (imaginaire) par l'impédance (imaginaire).

Il est d'ailleurs évident que la relation s'applique également au cas où le circuit comprend une capacité en même temps qu'une self-induction. Il suffit de remplacer, dans l'expression de *l'impédance*, la quantité L par la quantité

$$L_1 = L - \frac{1}{C\omega}, \text{ et de poser :}$$
$$R + iL_1\omega = [R]. \qquad [39]$$

**39. Réaction de deux circuits l'un sur l'autre.** — Pour donner un exemple simple de la manière dont on peut utiliser ces relations, considérons ce qui se passe lorsqu'un circuit ou enroulement *primaire*, de résistance R et de self-induction L sur lequel s'exerce une f. e. m. sinusoïdale $E = E_0 \sin \omega t$, agit par induction sur un circuit fermé de résistance R' et de self-induction L'.

Si l'on désigne par M le coefficient d'induction mutuelle des deux circuits en présence, par I et I' les valeurs instantanées des courants au temps $t$, l'application de l'équation générale de l'induction à chacun des circuits donne :

$$\begin{cases} E_0 \sin \omega t = RI + L\dfrac{dI}{dt} + M\dfrac{dI'}{dt}, \\ 0 = R'I' + L'\dfrac{dI'}{dt} + M\dfrac{dI}{dt}. \end{cases} \qquad [40]$$

COURANTS ALTERNATIFS DE BASSE FRÉQUENCE 103

En faisant usage des imaginaires, on écrit simplement :

$$\begin{cases} [E] = [R][I] + iM\omega[I'] \\ 0 = [R'][I'] + iM\omega[I]. \end{cases} \quad [41]$$

D'où l'on tire immédiatement :

$$\frac{[I']}{[I]} = -\frac{iM\omega}{[R']} = \frac{-iM\omega}{R' + iL'\omega}. \quad [42]$$

Le rapport des amplitudes des courants est le rapport des *modules*, de sorte que :

$$\frac{I_0^2}{I_0'^2} = \frac{R'^2 + L'^2\omega^2}{M^2\omega^2}. \quad [43]$$

L'amplitude du courant induit dépend, en général, et de l'amplitude du courant inducteur, et de la fréquence. Toutefois, si $L'\omega$ est grand par rapport à $R'$, c'est-à-dire *si l'inductance du circuit induit est grande par rapport à sa résistance*, il vient sensiblement :

$$\frac{I_0'}{I_0} = \frac{M}{L'}. \quad [44]$$

et l'amplitude du courant secondaire est proportionnelle à l'amplitude du courant primaire et indépendante de la fréquence.

La différence de phase $(\varphi' - \varphi)$ des deux courants est la différence de phase des arguments :

$$\varphi' - \varphi = \frac{\pi}{2} + \text{arc } tg\, \frac{L'\omega}{R'}.$$

Elle est toujours plus grande que $\frac{\pi}{2}$, et le

retard est compris entre $\frac{1}{4}$ et $\frac{1}{2}$ période. d'autant plus voisin de $\frac{1}{2}$ période que l'inductance du secondaire est grande par rapport à sa résistance.

On tire de la première équation (entre imaginaires) :

[45] $\quad \frac{[E]}{[I]} = [R] + iM\omega \frac{[I']}{[I]} = [R] + \frac{M^2\omega^2}{[R']},$

et en remplaçant $[R]$ par $R + iL\omega$,

$[R']$ par $R' + iL'\omega$,

$$\frac{[E]}{[I]} = R + iL\omega + \frac{M^2\omega^2}{R' + iL'\omega}$$

$$= R + iL\omega + \frac{M^2\omega^2(R' - iL'\omega)}{R'^2 + L'^2\omega^2},$$

ou : $\quad \frac{[E]}{[I]} = \left(R + R' \frac{M^2\omega^2}{R'^2 + L'^2\omega^2}\right) +$ [46]

$$+ i\omega\left(L - L' \frac{M^2\omega^2}{R'^2 + L'^2\omega^2}\right).$$

Si l'on pose :
$\begin{cases} R + R' \dfrac{M^2\omega^2}{R'^2 + L'^2\omega^2} = \rho \\ L - L' \dfrac{M^2\omega^2}{R'^2 + L'^2\omega^2} = \lambda, \end{cases}$ [47]

on a : $\quad \frac{[E]}{[I]} = \rho + i\lambda\omega,$ [48]

c'est-à-dire, en passant aux quantités réelles :

$$E = I\sqrt{\rho^2 + \lambda^2\omega^2}.$$ [49]

Par suite de la réaction exercée par le secondaire, tout

se passe comme si le circuit primaire possédait une impédance $\sqrt{\rho^2 + \lambda^2 \omega^2}$, c'est-à-dire une résistance $\rho$ et un coefficient de self-induction $\lambda$, au lieu d'une résistance R et d'un coefficient de self-induction L.

En se reportant aux expressions de $\rho$ et de $\lambda$, on voit que l'effet se traduit *par un accroissement apparent de la résistance et une diminution apparente du coefficient de self-induction du circuit primaire.*

# CHAPITRE II

PRODUCTION DES COURANTS DE HAUTE FRÉQUENCE.

40. **Ordre de grandeur des fréquences réalisées à l'aide de moyens mécaniques.** — Les courants alternatifs industriels ont, en général, des fréquences comprises entre 25 et 150.

On a construit cependant, pour certains cas spéciaux, des alternateurs qui donnent des courants de fréquences plus élevées. Dans l'emploi du courant alternatif pour l'alimentation de l'éclairage par lampes à arc, il se produit un bourdonnement de caractère musical, assez gênant, quand on atteint la fréquence de 100. A une certaine époque, on avait songé à remédier à cet inconvénient en élevant suffisamment la fréquence du courant d'alimentation pour faire cesser le bourdonnement en se plaçant au delà de la limite de hauteur des sons perceptibles.

C'est cette idée qui a conduit, tout d'abord, certains constructeurs à établir des alternateurs de fréquences notablement supérieures à celles utilisées communément.

Nous citerons, par exemple, les alternateurs d'Elihu Thomson et de Tesla, qui avaient une fréquence de 10000 à 15000.

Différents constructeurs ont réalisé, depuis, des machines analogues. Elles sont constituées, en principe, par un induit denté portant un grand nombre de dents, qui tourne à l'intérieur d'une couronne de pôles inducteurs, ou inversement. L'anneau (ou le disque mobile) est entraîné à la vitesse la plus grande possible. Pour des anneaux de diamètre notable, on ne peut exagérer cette vitesse à cause des effets de la force centrifuge. En dépit de frettages énergiques, on ne peut donc pas, en général, dépasser des vitesses d'une dizaine de milliers de tours par minute. Ce sont, d'ailleurs, des vitesses que permettent d'atteindre normalement maintenant les turbines de Laval, par exemple.

Avec une machine portant des disques inducteurs de faible diamètre (à 204 dents), qu'il faisait tourner à la vitesse considérable de 600 tours à la seconde, Duddell a pu obtenir une fréquence de 120 000 par seconde.

Ruhmer a même construit un alternateur minuscule à fer tournant capable de donner une fréquence de 300 000. Mais ces alternateurs de haute fréquence n'ont qu'une puissance toujours faible.

L'un des alternateurs Tesla, de 5 000 périodes, donnait un courant de 10 ampères sous une centaine de volts.

Celui de Duddell (120 000 périodes) ne débitait que 0,1 d'ampère sous 2 volts, et celui de Ruhmer (300 000 périodes) avait une puissance inférieure à 0,001 de watt[1].

---

[1] La question paraît toutefois être entrée dans le domaine industriel. Fessenden aurait récemment construit un alternateur

Aussi, bien qu'il y aurait grand intérêt à pouvoir produire directement des courants de haute fréquence à l'aide de machines entraînées mécaniquement, c'est à des procédés tout différents que l'on a recours pour leur donner naissance.

### 41. Décharge oscillante d'un condensateur.
— L'une des méthodes les plus simples, — et la première en date, — pour faire naître dans un circuit des courants de haute fréquence, consiste à utiliser, dans certaines conditions déterminées, le phénomène de la décharge d'un condensateur.

La théorie, devançant l'expérience, en a été indiquée d'abord par Helmholtz, puis donnée d'une manière complète par Lord Kelvin.

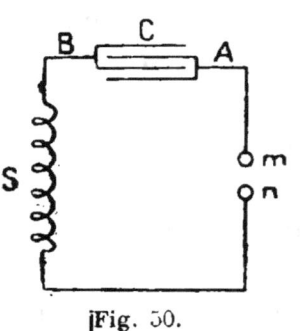

Fig. 50.

Examinons ce qui se passe lorsqu'on décharge un condensateur de capacité C, dont les armatures sont portées à une différence de potentiel $V = v_a - v_b$, dans un circuit de résistance R présentant de la self-induction.

Au moment où l'étincelle éclate à la coupure $mn$, la décharge se produit et le circuit $AmnB$ se trouve brusquement parcouru par un courant d'intensité I variable.

A un instant donné $t$, si $q$ est la charge du conden-

---

du type Mordey, à champ magnétique tournant (360 pôles), qui, à la vitesse de 139 tours par seconde, donnerait une fréquence de 50 000 périodes avec une puissance de $\frac{1}{3}$ de kilowatt.

sateur, l'intensité du courant est $I = -\dfrac{dq}{dt}$. (Le signe — indiquant que la charge diminue, c'est-à-dire que sa variation est négative.)

L'équation générale de l'induction (uniquement fondée sur les lois de l'électrodynamique et sur le principe de la conservation de l'énergie) donne la relation que nous avons déjà utilisée :

$$(v_a - v_b) = RI + L\dfrac{dI}{dt}.$$

Et, en tenant compte de la relation $q = C(v_a - v_b)$, satisfaite, à l'instant $t$, entre la charge $q$ et la différence de potentiel actuelles entre les armatures du condensateur :

$$\dfrac{d^2q}{dt^2} + \dfrac{R}{L}\dfrac{dq}{dt} + \dfrac{q}{CL} = 0.$$

On arriverait à la même équation en partant des expressions de l'énergie électrostatique $w_e = \dfrac{1}{2}\dfrac{q^2}{C}$, et de l'énergie électromagnétique dans le circuit, $w_m = \dfrac{1}{2}LI^2$, et écrivant que le principe de la conservation de l'énergie est vérifié.

Pendant le temps $dt$, il y a, en effet, mise en jeu :

1° D'une quantité d'énergie électrostatique :

$$\dfrac{d}{dt}\left(\dfrac{1}{2}\dfrac{q^2}{C}\right)dt;$$

2° D'une quantité d'énergie électromagnétique :

$$\dfrac{d}{dt}\left(\dfrac{1}{2}LI^2\right)dt;$$

3° D'une quantité d'énergie calorifique : $RI^2 dt$.

De sorte que l'on a :

$$\frac{d}{dt}\left(\frac{1}{2}\frac{q^2}{C}\right)dt + \frac{d}{dt}\left(\frac{1}{2}LI^2\right)dt + RI^2 dt = 0.$$

La substitution à I de $-\frac{dq}{dt}$ donne l'équation différentielle obtenue précédemment.

C'est une équation différentielle du second ordre, à coefficients constants, et sans second membre.

L'intégrale générale de cette équation est de la forme

$$q = Ae^{\alpha' t} + Be^{\alpha'' t}, \qquad (1)$$

et renferme deux constantes arbitraires A et B dont les valeurs se trouvent déterminées par les conditions aux limites.

$\alpha'$ et $\alpha''$ sont les racines de l'équation caractéristique :

$$\alpha^2 + \frac{R}{L}\alpha + \frac{1}{CL} = 0.$$

Elles ont pour expression :

$$\begin{cases} \alpha' = -\frac{R}{2L} + \sqrt{\frac{R^2}{4L^2} - \frac{1}{CL}}, \\ \alpha'' = -\frac{R}{2L} - \sqrt{\frac{R^2}{4L^2} - \frac{1}{CL}}. \end{cases}$$

Quand ces racines sont *réelles*, c'est-à-dire lorsque la quantité $\frac{R^2}{4L^2} - \frac{1}{CL}$ est positive, ou que l'on a :

$$R^2 > \frac{4L}{C},$$

PRODUCTION DES COURANTS DE HAUTE FRÉQUENCE 111

l'intégrale se présente sous la forme exponentielle que nous avons donnée plus haut.

Pour déterminer la valeur des constantes A et B, on doit remarquer que, si l'on prend pour origine du temps l'époque où le condensateur possède une charge $q_0$, on a pour $t=0$, $q=q_0$.

A ce même instant $t=0$, le courant est nul, et par suite :
$$\frac{dq}{dt} = 0.$$

Il vient ainsi : $q_0 = A + B$,
$$0 = A\alpha' + B\alpha''.$$

en différentiant l'expression de $q$.

D'où :
$$\begin{cases} A = -q_0 \dfrac{\alpha''}{\alpha' - \alpha''} \\ B = q_0 \dfrac{\alpha'}{\alpha' - \alpha''} \end{cases}$$

En substituant dans l'intégrale générale (1), on a :

$$q = \frac{q_0}{\alpha' - \alpha''} \left( \alpha' e^{\alpha'' t} - \alpha'' e^{\alpha' t} \right); \qquad (2)$$

ou, en posant

$$a = \sqrt{\frac{R^2}{4L^2} - \frac{1}{CL}},$$

$$q = q_0 e^{-\frac{R}{2L} t} \left[ \left( -\frac{R}{4aL} + \frac{1}{2} \right) e^{at} + \left( -\frac{R}{4aL} + \frac{1}{2} \right) e^{-at} \right]. \qquad (3)$$

L'intensité $I = -\dfrac{dq}{dt}$ s'obtient en différentiant l'équation (2).

Cette différentiation donne :

$$I = -\frac{dq}{dt} = \frac{x'x''}{x'-x''} q_0 \left(e^{x't} - e^{x''t}\right). \quad (4)$$

Ou, en substituant à $x'$ et $x''$ leurs valeurs en fonction de $a$ :

$$\begin{cases} x' = -\dfrac{R}{2L} + a, \\ x'' = -\dfrac{R}{2L} - a, \end{cases} \quad (5)$$

$$I = \frac{q_0}{aCL} e^{-\frac{R}{2L} t} \left(e^{at} - e^{-at}\right).$$

La courbe représentative de l'intensité en fonction du temps présente la forme (1) (fig. 51). Elle s'élève d'abord en tournant sa concavité vers l'axe des $t$ ; la tangente à l'origine, ayant pour coefficient angulaire $\dfrac{q_0}{CL}$, atteint un maximum, pour une valeur

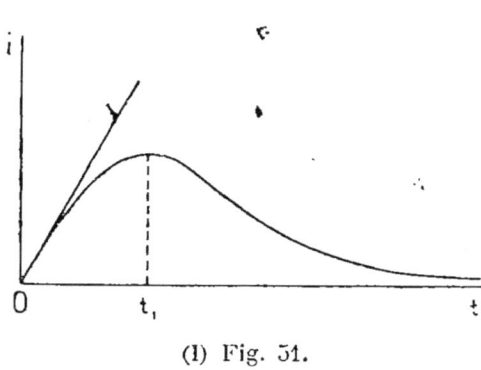

(1) Fig. 51.

$$t_1 = \frac{\mathcal{L}x' - \mathcal{L}x''}{x'' - x'},$$

puis décroît ensuite asymptotiquement.

La décharge s'effectue donc constamment dans le même sens : on dit qu'elle est *continue*.

Lorsque la quantité
$$\frac{R^2}{4L^2} - \frac{1}{CL}$$

est négative, c'est-à-dire quand les racines de l'équation caractéristique sont *imaginaires*, l'intégrale générale se présente sous la forme d'une quantité complexe ; mais on peut lui donner une forme réelle en substituant aux exponentielles imaginaires des fonctions circulaires.

Les racines $\alpha'$ et $\alpha''$ sont imaginaires conjuguées et l'on a : $\quad j = \sqrt{-1}$

$$\begin{cases} \alpha' = \rho + \omega j, \\ \alpha'' = \rho - \omega j, \end{cases} \text{ en prenant : } \rho = -\frac{R}{2L}, \quad \omega = \sqrt{\frac{1}{CL} - \frac{R^2}{4L^2}}.$$

En substituant dans l'équation (3) $\omega i$ à $a$, il vient :

$$q = q_0 e^{-\frac{R}{2L}t} \left\{ \frac{R}{2\omega L} \cdot \frac{e^{j\omega t} - e^{-j\omega t}}{2j} + \frac{e^{j\omega t} + e^{-j\omega t}}{2} \right\}. \quad (6)$$

Et, en vertu des relations

$$\begin{cases} \cos z = \dfrac{e^{iz} + e^{-iz}}{2}, \\ \sin z = \dfrac{e^{iz} - e^{-iz}}{2i}, \end{cases}$$

on a :

$$q = q_0 e^{-\frac{R}{2L}t} \left\{ \cos \omega t + \frac{R}{2L\omega} \sin \omega t \right\}. \quad (7)$$

Par différentiation, on obtient I.

$$I = -\frac{dq}{dt} = -q_0 e^{-\frac{R}{2L}t}\left\{-\omega \sin \omega t + \frac{R}{2L}\cos \omega t\right\} \quad (8)$$
$$+ \frac{R}{2L} q_0 e^{-\frac{R}{2L}t}\left\{\cos \omega t + \frac{R}{2L\omega}\sin \omega t,\right\}$$

c'est-à-dire :

$$I = \frac{q_0}{\omega CL} e^{-\frac{R}{2L}t} . \sin \omega t. \quad (9)$$

La courbe représentative de l'intensité en fonction du temps affecte une allure *périodique* et présente la forme (II) (fig. 52). L'intensité va d'abord en crois-

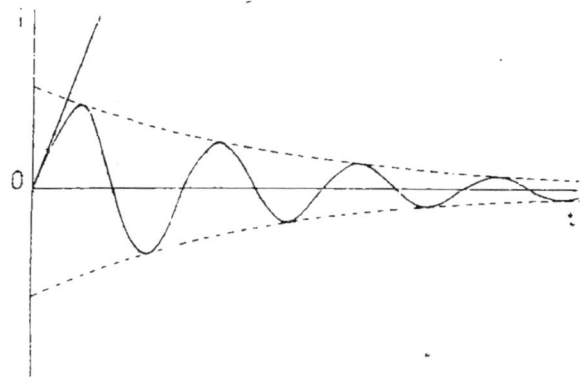

(II) Fig. 52.

sant, et le coefficient angulaire de la tangente à l'origine a la même valeur $\frac{q_0}{CL}$ que dans le cas précédent. Mais l'intensité ne devient définitivement nulle qu'après être passée par une série de maxima positifs et négatifs successifs, c'est-à dire après avoir subi une série d'*oscillations* : on dit alors que la décharge est oscillante. Les maxima successifs correspondent aux valeurs de $t$ pour lesquelles la dérivée $\dfrac{dI}{dt}$ prend une valeur nulle. On a :

$$\frac{dI}{dt} = \frac{q_0}{CL} e^{-\frac{R}{2L}t} \left( \cos \omega t - \frac{R}{2\omega L} \sin \omega t \right).$$

Les maxima (positifs et négatifs) sont donc donnés par la relation :

$$\cos \omega t - \frac{R}{2\omega L} \sin \omega t = 0, \quad \text{ou} \quad \operatorname{tg} \omega t = \frac{2L\omega}{R}. \quad (10)$$

Ces maxima sont tous équidistants.

L'intensité s'annule pour les valeurs de $t$, qui donnent :

$$\sin \omega t = 0, \quad \text{c'est-à-dire :} \quad t = K \cdot \frac{\pi}{\omega},$$

ou, en tenant compte de la valeur de $\omega$ :

$$t = \frac{K}{\sqrt{\dfrac{1}{CL} - \dfrac{R^2}{4L^2}}} \cdot \pi. \quad (11)$$

Ces valeurs sont également équidistantes.

La *période* est l'intervalle de temps qui sépare deux époques où l'intensité s'annule *en conservant le même signe*. Elle a donc pour valeur :

$$T = \frac{2\pi}{\sqrt{\dfrac{1}{CL} - \dfrac{R^2}{4L^2}}} = \frac{2\pi}{\omega}. \quad (12)$$

On voit que les maxima ne se trouvent pas *au milieu* de la période.

Ces maxima successifs ont pour valeurs :

$$I_1 = \frac{q_0}{\omega CL} e^{-\frac{R}{2L} t_1} . \sin \omega t_1,$$

$$I_2 = \frac{q_0}{\omega CL} e^{-\frac{R}{2L} t_2} . \sin \omega t_2.$$

. . . . . . . . .

$$I_k = \frac{q_0}{\omega CL} e^{-\frac{R}{2L} t_k} . \sin \omega t_k,$$

$t_1$ étant donné par la relation $\operatorname{tg} \omega t_1 = \dfrac{2L\omega}{R}$, ou $t_1 = \dfrac{1}{\omega} \operatorname{arc\,tg} \dfrac{2L\omega}{R}$ ; $t_2, t_3, \ldots t_k$, ont pour valeurs :

$$t_1 + \frac{\pi}{\omega}, \; t_1 + \frac{2\pi}{\omega}, \; \ldots \; t_1 + \frac{(k-1)\pi}{\omega}.$$

En substituant à $\sin \omega t_1$ sa valeur en fonction de $\operatorname{tg} \omega t_1$, c'est-à-dire :

$$\sin \omega t_1 = \frac{\dfrac{2L\omega}{R}}{\sqrt{1 + \dfrac{4L^2\omega^2}{R^2}}},$$

et en remplaçant $\omega$ par

$$\sqrt{\frac{1}{CL} - \frac{R^2}{4L^2}},$$

il vient :

$$I_1 = \frac{q_0}{\sqrt{CL}} e^{-\frac{R}{2L} t_1},$$

$$I_2 = I_1 e^{-\frac{R\pi}{2L\omega}},$$

$$I_3 = I_1 e^{-\frac{2R\pi}{2L\omega}}.$$

Les maxima de l'intensité vont en décroissant en progression géométrique. C'est ce que l'on exprime en disant que les oscillations s'*amortissent*. La décroissance plus ou moins rapide de l'amplitude ou l'*amortissement* des oscillations est mesuré par le rapport constant des amplitudes de deux oscillations successives (de même sens), c'est-à-dire par la quantité

$$e^{\frac{R}{2L}T},$$

ou, plus simplement, par le logarithme népérien du rapport des amplitudes, c'est-à-dire par la quantité :

$$\delta = \frac{R}{2L} T,$$

que l'on appelle le *décrément* des oscillations.

La loi de variation de l'intensité en fonction du

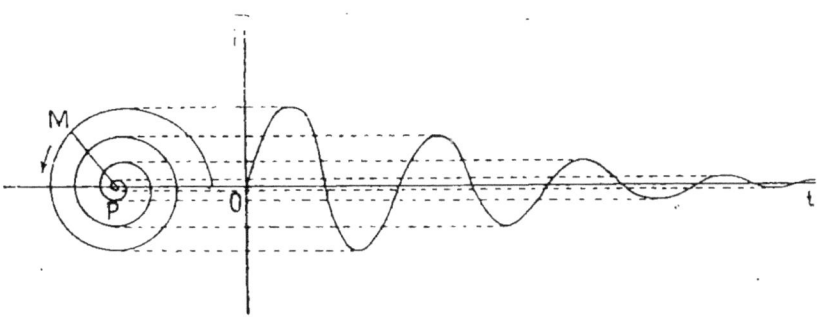

Fig. 53.

temps est susceptible d'être représentée graphiquement d'une manière très simple.

L'expression

$$I = \frac{q_0}{\omega C L} e^{-\frac{R}{2L}t} \sin \omega t \qquad (9)$$

montre que la valeur de I est fournie à chaque instant par la projection sur un axe convenable du rayon vecteur d'une *spirale logarithmique* qui tournerait d'un mouvement de rotation uniforme de vitesse ω autour du pôle (fig. 53).

Lorsque la résistance est faible, ou, plus exactement, lorsque la valeur de R est suffisamment petite vis-à-vis de L, — c'est le cas qui se rencontre le plus souvent en pratique, — on peut négliger $R^2$ vis-à-vis de $4L^2$, et l'on a simplement :

$$T = 2\pi \sqrt{CL} \quad \text{(Formule de Thomson)} \quad (13)$$

$$I = \frac{q_0}{\sqrt{CL}} e^{-\frac{R}{2L}t} \sin \frac{1}{\sqrt{CL}} t. \quad (14)$$

La valeur de la période dépend alors uniquement des valeurs de la capacité et de la self induction du circuit. Dans le cas général, au contraire, il convient de remarquer que la période est fonction de R, c'est-à-dire de l'*amortissement*. En introduisant dans l'expression de la période le décrément :

$$\delta = \frac{R}{2L} T.$$

il vient :

$$T^2 = \frac{4\pi^2}{\frac{1}{LC} - \frac{\delta^2}{T^2}}.$$

c'est-à-dire :

$$T = 2\pi \sqrt{LC} \cdot \sqrt{1 + \left(\frac{\delta}{2\pi}\right)^2}. \quad (15)$$

L'influence de l'amortissement sur la période est d'ailleurs négligeable en général, et si δ est inférieur à 1, la relation $T = 2\pi\sqrt{LC}$ fournit sans erreur appréciable la valeur de la période.

42. **Vérifications expérimentales.** — *Anciennes expériences*. — Les premières vérifications expérimentales ont été effectuées par Feddersen en 1863[1]. La méthode employée par Feddersen consiste à dissocier, par un miroir animé d'un mouvement de rotation rapide, l'image de l'étincelle que l'on peut fixer sur une plaque photographique.

L'image de l'étincelle se présente sous la forme d'une traînée estompée plus ou moins longue. Quand la résistance est faible, cette traînée se trouve striée de bandes transversales obliques qui partent alternativement de l'un et l'autre pôle. Ces stries indiquent le caractère oscillatoire de la décharge.

Quand on augmente progressivement la valeur de la résistance intercalée, les caractères de l'étincelle se modifient et les stries finissent par disparaître complètement : on retrouve alors la *décharge continue*.

Enfin, pour des valeurs encore plus grandes de la résistance (que l'on obtient en intercalant dans le circuit de décharge des colonnes d'eau acidulée), les épreuves montrent plusieurs étincelles individuelles *séparées*, distribuées d'une manière irrégulière : c'est la décharge intermittente.

Les épreuves obtenues par Feddersen montrent que les phénomènes se produisent bien dans le *sens* indiqué par la théorie, et l'influence de la capacité ressort très nettement. Mais ces épreuves ne se prêtent guère à des mesures précises et ne permettent pas la détermination exacte de la période. (Elles se présentent sous un aspect qui rappelle celui d'une flamme de capsule manométrique regardée dans un miroir tournant.)

[1] FEDDERSEN, p. 178.

Le miroir employé par Feddersen faisait une centaine de tours par seconde. D'ailleurs, à l'époque de ses expériences, les émulsions au gélatino-bromure étaient inconnues.

Aussi l'*ordre de grandeur* des périodes des décharges fixées sur les épreuves atteignait-il à peine $\frac{1}{10^4}$ de seconde.

Les expériences de Paalzow[1] apportent également une confirmation générale à la théorie. Paalzow faisait passer la décharge dans un tube de Geissler. Pour des valeurs très grandes de la résistance, l'aspect des deux électrodes du tube demeure différent et indique que la décharge conserve le même sens. Mais, quand la résistance diminue au-dessous d'une certaine valeur critique, l'aspect des électrodes du tube devient le même et indique que le signe des électrodes s'intervertit à tour de rôle.

L'approche d'un aimant divise alors la décharge en deux lignes lumineuses distinctes.

*Expériences récentes*. — Un certain nombre d'expériences récentes, exécutées par des méthodes identiques ou analogues à celle de Feddersen, ont permis de vérifier la théorie dans toutes ses conséquences.

Dans les expériences de Boys[2], la dissociation des étincelles s'obtient en faisant tourner, en regard d'une plaque sensible, un disque dans lequel se trouvent sertis une série d'objectifs photographiques distribués par paires à différentes distances du centre de rotation (fig. 54).

---

[1] Paalzow, *Pogg. Ann.*, vol. CXII, p. 567.
[2] Boys, *Proc. phys., soc.*, 1890.

Les images des étincelles s'étalent en bandes circulaires concentriques.

Le disque, surchargé du poids des objectifs, ne peut recevoir une vitesse de rotation très considérable.

L'ordre de grandeur des périodes des décharges étudiées est $\dfrac{1}{3.10^3}$ à $\dfrac{1}{4.10^3}$ de seconde.

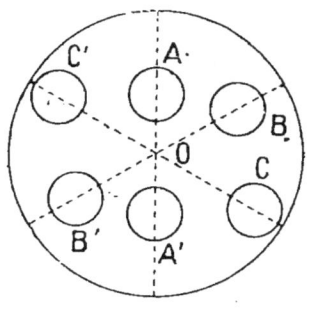

Fig. 54.

Parmi les expériences les plus précises, on doit citer celles de Lodge[1]. L'image de l'étincelle est produite par un objectif fixe sur une plaque photographique animée d'un mouvement de rotation. La vitesse de rotation est déterminée avec beaucoup de soin par une méthode stroboscopique. La capacité est réalisée à l'aide de condensateurs étalonnés et la self-induction à l'aide de bobines plates de coefficients d'induction parfaitement connus. L'accord entre les valeurs des périodes mesurées et calculées est très satisfaisant.

Boys avait cru pouvoir déduire de ses expériences (celles que nous avons citées plus haut) que la période des oscillations fournie par la mesure était supérieure de 5 pour 100 à la valeur théorique.

Mais ce résultat n'a pas été confirmé par les observations plus récentes de Battelli et Magri[2], qui ont trouvé un parfait accord avec la formule de Thomson.

---

[1] Lodge, *Phil. mag.*, t. XXXIX, 1890.
[2] Battelli et Magri, p. 620.

## 43. Étude expérimentale de la décharge oscillante.

— L'étude de la décharge oscillante a été poursuivie par d'autres expérimentateurs, non plus avec le souci du contrôle de la théorie, mais dans le but de mettre en évidence certaines particularités du phénomène.

L'ordre de grandeur des périodes des oscillations fixées par la photographie a pu être notablement réduit.

C'est ainsi que, dans les expériences de Décombes[1], instituées pour appliquer le miroir tournant à l'étude de l'excitateur électrique et démontrer l'existence dans cet appareil d'une oscillation unique, l'ordre de grandeur des périodes des oscillations enregistrées atteint le $\frac{1}{10^6}$ de seconde.

Au cours de recherches sur le régime oscillatoire de l'antenne, et sur lesquelles nous reviendrons ultérieurement, nous nous sommes servi du même procédé du miroir tournant et croyons l'avoir rendu assez pratique et assez sûr pour permettre de l'utiliser à la détermination des périodes de l'ordre de $10^{-6}$ à $10^{-7}$ seconde.

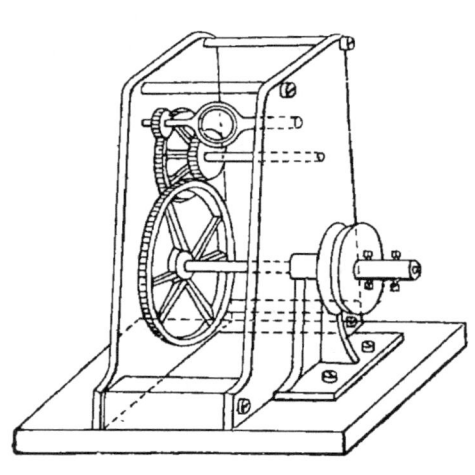

Fig. 55. — Miroir tournant.

[1] Décombes, p. 156.

L'appareil que nous avons fait construire est un train d'engrenages dont la multiplication est exactement égale à 20, et sur le dernier mobile duquel est fixé le miroir (mobile autour d'un axe horizontal). Ce miroir, qui est concave et argenté à la Foucault, a un diamètre de $2^{cm},6$ et une distance focale de $18^{cm},5$ (fig. 55).

Le mouvement est transmis au premier mobile du train par courroie à l'aide d'un petit moteur électrique.

Ce premier mobile entraîne, à l'aide d'un flexible, un commutateur tournant qui décharge à chaque tour un condensateur étalon dans un galvanomètre différentiel que l'on maintient au zéro à l'aide d'un courant permanent d'intensité connue. Pour la commodité de l'observation, le procédé est utilisé par méthode de *déviation* et non de réduction à zéro. L'étalonnage préalable exact est opéré par méthode stroboscopique, observation, à l'aide d'un électro-diapason muni d'une fente, de rayons équidistants tracés sur un disque entraîné par l'axe du miroir (§ 19).

L'observation de la déviation galvanométrique permet de contrôler à tout instant la constance de la vitesse et en fournit immédiatement la valeur.

Quant au montage de l'expérience, tout à fait analogue à celui qui avait été adopté par Décombes, il consiste à disposer l'éclateur E au foyer d'une lentille collimatrice LL' qui fait tomber le faisceau sur le miroir tournant *mn*. L'image réfléchie de l'étincelle se forme sur le châssis photographique AB, au foyer du miroir (fig. 56).

L'image de l'étincelle se présente sous la forme d'un point brillant et, lors de la dissociation, on obtient dans les épreuves des points *alternés* dans la traînée estompée qui se produit sur la plaque.

On donne une grande précision aux pointés et l'on rend la mesure des intervalles facile en interposant

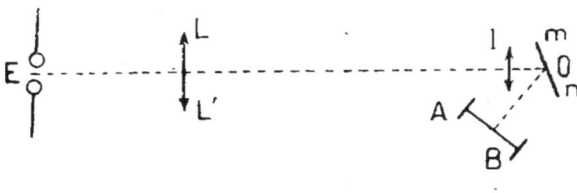

Fig. 56.

devant le faisceau qui tombe sur le miroir *mn* une lentille cylindrique (de 0,25 dioptrie environ).

Les images successives de l'étincelle ne sont plus alors des points alternés, mais des franges transversales qui occupent toute la largeur de la bande et que l'on peut rendre très fines.

La mesure de la distance de deux franges voisines permet d'obtenir la valeur de la période. Quant à l'amortissement, il se traduit par la décroissance plus ou moins rapide de l'intensité des franges et par la longueur plus ou moins réduite de la traînée (fig. 57).

 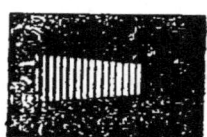

Fig. 57. — Épreuves d'étincelles oscillantes.

Un examen précis montre que le premier intervalle est toujours un *peu plus considérable* que les autres. Les suivants vont en décroissant légèrement, mais ne présentent entre eux que des différences assez faibles, et tendent vers une limite qui est indépendante de la distance explosive[1].

C'est cette limite qui paraît caractériser la valeur de la période du système.

La décroissance de distance des franges successives s'explique aisément ainsi que l'a indiqué Swingedauw[2], à la théorie duquel ces mesures apportent une confirmation expérimentale par la variation de résistance de l'étincelle au cours de la décharge.

Sans entrer dans le détail de la discussion, des considérations simples permettent de se rendre compte de l'allongement de la première demi-période[3].

---

[1] Les exemples suivants, C. Tissot, 1, p. 75, montrent quel est l'ordre de grandeur du phénomène :

| Capacité du condensateur : | | 480$^{cm}$ | 480$^{cm}$ | 900$^{cm}$ | 900$^{cm}$ |
|---|---|---|---|---|---|
| Distance explosive : | | 1 | 1,6 | 0,8 | 1,5 |
| Grandeur des intervalles en centièmes de millimètre. | 1$^{re}$ | 59,3 | 59,0 | 67,5 | 65,5 |
| | 2$^e$ | 55,5 | 53,2 | 65,4 | 62,5 |
| | 3$^e$ | 54,4 | 51,4 | 64,8 | 61,6 |
| | 4$^e$ | 54,0 | 50,7 | 64,2 | 60,8 |
| | 5$^e$ | 53,8 | 50,4 | 63,6 | 60,5 |
| | 6$^e$ | 53,6 | 49,8 | » | » |
| Intervalle moyen (le 1$^{er}$ excepté). | | 54,3 | 51,08 | 64,3 | 61,0 |
| Rapport du 1$^{er}$ intervalle à la moyenne des autres. | | 1,08 | 1,16 | 1,05 | 1,11 |
| Période T en $10^{-6}$ seconde. | | 0,57 | 0,56 | 0,68 | 0,68 |

[2] Il ne faut voir là qu'une première approximation. La théorie de Thomson suppose la résistance du circuit constante. Pour la modification à y apporter dans le cas de la résistance variable, voir SWINGEDAUW, Bull. de la Soc. de phys., 1902, p. 94.

[3] Voir BOUASSE, 5$^e$ partie, p. 33.

Au moment où la décharge commence, les deux portions du système entre lesquelles se produit l'étincelle se trouvent en équilibre *électrostatique*, la coupure présentant une résistance infinie.

La différence de potentiel $e$ de deux points quelconques du circuit, situés d'un même côté de la coupure, est alors nulle.

Mais, si l'on désigne par $r$ la résistance du circuit entre ces deux points, par $l$ la self-induction de cette portion de circuit, on a :

$$e = rI + l\frac{dI}{dt}.$$

Comme on doit avoir à l'instant $t = 0$, $e = 0$ et que I est également nul à ce moment, il faut que l'on ait aussi

$$\frac{dI}{dt} = 0,$$

c'est-à-dire que la courbe soit tangente à l'origine à

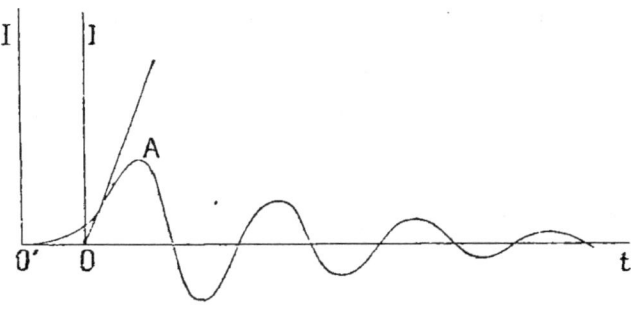

Fig. 58.

l'axe des $t$ et présente la forme O'A au lieu de la forme OA à tangente inclinée.

Dans l'utilisation des épreuves à la mesure de la période, il convient donc, conformément aux indications de la théorie, d'éliminer le premier intervalle et de prendre la moyenne des autres : on obtient alors des nombres très concordants.

Le fait constaté de la *diminution* progressive de la période pendant la durée du train d'oscillations correspondrait à une *diminution* de la valeur de la résistance. Nous verrons que les observations de Hemsalech s'accordent avec cette interprétation.

## 44. Expériences de Hemsalech. 

— Au cours de recherches sur les spectres d'étincelles, Hemsalech a été conduit à étudier les caractères mêmes de la décharge.

Il a employé, pour photographier les étincelles, un procédé analogue à celui de Lodge. Une pellicule circulaire de 30 centimètres de diamètre est portée par un disque d'acier entraîné à une vitesse de 120 tours par seconde, ce qui donne à la région de la pellicule qui reçoit l'impression une vitesse de 100 mètres par seconde. Ce disque tourne dans une sorte de boîte plate portant une fenêtre par laquelle une lentille donne une image fixe de l'étincelle.

Dans des expériences ultérieures, le disque a été remplacé par un tambour mobile sur la périphérie duquel est enroulée la pellicule [1].

Les caractères de la décharge, et principalement les caractères spectroscopiques, diffèrent notablement selon que le circuit présente beaucoup ou peu de self-induction (en supposant que la décharge demeure toujours oscillante).

Aussi Hemsalech distingue-t-il deux sortes d'étin

[1] Hemsalech, **1**, p. 4 et 15.

celles : l'*étincelle de capacité*, et l'*étincelle de self-induction*[1].

L'*étincelle de capacité*, qui se produit quand la capacité est grande et la self-induction faible, se présente sous l'aspect d'un *trait* fixe que l'appareil tournant ne dissocie pas, et d'une *auréole* dans laquelle apparaissent les oscillations de la décharge.

Sur les épreuves, ces oscillations, qui se présentent sous l'aspect de lignes courbes (comme dans les épreuves de Feddersen), montrent que les particules lumineuses sont animées de vitesses *relativement* faibles.

Quand on dissocie le spectre de l'étincelle, le trait donne des raies qui restent droites, tandis que l'auréole donne des raies courbes.

L'épreuve indique que les raies restées droites sont dues uniquement à l'air, tandis que les raies courbes sont dues au métal des électrodes.

Ainsi, le trait donne le spectre du gaz et les oscillations donnent le spectre du métal.

On peut en inférer que l'étincelle se produit de la manière suivante :

La couche d'air entre les électrodes est percée par la décharge initiale et l'air est rendu incandescent sur le trajet (c'est le *trait* ou étincelle *pilote* de Boys).

Puis, l'espace compris entre les électrodes se remplit de la vapeur métallique : c'est l'*auréole*.

Les oscillations qui suivent la décharge initiale réchauffent cette vapeur.

L'*étincelle de self-induction*, qui se produit quand la self-induction du circuit présente une valeur notable,

---

[1] HEMSALECH, **2**, p. 692 et **4**, p. 76.

présente une forme plus régulière que l'étincelle de capacité. (Elle se présente, en général, sous la forme d'une sphère ou d'un ellipsoïde.)

La décharge initiale est très affaiblie et les oscillations prédominent. Le spectre de l'air disparaît également et il ne subsiste plus que le spectre du métal.

Contrairement à ce qui se produit avec l'*étincelle de capacité* pour laquelle le premier intervalle est *toujours supérieur* aux autres, l'intervalle des deux premières franges fixées est *beaucoup plus petit* que celui des autres.

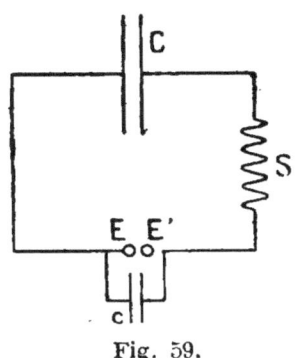

Fig. 59.

La décharge *initiale*, qui est représentée par le premier trait sur l'épreuve, ne fait pas partie de l'ensemble des oscillations.

Si l'on dispose, en parallèle avec les électrodes, un condensateur $c$, de capacité notablement plus faible que C (C = 0,02 microfarad ; $c$ = 0,0003 microfarad) (fig. 59), on constate que ce condensateur a une influence très marquée sur la décharge initiale, mais ne modifie pas sensiblement la fréquence des oscillations.

La décharge initiale, dont le caractère dépend uniquement de la capacité des électrodes, serait ainsi due à la décharge des électrodes seules. La décharge des électrodes servirait à *préparer* le passage aux oscillations de la décharge principale.

La couche d'air qui sépare les électrodes se trouvant percée par la faible décharge initiale, les oscillations successives produisent et échauffent *progressivement* la vapeur métallique.

On s'expliquerait ainsi la diminution de résistance de l'étincelle dans les oscillations successives.

Hemsalech[1] a indiqué un dispositif très simple, qui permet d'observer les oscillations de la décharge sans avoir recours à un miroir tournant ou procédé analogue. Il consiste à mettre à profit la propriété qu'a un courant d'air rapide d'entraîner l'auréole. On fait usage, comme éclateur, d'un système de deux électrodes en cuivre taillées en forme de coins.

Les arêtes sont disposées dans le même plan et légèrement inclinées l'une sur l'autre. A la surface supérieure des électrodes sont fixés deux fils de platine disposés en regard et débordant légèrement à l'intérieur de l'espace compris entre les biseaux des électrodes (distance 3 millimètres environ).

Un ajutage A amène l'air sous pression à une vitesse de 20 à 30 mètres par seconde (fig. 60).

On intercale cet éclateur dans le circuit de décharge et l'on produit l'étincelle. Avec le courant de gaz sous pression (air ou acide carbonique), on la voit se dissocier, et si le courant de gaz est bien constant, le phénomène est assez stable pour que l'on puisse l'observer avec une loupe. Un trait de feu brillant et rectiligne,

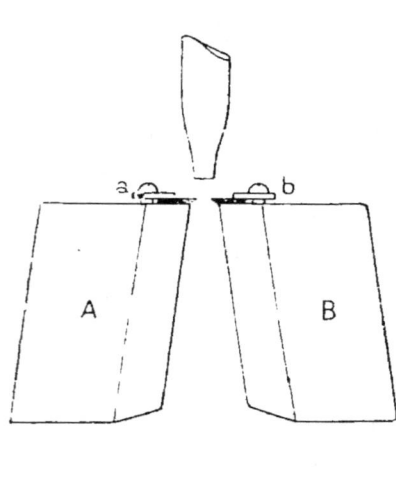
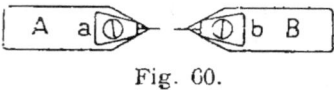
Fig. 60.

[1] Hemsalech, 3, p. 1103.

la *décharge initiale*, relie les deux fils de platine. Au-dessous de ce trait droit, on aperçoit une série de traits plus larges, de couleur violacée, estompés sur les bords et curvilignes : ce sont les oscillations de la décharge.

La figure 61 est la reproduction d'une photographie

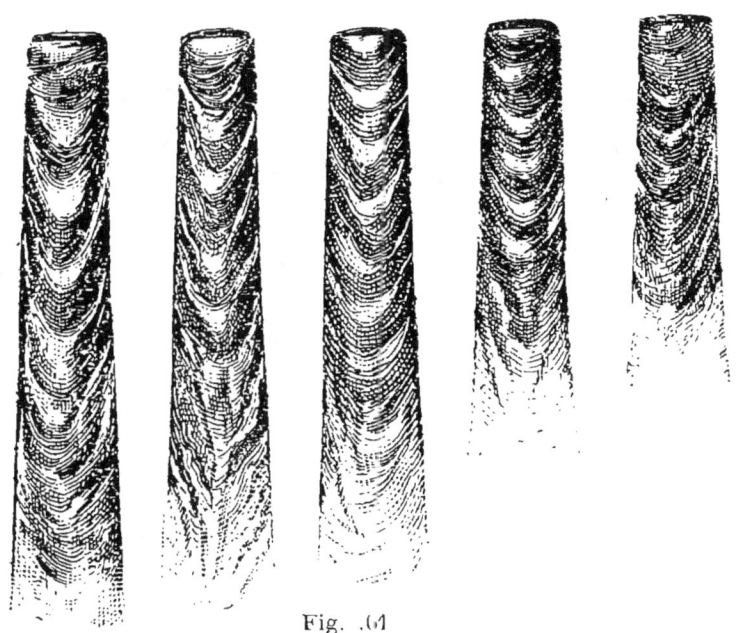

Fig. 61

d'une série d'étincelles oscillantes obtenues par ce procédé.

45. **Amortissement de la décharge.** — La théorie indique que les maxima de l'intensité décroissent selon une progression géométrique et montre que le facteur d'amortissement a pour expression $e^{-\frac{R}{2L}T}$. Nous avons dit que l'amortissement se traduit sur les épreuves d'étincelles oscillantes par la décroissance plus ou

moins rapide de l'intensité des franges. La dissociation de l'étincelle permet de reconnaître l'existence de l'amortissement et d'examiner les causes qui sont susceptibles d'en amener la variation, mais ne saurait en donner la mesure.

Nous étudierons ultérieurement les méthodes qui permettent d'atteindre ce résultat.

En nous bornant pour l'instant à l'observation grossière que fournit l'examen du nombre des franges fixées, nous pouvons obtenir quelques renseignements généraux sur les facteurs qui interviennent dans le phénomène.

La théorie de lord Kelvin suppose que le circuit présente une résistance ohmique ou, plus exactement, qu'il y a *dissipation d'énergie par effet Joule* dans le circuit.

Toutes les circonstances qui sont susceptibles d'augmenter cette dissipation d'énergie se traduiront par un accroissement de la valeur de l'amortissement.

Il en est ainsi, par exemple, ainsi que l'ont montré Marchant et J.-J. Thomson, lorsqu'on introduit un noyau de fer à l'intérieur du solénoïde qui constitue la self-induction d'un circuit de décharge.

J.-J. Thomson dispose l'expérience de la manière suivante :

La self-induction du circuit de décharge est constituée par un solénoïde S et quelques spires S' qui entourent un tube à vide $t$ (fig. 62).

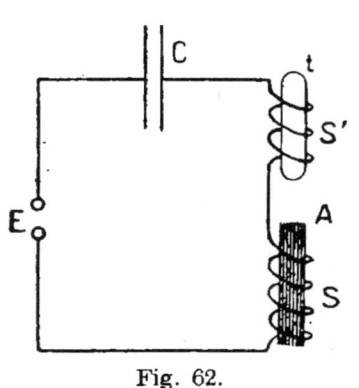

Fig. 62.

Lorsque le solénoïde S ne contient pas de noyau, le tube brille avec éclat.

Cet éclat ne diminue que légèrement quand on introduit dans S un noyau de cuivre, mais disparaît presque complètement quand on introduit un faisceau de fils de fer.

Hemsalech a donné à l'expérience une forme élégante en dissociant l'étincelle par soufflage avec l'éclateur que nous avons décrit.

Quand on introduit dans le solénoïde du circuit de décharge un tuyau de tôle de fer mince, on constate que le nombre des oscillations visibles se trouve notablement réduit [1].

Il convient d'observer que, dans les conditions de l'expérience, deux causes interviennent pour agir sur les oscillations : les courants de Foucault et l'hystérésis magnétique du fer.

C'est à l'hystérésis du fer, c'est-à-dire aux variations d'aimantation qui se produisent sous l'action des oscillations, qu'il convient d'attribuer la part prépondérante dans l'accroissement de l'amortissement.

Si l'on emploie un cylindre de fer fendu le long d'une génératrice pour réduire les courants de Foucault, l'accroissement de l'amortissement n'en subsiste pas moins. Avec un cylindre continu de zinc, au contraire, il ne reste que l'effet des courants de Foucault.

On constate alors que le nombre des oscillations diminue beaucoup moins, mais qu'il se produit un *accroissement notable de la fréquence.*

La figure 63, qui est la reproduction d'une photographie obtenue dans ces conditions, montre quel est

[1] HEMSALECH, **4**, p. 76.

l'aspect du phénomène. La fréquence des oscillations a passé, dans le cas présent, de 25 000 à 50 000 par seconde.

L'effet disparaît à peu près complètement si le cylindre de zinc est fendu.

Le phénomène s'interprète aisément si l'on observe que la réaction sur le solénoïde des courants développés

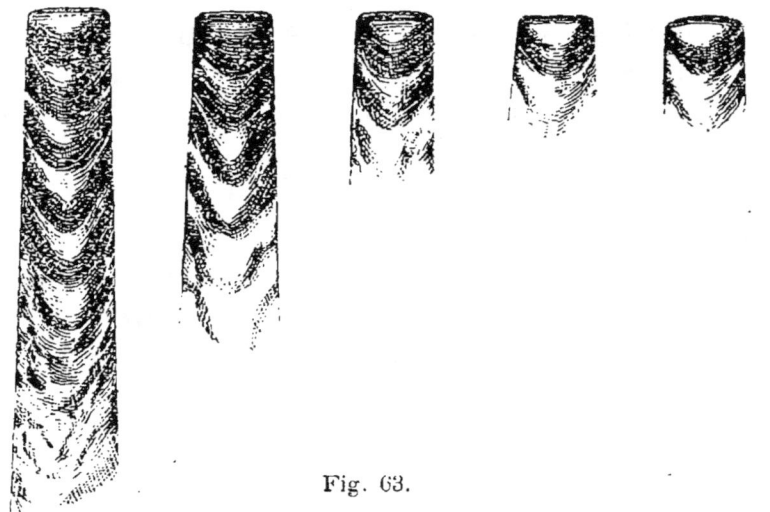

Fig. 63.

par induction dans le noyau métallique a pour effet de produire une variation apparente de la self-induction du circuit.

En l'espèce, l'effet est le même que celui qui se produit dans un transformateur dont on met le secondaire en court-circuit. Tout se passe comme si la self-induction du primaire se trouvait diminuée : l'effet se traduit ici par un accroissement de la fréquence des oscillations (§ 39).

On peut, dans certaines applications, mettre à profit l'effet qui résulte de l'introduction d'un noyau métallique (en métal autre que le fer) dans une bobine siège d'oscillations électriques, comme d'un procédé commode pour faire varier la self induction apparente du circuit et en modifier ainsi la période propre.

## 46. Résistance de l'étincelle. 

— La dissipation d'énergie sous forme calorifique dans le circuit de décharge se produit, d'une part, dans le conducteur métallique, d'autre part, dans le condensateur même, enfin et surtout dans l'étincelle.

Dans l'établissement de l'équation différentielle qui conduit à la théorie de Thomson, en donnant pour expression à l'énergie calorifique mise en jeu dans le circuit, pendant le temps $dt$, $RI^2 dt$, on a supposé implicitement, ainsi que nous l'avons fait observer plus haut, que la dissipation d'énergie se produit par effet Joule dans un conducteur d'une certaine résistance ohmique R.

On peut définir la *résistance de l'étincelle* comme la résistance ohmique d'un conducteur qui, substitué à l'étincelle dans le circuit, donnerait lieu à la même dissipation d'énergie calorifique.

D'ailleurs, comme l'effet de toute dissipation d'énergie calorifique dans le circuit est de produire l'amortissement des oscillations, on peut également définir la *résistance de l'étincelle* comme la résistance d'un conducteur qui, substitué à l'étincelle, donnerait le même amortissement.

Au point de vue pratique, dans l'application des oscillations électriques, c'est cette dernière définition qui présente le plus d'intérêt. On peut évidemment l'étendre à l'effet exercé par les dépenses d'énergie calorifique dont le condensateur se trouve être occasionnellement le siège.

Le décrément total $\delta$ d'un circuit de décharge se présente ainsi comme la somme des trois termes

$$\delta = \delta_R + \delta_E + \delta_C,$$

dont le premier $\delta_R = \dfrac{R}{2L} T$ est dû à la résistance ohmique du circuit, le second $\delta_E = \dfrac{\rho}{2L} T$ est dû à l'étincelle, et le troisième $\delta_C = \dfrac{r}{2L} T$ est dû aux effets calorifiques dont le condensateur est le siège.

La quantité $\rho$, que nous avons appelée *résistance de l'étincelle*, n'est, il convient de le remarquer, que la *résistance équivalente à l'étincelle*.

L'étincelle est un phénomène complexe qui se produit dans un gaz (au cours de la décharge, ainsi que nous l'avons vu, ce gaz est d'abord l'air, puis la vapeur métallique des électrodes).

Pendant le passage de la décharge, le gaz devient conducteur ; mais cette conductibilité se présente sous un aspect fort différent de celui qu'elle présente dans les conducteurs qui obéissent à loi de Ohm.

Dans de pareils conducteurs, l'expérience apprend qu'il existe un rapport constant entre la différence de potentiel ($V_A - V_B$) entre les extrémités du conducteur et l'intensité I du courant qui le parcourt. Le rapport ainsi défini est indépendant de I et de ($V_A - V_B$).

Il n'en est nullement ainsi dans un gaz qui livre passage à la décharge, soit sous forme d'effluves, soit sous forme d'étincelle disruptive. Toutes les expériences s'accordent à montrer que la conductibilité est une fonction complexe de l'intensité du courant.

Les expérimentateurs qui se sont livrés à des déterminations de valeurs numériques de *résistances d'étincelles* sont partis soit de l'une soit de l'autre des définitions données ci-dessus. Lindemann[1] détermine, par exemple, la quantité d'énergie $w_e$ dépensée dans l'étincelle par la différence entre l'énergie électrique totale mise en jeu dans le système et l'énergie recueillie sous forme calorifique dans le circuit extérieur.

Cette énergie peut être évaluée en intercalant dans le circuit de décharge un ampèremètre thermique A, qui donne l'intensité efficace du courant de décharge pour un certain régime de trains d'oscillations que l'on s'efforce de rendre aussi régulier que possible (fig. 64).

Connaissant la résistance du circuit métallique (résistance que l'on sait calculer par des relations que nous donnerons plus loin en fonction des dimensions de ce circuit et pour la fréquence des oscillations dont il est le siège), on en déduit, par l'application de la loi de Joule, la quantité de chaleur dépensée dans cette portion du circuit.

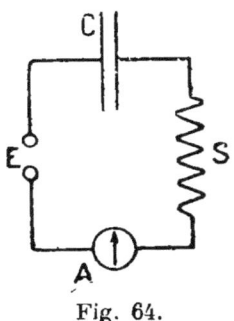

Fig. 64.

L'énergie électrique totale mise en jeu se déduit de la capacité du condensateur et de la valeur du potentiel explosif de la décharge.

Si l'on admet que la loi de Riess s'applique également à l'étincelle, c'est-à-dire que la quantité de chaleur dégagée dans chaque portion du circuit est pro-

---

[1] LINDEMANN, p. 1012.

portionnelle à sa résistance, on peut déduire de ces mesures une valeur moyenne de la résistance équivalente à l'étincelle, au point de vue de la dissipation d'énergie calorifique. La résistance de l'étincelle ainsi définie décroît quand la différence de potentiel augmente. Elle diminue également quand la capacité augmente et, d'une manière générale, quand l'amplitude du courant va en croissant. Lindemann a trouvé, pour des longueurs d'étincelles de $0^{mm},5$ à 2 millimètres, des valeurs comprises entre 1 et 2 ohms (la capacité du circuit de décharge variant entre 0,005 et 0,02 de microfarad).

Nous avons employé une méthode analogue, seulement nous déterminions directement l'énergie calorifique dépensée dans l'étincelle même, en faisant éclater l'étincelle dans une sorte de vase calorimétrique constitué par un tube cylindrique à doubles parois. L'intervalle compris entre les parois est rempli d'un liquide très dilatable (pétrole). Un tube capillaire soudé latéralement sert de tube thermométrique. Le tout est protégé contre le rayonnement par une enveloppe métallique mince polie (fig. 65).

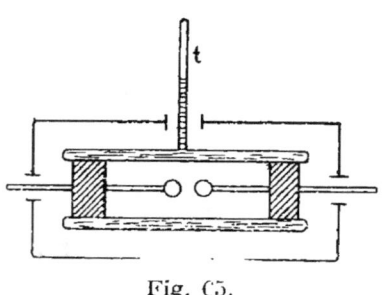

Fig. 65.

On étalonne le *calorimètre* en substituant à l'éclateur un fil de platine de résistance connue que l'on échauffe par le passage d'un courant d'intensité déterminée.

Nous avons obtenu ainsi, pour des étincelles de 2 millimètres à 8 millimètres et des capacités variant de $5,6 \cdot 10^3$ centimètres à $1,4 \cdot 10^3$ centimètres, des résistances équivalentes d'étincelles qui oscillent entre $0^\omega,5$ et 3 ohms.

Les résistances les plus faibles correspondent d'ailleurs aux longueurs d'étincelles les plus courtes et aux plus grandes valeurs de la capacité.

Slaby[1] a exécuté une série de mesures méthodiques en déterminant la valeur de la résistance non inductive qu'il faut intercaler dans le circuit pour réduire le courant dans la même mesure qu'avec une étincelle de longueur déterminée.

On intercale dans le circuit de décharge, en même temps qu'un ampèremètre thermique A, une résistance non inductive R constituée par un crayon de graphite ou une colonne d'eau acidulée, et un second éclateur E', shunté par une résistance liquide (solution de sulfate de cuivre dans un tube $mn$). On conserve à la longueur d'étincelle en E une valeur constante et, gardant le rhéostat R au zéro, on fait varier progressivement la longueur de l'étincelle E'.

On note les indications correspondantes du thermique A. Puis, mettant l'éclateur E' en court circuit, on relève les indications du thermique en faisant varier progressivement la valeur de la résistance R (fig. 66).

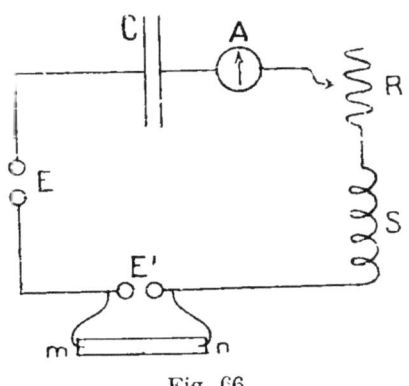

Fig. 66.

On obtient ainsi les valeurs équivalentes des résistances des étincelles E' en fonction des résistances du rhéostat R.

[1] SLABY, 1re partie, p. 29.

Les expériences indiquent que la résistance croît avec la longueur de l'étincelle suivant une loi d'abord parabolique, puis linéaire. Pour une capacité de 1 100 centimètres, la résistance des étincelles de 1 millimètre à 6 millimètres oscille de $0^\omega,05$ à 4 ohms environ.

Pour une même longueur d'étincelle, la résistance diminue quand la capacité du circuit de décharge augmente.

Ainsi, une étincelle de 4 millimètres présenterait les résistances suivantes :

| CAPACITÉS EN $U.\ E.\ S.$ | RÉSISTANCES |
|---|---|
| 120 cm | 9 ohms, |
| 360 cm | 5 — |
| 600 cm | 2,5 — |
| 1 100 cm | 1 — |

La loi de variation de la résistance de l'étincelle avec sa longueur montre que les petites étincelles présentent des résistances relativement plus faibles que les longues étincelles.

Quand on cherche à réduire le plus possible l'amortissement du circuit, c'est-à-dire à diminuer la résistance équivalente de l'étincelle, il peut y avoir avantage à *fractionner* l'étincelle totale en une série de petites étincelles partielles.

D'autres expérimentateurs ont déterminé la résistance équivalente à l'étincelle, en cherchant la résistance non-inductive qu'il convient de substituer à l'étincelle pour produire le même amortissement dans le circuit. On étudiera plus loin (§ 126) les méthodes qui permettent d'obtenir la valeur numérique de *l'amortissement* en utilisant les phénomènes de *réso-*

*nance.* Drude et Rempp[1] se sont servis de cette méthode.

Les résultats généraux des mesures de Rempp indiqueraient que la résistance de l'étincelle va d'abord en décroissant quand la longeur de l'étincelle augmente, et atteint une valeur minimum pour une étincelle de 6 millimètres environ, pour croître ensuite rapidement avec la longueur de l'étincelle.

Ainsi, tandis que les mesures de Slaby sont représentées par une courbe de forme A, les mesures de Rempp sont représentées par une courbe de forme B (fig. 67).

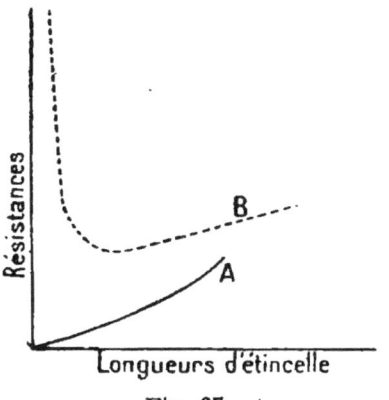

Fig. 67.

La divergence de ces résultats tient à ce qu'ils répondent à des conditions expérimentales essentiellement différentes.

Eickhoff[2] a montré en effet que l'on obtient une courbe de forme A quand on opère par la méthode de *substitution*, c'est-à-dire quand on fait varier la longueur de l'étincelle à courant constant, et une courbe de forme B quand on opère par la méthode de *résonance*, c'est-à-dire quand on fait varier le courant en conservant constante la longueur de l'étincelle.

A la vérité, Eickhoff a signalé une source d'erreur qui s'est introduite dans les mesures de Rempp par suite de la production d'effluves aux bords des arma-

---

[1] G. Rempp, thèse. Voir aussi K. Simons, p. 1044.
[2] W. Eickhoff, p. 494.

teurs des condensateurs (bouteilles de Leyde) utilisés.

La production d'effluves entraîne une certaine dissipation d'énergie par effet Joule et se traduit par un accroissement apparent de la résistance mesurée de l'étincelle.

Les valeurs numériques données par Rempp sont donc trop fortes, surtout pour les étincelles longues. Néanmoins, le phénomène conserve la même allure : quand on fait croître progressivement la longueur de l'étincelle dans un circuit oscillatoire, la résistance commence d'abord par décroître, puis tend à devenir sensiblement constante.

Il résulte des mesures de Drude [1] que la résistance d'une étincelle de la longueur donnée varie, non seulement avec la capacité, mais aussi avec la self-induction du circuit.

D'ailleurs, ce qu'il importe surtout de considérer dans la pratique, ce n'est pas la valeur même de la résistance de l'étincelle, mais le décrément de l'oscillation.

Le décrément va en diminuant quand la capacité augmente, d'abord assez rapidement, puis de plus en plus lentement, pour prendre une valeur sensiblement constante (pour des capacités supérieures à $0^{\varphi},002$).

Sa valeur augmente avec la longueur de l'étincelle (pour des longueurs supérieures à $0^c,5$), l'accroissement étant d'autant plus rapide que la capacité est plus petite.

Il demeure d'ailleurs sensiblement indépendant de la self-induction du circuit.

[1] P. Drude, 1, p. 709.

En fait, on doit retenir surtout que la relation $\frac{R}{2L}$ T, qui donne la valeur du décrément d'un circuit oscillatoire, ne s'applique plus, — même d'une manière approximative, — quand le circuit est fermé par une étincelle.

Pratiquement, et selon la longueur de l'étincelle, le décrément dans de pareils circuits est généralement compris entre 0,08 et 0,12, *quelle que soit la valeur de la self-induction*.

L'influence de la nature du métal qui constitue les pôles de l'éclateur est très sensible, ainsi que l'a établi Drude [1].

Le *zinc* est le métal qui permet d'obtenir les étincelles les moins résistantes, et son emploi se recommande pour les éclateurs quand on désire réduire autant que possible l'amortissement. Après lui, parmi les métaux usuels, viennent *l'étain* et le *laiton*. Le fer donne, au contraire, des étincelles beaucoup plus résistantes et conduit à des valeurs plus considérables de l'amortissement.

Des résultats analogues ont été obtenus par Slaby et Fleming [2].

## 47. Influence du condensateur sur l'amortissement.

— La capacité idéale que nous avons supposée intercalée dans le circuit de décharge se trouve réalisée en pratique par un *condensateur* à diélectrique solide ou liquide. De ce chef, il se produit, dans le condensateur même, une dissipation d'énergie

---

[1] P. Drude, 1.
[2] J.-A. Fleming, 1, p. 184.

calorifique qui a pour effet d'accroître l'amortissement.

Le fait de l'échauffement des condensateurs soumis à des charges et décharges rapides est bien connu de tous les expérimentateurs qui les ont utilisés à la production de courants de haute fréquence.

La dissipation d'énergie calorifique dont un condensateur soumis à des oscillations électriques est le siège peut être rapportée aux causes suivantes :

1° Effluves qui se produisent aux bords des armatures et cheminent à la surface du diélectrique;

2° Phénomènes d'électrolyse dans la masse toujours hétérogène du diélectrique, parfois mélangée de parcelles conductrices;

3° Hystérésis diélectrique visqueuse.

Les deux premières causes sont, en général, les plus importantes; toutefois la troisième serait loin d'être négligeable.

L'existence d'une *hystérésis diélectrique*, analogue à l'*hystérésis magnétique ordinaire*, a été d'abord signalée par Steinmetz[1]. Toutefois, le procédé qu'employait Steinmetz pour la mettre en évidence est sujet à plusieurs critiques.

Les expériences plus précises de Ricardo Arnò[2] semblent montrer que l'effet existe réellement.

Si l'on suspend, dans un champ électrostatique, un cylindre diélectrique, on constate que le cylindre est entraîné par la rotation du champ.

Ce procédé, qui permet d'effectuer des mesures cor-

---

[1] Steinmetz, *The Electrician*, vol. 28, p. 602, 1892.
[2] Ricardo Arnò, *Acc. dei Lincei*, 1893 et 1894.

rectes, a été employé à des déterminations numériques par Ricardo Arno, puis par Threlfall[1], en substituant au cylindre diélectrique un ellipsoïde de révolution suspendu à un fil de quartz disposé dans le prolongement de l'axe.

L'effet ne se produit que dans les diélectriques *solides*.

L'énergie W dépensée dans le diélectrique est fonction du champ électrostatique inducteur E et serait représentée par une fonction exponentielle de la forme

$$W = a E^b,$$

où $a$ et $b$ sont deux coefficients numériques variables, non seulement avec les différents diélectriques, mais même avec les divers échantillons d'un même diélectrique.

Le coefficient exponentiel $b$ oscillerait entre les valeurs 1.5 et 2. Quant au coefficient $a$, il est très faible pour la paraffine, mais atteint des valeurs de 0,03 à 0,04 pour l'ébonite et le verre.

Il convient d'observer que le fait que l'ellipsoïde diélectrique est *entraîné* par la rotation du champ indique bien que la « polarisation » du diélectrique est en retard sur le champ inducteur. Mais il n'implique pas nécessairement qu'il s'agisse d'une hystérésis proprement dite, c'est-à-dire d'un effet indépendant de la vitesse de variation du champ.

Les recherches de Porter et Morris[2] et les travaux plus récents de Beaulard[3], qui ont été effectués

---

[1] Threlfall, p. 457.
[2] W. Porter et K. Morris, p. 469.
[3] Beaulard 1, p. 422.

par une méthode un peu différente et destinée à mettre en lumière *séparément* l'existence de l'*hystérésis proprement dite* et de la *viscosité*, montrent que les diélectriques ne présentent pas, en réalité, le phénomène de l'*hystérésis ordinaire*, mais seulement ceux de l'*hystérésis visqueuse*.

Il convient d'observer, d'ailleurs, que Threlfall avait reconnu que l'hystérésis diminue rapidement avec l'accroissement de la fréquence des oscillations, pour disparaître complètement lorsque cette fréquence atteint la valeur de $10^7$ par seconde.

La considération de la viscosité permet d'obtenir l'expression de l'énergie dépensée dans le diélectrique par l'application des relations que Pellat[1] a établies en partant du fait expérimental de la *polarisation réelle*.

Pour un diélectrique d'épaisseur uniforme $e$, soumis à une différence de potentiel sinusoïdale d'amplitude $V_0$, la quantité $w$ d'énergie transformée en chaleur par unité de volume et par unité de temps aurait pour expression :

$$w = \frac{1}{2} bh \left(\frac{V}{e}\right)^2 = \frac{1}{2} bh E^2,$$

E représentant le champ électrique dans le diélectrique. $b$ et $h$ sont deux coefficients qui dépendent de la polarisation du diélectrique considéré. Le coefficient $h$ ne demeure constant qu'autant que le champ est faible, et diminue quand l'intensité du champ augmente.

Il en résulte que, si l'on cherche à représenter $w$ par une expression $w = aE^n$ où $a$ est constant, on est

---

[1] Pellat et Beaulard, **2**, p. 1457.

conduit, pour les grandes valeurs du champ, à attribuer à l'exposant $n$ une valeur inférieure à 2, ainsi que l'ont admis Arno et Threlfall.

Le choix du meilleur diélectrique à employer dans un condensateur doit être guidé par celui des coefficients $b$ et $h$ pour lesquels il convient de rechercher les valeurs les plus faibles.

Pour obtenir l'amortissement le plus faible possible, il est indispensable, en tous cas, d'employer un condensateur qui ne donne pas d'effluves. Le meilleur moyen de le réaliser consiste à se servir, ainsi que l'a montré Drude, de plaques métalliques immergées dans du pétrole qui constitue le diélectrique du condensateur.

48. **Production d'oscillations électriques au moyen de l'arc chantant**. — Duddell a montré que si l'on dispose, en parallèle avec un arc alimenté par un courant continu, un condensateur et une self-induction, l'arc rend, pour un réglage convenable, un son continu de caractère musical.

La hauteur de ce son subit d'incessantes variations, mais ces variations sont très légères, de sorte qu'elle oscille autour d'une valeur constante qui se trouve déterminée par celle de la réactance du circuit dérivé. Le courant qui prend naissance dans ce circuit dérivé est sensiblement sinusoïdal, et sa période a pour valeur $T = 2\pi\sqrt{LC}$, si l'on désigne par L la self-induction et par C la capacité du condensateur disposés en dérivation sur l'arc.

Cette relation, qui a été trouvée vérifiée par Duddell[1]

---
[1] W. Duddell, **1**, p. 232 et *Electrician*, t. 48, 1902.

lui-même, puis par Janet, a été contestée depuis par d'autres observateurs (La Rosa, Corbino, Maisel, en particulier). Blondel a montré qu'il existe, en réalité, deux régimes différents d'arc chantant, dont l'un, à arc relativement long, possède un caractère musical assez pur.

C'est à ce régime que s'appliquerait la relation de Thomson, mais seulement d'une manière approximative. Pour la réussite de l'expérience, certaines précautions doivent être observées. On ne doit faire usage que de charbons homogènes (sans mèches) et donner au circuit dérivé qui comprend la self-induction une résistance inférieure à 2 ohms. En fait, l'expérience montre que le phénomène se produit d'autant plus aisément que la résistance est plus faible, la capacité plus grande et la self-induction plus petite. Les sons aigus se maintiennent plus facilement que les sons graves. Le son musical le plus pur prend naissance pour un réglage de l'arc qui correspond à la limite du passage de l'arc sifflant à l'arc normal.

Au moment où s'établit le phénomène, il se produit une chute brusque de l'intensité dans le circuit d'alimentation. Cette intensité conserve ensuite une constance remarquable, si bien que la meilleure manière de maintenir le réglage de l'arc consiste à suivre les indications d'un ampèremètre placé dans le circuit principal.

La figure 68 est la reproduction d'une épreuve obtenue en recevant sur une plaque sensible un arc chantant dissocié à l'aide d'un miroir tournant, animé d'ailleurs d'une vitesse réduite (4 à 5 tours par seconde). Le caractère périodique du phénomène apparaît nettement et se traduit sur l'épreuve par une série de protubérances équidistantes qui se détachent en noir sur le fond de la bande ombrée fixée sur la plaque.

Ces épreuves permettent d'obtenir avec précision la

Fig. 68. — Épreuve photographique d'arc chantant.

mesure de la période en inscrivant simultanément les oscillations d'un électro-diapason. Elles montrent que l'éclat du cratère subit des variations périodiques accompagnées de contractions de la gaine gazeuse qui entoure les charbons. Ce sont à ces contractions périodiques qu'est dû le phénomène sonore [1].

48 bis. **Conditions d'établissement de l'arc chantant.** — Janet [2] a montré comment on pouvait rendre compte, par des considérations élémentaires, des conditions d'établissement de l'arc chantant.

Supposons que ces conditions se trouvent réalisées dans le circuit de l'arc A, sur lequel sont disposés en dérivation la self-induction L et le condensateur C (fig. 69).

Soient R la résistance totale du circuit d'alimentation (y compris l'arc) et $r$ la résistance du circuit dérivé.

[1] C. Tissot, 5.
[2] Janet, 2, p. 821.

Le circuit qui passe dans l'arc est un courant ondulé. Il en est de même, par suite, du courant principal I, qui doit être considéré comme la superposition d'un courant continu $I_1$ et d'un courant que l'on supposera sinusoïdal de la forme $I_0 \sin \omega t$. On a ainsi :

$$I = I_1 + I_0 \sin \omega t.$$

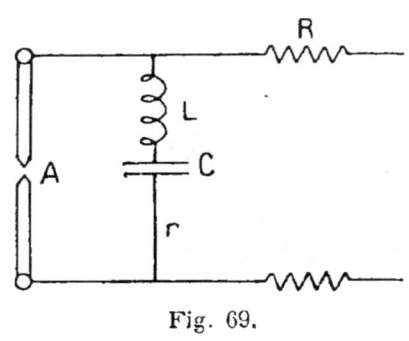

Fig. 69.

Si l'on désigne par E la force électromotrice de la source d'alimentation, la différence de potentiel *instantanée* aux électrodes de l'arc est :

$$V_A - V_B = E - RI = E - RI_1 - RI_0 \sin \omega t.$$

D'ailleurs, si l'on admet que la relation $T = 2\pi \sqrt{LC}$ soit satisfaite, comme elle équivaut pour le circuit dérivé à la condition de résonance $L\omega = \dfrac{1}{C\omega}$ (§ 30), il en résulte que le circuit dérivé se comporte comme un circuit non inductif et que le courant sinusoïdal se partage simplement entre les branches selon la loi des circuits dérivés. Les intensités respectives $i$ et $i'$ dans l'arc et le circuit dérivé sont donc :

$$i = -\frac{R}{r} I_0 \sin \omega t,$$

$$i' = I_1 + \frac{R+r}{r} I_0 \sin \omega t.$$

Et l'on a en différentiant :

$$d(V_A - V_B) = -R\omega I_0 \cos \omega t \, dt.$$

$$di' = \frac{R+r}{r} \omega I_0 \cos \omega t \, dt ;$$

c'est-à-dire : $\dfrac{d(V_A - V_B)}{di} = -\dfrac{Rr}{R+r} = -\dfrac{r}{1+\dfrac{r}{R}}.$

Pour que le phénomène puisse se produire, il faut que la dérivée de la différence de potentiel aux électrodes par rapport au courant de l'arc soit *négative*.

Si, d'ailleurs, $r$ est petit par rapport à R, on a simplement : $\dfrac{d(V_A - V_B)}{di} = -r.$

C'est-à-dire, comme le rapport $\dfrac{d(V_A - V_B)}{di}$ représente le *coefficient de stabilité* de l'arc, égal à la propre résistance de l'arc, on peut exprimer les conditions d'établissement de l'arc chantant en disant que l'arc doit être utilisé dans la branche plongeante de sa caractéristique, et que le coefficient de stabilité doit avoir une valeur numérique égale à la résistance en ohms du circuit dérivé.

Quant à l'explication même de la production des oscillations dans l'arc, elle résulte des considérations suivantes qui ont été mises en lumière par Blondel[1]. Mme H. Ayrton[2] a établi qu'il se produit dans l'arc des retards de régime provoqués par l'échauffement et le refroidissement des électrodes quand on fait varier l'intensité du courant entre deux limites. Il en résulte, ainsi que l'a montré Simon[3], qu'à une même valeur de l'intensité correspondent deux valeurs différentes du voltage, une valeur plus élevée quand le courant va en

---

[1] Blondel, p. 464.
[2] Mme H. Ayrton, *The electrician*, t. L, 1902.
[3] Th. Simon, p. 818 et 839.

croissant, une valeur plus faible quand le courant va en décroissant.

On est ainsi conduit à distinguer, de la *caractéristique statique* de l'arc, c'est-à-dire de la courbe qui représente la relation entre le courant et la différence de potentiel aux bornes lorsque ces quantités subissent des variations lentes et de même sens, une *caractéristique dynamique*, c'est-à-dire une courbe qui représente la relation entre la différence de potentiel et le courant lorsque ces quantités subissent des variations périodiques plus ou moins rapides (comme dans l'arc alternatif, par exemple). Tandis que la caractéristique statique est une courbe de forme hyperbolique qui tourne sa convexité vers l'axe des abscisses, la caractéristique dynamique est une courbe fermée ou une *boucle* analogue à un cycle d'*hystérésis*. La différence de potentiel en un point ne dépend plus alors uniquement de la valeur actuelle du courant, mais du sens de sa variation, c'est-à-dire de ses *états antérieurs*.

L'établissement spontané d'un pareil régime n'est d'ailleurs possible que s'il existe un condensateur aux bornes de l'arc.

Les diagrammes relevés à l'oscillographe[1] (fig. 70) montrent que, lorsque le régime oscillatoire est établi, le courant dans le circuit dérivé est en opposition avec le courant ondulé de l'arc. Le courant dérivé va donc en croissant quand le courant de l'arc va en décroissant, et *vice versa*.

Pendant la période de décroissance du courant dans l'arc, — portion BnC de la courbe (fig. 71) — le courant

[1] *Courbe supérieure*, courant dans l'arc. — *Courbe inférieure*, courant du condensateur.

augmente dans le circuit dérivé et le condensateur se charge, tandis que l'arc se refroidit progressivement.

Quand le courant dérivé atteint son maximum, le voltage de l'arc a la valeur qui correspond à la position C de l'intensité décroissante.

La décharge du condensateur commence alors à se

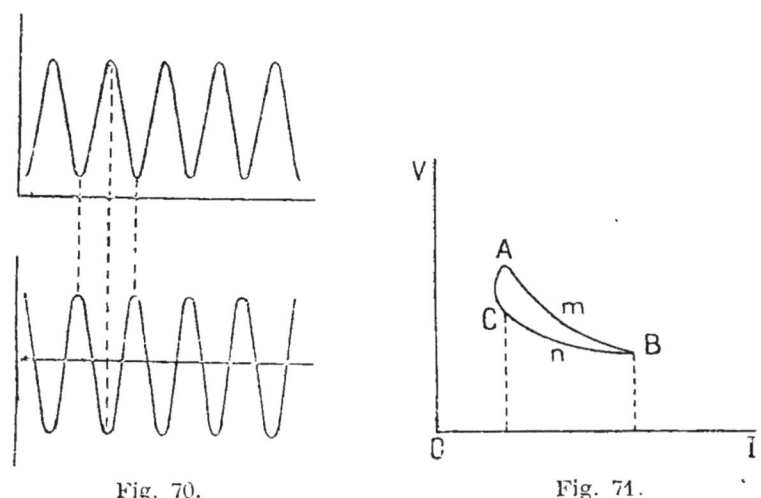

Fig. 70.　　　　　　Fig. 71.

produire; le courant de décharge se superpose au courant de l'arc dont le voltage croît rapidement, pour prendre la valeur qui correspond à la position A de l'intensité croissante. Le point A qui répond au voltage maximum est le voltage de l'arc quand la température du cratère atteint la valeur la plus élevée. À partir de ce point, le voltage décroît tandis que le courant continue encore à augmenter, car la résistance apparente de l'arc conserve une valeur relativement faible. Le point figuratif décrit alors la portion de courbe A*m*B.

Quand le point représentatif est revenu en B, le courant dérivé a sa valeur minimum, la décharge du condensateur est complète, et le même cycle de phénomènes se reproduit, de sorte que des oscillations persistantes prennent naissance dans le circuit dérivé, le condensateur absorbant et restituant à tour de rôle une portion de la quantité d'électricité mise en jeu dans le circuit d'alimentation.

D'ailleurs, l'énergie absorbée par le condensateur lors de la charge est nécessairement plus grande que l'énergie qu'il restitue à l'arc pendant la décharge, puisqu'une portion de l'énergie qu'il absorbe est convertie en énergie oscillatoire susceptible d'être utilisée directement (par exemple dans un système associé par induction au circuit oscillatoire dérivé).

Les parcours de caractéristique *descendante* seront donc prédominants (fig. 71). L'aire de la boucle représente évidemment l'énergie mise en jeu dans le circuit inductif qui comprend le condensateur.

## 49. Ordre de grandeur des fréquences réalisables.

— Les considérations qui précèdent montrent que pour obtenir des oscillations dans un circuit inductif dérivé, il convient d'opérer dans une région où la caractéristique statique est *inclinée* et non pas *parallèle* à l'axe des abscisses (courant).

Plus la pente de la caractéristique sera prononcée, et plus grande pourra être l'énergie mise en jeu dans le circuit dérivé pour une variation déterminée du courant dans l'arc. Si l'on opère à bas voltage, la caractéristique étant peu inclinée, il est nécessaire d'employer un condensateur de grande capacité pour extraire de l'arc une quantité appréciable d'énergie, car les variations de voltage correspondant à une variation donnée du courant sont nécessairement faibles. La fréquence obtenue ne peut donc être très élevée.

En fait, le régime le plus favorable s'obtient par l'emploi de capacités supérieures à 1 microfarad, avec un courant d'alimentation de 5 ampères environ.

Les fréquences que l'on peut obtenir aisément sont généralement comprises entre 500 et 10000 vibrations par seconde.

Il est possible toutefois, en employant des courants très faibles (c'est-à-dire, en opérant dans la portion fortement inclinée de la caractéristique), d'atteindre des fréquences de 30000 à 40000 vibrations ; mais on ne met alors en jeu que des puissances très faibles, à moins de faire usage de voltages élevés. Nous reviendrons ultérieurement sur ce point.

Bien que les courants qui prennent naissance dans l'arc chantant ne soient pas à proprement parler des courants de *haute fréquence*, la fréquence en est déjà suffisamment élevée pour donner lieu à la production d'effets d'induction énergiques. Si l'on dispose, à une distance de plusieurs décimètres d'un circuit d'arc chantant, un enroulement de plusieurs tours de conducteur formant une boucle de diamètre notable, on peut faire briller une lampe à incandescence reliée aux extrémités de l'enroulement.

L'arc chantant peut ainsi être utilisé comme générateur commode de courants alternatifs de fréquences notablement supérieures à celles que fournissent les alternateurs d'usage courant. Nous avons fait observer, d'ailleurs, que le courant ne s'écarte pas beaucoup de la forme sinusoïdale (ce que l'on peut constater sur les oscillogrammes de la figure 70). Il peut, par exemple, exciter directement le primaire S d'un transformateur dont le secondaire, constitué par un nombre suffisant de tours, permet d'obtenir une tension élevée (fig. 72).

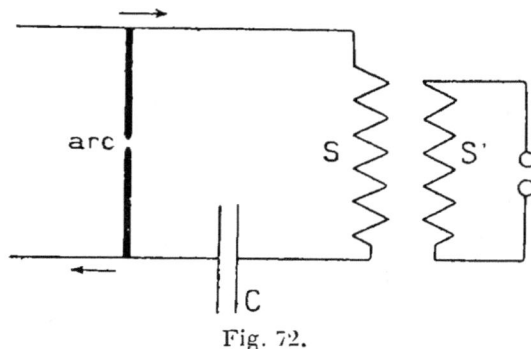

Fig. 72.

Dès que l'on dépasse des fréquences de 5 000 par seconde, il y a tout avantage à construire ce transformateur sans noyau de fer, en donnant aux enroulements un diamètre notable.

50. **Arc de Poulsen.** — Poulsen[1] a réussi à utiliser le phénomène de Duddell à la production d'oscillations de haute fréquence, et à élever le taux des vibrations de l'arc chantant de 30 000 à plus de 500 000 par seconde.

Le principe de la méthode de Poulsen consiste essentiellement à produire l'arc dans une atmosphère d'hydrogène ou d'un carbure d'hydrogène (gaz d'éclairage, par exemple[2]).

Le phénomène se produit plus aisément si, à l'ac

---

[1] POULSEN, p. 963.
[2] Une atmosphère de carbure volatil (gazoline) permet également de reproduire le phénomène. On obtient aussi de bons résultats avec de l'*alcool*, ou simplement de la *vapeur d'eau* (à 100°) : il convient alors d'employer des électrodes de graphite.

tion de l'hydrogène, on ajoute celle d'un soufflage électromagnétique de l'arc, obtenu en disposant l'arc entre les pièces polaires d'un électro-aimant.

Il convient d'alimenter l'arc avec du courant continu sous un voltage assez élevé, 400 à 500 volts, par exemple.

L'arc doit présenter une certaine longueur « efficace » pour que le régime oscillatoire puisse prendre naissance et se maintenir.

Cette longueur efficace va en augmentant avec le courant et en décroissant avec la fréquence. Le soufflage magnétique permet d'accroître le voltage nécessaire pour maintenir un arc de longueur donnée : il permet aussi d'accroître d'une manière notable l'intensité du courant dans l'arc sans qu'il cesse de demeurer « actif. »

Le refroidissement des électrodes, refroidissement que l'on obtient en les faisant porter par des tubes creux dans lesquels on produit une circulation continue d'eau froide, permet également d'accroître la valeur du courant.

On peut se servir de charbons homogènes (sans mèches). Mais on obtient des résultats encore meilleurs par l'emploi d'une électrode métallique refroidie comme anode.

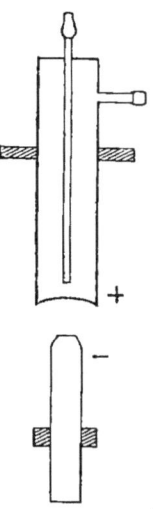

Fig. 73.

Cette électrode est constituée par un tube de cuivre rempli d'eau terminé par une paroi hémisphérique légèrement concave.

Un tuyau placé dans l'axe sert à l'arrivée de l'eau froide qui provient d'un réservoir extérieur (d'un thermo-siphon, par exemple), et sort par un ajutage latéral (fig. 73).

Le charbon négatif pénètre dans la concavité, de sorte que l'arc se trouve parfaitement centré.

Il convient de donner au charbon un mouvement de rotation lent autour de son axe, afin d'éviter la production de champignons à la pointe : le phénomène gagne alors beaucoup en régularité.

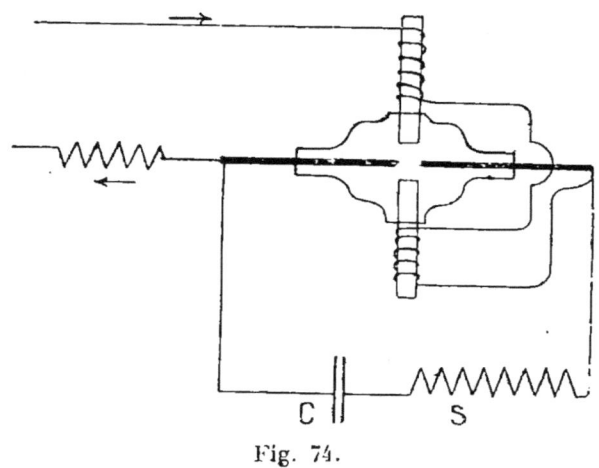

Fig. 74.

Le montage est tout à fait analogue à celui de l'arc chantant. On intercale généralement dans le circuit d'alimentation les enroulements excitateurs des électros pour orienter ou fixer l'arc (fig. 74).

La présence de ces électro-aimants, dont la self-induction est notable, accroît la valeur de la chute de tension dans l'arc et permet de travailler dans une région inclinée de la caractéristique; c'est, nous l'avons vu plus haut, une circonstance favorable.

Au lieu de se servir d'un champ magnétique transversal pour *fixer* l'arc, on emploie parfois un champ magnétique axial pour le faire *tourner* lentement, afin de lui imposer un déplacement continu sur la cathode. Avec l'arc de Duddell, la capacité du condensateur en dérivation ne peut guère descendre au-dessous de 1 microfarad. On peut donner ici au condensateur une valeur bien plus faible. La production des oscillations ne se traduit plus par un son, puisque le nombre des vibrations dépasse de beaucoup la limite de hauteur perceptible. Mais elle peut être mise en évidence par l'action inductrice intense exercée sur les circuits voisins. On peut aussi la déceler en recevant l'arc sur un miroir tournant et dissociant l'image.

Les phénomènes qui donnent naissance aux oscillations rapides dans l'arc de Poulsen n'ont pas encore reçu d'explication complète. L'effet refroidissant de l'atmosphère d'hydrogène ou de carbure (dû sans doute à la diathermancie du gaz) paraît jouer un rôle capital.

En fait, la caractéristique d'un arc dans l'hydrogène présente une chute beaucoup plus brusque que la caractéristique dans l'air. L'effet se trouve encore

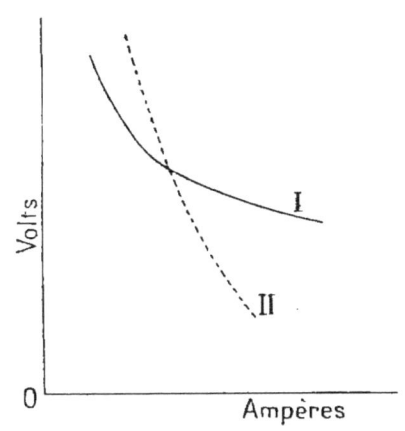

Fig. 75.

I. — Arc charbon-charbon dans l'air.
II. — Arc charbon-cuivre dans l'hydrogène.

exagéré lorsque l'arc se produit entre électrodes dissymétriques charbon-métal au lieu de se produire entre électrodes de charbon (fig. 75).

On constate, d'autre part, que la durée pendant

laquelle on peut supprimer le voltage aux bornes d'un arc sans amener son extinction est beaucoup plus faible pour un arc dans l'hydrogène que pour un arc dans l'air.

On peut en inférer que ce sont deux conditions susceptibles de faciliter la production d'oscillations rapides [1].

Avec l'arc dans l'air, la production d'oscillations de fréquence très élevée se trouverait, en effet, empêchée par deux causes.

D'abord, la forme de la caractéristique qui oblige à employer un condensateur de capacité notable pour permettre aux oscillations du voltage d'atteindre une valeur sensible. Ensuite, la persistance ou inertie thermique de l'arc qui le rend insensible aux variations rapides du courant.

La forme de la caractéristique de l'arc dans l'hydrogène fait qu'à une même variation de courant correspond une variation de voltage beaucoup plus grande que dans le cas de l'arc dans l'air, de sorte que l'on peut mettre en jeu, même avec un condensateur de faible capacité (c'est-à-dire dans un circuit dérivé de période propre courte), une énergie notable. En outre, la faible inertie thermique de l'arc permet à la température du cratère de suivre des variations très rapides du courant, même si le courant présente une intensité assez considérable.

A l'appui de cette explication, on peut faire valoir qu'un arc charbon-aluminium, qui présente dans l'air une caractéristique à chute brusque, permet d'obtenir

---

[1] Fleming, 3, p. 254.

des oscillations de fréquence comparables à celles que l'on obtient avec l'arc dans l'hydrogène.

## 51. Caractère des oscillations engendrées dans l'arc de Poulsen.

— Les oscillations qui prennent naissance dans l'arc de Poulsen ne diffèrent, en principe, des vibrations de l'arc chantant que par la valeur élevée de la fréquence. De récentes expériences semblent indiquer toutefois qu'elles s'écartent encore davantage de la forme sinusoïdale. Quoi qu'il en soit, elles présentent un caractère de *continuité*, et le courant auquel elles donnent naissance ressemble plutôt au courant fourni par un alternateur qu'à celui qui se produit dans le circuit de décharge d'un condensateur.

Le courant de décharge d'un condensateur est *amorti*.

Chaque décharge donne naissance à un train d'oscillations dans lequel l'amplitude des oscillations va en diminuant progressivement.

L'arc, au contraire, donne un train *continu*, ou, si l'on

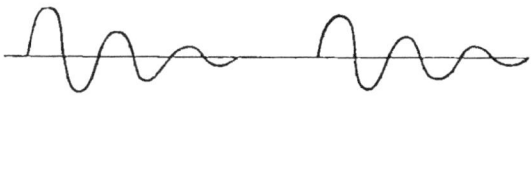

Fig. 76.

veut (bien que l'expression ne soit pas absolument correcte), des oscillations *non amorties*.

Toutefois, le train d'oscillations fourni par l'arc de Poulsen ne présente pas, *en général*, la régularité parfaite que présenterait, par exemple, un courant d'alternateur.

Fleming[1] a observé qu'en faisant tourner, dans le voisinage d'un circuit excité par un arc de Poulsen, un tube à vide (ou mieux un tube à Néon, gaz dont la luminescence est particulièrement accentuée), on voit se produire, à intervalles assez courts et d'ailleurs irréguliers, des extinctions du tube.

L'arc donnerait ainsi naissance plutôt à une succession discontinue de trains non amortis, qu'à un train unique parfaitement continu, la *phase* subissant à chaque train des variations brusques (analogues à celles qui se produisent dans les vibrations lumineuses d'une source incandescente).

On peut analyser plus complètement le phénomène en disposant, dans le voisinage du circuit excité par l'arc, un circuit oscillatoire constitué par une self-induction et une capacité variable, et dans lequel se trouve intercalé un ampèremètre thermique. Un pareil circuit est, comme nous le verrons par la suite, un circuit de *résonance*.

Pour une valeur déterminée de la capacité, il a une *période propre* parfaitement caractérisée et unique (période fournie d'ailleurs par la relation de Thomson :

$$T = 2\pi \sqrt{LC}).$$

Ce circuit est excité par induction par les oscillations de l'arc. Lorsque la capacité a une valeur telle que la période du circuit est la même que celle des oscilla-

---

[1] Fleming, **3**, p. 254.

tions excitatrices, les indications du thermique passent par un maximum.

On constate, tout d'abord, dans le cas présent, qu'il existe, en général, non pas un maximum unique, mais plusieurs maxima distribués d'une manière irrégulière.

Ces maxima sont, d'ailleurs, assez malaisés à déterminer, car la déviation du thermique subit des variations incessantes, et ils se trouvent plutôt indiqués par l'amplitude des *oscillations* de l'aiguille de l'instrument que par une déviation fixe plus grande que toutes les autres.

L'arc donne donc naissance *spontanément* à toute une série d'oscillations dont les périodes paraissent être dans un rapport fort complexe avec celle du circuit inductif en dérivation.

Il est intéressant de faire agir en même temps par induction et *sans résonance* les oscillations sur un circuit fermé S constitué par une simple boucle de conducteur dans laquelle est intercalé un autre ampèremètre thermique T (fig. 77).

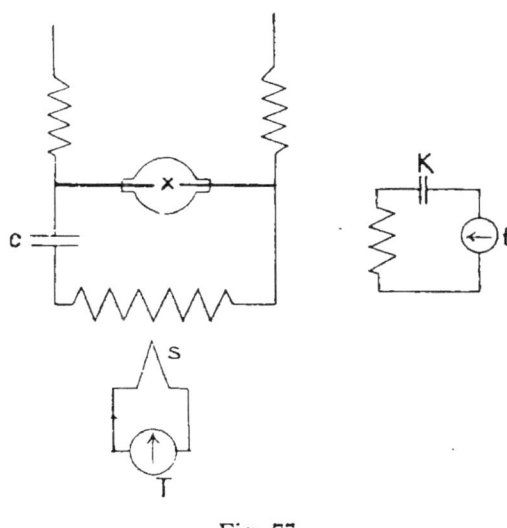

Fig. 77.

On constate que, tandis que l'aiguille de l'instrument *t*, qui est placé dans le circuit de résonance, oscille constamment, la déviation du thermique T demeure absolument fixe.

L'énergie totale mise en jeu dans le circuit inductif conserve donc une valeur constante, mais elle se distribue d'une manière incessamment variable entre les nombreuses *lignes* ou *bandes* du spectre électrique de l'arc.

Si l'on examine en particulier l'un des maxima, celui par exemple qui se rapproche le plus de la période propre du circuit inductif en dérivation sur l'arc, on voit que la valeur de la période dépend de la longueur de l'arc, tout allongement de l'arc se traduisant par une augmentation de la période.

C'est aux variations accidentelles de longueur de l'arc qu'il convient de rapporter, — en majeure partie, — les oscillations de la période. Aussi, les divers procédés qui ont été indiqués plus haut (emploi d'un champ magnétique, rotation de la cathode de charbon) agissent en assurant, dans une certaine mesure, la constance de la longueur. Ces procédés, dont l'efficacité est incertaine, car ils ne parviennent pas à s'opposer d'une manière absolue à la cause principale de variation de la longueur de l'arc qui est la production de *champignons* sur la cathode[1], demeurent d'ailleurs insuffisants à assurer la stabilité électrique de l'arc dès que l'on essaye d'employer dans le circuit inductif (en dérivation sur l'arc) une grande capacité. La régularité du phénomène exige, tout d'abord, que l'on utilise dans ce circuit une *faible capacité* et une *grande self-induction*, ou, plus exactement, que le rapport $\dfrac{L}{C}$ de la

---

[1] La production de ces champignons est due à la dissociation du gaz hydrocarboné qui constitue l'atmosphère dans laquelle se produit l'arc.

capacité à la self-induction présente une valeur suffisamment faible.

D'une manière générale, la stabilité est d'autant mieux assurée et les écarts possibles de régime (variation des constantes du courant d'alimentation, variation de la longueur de l'arc, etc.) peuvent être d'autant plus considérables, que le rapport $\dfrac{C}{L}$ est plus petit.

Numériquement, il convient que le rapport $\dfrac{C}{L}$ (C et L en unités cohérentes) ait *au plus* une valeur de $\dfrac{1}{10^4}$.

Dans ces conditions, l'arc de Poulsen, au lieu de donner naissance à un cortège d'oscillations de périodes différentes incessamment variables et irrégulièrement distribuées, donne une oscillation *unique*, parfaitement stable, *de période égale à la période propre du circuit inductif dérivé*[1].

L'oscillation obtenue est alors assez pure pour que l'on puisse utiliser avec avantage l'arc comme source excitatrice dans l'exécution de mesures en haute fréquence.

---

[1] C. Tissot, 4, p. 453. Voir aussi Fleming, 2, p. 99.

# CHAPITRE III

MESURES EN HAUTE FRÉQUENCE

**52. Mesure des courants de haute fréquence.** — Les courants de haute fréquence, c'est-à-dire les courants qui prennent naissance dans les circuits sièges d'oscillations électriques, sont des *courants alternatifs*, et les procédés de mesures employés pour les courants alternatifs industriels ou de *basse fréquence* leur sont donc applicables *en principe*.

Toutefois, la *valeur élevée de la fréquence* et l'*amortissement* confèrent aux courants qui prennent naissance sous l'action des oscillations électriques certains caractères parculiers.

Examinons, par exemple, la modification qu'introduit l'amortissement, dans la relation générale, entre la *force électromotrice* et l'*intensité* du courant dans un circuit.

Lorsqu'un circuit de résistance R et de coefficient de self-induction L est le siège d'un courant oscillatoire amorti de la forme

$$I = e^{-\partial t} \cdot e^{i\omega t} = e^{i(\omega + i\partial)t}. \quad (\S\ 38\ \text{et}\ 41).$$

La relation générale

$$E = RI + L\frac{dI}{dt}$$

donne, en faisant usage des imaginaires :

$$[E] = [R + Li(\omega + i\delta)]e^{i(\omega + i\delta)t}$$
$$= [R + Li(\omega + i\delta)][I],$$

ou : $\qquad [E] = [(R - L\delta) + Li\omega][I],$

et, en passant aux quantités réelles :

$$E = I\sqrt{(R - L\delta)^2 + L^2\omega^2}.$$

L'amortissement modifie donc l'expression de l'impédance, qui devient $\sqrt{(R - L\delta)^2 + L^2\omega^2}$, au lieu de $\sqrt{R^2 + L^2\omega^2}$.

La différence n'est sensible que si l'amortissement est considérable.

D'ailleurs, quand il s'agit de courants de haute fréquence, $\omega$ est grand et le terme $R^2$ ou $(R - L\delta)^2$ est, *en général*, négligeable devant $L^2\omega^2$, de sorte que l'impédance se réduit toujours sensiblement à $L\omega$. Et l'on a simplement

$$E = L\omega I,$$

la force électromotrice se trouvant alors décalée sur le courant de $\frac{1}{4}$ de période.

## 53. Nombre d'oscillations par décharge. —

Envisageons plus particulièrement le cas d'un circuit oscillatoire à condensateur. Dans le cas où la résistance totale est suffisamment faible, la valeur de la période est donnée par la relation de Thomson :

$$T = 2\pi \sqrt{LC}.$$

On a trouvé (§ 41) pour l'expression du courant :

$$I = -\frac{q_0}{\sqrt{CL}} e^{-\frac{R}{2L} t} \sin \frac{1}{\sqrt{CL}} t.$$

Si l'on pose : $-\dfrac{q_0}{\sqrt{CL}} = A \quad \delta = \dfrac{R}{2L} T$, cette expression peut être mise sous la forme

$$I = A e^{-\frac{\delta}{T} t} \sin \frac{2\pi}{T} t.$$

Le premier maximum correspond à la valeur $t_1$, telle que :

$$tg \frac{2\pi}{T} t_1 = \frac{2\pi}{\delta},$$

ou :
$$\frac{2\pi}{T} t_1 = \operatorname{arc} tg \frac{2\pi}{\delta}.$$

Si $\delta$ est faible, c'est-à-dire *petit par rapport à* $2\pi$, on a sensiblement :

$$\operatorname{arc} tg \frac{2\pi}{\delta} = \frac{\pi}{2}.$$

Les maxima successifs se produisent alors aux temps

$$t_1 = \frac{T}{4}, \quad t_2 = \frac{T}{4} + \frac{T}{2},$$

$$t_3 = \frac{T}{4} + 2 \cdot \frac{T}{2} \dots t_m = \frac{T}{4} + (m-1) \frac{T}{2},$$

et sont en quadrature avec les minima nuls.

Les amplitudes successives de même sens ont pour valeurs :

$$I_1 = Ae^{-\frac{\delta}{4}},\ I_3 = Ae^{-\frac{5\delta}{4}}\ \ldots\ \ I_{2m+1} = Ae^{-\frac{(4m+1)\delta}{4}}.$$

Le rapport des amplitudes de deux oscillations successives de même sens $\dfrac{I_1}{I_3} = \dfrac{I_3}{I_5} = \ldots = \dfrac{I_{2m-1}}{I_{2m+1}}$ est constant et égal à $e^{\delta}$.

Le rapport de l'amplitude de l'oscillation $(2m+1)$ à la première est :

$$\frac{I_{2m+1}}{I_1} = e^{-m\delta}.$$

Ce rapport est réduit à $\dfrac{1}{n}$ au bout d'un nombre $p$ d'oscillations complètes ($p = m+1$) tel que :

$$m\delta = \mathcal{L}n.$$

$$p = (m+1) = \frac{\mathcal{L}n + \delta}{\delta}.$$

Considérons, par exemple, un circuit oscillatoire constitué par une spire conductrice carrée de 70 centimètres de côté (fil de cuivre de $0^{cm},2$ de diamètre) et un condensateur d'une capacité de 7000 centimètres. Une formule (donnée plus loin § 67) permet de calculer la self-induction d'un pareil circuit. On a ici :

$$L = 3235^{cm} = \frac{3,235 \cdot 10^3}{10^9}\ \text{Henrys},$$

$$C = 7000^{cm} = \frac{7 \cdot 10^3}{9 \cdot 10^5 \cdot 10^6}\ \text{Farads},$$

Oscillations électriques.

et en exprimant tout en unités pratiques :

$$T = 2\pi\sqrt{\frac{3,235 \cdot 7 \cdot 10^6}{9 \cdot 10^{20}}} = \frac{1}{10^6} \text{ seconde.}$$

La résistance R du fil pour des courants d'une fréquence de $10^6$ par seconde est donnée par la relation (§ 64) :

$$\frac{R}{R_0} = \frac{2\pi a}{80}\sqrt{\frac{1}{T}},$$

où $R_0$ désigne la résistance ohmique (en courant continu), $a$ le rayon de fil et T la période des oscillations.

Ici
$$\frac{R}{R_0} = \frac{2 \cdot 3,14 \cdot 0,1}{80} \cdot 10^3 = 7,85,$$

$$R_0 = 0^\omega,0056 \cdot 2,8 = 0^\omega,0156,$$

$$R = 7,85 \cdot 0,0156 = 0^\omega,125.$$

Le décrément des oscillations est ainsi :

$$\delta = \frac{R}{2L}T = \frac{0,125 \cdot 10^9}{2 \cdot 3235} \cdot 10^{-6} = 0,019.$$

On peut observer que l'influence exercée sur la valeur de la période est tout à fait négligeable. On a en effet :

$$\frac{\delta}{2\pi} = \frac{0,019}{6,28} = \frac{3}{10^2} \qquad \frac{\delta^2}{4\pi^2} = \frac{9}{10^4},$$

et
$$1 + \frac{\delta^2}{4\pi^2} = 1,0009.$$

En prenant en chiffres ronds $\delta = 0,02$, le nombre $p$ des oscillations complètes au bout duquel l'amplitude est réduite au centième et devient pratiquement insensible est :

$$p = \frac{\mathcal{L} \cdot 100 + 0{,}02}{0{,}02} = 231.$$

Le calcul qui a été fait du décrément suppose que le circuit oscillatoire ne comprend pas d'étincelle. Pour un circuit de décharge à étincelle, dont le décrément est généralement voisin de $0{,}1$, le nombre des oscillations serait beaucoup moins grand. Pour $\delta = 0{,}1$, on a en effet :

$$p = \frac{\mathcal{L} \cdot 100 + 0{,}1}{0{,}1} = 46.$$

Si le circuit en question est excité par une bobine d'induction munie d'un interrupteur, c'est le rythme de l'interrupteur qui règle la succession des décharges. Chaque décharge comprend 46 oscillations et constitue *un train*. Avec un interrupteur genre Foucault (rotatif ou oscillant), la fréquence des trains ne dépasse guère une trentaine par seconde, et avec un interrupteur genre turbine, une centaine.

Pour des oscillations d'une période de $10^{-6}$ seconde, le train entier occupe une durée de

$$\frac{46}{10^6} = \frac{1^s}{2{,}17 \cdot 10^4}.$$

A la la fréquence de 30 trains d'oscillations par seconde, cela représente environ le $\frac{1}{720}$ de l'intervalle qui s'écoule entre deux décharges successives.

Pour représenter schématiquement par un graphique les trains d'oscillations amorties qui se produisent dans le circuit de décharge considéré, il faudrait attribuer à la distance BA' une valeur 720 fois plus grande qu'à la longueur AB qui figure l'un des trains. Les

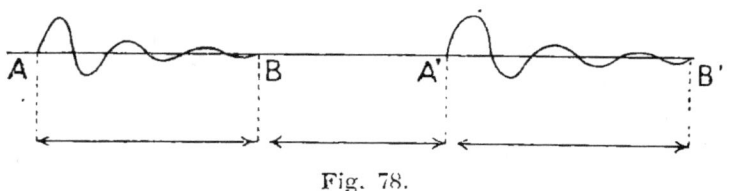

Fig. 78.

oscillations sont ainsi séparées par des intervalles considérables de *repos* (fig. 78).

**54. Relation entre l'amplitude du courant et la différence de potentiel dans un circuit de décharge.** — On a trouvé pour l'expression du maximum de la première oscillation ou amplitude du courant :

$$I_0 = \frac{q_0}{\sqrt{CL}} e^{-\frac{\delta}{4}}.$$

La charge $q_0$ du condensateur de capacité C est liée à la différence de potentiel $V_0$ des armatures par la relation

$$q_0 = CV_0.$$

On a donc : $I_0 = e^{-\frac{\delta}{4}} . V_0 \sqrt{\frac{C}{L}}$.

Il est souvent commode d'exprimer l'amplitude du courant en fonction de la période et de la capacité.

En remplaçant $\sqrt{L}$ par $\dfrac{T}{2\pi\sqrt{C}}$, il vient :

$$I_0 = e^{-\frac{\delta}{4}} . 2\pi . \frac{CV_0}{T}.$$

Lorsque l'amortissement est faible, le facteur $e^{-\frac{\delta}{4}}$ est voisin de l'unité et peut être supprimé. On a alors simplement :

$$I_0 = V_0 \sqrt{\frac{C}{L}} = 2\pi \frac{CV_0}{T}.$$

La période étant donnée par la relation $T = 2\pi\sqrt{LC}$, on peut réaliser la même période, soit avec une grande capacité et une petite self-induction, soit avec une petite capacité ou une grande self-induction.

La forme de l'expression obtenue montre que l'on obtiendra, dans le premier cas, une grande intensité et une différence de potentiel faible, et, dans le second cas, une grande différence de potentiel et une petite intensité.

Dans un circuit sans étincelle, l'amortissement est d'ailleurs plus faible dans le second cas que dans le premier.

Pour donner une idée de l'ordre de grandeur que peut atteindre l'amplitude du courant dans les circuits oscillatoires de haute fréquence, considérons un circuit de décharge à étincelle dans lequel :

$$\begin{cases} T = 2 \cdot 10^{-6} \text{ seconde,} \\ C = 0^{\mu},05 = \frac{0,05}{10^6} \text{ Farads,} \\ V_0 = 3 \cdot 10^4 \text{ volts} \end{cases}$$

(c'est le potentiel explosif qui correspond à une étincelle de 1 centimètre entre boules de $2^c,5$ de diamètre).

On a :

$$I_0 = 2\pi \frac{CV_0}{T} = \frac{6{,}28 \cdot 0{,}05 \cdot 3 \cdot 10^4 \cdot 10^6}{10^6 \cdot 2}$$

$$= 4710 \ \textit{ampères}.$$

En dépit de cette intensité énorme, on peut faire passer le courant dans des conducteurs de section relativement faible sans les échauffer d'une manière sensible.

Cela tient à ce que le phénomène a une durée très courte. L'intensité n'atteint 4000 ampères que pendant un instant, puis les oscillations s'amortissent. Si l'on admet ici une valeur de 0,1 pour le décrément $\delta$, le nombre d'oscillations au bout duquel l'amplitude est réduite à $\frac{1}{10^4}$ est :

$$p = \frac{\mathcal{L}10^4 + 0{,}1}{0{,}1} = 92.$$

Au bout d'une centaine d'oscillations, c'est-à-dire d'une durée de :

$$\frac{2 \cdot 10^2}{10^6} \left( \text{puisque } T = \frac{2}{10^6} \right) = \frac{1^s}{5000},$$

le courant est réduit à une valeur inférieure à $0^a,4$.

Pendant l'intervalle relativement long qui sépare une décharge de la suivante, le conducteur se refroidit, et cela d'autant plus vite que l'échauffement, comme le courant qui lui donne naissance, est purement superficiel.

* Nous allons voir d'ailleurs qu'à cette grande amplitude correspond une intensité efficace relativement faible.

## 55. Intensité efficace d'un courant oscillatoire amorti.

— Un instrument thermique, intercalé dans un circuit siège d'oscillations de haute fréquence, dévie tout comme dans un circuit alternatif de basse fréquence. Toutefois, les indications fournies par l'instrument sont plus complexes que dans le cas de la basse fréquence.

Elles dépendent, en effet, non seulement de l'*amortissement* des oscillations, c'est-à-dire de leur *décrément* et de leur *période*, mais aussi de la fréquence des *trains d'oscillations*.

La quantité de chaleur mise en jeu pendant le temps $t$ dans un circuit de résistance R parcouru par un courant variable I est :

$$w = R \int_0^t I^2 dt.$$

Si le courant I est un courant oscillatoire de haute fréquence amorti, au bout d'un temps très court sa valeur devient insensible.

En étendant l'intégration jusqu'à l'infini, on obtiendra donc le même résultat qu'en la prenant jusqu'à une limite $t$ quelconque, suffisamment grande par rapport à la période T des oscillations.

Les exemples numériques qui ont été donnés plus haut montrent que l'intervalle de une seconde est d'un ordre de grandeur convenable.

On peut donc considérer que l'intégrale $R \int_0^\infty I^2 dt$ donne la quantité de chaleur mise en jeu pendant une seconde dans le circuit *par une décharge unique*.

S'il se produit $n$ décharges par seconde, c'est-à-dire

$n$ trains d'oscillations, la quantité de chaleur totale mise en jeu pendant une seconde sera :

$$W = nw = nR \int_0^\infty I^2 dt.$$

Pour produire pendant le même temps le même effet calorifique dans le circuit, il faudrait un courant continu d'intensité J telle que :

$$RI^2 = nR \int_0^\infty I^2 dt.$$

L'intensité de ce courant continu peut être appelé l'*intensité efficace* du courant oscillatoire considéré : nous la désignerons par $I_{eff}$.

D'une manière générale, nous pouvons prendre le courant I sous la forme :

$$I = A e^{-\frac{\delta}{T} t} \sin \frac{2\pi}{T} t.$$

On a à calculer la valeur de l'intégrale

$$\int_0^\infty A^2 e^{-\frac{2\delta}{T} t} \sin^2 \frac{2\pi}{T} t\, dt$$

$$= \frac{A^2}{2} \int_0^\infty e^{-\frac{2\delta}{T} t} \left(1 - \cos \frac{4\pi t}{T}\right) dt.$$

Si l'on pose $-\frac{2\delta}{T} = a$, $\frac{4\pi}{T} = b$, l'intégrale prend la forme connue

$$\int_0^\infty e^{at}(1 - \cos bt)\, dt,$$

et l'on a :
$$\int_0^\infty e^{at}dt = -\frac{1}{a} = \frac{T}{2\delta},$$
$$\int_0^\infty e^{at}\cos bt\,dt = -\frac{a}{a^2+b^2} = \frac{\delta T}{2\delta^2 + 8\pi^2}. \qquad (^1)$$

Il vient donc :
$$RI_{\text{eff}}^2 = nR\,\frac{A^2}{2}\left(\frac{T}{2\delta} - \frac{\delta T}{2\delta^2 + 8\pi^2}\right)$$
$$= nR\,\frac{A^2}{4\delta}\cdot\frac{4\pi^2}{4\pi^2+\delta^2}\,T,$$

c'est-à-dire :
$$I_{\text{eff}}^2 = n\,\frac{A^2}{4\delta}\cdot\frac{4\pi^2}{4\pi^2+\delta^2}\,T.$$

Lorsque l'amortissement n'est pas très fort, le facteur $\dfrac{4\pi^2}{4\pi^2+\delta^2}$ est peu différent de l'unité.

---

[1] Si l'on pose :
$$\int_\alpha^\beta e^{ax}\cos bx\,dx = P \qquad \int_\alpha^\beta e^{ax}\sin bx\,dx = Q,$$
on a :
$$P + iQ = \int_\alpha^\beta e^{(a+bi)x}\,dx = \frac{a-bi}{a^2+b^2}\left[e^{(a+bi)x}\right]_\alpha^\beta$$
$$= \left\{e^{ax}\left(\frac{a}{a^2+b^2}\cos bx + \frac{b}{a^2+b^2}\sin bx\right)\right.$$
$$\left. + ie^{ax}\left(\frac{a}{a^2+b^2}\sin bx - \frac{b}{a^2+b^2}\cos bx\right)\right\}_\alpha^\beta.$$

D'où : $P = \left[e^{ax}\left(\dfrac{a}{a^2+b^2}\cos bx + \dfrac{b}{a^2+b^2}\sin bx\right)\right]_\alpha^\beta.$

Pour $\delta = 0,5$, par exemple, on a seulement :

$$\frac{4\pi^2}{4\pi^2 + \delta^2} = \frac{158}{158,25} = 0,9997.$$

On peut donc prendre, en général :

$$I_{eff}^2 = n\frac{A^2}{4\delta}T.$$

Pour un circuit oscillatoire à condensateur, de capacité C et de self-induction L, on a (§ 54) :

$$A = \frac{q_0}{\sqrt{CL}}, \quad I_0 = \frac{q_0}{\sqrt{CL}} e^{-\frac{\delta}{4}}.$$

On peut donc écrire :

$$I_{eff}^2 = \frac{nq_0^2}{CL} \cdot \frac{T}{4\delta},$$

ou :

$$I_{eff}^2 = n\frac{I_0^2}{4\delta} \cdot Te^{\frac{\delta}{2}}.$$

Et lorsque l'amortissement est faible, le facteur $e^{\frac{\delta}{2}}$ est voisin de l'unité et peut être supprimé, de sorte que l'on a, entre l'intensité efficace et l'amplitude du courant, la relation :

$$I_{eff}^2 = n\frac{I_0^2}{4\delta} \cdot T.$$

Pour le circuit de décharge qui a été considéré plus haut, on avait :

$$I_0 = 4710 \text{ ampères},$$
$$T = 2.10^{-6} \text{ seconde}.$$

Dans ce circuit à étincelle, la valeur de $\delta$ est de 0,1.

Supposons que la fréquence des décharges, ou des trains, soit de 20 à la seconde.
On a :

$$I_{eff}^2 = 20 \cdot \frac{\overline{4710}^2}{0,4} \cdot \frac{2}{10^6} = 47^a,1.$$

Bien que la valeur de l'intensité efficace soit beaucoup moindre que celle de l'amplitude, on voit qu'il conviendrait toutefois, en pareil cas, d'assurer aux conducteurs de connexion une section suffisante. Comme les courants de haute fréquence sont purement superficiels (§ 63), c'est le *périmètre* de la section qu'il convient d'accroître, tant pour réduire la résistance *apparente* que pour réduire la valeur de la self-induction supplémentaire introduite par ces connexions. Aussi les constitue-t-on, en général, à l'aide de lames métalliques larges.

## 56. Détermination expérimentale de l'amortissement. 

— La relation précédente fournit un moyen de déterminer l'amortissement d'un circuit de décharge.

Un thermique, gradué en ampères, placé dans le circuit, donne une indication $a$ telle que :

$$a^2 = I_{eff}^2 = n \frac{I_0^2}{4\delta} T.$$

Si l'on introduit dans le circuit une résistance non inductive $\rho$, le décrément prend une valeur $\delta'$, mais, ni la période, ni l'amplitude du courant ne sont modifiés (tant que l'amortissement n'est pas très fort, l'amplitude du courant, $I_0 = V_0 \sqrt{\dfrac{C}{L}}$, est sensiblement indépendante de la résistance du circuit). Le thermique donne une indication $b$, et l'on a :

$$b^2 = I'^2_{eff} = n \frac{I_0^2}{4\delta'} T.$$

En supposant, bien entendu, que la fréquence des trains soit restée la même.

Par suite : $\quad \dfrac{\delta'}{\delta} = \dfrac{a^2}{b^2}.$

L'accroissement $\varepsilon = \delta' - \delta$ du décrément $\delta$, dû à l'introduction de la résistance $\rho$ dans le circuit, étant :

$$\varepsilon = \frac{\rho}{2L} T,$$

on peut en obtenir l'expression numérique si l'on connaît les constantes du circuit et en déduire la valeur de $\delta$
$$\delta = \frac{\varepsilon}{\dfrac{a^2}{b^2} - 1}.$$

Une méthode toute différente et beaucoup plus directe repose sur l'emploi du dispositif de Rutherford, qui est basé sur le principe suivant.

Si l'on dispose une aiguille d'acier, préalablement aimantée à saturation, dans une bobine parcourue par un courant de haute fréquence, il se produit une désaimantation partielle du noyau dont on peut enregistrer les variations d'état magnétique à l'aide d'un magnétomètre.

Le phénomène, qui a d'abord été signalé par lord Rayleigh, a fait l'objet d'une étude complète de Rutherford[1], puis de H. Brooks[2].

---

[1] Rutherford, p. 1 à 24.
[2] Miss Brooks, p. 92.

En aimantant des aiguilles d'acier par des décharges oscillantes et dissolvant progressivement ces aiguilles dans de l'acide nitrique, Rutherford a mis en évidence deux couches aimantées en sens inverse et superposées l'une à l'autre. Tout semble donc se passer comme s'il y avait dans la décharge deux oscillations de direction opposée, et deux seulement.

Le phénomène présente une apparence analogue quand une aiguille aimantée à saturation est soumise à l'action d'une décharge oscillante amortie.

L'aimantation de l'aiguille est toujours réduite, et l'on observe seulement, en dissolvant l'aiguille, deux couches aimantées en sens inverse.

On conçoit qu'il doive en être ainsi.

La décharge se compose d'une série de demi-oscillations successives de sens opposé. La première des demi-oscillations efficaces est celle qui agit dans le même sens que la *force démagnétisante* des extrémités.

Supposons, par exemple, que ce soit la première de la série. La seconde demi-oscillation agit alors en sens inverse de la *force démagnétisante* qui la contrarie. Elle tendra à aimanter l'aiguille dans le sens primitif, mais son action se trouvant réduite par le champ démagnétisant, elle ne pourra aimanter qu'une couche superficielle et laissera subsister à l'intérieur une couche aimantée en sens inverse du sens primitif d'aimantation.

A chacune des oscillations suivantes, le même phénomène se reproduira, de sorte qu'en définitive la surface se trouvera aimantée en sens inverse de l'intérieur et l'aimantation primitive paraîtra réduite.

On doit noter que le phénomène se produira dans

Oscillations électriques.

ce sens même si les oscillations sont toutes égales, c'est-à-dire si l'amortissement est nul.

Si elles vont en décroissant d'amplitude, ce qui est toujours le cas pour les oscillations d'un circuit de décharge, l'effet de désaimentation sera exagéré quand la première demi-oscillation, qui est la plus intense, agira dans le sens de la force démagnétisante; réduit, au contraire, quand cette première demi-oscillation agira en sens inverse.

Rutherford a observé que la déviation du magnétomètre est sensiblement proportionnelle à la force magnétique (démagnétisante) qui agit sur l'aiguille, pourvu que cette force magnétique ait une valeur notablement inférieure à celle qui entraînerait la désaimantation complète.

Dans de telles limites, il est plausible d'admettre, ainsi que l'ont fait Rutherford et H. Brooks dans l'application du procédé à la détermination des amortissements de circuits de décharge de condensateurs, que l'effet observé est en rapport avec l'*intensité maximum* de l'oscillation.

Les expériences que nous avons exécutées[1], — et sur lesquelles nous aurons à revenir ultérieurement, — montrent qu'il en est bien ainsi d'une manière générale et que l'on doit considérer l'effet exercé sur le noyau aimanté comme proportionnel à l'*amplitude* de la première demi-oscillation qui a le même sens que la force démagnétisante.

En faisant agir la décharge sur le noyau dans un sens, puis dans l'autre, on peut obtenir le rapport des

---

[1] C. Tissot, 3, p. 342.

amplitudes de deux demi-oscillations successives, c'est-à-dire l'amortissement $\left(\text{le } \dfrac{1}{2} \text{ amortissement selon la définition adoptée}\right)$ de la décharge.

Dans l'application, il est commode de substituer au magnétomètre un galvanomètre balistique sensible, pour observer les variations de l'état magnétique du noyau en munissant le noyau d'un enroulement secondaire relié au galvanomètre.

Afin de pouvoir réaimanter le noyau à saturation après chaque observation, on ajoute un troisième enroulement ou bobine magnétisante disposé dans un circuit auxiliaire comprenant un élément d'accumulateur, et qu'une clef permet de fermer à volonté.

Pour faire une mesure, on intercale dans le circuit oscillatoire étudié (A) le *primaire ss'* enroulé sur le noyau en reliant l'une des extrémités $m$ de l'enroulement à la borne $a$, l'autre extrémité $n$ à la borne $b$ (fig. 79).

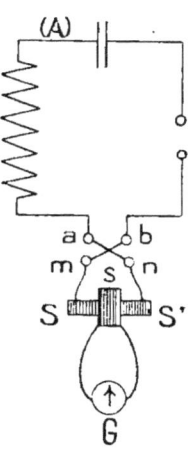

Fig. 79.

On produit une étincelle, — une seule autant que possible, — dans le circuit de décharge, et on observe l'élongation brusque $x_1$ du galvanomètre G qui est relié aux extrémités de l'enroulement *secondaire s*.

Par le jeu d'un commutateur, on inverse les connexions des bornes $m$, $n$ avec les bornes $a$, $b$ du circuit oscillatoire. On observe alors une élongation $x_2$ différente de la première $x_1$.

Supposons $\alpha_1 > \alpha_2$. Le décrément $\delta$ du circuit (A) est donné par la relation :

$$\delta = 2 \mathcal{L} \frac{1}{\alpha^2}.$$

Dans la pratique du procédé, il faut exécuter les opérations suivantes[1] :

1° Fermer le circuit d'aimantation pour amener le noyau à saturation, le circuit du galvanomètre restant ouvert ;

2° Ouvrir le circuit d'aimantation, puis fermer le circuit du galvanomètre ;

3° Produire la décharge à mesurer et observer l'élongation ($\alpha_1$ ou $\alpha_2$) ;

4° Ouvrir le circuit du galvanomètre.

Il est facile d'exécuter ces diverses opérations dans l'ordre indiqué par la manœuvre d'un inverseur à mercure (gyrotrope) que l'on fait basculer dans un sens ou dans l'autre.

On est alors certain que le galvanomètre se trouve toujours en circuit ouvert lors de la fermeture ou de l'ouverture du circuit d'aimantation.

Pour obtenir des effets comparables, il est indispensable d'observer certaines précautions afin de ramener toujours le noyau au même état magnétique.

La suppression brusque du courant d'aimantation produit, en général, une désaimantation partielle due surtout à l'action de l'étincelle de rupture.

Le procédé le plus rigoureux pour ramener à coup sûr l'état magnétique à la même valeur consiste à faire

---

[1] C. Tissot, 1, p. 151.

décrire au noyau un même cycle complet d'aimantation, en n'ouvrant le courant que lorsqu'on a réduit progressivement sa valeur à l'aide d'un rhéostat.

Toutefois, si l'on emploie des aiguilles bien trempées (un faisceau d'aiguilles minces de préférence), il suffit de réduire l'étincelle de rupture par shuntage du circuit d'aimantation à l'aide d'une résistance non inductive convenable.

L'étude de la *résonance électrique* conduit à des méthodes très générales pour la détermination des amortissements. Nous les examinerons plus loin.

**57. Instruments de mesures pour hautes fréquences.** — Les instruments de mesures pour les oscillations électriques peuvent être, en principe, les mêmes que pour les courants alternatifs de basse fréquence. Toutefois, il convient d'observer que lorsque la fréquence est élevée, l'impédance $\sqrt{R^2 + L^2\omega^2}$ sensiblement réduite à la valeur $L\omega$ prend une valeur très grande, même pour des valeurs relativement faibles de L.

On ne pourra intercaler dans les circuits que des instruments d'inductance négligeable, sous peine de modifier d'une manière considérable leurs constantes.

**58. Mesure des courants. Ampèremètres thermiques.** — L'emploi des divers instruments thermiques utilisés pour les mesures d'intensité efficace en basse fréquence est, en particulier, parfaitement légitime. Dans ces instruments, en effet, on enregistre par différents procédés l'échauffement d'un fil métallique droit et court (c'est-à-dire d'une résistance non inductive) par le passage du courant.

Pour des courants d'une certaine intensité, on se sert des ampèremètres thermiques à dilatation que nous avons décrits.

Les instruments destinés à la mesure de courants supérieurs à $5^a$ portent généralement un *shunt* de faible résistance.

Ce shunt est *non inductif*, mais il est relié aux bornes de l'instrument par deux conducteurs isolés dont l'inductance n'est pas négligeable quand on opère en fréquence élevée, bien que l'on prenne la précaution de les corder ensemble. Aussi est-on exposé, en pareil cas, à faire des lectures erronées : trop fortes si on relie le circuit de haute fréquence directement aux bornes A et B de l'instrument, trop faibles si on le relie aux bornes A' et B' du shunt.

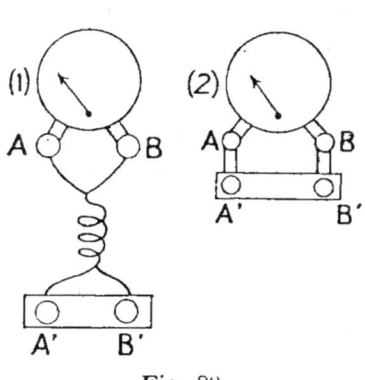

Fig. 80.

Aussi convient-il de relier le shunt aux bornes de l'ampéremètre par de simples lamelles métalliques très courtes [comme en (2)]. — (Fig. 80.)

En dépit de ces précautions, on ne doit pas perdre de vue que l'emploi d'un shunt pour les mesures en haute fréquence n'est jamais parfaitement correct, car l'étalonnage varie avec la fréquence.

Le dispositif de Broca[1] ne présente pas cet inconvénient.

---

[1] BROCA, **1**, p. 423.

Il est constitué, en principe, par un système de dix fils horizontaux tendus entre deux joues verticales suivant les arêtes d'un prisme régulier de manière à former une sorte de *cage d'écureuil*. Le courant est amené par le centre des joues, et, par raison de symétrie, se répartit uniformément entre les dix fils. En mesurant par le procédé habituel la dilatation de l'un d'eux, on a un appareil capable de débiter 50 ampères, chacun des fils pouvant débiter 5 ampères.

On peut également employer le *thermomètre de Riess*.

Sous sa forme classique, le thermomètre de Riess est constitué par une ampoule de verre reliée à un tube manométrique. L'ampoule est traversée par un fil de platine *mn*, plus ou moins fin, dont l'échauffement fait varier la pression de la masse d'air contenue dans l'ampoule. La sensibilité de l'instru-

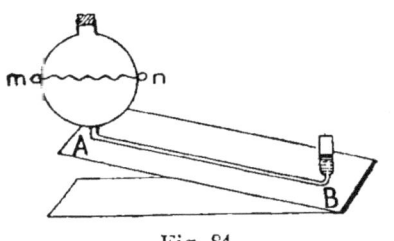

Fig. 81.

ment peut être modifiée en donnant au tube AB une inclinaison convenable (fig. 81).

On obtient un dispositif plus commode et plus sensible en prenant comme ampoule un gros tube cylindrique bouché aux deux bouts et relié par un tube latéral à un tube capillaire ABC légèrement courbé en V très obtus et dans lequel on introduit une goutte de liquide mobile (xylol de préférence). La sensibilité peut devenir très grande quand l'angle est suffisamment obtus (manomètre de Toepler) (fig. 32).

Ces appareils ne peuvent évidemment servir qu'à des

mesures comparatives. On peut d'ailleurs les étalonner à l'aide d'un courant continu d'intensité connue.

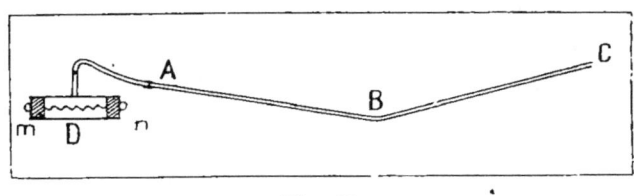

Fig. 82.

**59. Bolomètre.** — Pour des oscillations d'intensité très faible, on se sert avec avantage du *bolomètre*.

Le bolomètre, qui a été imaginé par Langley dans ses études de chaleur rayonnante, est constitué en principe par deux fils métalliques fins respectivement intercalés dans les branches contiguës d'un pont de Wheatstone.

Les variations de température de l'un des fils produisent des variations de résistance qui sont enregistrées par le galvanomètre du pont préalablement équilibré.

Dans l'emploi du bolomètre comme détecteur d'oscillations électriques, c'est le passage des oscillations dans l'un des fils qui fait varier la température. Aussi faut-il, d'une part, assurer le parfait isolement thermique des branches bolométriques; d'autre part, localiser l'effet des oscillations dans l'une seule des branches. L'isolement thermique est obtenu soit en renfermant les deux branches dans une même enceinte à doubles parois argentées ou nickelées dans laquelle on fait le vide, soit en les disposant simplement dans un *vase de Dewar*.

Pour localiser l'effet des oscillations dans l'une des

branches, on peut adopter deux procédés différents [1].

L'un d'eux, — qui permet de réaliser un appareil *étalon*, — consiste à disposer chacune des branches bolométriques en petit pont de Wheatstone (fig. 83).

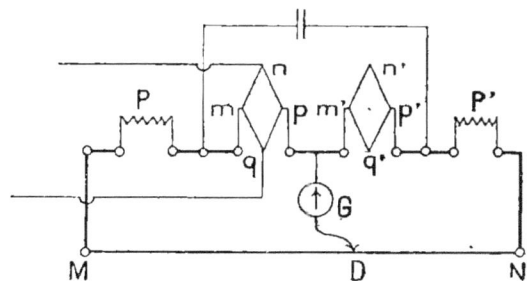

Fig. 83. — Bolomètre étalon à pont auxiliaire.

A cet effet, chaque branche est constituée par quatre bouts de fils identiques formant un losange allongé *mnpq*. Le petit pont *mnpq* se trouvant équilibré par construction, si l'on intercale dans un circuit siège d'un courant continu alternatif ou oscillatoire la diagonale *nq* qui ne se trouve pas directement dans le pont principal, le passage du courant ne fera naître aucune différence de potentiel entre les points *m* et *p*.

Aucune diffusion des oscillations ne peut donc se produire dans le reste du circuit, et la variation de résistance enregistrée par le galvanomètre G du pont principal est due uniquement à l'effet thermique provoqué par le passage des oscillations dans la branche *mnpq*.

L'autre procédé de localisation de l'effet des oscillations consiste à intercaler des bobines de self-induction (sans fer et de faible résistance ohmique) de valeur

---

[1] C. Tissot, 2, p. 524 et 1, p. 20.

convenable dans le circuit du pont principal, de part et d'autre de la branche bolométrique qui reçoit directement les oscillations, afin de s'opposer à leur diffusion (fig. 84).

Les branches bolométriques, constituées chacune d'un seul bout de fil fin, sont équilibrées sur un pont à corde MN par les résistances $\rho$ et $\rho'$. Dans les deux modèles, ces résistances $\rho$ et $\rho'$, qui sont en métal à

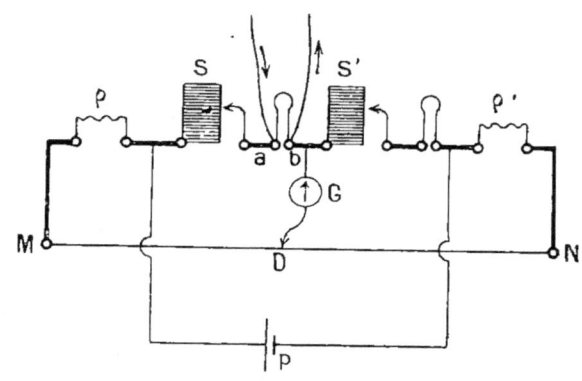

Fig. 84. — Bolomètre sensible pour mesures relatives.

faible coefficient de variation (manganine, par exemple), se trouvent renfermées dans des enveloppes métalliques cylindriques, nickelées extérieurement et remplies de pétrole. La même précaution est prise ici pour les bobines d'impédance $s$ et $s'$, qui se trouvent ainsi soustraites à toute brusque variation de température.

Dans les deux modèles, le curseur D du pont à corde sert à parfaire le réglage.

Le modèle à pont auxiliaire peut être étalonné directement à l'aide d'un courant continu d'intensité connue. Pour obtenir *l'intensité efficace* d'un courant oscillatoire quelconque (de basse ou de haute fréquence, amorti ou non amorti), il suffit de noter la déviation du galvanomètre du pont principal sous l'action de ce courant, puis de remplacer les connexions en $n$ et $q$ avec le circuit étudié, par la mise en relation avec une source capable de fournir un courant continu donnant la même déviation au galvanomètre.

Lorsque les conditions de réglage du petit pont se trouvent bien remplies, on doit obtenir des déviations du galvanomètre de même sens et rigoureusement égales quand on inverse le courant dans le pont auxiliaire.

Les déviations du galvanomètre sont alors exactement proportionnelles au carré de l'intensité du courant continu, c'est-à-dire de *l'intensité efficace* du courant reçu par l'appareil.

A titre d'exemple, voici les résultats obtenus dans l'étalonnage d'un bolomètre à pont auxiliaire [1].

| DÉVIATIONS $\Delta$ DU GALVANOMÈTRE | COURANT CONTINU $i$ EN MILLI-AMPÈRES | CARRÉ DU COURANT $i^2$ | RAPPORT $\dfrac{\Delta}{i^2}$ |
|---|---|---|---|
| 2   | 1,24 | 1,5  | 1,33 |
| 4   | 1,73 | 3,0  | 1,33 |
| 7   | 2,3  | 5,29 | 1,33 |
| 10  | 2,75 | 7,6  | 1,32 |
| 20  | 3,9  | 15,2 | 1,32 |
| 30  | 4,8  | 23,0 | 1,31 |
| 40  | 5,55 | 30,8 | 1,30 |
| 50  | 6,2  | 38,4 | 1,30 |
| 60  | 6,8  | 46,2 | 1,30 |
| 70  | 7,3  | 53,3 | 1,31 |
| 80  | 7,8  | 60,8 | 1,31 |
| 90  | 8,3  | 68,9 | 1,30 |
| 100 | 8,75 | 76,5 | 1,31 |

[1] Tissot, **1**, p. 34.

L'appareil à branches simples ne peut fournir que des mesures relatives et doit être étalonné par comparaison avec un bolomètre à pont auxiliaire. En revanche, il est plus facile à établir, plus robuste, et présente une sensibilité plus grande. A résistance égale, en effet, la branche bolométrique étant simple présente une masse quatre fois plus faible que dans le dispositif à pont auxiliaire.

Il est facile de voir quelles sont les conditions qu'il convient de réaliser pour obtenir un dispositif sensible.

Il faut qu'un apport donné de chaleur $\Delta q$ produise une variation $\Delta R$ de résistance aussi grande que possible.

Si l'on désigne par $l$ et $s$ la longueur et la section de la branche bolométrique, quantités dont la variation peut être négligée devant la variation $\Delta R$ de la résistance, par $\rho_0$ la résistivité du métal employé, on a, pour une variation de température $\Delta t$ :

$$R_0 = \rho_0 \frac{s}{l} \quad \Delta R = \alpha \rho_0 \frac{l}{s} \Delta t \quad (\alpha, \text{ cofficient de variation}).$$

Cette variation de température $\Delta t$ est produite par un apport de quantité de chaleur :

$$\Delta q = l.s.d.c.\Delta t,$$

en désignant par $d$ la densité du métal, et $c$ sa chaleur spécifique.

Par suite : $$\Delta R = \frac{\alpha \rho_0}{d.c} \cdot \frac{\Delta q}{s^2}.$$

La variation $\Delta R$ de la résistance qui correspond à un apport donné $\Delta q$ de chaleur varie *en raison inverse du carré de la section du fil, ou de la quatrième puissance du diamètre*. On a donc intérêt à prendre des fils très fins.

Aussi se sert-on avec avantage de fils de platine *à la Wollaston*[1], dont le diamètre peut facilement descendre au-dessous de 10 microns.

La sensibilité d'un dispositif bolométrique dépend d'ailleurs essentiellement de la sensibilité du galvanomètre dont on fait usage dans le pont. Pour se placer dans les conditions optima, il convient de donner à toutes les branches du pont, y compris le galvanomètre, la même résistance. La valeur de la résistance à adopter dépend des conditions d'emploi du bolomètre et doit être fixée par des considérations qui seront développées ultérieurement.

Avec un galvanomètre à aiguilles verticales constituant un système astatique (galvanomètre Broca-Carpentier), d'une trentaine d'ohms de résistance, nous avons réalisé un dispositif sensible à 10 micro-ampères efficaces.

Un pareil instrument permet d'enregistrer les courants téléphoniques.

60. **Thermo-galvanomètre**. — Duddell[2] a fait connaître, sous le nom de *thermo-galvanomètre*, un ampèremètre thermique très sensible qui dérive du *micro-radiomètre* de Boys.

---

[1] On obtient de pareils fils en tréfilant un fil cylindrique d'argent qui engaine une âme centrale de platine de section beaucoup plus faible. Dans le passage à la filière, les sections de la gaine et de l'âme se trouvent toutes deux réduites dans le même rapport. En dissolvant la gaine d'argent dans l'acide azotique, on met à nu l'âme de platine.
[2] Duddell, **2**, p. 5.

L'appareil est constitué par une boucle rectangulaire de fil métallique suspendue à l'aide d'un fil de quartz entre les pôles d'un aimant NS comme un cadre de galvanomètre d'Arsonval. Les extrémités de la boucle *ab* sont reliées en *mn* à un élément thermo-électrique (bismuth-antimoine, ou fer-constantan) (fig. 85).

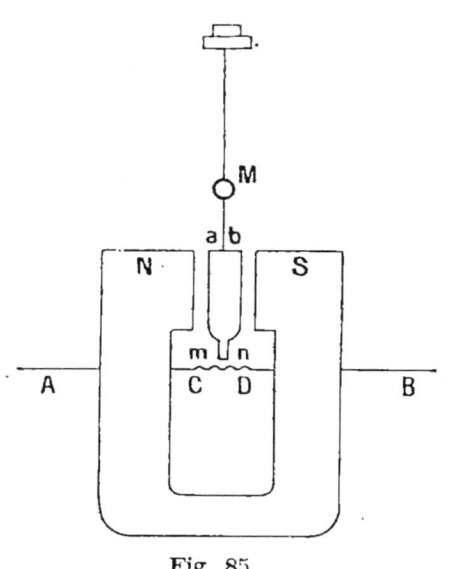

Fig. 85.

Le fil AB dans lequel passe le courant à mesurer est disposé très près de l'une des soudures du petit élément thermo-électrique, et la portion utile CD, voisine de la soudure, est constituée par un fil très fin. Un petit miroir M collé au fil de quartz permet de lire les déviations.

La sensibilité est du même ordre que celle du bolomètre.

61. **Électro-dynamomètre.** — Bien que l'on utilise le plus souvent les effets thermiques pour l'observation des courants faibles de haute fréquence, on peut aussi se servir d'une action électrodynamique.

Papalexi[1] a construit un électro-dynamomètre qui convient à cet objet. L'appareil se compose de 4 petits carrés de 3 centimètres de côté faits avec une bande d'alu-

---

[1] Papalexi, p. 756.

minium de $0^{cm}1$ de largeur et de $0^{cm},01$ d'épaisseur, fixés aux extrémités d'un croisillon de bois de manière à se trouver dans le même plan (fig. 86).

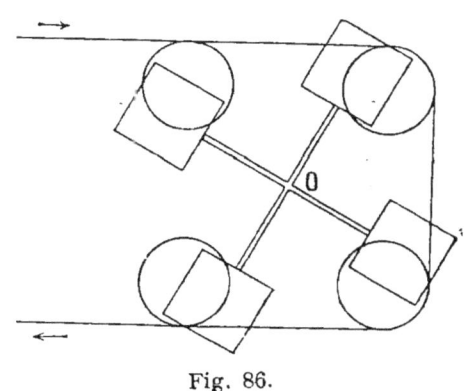

Fig. 86.

L'ensemble est suspendu à un bifilaire de cocon de façon que chacun des carrés se trouve entre deux bobines plates, les deux bobines d'une même paire étant disposées sur le même axe vertical légèrement excentré par rapport au carré correspondant.

Toutes les bobines sont reliées en série, de sorte que lorsqu'un courant oscillatoire (c'est-à-dire alternatif de fréquence élevée) les parcourt, l'équipage mobile se déplace de manière à ce que le flux qui traverse les carrés soit *minimum* (§ 35). On lit les déviations à l'aide d'un miroir entraîné par le bifilaire. L'appareil présente l'inconvénient, — capital pour nombre d'applications, — d'offrir une self-induction notable (5 000 centimètres environ).

Broca[1] a fait connaître un électrodynamomètre capable d'être utilisé pour les courants de haute fréquence et qui a une self-induction beaucoup plus faible.

L'instrument se compose d'une lame d'aluminium très mince ($20^μ$ à $30^μ$ d'épaisseur) de 80 centimètres de longueur, suspendue verticalement entre deux lames

---

[1] Broca, 2, p. 1644.

métalliques fixes. Le courant traverse les deux lames fixes en sens inverse, puis la lame mobile qui dévie. On en mesure la déviation à l'aide d'un microscope sur une échelle graduée. L'appareil peut être étalonné en courant continu.

### 62. Mesure des différences de potentiel. —

Pour mesurer les différences de potentiel *faibles*, on peut se servir de l'électromètre ordinaire à quadrants, monté en idiostatique, c'est-à-dire avec l'aiguille reliée à l'une des paires de quadrants.

Un électromètre de Mascart du modèle courant permet ainsi, avec quelques précautions de montage, de mesurer des différences de potentiel de l'ordre du volt.

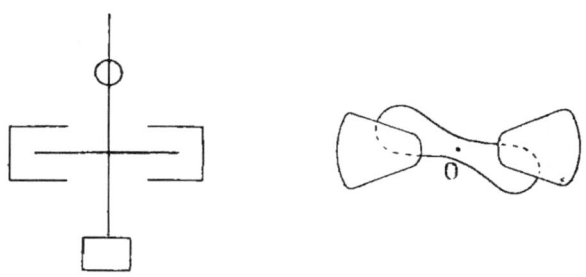

Fig. 87.

Si l'on désire plus de sensibilité, on peut employer le modèle d'électromètre de Curie, dans lequel l'aiguille est suspendue par un fil de platine très fin (suspension unifilaire), et où les secteurs peuvent être placés très près de l'aiguille.

Bjerknes a employé avec avantage un électromètre à deux quadrants dont la figure 87 indique la disposition générale, et qui est tout à fait analogue à l'électromètre ordinaire à quatre quadrants.

L'électromètre présente, en général, une capacité assez faible pour que son introduction dans le circuit (en dérivation entre les deux points du circuit entre lesquels on veut déterminer la différence de potentiel) ne modifie pas le régime oscillatoire

Les déviations d'un électromètre monté en idiostatique sont proportionnelles aux carrés des différences de potentiel. Soumis à une différence de potentiel à variation rapide, l'électromètre donne une indication proportionnelle à la quantité $\int V^2 dt$.

Un calcul identique à celui qui a été fait pour les instruments thermiques montrerait que, pour une différence de potentiel oscillatoire et amortie, l'indication de l'instrument est proportionnelle à

$$\frac{V_0^2}{4\delta},$$

$V_0$ étant le maximum ou l'*amplitude* de la différence de potentiel et $\delta$ représentant le décrément de l'oscillation.

Cette quantité peut s'appeler la *différence de potentiel efficace*.

Les grandes différences de potentiel s'évaluent par la mesure de la distance explosive, c'est-à-dire de la longueur d'étincelle capable de se produire entre deux conducteurs déterminés.

Les évaluations les plus précises se rapportent au cas où les étincelles éclatent entre une pointe et un disque ou entre deux sphères.

Pour la commodité de l'observation, l'une des sphères est portée par une tige horizontale munie d'une vis micrométrique qui permet d'en évaluer le déplacement. Le dispositif constitue un *micromètre à étincelles*.

Les valeurs des potentiels explosifs correspondant à des étincelles de longueur croissante ont été déterminés par un grand nombre d'observateurs [1].

On peut adopter les valeurs *moyennes* suivantes, qui résultent d'un travail de comparaison très soigné exécuté par Heydweiller [2] :

POTENTIELS EXPLOSIFS ENTRE SPHÈRES DE LAITON DE 3 CENTIMÈTRES DE DIAMÈTRE POUR DIFFÉRENTES LONGUEURS D'ÉTINCELLES (EN CENTIMÈTRES).

| LONGUEURS D'ÉTINCELLES EN CENTIMÈTRES | d. d. p. MAXIMUM EN $10^3$ VOLTS | LONGUEURS D'ÉTINCELLES EN CENTIMÈTRES | d. d. p. MAXIMUM EN $10^3$ VOLTS |
|---|---|---|---|
| 0,1 | 4,400 | 2,2 | 53,8 |
| 0,2 | 7,7 | 2,4 | 56,3 |
| 0,3 | 11,2 | 2,6 | 58,8 |
| 0,4 | 14,3 | 2,8 | 61,8 |
| 0,5 | 17,5 | 3,0 | 63,8 |
| 0,6 | 20,3 | 3,5 | 67,8 |
| 0,7 | 23,1 | 4,0 | 72,8 |
| 0,8 | 25,8 | 4,5 | 75,8 |
| 0,9 | 28,0 | 5,0 | 78,8 |
| 1,0 | 30,8 | 5,5 | 80,8 |
| 1,2 | 34,8 | 6,0 | 83,3 |
| 1,4 | 39,3 | 6,5 | 85,8 |
| 1,6 | 43,3 | 7,0 | 86,8 |
| 1,8 | 46,8 | 7,5 | 88,8 |
| 2,0 | 50,3 | 8,0 | 90,8 |

*N. B.* Les valeurs numériques données ne se rapportent qu'au cas où les étincelles se produisent entre deux boules de 3 centimètres de diamètre.

[1] Voir Mascart, t. II, p. 604.
[2] Heydweiller, p. 235.

Le diamètre des boules de l'éclateur exerce une grande influence sur la valeur du potentiel explosif correspondant à une longueur d'étincelle donnée. Cette circonstance ne doit pas être perdue de vue dans les observations.

Ainsi, à une même étincelle de 1 centimètre correspondent les potentiels explosifs suivants entre boules de différents diamètres.

| DIAMÈTRE DES BOULES EN CENTIMÈTRES | d. d. p. MAXIMUM EN $10^3$ VOLTS |
|---|---|
| 0,5 | 14,6 |
| 1,0 | 21,8 |
| 2,0 | 27,8 |
| 3,0 | 30,8 |
| 4,0 | 32,2 |

Tandis que les observations à l'électromètre donnent les différences de potentiel *efficaces*, les observations des étincelles donnent les différences de potentiel *maxima*.

## 63. Localisation superficielle des courants de haute fréquence.

— Quand un conducteur est le siège de courants alternatifs de fréquence élevée ou, plus généralement, qu'il est soumis à un régime de perturbations électriques rapides, les parties profondes sont protégées par l'induction des parties superficielles. Cette induction tend à faire naître dans les parties profondes des courants de sens *contraire* au courant superficiel.

Le courant que l'on observe et qui résulte de la composition du courant principal et des courants induits va donc, d'une manière générale, en décroissant à mesure que l'on pénètre à l'intérieur du conducteur en s'éloignant de la surface.

On conçoit que l'effet doive être d'autant plus apparent que les phénomènes d'induction sont plus intenses, c'est-à-dire que la fréquence est plus grande.

Insensible pour les courants alternatifs de basse fréquence dans des conducteurs de dimensions usuelles, il ne devient appréciable que pour les courants de haute fréquence.

Le courant tend alors à se localiser dans une couche mince à la surface du conducteur.

## 64. Distribution du courant dans un conducteur cylindrique.

On montre que la distribution du courant dans un conducteur doit satisfaire à l'équation générale[1]

$$\Delta u = 4\pi\mu c \frac{\partial u}{\partial t}, \qquad (1)$$

où $c$ désigne la conductivité et $\mu$ la perméabilité du conducteur parcouru par un courant $u$.

Pour un conducteur cylindrique de rayon $a$, la valeur du courant en un point ne dépend que de la distance $r$ à l'axe.

Si l'on pose $r^2 = X^2 + Y^2$ (axe du fil parallèle aux Z).

Il vient :

$$\Delta u = \frac{\partial^2 u}{\partial X^2} + \frac{\partial^2 u}{\partial Y^2} + \frac{\partial^2 u}{\partial Z^2} = \frac{\partial^2 u}{\partial r^2} + \frac{1}{r}\frac{\partial u}{\partial r}.$$

---

[1] Cette relation sera établie plus loin (§ 88). Voir MASCART, t. I, p. 713.

c'est-à-dire :
$$\frac{\partial^2 u}{\partial r^2} + \frac{1}{r}\frac{\partial u}{\partial r} = 4\pi\mu c \frac{\partial u}{\partial t}. \quad (2)$$

Considérons d'abord le cas où la fréquence est assez grande, — ou, ce qui revient au même, — où le diamètre du conducteur est assez grand pour que le courant s'éteigne à une distance de la surface très faible par rapport au diamètre du conducteur.

Le courant n'ayant alors de valeur sensible que pour les valeurs de $r$ voisines de $a$, on aura une première approximation en faisant $r = a - x$.

L'équation devient :
$$\frac{\partial^2 u}{\partial x^2} - \frac{1}{a}\frac{\partial u}{\partial x} = 4\pi\mu c \frac{\partial u}{\partial t}, \quad (3)$$

et se réduit, pour de grandes valeurs de $a$, à l'équation aux dérivées partielles :
$$\frac{\partial^2 u}{\partial x^2} = 4\pi\mu c \frac{\partial u}{\partial t}, \quad (4)$$

qui est identique à l'équation de Fourier pour la propagation de la chaleur.

Supposons que le conducteur (dont nous négligerons pour l'instant la self-induction) soit soumis à une force électromotrice harmonique de pulsation $\omega$, de sorte que le courant à la surface même ait pour expression :
$$u_s = A \sin \omega t,$$

et cherchons à satisfaire à l'équation (4) par une fonction périodique :
$$u = y \sin \omega t + z \cos \omega t, \quad (5)$$

où $y$ et $z$ désignent des fonctions de $x$ qu'il s'agit de déterminer.

La substitution dans l'équation (4) de cette valeur de $u$ donne :

$$\left(\frac{\partial^2 y}{\partial x^2} + 4\pi\mu.c\omega z\right)\sin \omega t + \left(\frac{\partial^2 z}{\partial x^2} - 4\pi\mu.c\omega y\right)\cos \omega t = 0.$$

La relation devant être satisfaite quel que soit $t$, se décompose en les deux équations

$$\begin{aligned}\frac{\partial^2 y}{\partial x^2} + mz &= 0, \\ \frac{\partial z^2}{\partial x^2} - my &= 0.\end{aligned} \quad (6)$$

Ce système d'équations simultanées se ramène immédiatement à deux équations différentielles linéaires, en différentiant deux fois par rapport à $x$ et substituant à $\frac{\partial^2 z}{\partial x^2}$ et $\frac{\partial^2 y}{\partial x^2}$ leurs valeurs tirées de (6).

On obtient ainsi :

$$\begin{aligned}\frac{\partial^4 y}{\partial x^4} + m^2 y &= 0, \\ \frac{\partial^4 z}{\partial x^4} + m^2 z &= 0.\end{aligned}$$

Considérons la première :
L'équation caractéristique étant :

$$\alpha^4 + m^2 = 0.$$

Les quatre racines sont :

$$\alpha_1 = +\sqrt{im}, \quad \alpha_2 = -\sqrt{im}, \quad \alpha_3 = +\sqrt{-im},$$
$$\alpha_4 = -\sqrt{-im}, \quad (i = \sqrt{-1}).$$

D'ailleurs : $\sqrt{im} = (1+i)\sqrt{\dfrac{m}{2}}$,

$$\sqrt{-im} = (1-i)\sqrt{\dfrac{m}{2}}.$$

De sorte que l'intégrale générale est

$$y = Ce^{x(1+i)\sqrt{\frac{m}{2}}} + C'e^{-x(1+i)\sqrt{\frac{m}{2}}} + C_1 e^{x(1-i)\sqrt{\frac{m}{2}}}$$
$$+ C'_1 e^{-x(1-i)\sqrt{\frac{m}{2}}},$$

avec quatre constantes arbitraires $C$, $C'$, $C_1$, $C'_1$,

ou $\quad y = e^{-x\sqrt{\frac{m}{2}}} \left( C' e^{-ix\sqrt{\frac{m}{2}}} + C'_1 e^{ix\sqrt{\frac{m}{2}}} \right)$
$$+ e^{x\sqrt{\frac{m}{2}}} \left( C e^{ix\sqrt{\frac{m}{2}}} + C'_1 e^{-ix\sqrt{\frac{m}{2}}} \right).$$

On doit d'ailleurs avoir $C = C_1 = 0$, car le second terme de l'expression de $y$, qui croît indéfiniment avec $x$ (à cause du facteur exponentiel $e^{x\sqrt{\frac{m}{2}}}$), doit disparaître.

Il reste donc simplement :

$$y = e^{-x\sqrt{\frac{m}{2}}} \left( C' e^{-ix\sqrt{\frac{m}{2}}} + C'_1 e^{ix\sqrt{\frac{m}{2}}} \right),$$

ou, en substituant aux exponentielles imaginaires leurs expressions en fonction de sinus et cosinus :

$$y = e^{-x\sqrt{\frac{m}{2}}} \left( M \cos x \sqrt{\dfrac{m}{2}} + N \sin x \sqrt{\dfrac{m}{2}} \right),$$

M et N étant deux nouvelles constantes.

On trouverait de même :

$$z = e^{-x\sqrt{\frac{m}{2}}} \left( N \cos x \sqrt{\dfrac{m}{2}} - M \sin x \sqrt{\dfrac{m}{2}} \right).$$

La substitution à $y$ et $z$ de leurs valeurs dans l'expression (5) $u$ du courant, donne :

$$u = e^{-x\sqrt{\frac{m}{2}}}\left[ M \sin\left(\omega t - x\sqrt{\frac{m}{2}}\right) + N \cos\left(\omega t - x\sqrt{\frac{m}{2}}\right) \right].$$

Comme pour $x = 0$, on doit avoir :

$$u_s = A \sin \omega t.$$

On a : $\qquad N = 0 \quad M = A,$

et : $\qquad u = A e^{-x\sqrt{\frac{m}{2}}} \sin\left(\omega t - x\sqrt{\frac{m}{2}}\right).$

À mesure que $x$ va en croissant, c'est-à-dire que l'on s'écarte de la surface en pénétrant dans le conducteur, le courant *s'amortit* tandis que sa différence de phase augmente.

## 65. Profondeur de pénétration du courant.

— La valeur du courant à la surface étant

$$u_s = A \sin \omega t,$$

son amplitude est : $\qquad U_s = A.$

À une distance $\varepsilon$ de la surface, l'amplitude prend la valeur :

$$U_\varepsilon = A e^{-\varepsilon\sqrt{\frac{m}{2}}}.$$

De sorte que le rapport des amplitudes est :

$$\frac{U_s}{U_\varepsilon} = e^{\varepsilon\sqrt{\frac{m}{2}}}.$$

La profondeur $\varepsilon_n$ à laquelle l'amplitude est réduite à $\dfrac{1}{n}$ de sa valeur à la surface est :

$$\varepsilon_n = \sqrt{\dfrac{2}{m}} \, \mathcal{L}n = \dfrac{\mathcal{L}n}{\sqrt{2\pi\mu c}} \cdot \dfrac{1}{\sqrt{\omega}}.$$

Elle est donc en *raison inverse de la racine carrée de la fréquence*. Lorsque la fréquence est grande, cette profondeur n'intéresse qu'une portion très faible de l'épaisseur du conducteur. Avec un conducteur de cuivre, par exemple, pour lequel on a $\mu = 1$ et $c = \dfrac{1}{1600}$, l'épaisseur à laquelle l'amplitude du courant est réduite au centième est :

Pour une fréquence de $10^6$ :

$$\varepsilon = \dfrac{\mathcal{L} \cdot 100}{\sqrt{2\pi \cdot \dfrac{1}{1600}}} \cdot \dfrac{1}{10^3} = 0^c,029,$$

et pour une fréquence de $10^8$, $\varepsilon = 0^c,0029$ ou *29 microns*.

Avec les oscillations hertziennes, qui ont, comme nous le verrons, des fréquences de cet ordre de grandeur, le courant se trouve donc strictement limité à la surface.

Il en est de même des effets calorifiques développés par le passage du courant dans le conducteur.

D'ailleurs, comme le phénomène calorifique est purement superficiel, si le conducteur présente une section notable et que les oscillations soient intenses, il s'échauffe rapidement mais se refroidit aussi très vite dès que les oscillations cessent, car la chaleur, en

Oscillations électriques. 6*

pénétrant dans les couches profondes par conductibilité, se dissipe dans la masse.

## 66. Résistance d'un conducteur pour des courants alternatifs de haute fréquence.

— A l'accroissement apparent de résistance qui est dû à l'impédance du conducteur, accroissement qui est d'autant plus grand que la fréquence est plus élevée, s'ajoute l'accroissement de résistance qui provient de ce que la répartition du courant n'est pas homogène dans la section.

Comme le courant se trouve concentré dans les portions superficielles, tout se passe en effet comme si la section du conducteur était réduite.

Considérons, par exemple, un conducteur cylindrique de cuivre de 1 centimètre de diamètre, siège de courants d'une fréquence de $10^6$.

Fig. 88.

Nous avons vu que le courant passe presque en entier dans une région annulaire limitée à la surface et présentant une épaisseur de $0^c,03$ environ.

Si l'on supprime le noyau central de $0^c,94$ de diamètre, qui ne prend qu'une faible part aux phénomènes de propagation, on ne modifiera que d'une manière insensible la résistance offerte par le conducteur au passage du courant de haute fréquence, c'est-à-dire la quantité d'énergie calorifique produite par le courant, mais on augmentera notablement la résistance qu'offrirait le conducteur au passage d'un courant continu.

On définira la résistance R d'un conducteur pour un

courant alternatif par le quotient de l'énergie calorifique réellement dépensée dans le conducteur par le carré de l'*intensité efficace* du courant.

Pour une grande fréquence, on a trouvé l'expression $u$ du courant (§ 64) :

$$u = A e^{-\alpha x} \sin(\omega t - \alpha x), \qquad \alpha = \sqrt{\frac{m}{2}}.$$

Comme la profondeur à laquelle pénètre le courant est très faible et que l'accroissement de résistance qu'il s'agit d'évaluer ne présente d'intérêt que si les dimensions du conducteur sont notables par rapport à l'épaisseur intéressée, on peut supposer le conducteur d'un diamètre très grand et étendre les intégrations jusqu'à l'infini : on n'introduira ainsi dans la somme que des termes négligeables.

Le *carré moyen* du courant étant représenté par $u_m^2$, l'énergie calorifique dégagée dans l'unité de longueur du conducteur pour une section $ds$ est

$$dw = \frac{1}{c} u_m^2 \, ds \qquad c, \text{ conductivité}.$$

On doit faire la somme de tous les produits $\frac{1}{c} u_m^2$ pour tous les filets de courant, ce qui donne pour l'énergie calorifique totale :

$$w = \frac{1}{c} \int u_m^2 \, ds.$$

Comme le courant est confiné dans une couche périphérique très mince, on peut prendre $ds = 2\pi a \, dx$.

En désignant par $x$ son épaisseur et $a$ le rayon du conducteur, on écrira $w = \dfrac{2\pi a}{c} \displaystyle\int_0^\infty u_m^2\, dx$.

Le *carré moyen* est la moitié du carré de l'amplitude : $$u_m^2 = \frac{1}{2} A^2 e^{-2\alpha x}.$$

Par suite,
$$w = \frac{\pi a}{c} A^2 \int_0^\infty e^{-2\alpha x}\, dx = \frac{\pi a}{2\alpha c} A^2.$$

D'autre part, le courant *total* a pour expression :
$$I = \int u\, ds = 2\pi a \int_0^\infty u\, dx$$
$$= 2\pi a A \int_0^\infty e^{-\alpha x} \sin(\omega t - \alpha x)\, dx.$$

Pour faire l'intégration, on exprimera le sinus en exponentielles imaginaires :
$$\sin(\omega t - \alpha x) = \frac{1}{2i}\left[ e^{i(\omega t - \alpha x)} - e^{-i(\omega t - \alpha x)} \right],$$

et l'on a :
$$\frac{1}{2i}\int_0^\infty e^{-\alpha x} e^{i(\omega t - \alpha x)}\, dx = \frac{1}{2i} e^{i\omega t} \frac{1-i}{2\alpha},$$
$$\frac{1}{2i}\int_0^\infty e^{-\alpha x} e^{-i(\omega t - \alpha x)}\, dx = \frac{1}{2i} e^{-i\omega t} \frac{1+i}{2\alpha},$$
$$I = \frac{\pi a A}{\alpha} \cdot \frac{1}{2i}\left[ e^{i\omega t}(1-i) - e^{-i\omega t}(1+i) \right],$$

$$I = \frac{\pi a A}{\alpha}\left[\frac{e^{i\omega t}-e^{-i\omega t}}{2i}-i\frac{e^{i\omega t}+e^{-i\omega t}}{2i}\right],$$

$$I = \frac{\pi a A}{\alpha}(\sin \omega t - \cos \omega t).$$

Le carré de *l'intensité efficace* ou carré moyen du courant total est ainsi :

$$I_{\it eff}^2 = \frac{1}{T}\int_0^T I^2\, dt = \frac{\pi^2 a^2 A^2}{\alpha^2}\left(\frac{1}{2}+\frac{1}{2}\right) = \frac{\pi^2 a^2 A^2}{\alpha^2},$$

et la résistance R pour les courants de pulsation $\omega$, ou de période T $\left(\omega = \frac{2\pi}{T}\right)$, est alors :

$$R = \frac{w}{I_{\it eff}^2} = \frac{\pi a}{2\alpha c}A^2 \times \frac{\alpha^2}{\pi^2 a^2 A^2} = \frac{\alpha}{2\pi a c}.$$

Mais la résistance $R_0$ de l'unité de longueur pour un courant continu a pour valeur :

$$R_0 = \frac{1}{cs} = \frac{1}{c\pi a^2}$$

On a donc :

$$\frac{R}{R_0} = \frac{a\alpha}{2} = \frac{a}{2}\sqrt{\frac{m}{2}}.$$

Si on remplace $m$ par sa valeur $m = 4\pi\mu c\omega$, on a :

$$R^2 = \frac{1}{2}R_0^2\,\pi a^2 \mu c \omega.$$

Comme $\quad \omega = \frac{2\pi}{T},\quad \pi a^2 c = \frac{1}{R_0},$

il vient : $\quad R^2 = \frac{\pi R_0 \mu}{T};$

R et $R_0$ sont les résistances de l'unité de longueur du conducteur en courant alternatif et en courant continu. Si l'on désigne par $R'$ et $R'_0$ les résistances d'une longueur $l$, on a : $\qquad R' = Rl \qquad R'_0 = R_0 l.$

Comme $\qquad R^2 l^2 = \dfrac{\pi R_0 l \cdot l \mu}{T},$

il vient : $\qquad R' = \sqrt{\dfrac{\pi R'_0 \mu l}{T}}.$

C'est la formule de lord Rayleigh.

Dans l'application de la formule, il faut avoir soin, pour respecter la correspondance des unités, d'introduire le facteur $10^9$ si l'on exprime $R'_0$ en ohms et $l$ en centimètres.

On a ainsi, par exemple, pour la valeur de la résistance de 1 mètre de fil de cuivre de $0^c,2$ de diamètre, pour une fréquence

$$\dfrac{1}{T} = 10^5, \qquad \mu = 1, \qquad R'_0 = 0^\omega,0056.$$

$$R = \sqrt{\dfrac{3,14 \cdot 0,0056 \cdot 100 \cdot 10^6}{10^9}} = 0^\omega,042.$$

On peut mettre la formule sous une forme plus commode pour le calcul,

en écrivant : $\qquad R' = R'_0 \sqrt{\dfrac{\pi \mu l}{R'_0}} \times \sqrt{\dfrac{1}{T}}.$

Si l'on remplace, sous le radical seulement, $R'_0$ par $\dfrac{l}{cs}$, c'est-à-dire, pour un fil de diamètre $d$, par $\dfrac{4l}{c\pi d^2}$,

on a : 
$$\frac{R'}{R'_0} = \frac{R}{R_0} = \frac{\pi d}{2}\sqrt{\mu c} \times \sqrt{\frac{1}{T}};$$

pour le cuivre :
$$\mu = 1, \quad c = \frac{1}{1600},$$

et :
$$\frac{R}{R_0} = \frac{\pi d}{80}\sqrt{\frac{1}{T}}.$$

On aurait, dans l'exemple numérique choisi plus haut :
$$\frac{R}{R_0} = \frac{3,14 \cdot 0,2}{80} \cdot 10^3 = 7,85,$$

soit : $R = 0^{\omega},045$.

Sous cette dernière forme, la relation montre que le rapport $\frac{R}{R_0}$ croît proportionnellement au *contour de la section*.

Le rapport $\frac{R}{R_0}$, qui est égal à 7,85 pour un fil de $0^c,2$ de diamètre, devient égal à 78,5 pour un conducteur de 2 centimètres de diamètre.

En multipliant par $n$ le diamètre d'un conducteur, on réduit sa résistance dans le rapport de 1 à $n^2$ en courant continu, tandis qu'on ne la réduit que dans le rapport de 1 à $n$ en courant de haute fréquence.

Il convient d'observer que les relations supposent le conducteur homogène. Elles ne s'appliquent donc pas en toute rigueur à un câble constitué de plusieurs brins cordés ensemble. Dans un pareil conducteur, la réaction mutuelle des filets de courant est, en général, moindre que dans un conducteur continu, de sorte que la résistance apparente en est relativement moindre.

## 67. Cas où la fréquence n'est pas très élevée.

— Lorsque la fréquence n'est pas *très grande*, on ne peut admettre la simplification qui a été faite, car toute l'épaisseur du conducteur est intéressée.

Il faut alors conserver l'équation complète[1] :

$$\frac{\partial^2 u}{\partial r^2} + \frac{1}{r}\frac{\partial u}{\partial r} = 4\pi\mu c \frac{\partial u}{\partial t}.$$

D'ailleurs, pour un régime périodique, la composante $u$ du courant pourra toujours être représentée par une expression complexe

$$u = J e^{i\omega t}.$$

L'équation prend alors la forme

$$\frac{\partial^2 J}{\partial r^2} + \frac{1}{r}\frac{\partial J}{\partial r} = 4\pi\mu c\omega i J,$$

ou, en posant $q^2 = 4\pi\mu c\omega r^2$ :

$$\frac{\partial^2 J}{\partial q^2} + \frac{1}{q}\frac{\partial J}{\partial q} = iJ.$$

C'est une équation de Bessel qui admet l'intégrale :

$$J = 1 + i\frac{q^2}{2^2} + i^2\frac{q^4}{2^2.4^2} + i^3\frac{q^6}{2^2.4^2.6^2} + \ldots + i^n\frac{q^{2n}}{(2n!)^2}.$$

L'amplitude $J$ est une quantité complexe que l'on peut représenter par $J = v + iw$.

Les composantes $v$ et $w$ sont, par suite, données par les séries.

$$v = 1 - \frac{q^4}{2^2.4^2} + \frac{q^8}{2^2.4^2.6^2.8^2} - \ldots = f(q),$$

$$w = \frac{q^2}{2^2} - \frac{q^6}{2^2.4^2.6^2} + \frac{q^{10}}{2^2.4^2.6^2.8^2.10^2} - \ldots = g(q).$$

[1] Voir Mascart, t. 1, p. 716.

On a construit des tables des valeurs numériques de ces deux séries $f(q)$ et $g(q)$, auxquelles lord Kelvin a donné les noms de *ber q* et de *bei q*.

On établit que la résistance du conducteur pour un courant de pulsation $\omega$ s'exprime en fonction de $f(q)$, de $g(q)$ et des dérivées $f'(q)$, $g'(q)$ de $f$ et $g$ par rapport à $r$,
et l'on a :

$$\frac{R}{R_0} = \frac{q}{2}\left[\frac{f(q)g'(q) - g(q)f'(q)}{[f'(q)]^2 + [g'(q)]^2}\right] = \frac{q}{2} F(q).$$

On a construit également des tables des valeurs numériques de la fonction $F(q)$ pour les différentes valeurs de la variable $q$.

Ces tables permettent de déterminer immédiatement la résistance apparente d'un conducteur pour un courant de fréquence donnée.

L'expression montre que l'accroissement de résistance d'un conducteur métallique de nature déterminée ne dépend que de $q$, c'est-à-dire du produit $\omega r^2$ de la *fréquence* par la *section*.

Avec les basses fréquences, l'effet ne devient appréciable que pour les conducteurs très gros, tandis qu'il est marqué, même pour des conducteurs de faible section, avec les fréquences élevées.

## 68. Self-induction des conducteurs en haute fréquence.

— La localisation superficielle des courants de haute fréquence dans les conducteurs a pour effet de modifier la valeur des coefficients d'induction. Comme ces coefficients d'induction jouent un rôle

214  LES PRINCIPES DE LA TÉLÉGRAPHIE SANS FIL

important dans les applications des courants de haute fréquence, cette modification est utile à connaître.

Il est indispensable, notamment, de savoir obtenir par le calcul la valeur exacte de la self-induction de certains circuits de forme géométrique, afin de pouvoir les utiliser comme étalons à la détermination des périodes.

**69. Cœfficient d'induction mutuelle de deux circuits rectangulaires.** —

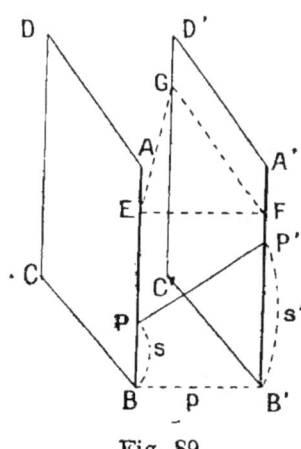

Fig. 89.

Nous rappellerons d'abord le calcul du coefficient d'induction mutuelle de deux circuits filiformes rectangulaires parallèles ABCD, A'B'C'D', en courant continu, quand on suppose le courant concentré sur l'axe du conducteur [1].

Le coefficient d'induction M est donné par la formule de Neumann :

$$M = \iint \frac{ds\, ds'}{r} \cos \theta,$$

où $ds$ et $ds'$ désignent deux éléments appartenant respectivement à chacun des circuits, $\theta$ l'angle de ces éléments, et $r$ leur distance.

L'intégration doit être étendue à tous les éléments des circuits, pris de deux en deux.

Soient $AB = A'B' = a$ et $BC = B'C' = b$.

Désignons par $p$ la distance des plans des circuits :

[1] Mascart, t. I, p. 623.

cette distance sera d'ailleurs supposée petite par rapport aux dimensions des circuits.

Si l'on prend un élément quelconque $ds$ en P sur le côté AB et un élément quelconque $ds'$ en P' sur le côté A'B', et que l'on désigne par $s$ et $s'$ les distances BP, B'P', on a pour ces deux éléments :

$$r = \sqrt{(s-s')^2 + p^2} \quad \text{et} \quad \theta = 0,$$

c'est-à-dire $\cos \theta = 1$.

Par suite :

$$\frac{ds\, ds'}{r} \cos \theta = \frac{ds\, ds'}{\sqrt{(s-s')^2 + p^2}}.$$

Pour obtenir la partie de M qui provient de l'action de AB sur A'B', on doit intégrer une première fois, pour $ds$, de $s = 0$ à $s = a$, puis intégrer de nouveau pour $ds'$, de $s' = 0$ à $s' = a$.

Et l'on a :

$$M_1 = \int_{s'=0}^{s'=a} ds' \int_{s=0}^{s=a} \frac{ds}{\sqrt{(s-s')^2 + p^2}}.$$

D'ailleurs :

$$\int_0^a \frac{ds}{\sqrt{(s-s')^2 + p^2}} = \mathcal{L}\, \frac{(a-s') + \sqrt{(a-s')^2 + p^2}}{-s' + \sqrt{s'^2 + p^2}}.$$

On a donc à chercher la valeur de l'intégrale

$$\int_0^a \mathcal{L}\, \frac{(a-s') + \sqrt{(a-s')^2 + p^2}}{-s' + \sqrt{s'^2 + p^2}}\, ds.$$

Pour l'obtenir, considérons l'intégrale

$$\int \mathcal{L}\, (x + \sqrt{x^2 + p^2})\, dx.$$

En intégrant par parties, il vient :

$$\int \mathcal{L}(x+\sqrt{x^2+p^2})\,dx = x\mathcal{L}(x+\sqrt{x^2+p^2})$$

$$-\int \frac{x\,dx}{\sqrt{x^2+p^2}} = x\mathcal{L}(x+\sqrt{x^2+p^2}) - \sqrt{x^2+p^2}.$$

En remplaçant $x$ par $(a-s')$ et changeant de signe, on a :

$$\int \mathcal{L}[(a-s')+\sqrt{(a-s')^2+p^2}]\,ds' =$$
$$-(a-s')\mathcal{L}[(a-s')+\sqrt{(a-s')^2+p^2}]+\sqrt{(a-s')^2+p^2}.$$

D'autre part, en remplaçant $x$ par $-s'$,

$$-\int \mathcal{L}[-s'+\sqrt{s'^2+p^2}]\,ds' =$$
$$-s'\mathcal{L}[-s'+\sqrt{s'^2+p^2}] - \sqrt{s'^2+p^2}.$$

d'où l'on tire aisément :

$$\int_0^a \mathcal{L}\,\frac{(a-s')+\sqrt{(a-s')^2+p^2}}{-s'+\sqrt{s'^2+p^2}}\,ds'$$

$$= a\mathcal{L}\,\frac{a+\sqrt{a^2+p^2}}{-a+\sqrt{a^2+p^2}} - 2\sqrt{a^2+p^2} + 2p$$

$$= 2\left[a\mathcal{L}\,\frac{a+\sqrt{a^2+p^2}}{p} - \sqrt{a^2+p^2}+p\right].$$

L'expression représente l'intégrale relative aux côtés AB et A'B'.

Pour obtenir l'intégrale relative aux côtés AB et C'D', il suffit de substituer dans l'expression obtenue à la distance $p = \mathrm{EF}$ de AB à A'B', la distance $d = \mathrm{EG}$ de AB à C'D',

c'est-à-dire de substituer $\sqrt{b^2+p^2}$ à $p$.

On obtient ainsi, pour l'intégrale relative aux côtés AB et C'D' :

$$-2\left[a\mathcal{L}\frac{a+\sqrt{a^2+b^2+p^2}}{\sqrt{b^2+p^2}} - \sqrt{a^2+b^2+p^2} + \sqrt{b^2+p^2}\right],$$

en mettant le signe — pour tenir compte du fait que le courant a un sens contraire dans A'B' et C'D'.

Il suffit de permuter $a$ et $b$ dans les précédentes expressions pour obtenir les intégrales relatives aux côtés BC et B'C', BC et A'D'. On a ainsi :

Pour BC et B'C' :

$$2\left[b\mathcal{L}\frac{b+\sqrt{b^2+p^2}}{p} - \sqrt{b^2+p^2} + p\right].$$

Pour BC et A'D' :

$$-2\left[b\mathcal{L}\frac{b+\sqrt{a^2+b^2+p^2}}{\sqrt{a^2+p^2}} - \sqrt{a^2+b^2+p^2} + \sqrt{a^2+p^2}\right].$$

Quant aux intégrales relatives aux côtés AB et B'C' ou A'D' et les autres analogues, elles sont nulles, puisque θ étant égal à 90°, cos θ est égal à zéro.

Oscillations électriques.

Le flux d'induction total émis par le cadre ABCD dans le cadre A'B'C'D', c'est-à-dire le coefficient d'induction mutuelle, s'obtiendra en faisant la somme des expressions obtenues après les avoir doublées pour tenir compte de chacun des côtés du cadre. On obtient, en définitive :

$$M = 4 \left\{ a\mathcal{L} \frac{a + \sqrt{a^2 + p^2}}{p} \cdot \frac{\sqrt{b^2 + p^2}}{a + \sqrt{a^2 + b^2 + p^2}} \right.$$

$$+ b\mathcal{L} \frac{b + \sqrt{b^2 + p^2}}{p} \cdot \frac{\sqrt{a^2 + p^2}}{b + \sqrt{a^2 + b^2 + p^2}}$$

$$\left. + 2\sqrt{a^2 + b^2 + p^2} - 2\sqrt{a^2 + p^2} - 2\sqrt{b^2 + p^2} + 2p \right\}$$

70. **Coefficient de self-induction d'un cadre rectangulaire.** — L'expression précédente permet d'obtenir aisément le coefficient de self-induction d'un cadre rectangulaire pour une distribution superficielle du courant. Si le conducteur est circulaire, la distribution superficielle est homogène par raison de symétrie, de sorte que l'action extérieure d'un élément est la même que si le courant était concentré selon l'axe.

Le flux relatif à l'un des côté AB est le même que celui qu'émettrait le courant dans le cadre A'B'C'D' identique à ABCD et distant d'une longueur $p$ égale au rayon $\rho$ du conducteur.

On obtiendra le coefficient de self-induction en faisant la somme de ces flux pour les quatre côtés, c'est-à-dire en remplaçant, dans l'expression de M, $p$ par $\rho$.

On a ainsi, en supposant $\rho$ petit par rapport aux dimensions $a$ et $b$ :

$$L = 4 \left\{ a \mathcal{L} \frac{2ab}{\rho(a+\sqrt{a^2+b^2})} + b \mathcal{L} \frac{2ab}{\rho(b+\sqrt{a^2+b^2})} + 2(\sqrt{a^2+b^2} - a - b) \right\}. [1]$$

## 71. Cas particuliers. — Formules usuelles. —

Si l'on fait $a = b$, on a l'expression du coefficient de self-induction d'un cadre carré de côté $a$ (conducteur de rayon $\rho$) :

$$L = 4 \left\{ 2a \mathcal{L} \frac{2a}{\rho(1+\sqrt{2})} + 2 \left[ a\sqrt{2} - 2a \right] \right\}.$$

Lorsque le rayon $\rho$ est petit par rapport à $a$, on a simplement, en posant $l = 4a$ :

$$L = 2l \left[ \mathcal{L} \frac{l}{\rho} - 2,16 \right].$$

Relation commode pour le calcul numérique.

Si l'on suppose que $b$ est très petit par rapport à $a$, on a l'expression du coefficient de self-induction de deux fils parallèles de longueur $a$ et de rayon $\rho$, situés à une distance $b$ l'un de l'autre :

$$L = 4a \mathcal{L} \frac{b}{\rho}.$$

De l'expression de l'intégrale relative aux deux conducteurs rectilignes AB et A'B', on peut déduire celle du coefficient de self-induction d'un conducteur unique de longueur $l$ et de diamètre $d$.

[1] Mascart, t. I, p. 630.

Il suffit de remplacer dans l'expression :

$$2\left[a \mathcal{L} \frac{a+\sqrt{a^2+p^2}}{p} - \sqrt{a^2+p^2} + p\right],$$

$a$ par $l$ et $p$ par $\dfrac{d}{2}$.

Il vient :

$$L = 2\left[l \mathcal{L} \frac{2\left(l+\sqrt{l^2+\dfrac{d^2}{4}}\right)}{d} - \sqrt{l^2+\dfrac{d^2}{4}} + \dfrac{d}{2}\right].$$

C'est-à-dire, si le diamètre $d$ du conducteur est petit par rapport à sa longueur :

$$L = 2l\left[\mathcal{L}\frac{4l}{d} - 1\right].$$

Un calcul tout à fait analogue à celui qui a été fait pour obtenir l'induction mutuelle de deux cadres rectangulaires donne pour l'expression du coefficient d'induction mutuelle de deux circuits circulaires concentriques de rayon $a$, distants d'une quantité $d$ petite par rapport à $a$ :

$$M = 4\pi a\left(\mathcal{L}\frac{8a}{d} - 2\right)[1].$$

On en déduit l'expression du coefficient de self-induction d'un circuit circulaire de rayon $a$ constitué par un fil de rayon $\rho$ :

$$L = 4\pi a\left(\mathcal{L}\frac{8a}{\rho} - 2\right).$$

---

[1] Mascart, t. I, p. 629.

Si l'on désigne par $l$ la longueur total $2\pi a$ du fil, on peut écrire : $L = 2l\left(\mathcal{L}\dfrac{l}{\rho} - 1{,}758\right)$. C'est la formule donnée par Stéphan.

*Cadre comprenant plusieurs tours.* — Le calcul permet d'obtenir une valeur approchée et suffisamment exacte de la valeur du coefficient de self-induction d'un cadre à plusieurs tours, lorsque ces tours ne sont ni trop rapprochés ni trop nombreux.

Le flux émis par l'une quelconque des spires traverse toutes les autres.

La self-induction totale est donc sensiblement égale à la somme que l'on obtient en ajoutant :

1° Les self-inductions de chacune des spires ;

2° Les coefficients d'induction mutuelle de chacune des spires avec chacune des autres.

Si l'on désigne par $L_n$ la self-induction de la spire de rang $n$, par $M_{n,m}$ le coefficient d'induction mutuelle de la spire de rang $n$ avec la spire de rang $m$, on a :

$$L = \Sigma L_n + \Sigma\Sigma M_{n,m}.$$

S'il y a $p$ spires, on attribuera successivement à $n$ les valeurs $1, 2, 3 \ldots p$ pour chacune des valeurs de $m$, prise de $1$ à $p$, et on fera la somme.

Si les $p$ spires sont identiques, on a simplement $\Sigma L_n = p L_1$, $L_1$ étant la self-induction de l'une des spires.

Considérons, par exemple, un cadre carré de $70^{cm}$ de côté, formé de deux tours de fils de $0^c,2$ de diamètre dont les axes sont distants de $2^{cm},5$.

$$L = 2L_1 + M_{1.2} + M_{2.1} = 2L_1 + 2M_{1.2}.$$

On a : $\quad L_1 = 2l\left[\mathcal{L}\dfrac{l}{\rho} - 2,16\right].$

Pour $l = 4a = 4 \cdot 70 = 280^{cm}$, $\rho = 0^c,1$,

$$L_1 = 2 \cdot 280\left[\mathcal{L}\dfrac{280}{0,1} - 2,16\right] = 3235^{cm}.$$

Le coefficient d'induction mutuelle de deux cadres carrés parallèles de côté $a$ placés à la distance D peut s'écrire : $\quad M = 8a\left[\mathcal{L}\dfrac{2a}{D} - 1,465\right],$

si D est faible par rapport à $a$, c'est-à-dire $D^2$ négligeable vis-à-vis de $a^2$.

Ici $\quad M_{1,2} = 8 \cdot 70\left[\mathcal{L}\dfrac{2 \cdot 70}{2,5} - 1,465\right] = 1433^{cm},$

et $\quad L = 2 \cdot 3235 + 2 \cdot 1433 = 9336^{cm}.$

On obtiendra ainsi toutefois une valeur toujours approchée par excès, car le calcul suppose les spires placées dans des plans parallèles, tandis qu'elles sont enroulées en hélice.

*Remarque.* — L'exemple qui précède montre qu'en général la self-induction d'un circuit n'est pas égale à la *somme* des self-inductions des portions de circuit qui le composent.

On commettrait une erreur notable, par exemple, si, pour obtenir la self-induction d'un circuit rectiligne ABCD dans lequel se trouve intercalée une spire circulaire BMC (fig. 90), on ajoutait simplement les valeurs de la self-induc-

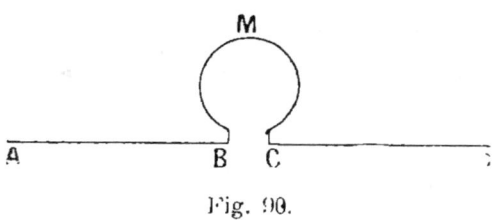

Fig. 90.

tion du circuit rectiligne et de la self-induction de la spire circulaire, calculées à l'aide des relations :

$$L = 2l\left[\mathcal{L}\frac{4l}{d} - 1\right],$$

$$L = 4\pi a\left[\mathcal{L}\frac{8a}{\rho} - 2\right].$$

Les coefficients d'induction des circuits qui ne présentent pas *exactement* les formes géométriques simples qui ont été indiquées ne peuvent être déterminées que par des mesures électriques.

72. **Détermination expérimentale des coefficients de self-induction.** — Le principe de ces mesures est le suivant. On constitue avec la self-induction L dont on cherche la valeur et une capacité connue C un circuit oscillatoire (A) dont on détermine la *période* propre T en le mettant *en résonance* avec un circuit auxiliaire (B) dont on connaît les constantes $L_1$ et $C_1$ (on verra comment il convient de procéder pour cela au § 125).

La période T se trouvant déterminée en fonction des constantes du circuit (B), on a :

$$T = 2\pi\sqrt{LC} = 2\pi\sqrt{L_1 C_1},$$

d'où
$$L = L_1 \frac{C_1}{C}.$$

La self-induction $L_1$ du circuit (B) qui sert d'étalon est constituée, par exemple, par un cadre rectangulaire.

C'est ainsi que, pour un certain nombre de mesures, nous avons employé un cadre de $2^m \times 3^m$ en fil de $0^c,2$ de diamètre.

224    LES PRINCIPES DE LA TÉLÉGRAPHIE SANS FIL

Dans la relation :

$$\frac{L}{4} = a \mathcal{L} \frac{2ab}{\rho(a+\sqrt{a^2+b^2})} + b\mathcal{L} \frac{2ab}{\rho(b+\sqrt{a^2+b^2})} + 2(\sqrt{a^2+b^2} - a - b),$$

on a alors :

$$a = 300, \quad b = 200, \quad \rho = 0,1,$$
$$a + \sqrt{a^2+b^2} = 660, \quad b + \sqrt{a^2+b^2} = 560.$$
$$\frac{L}{4} = 300 \mathcal{L} \frac{12 \cdot 10^4}{66} + 200 \mathcal{L} \frac{12 \cdot 10^4}{56} - 280 = 3506.$$
$$L = 14024^{cm}.$$

---

# CHAPITRE IV

PROPAGATION D'UN ÉBRANLEMENT LE LONG D'UN FIL

ONDES STATIONNAIRES

73. **Propagation d'une perturbation le long d'un conducteur.** — *Théorie de Kirchoff*[1]. — Dans l'étude de la décharge d'un condensateur, nous avons supposé la capacité tout entière concentrée en un point du circuit, et la self-induction répartie sur une longueur relativement courte. Examinons maintenant le cas où la capacité, la self-induction et la résistance sont réparties d'une manière homogène tout le long du circuit.

Il y a alors une capacité $C_1$, une self-induction $L_1$ et une résistance $R_1$, par une unité de longueur.

De sorte que l'on peut représenter la résistance et la self-induction d'un élément $dx$ du conducteur par les expressions $R_1 dx$ ; $L_1 dx$.

Considérons pour préciser un fil conducteur isolé tendu horizontalement au-dessus du sol (comme un

---

[1] KIRCHOFF, p. 131.

fil télégraphique, par exemple), et supposons que par un procédé quelconque on modifie brusquement l'*état électrique* en un point du fil.

Si V est le potentiel en un point situé à une distance $x$ de l'origine, la différence de potentiel entre deux points situés sur le conducteur à des distances $x$ et $x + dx$ est :

$$V - \left(V + \frac{\partial V}{\partial x} dx\right) = -\frac{\partial V}{\partial x} dx.$$

La relation générale de l'induction appliquée à l'élément $dx$ donnne :

$$-\frac{\partial V}{\partial x} dx = R_1 I dx + L_1 dx \frac{\partial I}{\partial t} ; \qquad (1)$$

c'est-à-dire :

$$-\frac{\partial V}{\partial x} = R_1 I + L_1 \frac{\partial I}{\partial t}. \qquad (2)$$

Si l'on désigne par $q_1$ la charge par unité de longueur, la charge de l'élément $dx$ dont la capacité est $C_1 dx$ a pour valeur $q_1 dx$.

Le courant varie de $x$ à $x + dx$ à cause de la charge absorbée par la capacité $C_1 dx$.

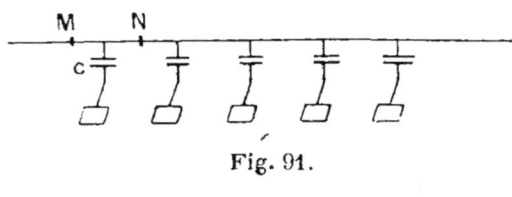

Fig. 91.

Pour se rendre compte de cette variation, on peut supposer, par exemple, que le système est constitué par l'association d'un conducteur sans capacité et de condensateurs élémentaires $c$, en dérivation et tous identiques (fig. 91).

Le courant, ayant en M une valeur $I_1$, prend en N une valeur I.

La différence $I_1 - I = I'$ représente le courant de charge de $c$ (c'est-à-dire de l'élément $dx$).

On a évidemment :
$$I' = \frac{\partial(q_1 dx)}{\partial t} = \frac{\partial q_1}{\partial t} dx ;$$

mais la variation $I'$ du courant peut aussi s'écrire :
$$I_1 - I = I - \left(I + \frac{\partial I}{\partial x} dx\right) = -\frac{\partial I}{\partial x} dx.$$

On a donc :
$$\frac{\partial I}{\partial x} dx = -\frac{\partial q_1}{\partial t} dx,$$

ou :
$$\frac{\partial I}{\partial x} = -\frac{\partial q_1}{\partial t}.$$

Et comme :
$$\frac{\partial q_1}{\partial t} = C_1 \frac{\partial V}{\partial t},$$

il vient :
$$\frac{\partial I}{\partial x} = -C_1 \frac{\partial V}{\partial t}.$$

De sorte que l'on a, en définitive, le système d'équations :

$$(3) \quad \begin{cases} -\dfrac{\partial V}{\partial x} = R_1 I + L_1 \dfrac{\partial I}{\partial t}, \\ \dfrac{\partial I}{\partial x} = -C_1 \dfrac{\partial V}{\partial t}. \end{cases}$$

Différentions la première par rapport à $x$, et la deuxième par rapport à $t$ :

$$-\frac{\partial^2 V}{\partial x^2} = R_1 \frac{\partial I}{\partial x} + L_1 \frac{\partial^2 I}{\partial x \partial t},$$

$$\frac{\partial^2 I}{\partial x \partial t} = -C_1 \frac{\partial^2 V}{\partial t^2}.$$

D'où : $\dfrac{\partial^2 V}{\partial x^2} - C_1 R_1 \dfrac{\partial V}{\partial t} - C_1 L_1 \dfrac{\partial^2 V}{\partial t^2} = 0.$ (4)

Cette équation, qui joue un rôle important dans l'étude de la propagation le long des câbles, est connue sous le nom d'*équation des télégraphistes*.

**74. Cas où la résistance est négligeable.** — La solution générale de l'équation aux dérivées partielles que nous venons d'obtenir est assez délicate à écrire.

Elle devient immédiate dans le cas où $R_1$ est très petit, c'est-à-dire où $C_1 R_1$ est négligeable devant $C_1 L_1$.

C'est ce cas limite qui se trouvera sensiblement réalisé dans les circuits que nous aurons à examiner par la suite : il présente donc une importance spéciale.

Le deuxième terme de l'équation disparaît alors, de sorte que l'équation se réduit à :

$$\dfrac{\partial^2 V}{\partial t^2} = \dfrac{1}{C_1 L_1} \dfrac{\partial^2 V}{\partial x^2},\qquad (5)$$

c'est-à-dire à la forme bien connue de l'équation des *cordes vibrantes* (§ 22).

Elle admet comme intégrale générale :

$$V = \varphi\left(x + \dfrac{1}{\sqrt{C_1 L_1}}\, t\right) + \psi\left(x - \dfrac{1}{\sqrt{C_1 L_1}}\, t\right), \quad (6)$$

$\varphi$ et $\psi$ étant deux fonctions arbitraires.

Ce que l'on peut interpréter en disant que l'état électrique du fil à une distance $x$ de l'origine et au temps $t$ est le même que si deux perturbations parties au temps $t = 0$ se propageaient en sens inverse, *sans déformation*, avec la même vitesse $\dfrac{1}{\sqrt{C_1 L_1}}$.

PROPAGATION D'UN ÉBRANLEMENT LE LONG D'UN FIL 229

Dans l'établissement de l'équation, on a supposé implicitement que le conducteur était indéfini.

On ramène le cas du fil *limité* au cas du fil *illimité* en disposant de l'état initial de la portion ajoutée de manière à ce que les conditions aux limites se trouvent satisfaites d'elles-mêmes à tout instant.

Si, par exemple, l'extrémité du fil $x=0$ est en communication avec le sol ou une grande capacité, on doit avoir, quel que soit $t$, $V=0$ pour $x=0$.

C'est-à-dire :

$$\varphi\left(\frac{1}{\sqrt{C_1 L_1}} t\right) = -\psi\left(-\frac{1}{\sqrt{C_1 L_1}} t\right).$$

Posons, pour simplifier l'écriture $\frac{1}{\sqrt{C_1 L_1}} t = y$.

La condition $\varphi(y) = -\psi(-y)$ donne, en changeant $y$ en $-y$, $\varphi(-y) = -\psi(y)$.

Si donc on a au point $x$ :

$$V = \varphi\left(x + \frac{1}{\sqrt{C_1 L_1}} t\right) + \psi\left(x - \frac{1}{\sqrt{C_1 L_1}} t\right),$$

on devra avoir au point $-x$, pour que $V$ conserve la valeur zéro à l'origine :

$$V_1 = \varphi\left[-\left(x - \frac{1}{\sqrt{C_1 L_1}} t\right)\right]$$
$$+ \psi\left[-\left(x + \frac{1}{\sqrt{C_1 L_1}} t\right)\right] = -V.$$

C'est-à-dire qu'il faut à tout instant attribuer aux éléments situés symétriquement, de part et d'autre de l'origine, des potentiels égaux et de signes contraires.

Et l'on peut se représenter le phénomène en imaginant que deux ébranlements identiques partent *en même temps* et *en sens contraires* de deux points symétriquement placés.

Les *ondes*, positive et négative, arrivent en même temps à l'origine, puis se pénètrent réciproquement, de sorte que tout se passe comme si l'onde positive, après avoir atteint l'extrémité, se propageait en sens inverse. Il y a donc réflexion du potentiel (avec changement de signe dans le cas présent) à l'extrémité d'un fil limité.

On étendrait aisément le raisonnement, avec modification évidente, au cas où l'extrémité est isolée au lieu d'être reliée à une grande capacité.

On sait que l'intégrale générale de l'équation :

$$(5) \quad \frac{\partial^2 V^2}{\partial t^2} = \frac{1}{C_1 L_1} \frac{\partial^2 V^2}{\partial x^2},$$

ou : $(7) \quad \dfrac{\partial^2 V}{\partial t^2} = v^2 \dfrac{\partial^2 V}{\partial x^2}.$

en posant : $v = \dfrac{1}{\sqrt{C_1 L_1}}.$

peut être obtenue sous forme de série trigonométrique.

Dans le cas où l'ébranlement est une vibration harmonique, il est facile de trouver une solution particulière.

Supposons, par exemple, que l'on pose :

$$V = A \cos 2\pi \frac{t}{T}, \qquad (8)$$

et cherchons à satisfaire à l'équation différentielle en posant : $\quad V = f(x) \cos 2\pi \dfrac{t}{T}, \qquad (9)$

l'amplitude $f(x)$ étant variable avec la distance à l'origine.

La relation (9) donne par différentiation :

$$\frac{\partial V}{\partial t} = -\frac{2\pi}{T} f(x) \sin 2\pi \frac{t}{T},$$

$$\frac{\partial^2 V}{\partial t^2} = -\frac{4\pi^2}{T^2} f(x) \cos 2\pi \frac{t}{T}.$$

Et d'autre part :

$$\frac{\partial^2 V}{\partial x^2} = f''(x) \cos 2\pi \frac{t}{T}.$$

En substituant dans l'équation (7), il vient :

$$f''(x) = -\frac{4\pi^2}{v^2 T^2} f(x),$$

ou en posant : $\lambda = vT$,

$$f''(x) = -\left(\frac{2\pi}{\lambda}\right)^2 f(x),$$

équation qui s'intègre immédiatement et donne :

$$f(x) = A \sin 2\pi \frac{x}{\lambda} + B \cos 2\pi \frac{x}{\lambda}. \quad (10)$$

Les conditions aux limites fixent les valeurs de A et B.

Prenons, par exemple, le cas d'un fil isolé à l'une des extrémités et relié à la terre à l'autre extrémité.

Alors, pour $x = 0$, $V = 0$, c'est-à-dire $f(x) = 0$ quel que soit $t$.

Et pour $x = l$, $V = A \cos 2\pi \frac{t}{T}$, c'est-à-dire : $f(x) = A$.

D'où :   $B = 0$, et $\sin 2\pi \dfrac{l}{\lambda} = 1$,

ou :   $2\pi \dfrac{l}{\lambda} = (2m + 1) \dfrac{\pi}{2}$.

c'est-à-dire :   $l = (2m + 1) \dfrac{\lambda}{4}$.

Si la longueur du fil est égale à $\dfrac{\lambda}{4}$, $3\dfrac{\lambda}{4}$. $5\dfrac{\lambda}{4}$, ... il y a production le long du fil d'une *onde stationnaire* avec nœud de tension à l'autre extrémité.

La valeur $m = 0$ donne $l = \dfrac{\lambda}{4}$ ; il n'y a qu'un seul nœud de tension sur le fil, celui qui se trouve à l'extrémité reliée à la terre : c'est l'oscillation fondamentale.

A une valeur quelconque et entière de $m$ correspond une oscillation supérieure pour laquelle V est maximum à toute époque aux points :

$$\dfrac{l}{2m+1} \quad \dfrac{3l}{2m+1} \quad \dfrac{5l}{2m+1} \quad \ldots l,$$

qui sont des ventres de tension, et nul aux points :

$$0 \quad \dfrac{2l}{2m+1}, \quad 2 \cdot \dfrac{2l}{2m+1}, \ldots$$

qui sont des nœuds de tension.

De la relation entre V et $x$ :

$$V = A \sin 2\pi \dfrac{x}{\lambda} \cos 2\pi \dfrac{t}{T}, \qquad (11)$$

on tire :

$$\dfrac{\partial V}{\partial t} = - \dfrac{2\pi A}{T} \sin 2\pi \dfrac{x}{\lambda} \sin 2\pi \dfrac{t}{T};$$

d'où : $$\frac{\partial I}{\partial x} = \frac{2\pi A C_1}{T} \sin 2\pi \frac{x}{\lambda} \sin 2\pi \frac{t}{T},\quad (12)$$

et : $$I = -A\sqrt{\frac{C_1}{L_1}} \cos 2\pi \frac{x}{\lambda} \sin 2\pi \frac{t}{T},\quad (13)$$

en tenant compte de la relation $\lambda = vT$ et de l'expression de $v$ :
$$v = \frac{1}{\sqrt{C_1 L_1}}.$$

La distribution des intensités suit donc la même loi que la distribution des tensions.

Mais l'intensité est décalée de $\frac{1}{4}$ de période par rapport à la tension, c'est-à-dire qu'il y a un nœud d'intensité partout où il y a un ventre de tension, et inversement.

75. **Cas où la résistance n'est pas négligeable.** — L'équation complète :
$$\frac{\partial^2 V}{\partial x^2} - C_1 R_1 \frac{\partial V}{\partial t} - C_1 L_1 \frac{\partial^2 V}{\partial t^2} = 0,\quad (4)$$

a été intégrée d'une manière tout à fait générale par Poincaré[1] à l'aide des fonctions de Bessel.

Une solution simple est fournie par l'expression :
$$V = A e^{\rho t} \sin 2\pi \frac{x}{\lambda},$$

où $\rho$ est racine de l'équation :
$$\rho^2 + \frac{R_1}{L_1} \rho + \frac{1}{C_1 L_1} \cdot \left(\frac{2\pi}{\lambda}\right)^2 = 0.$$

[1] POINCARÉ. Voir aussi BRILLOUIN, p. 241.
[1] POINCARRÉ, 2, p. 183.

On a donc :
$$\rho = -\frac{R_1}{2L_1} \pm \sqrt{\frac{R_1^2}{4L_1^2} - \frac{1}{C_1L_1}\left(\frac{2\pi}{\lambda}\right)^2}.$$

Le terme $\dfrac{R_1^2}{4L_1^2}$ est négligeable, en général, devant $\dfrac{1}{C_1L_1}\left(\dfrac{2\pi}{\lambda}\right)^2$.

Par suite, on peut écrire :
$$\rho = -\frac{R_1}{2L_1} \pm i\sqrt{\frac{1}{C_1L_1}\left(\frac{2\pi}{\lambda}\right)^2}, \quad i = \sqrt{-1},$$

ou :
$$\rho = -\frac{R_1}{2L_1} \pm ib.$$

L'intégrale générale de l'équation peut alors être mise sous la forme :
$$V = A \sin 2\pi \frac{x}{\lambda} e^{-\frac{R_1}{2L_1}t} \times [p e^{ibt} + q e^{-ibt}], \quad (14)$$

ou sous forme réelle en tenant compte des conditions aux limites qui sont identiques aux précédentes au facteur $e^{-\frac{R_1}{2L_1}t}$ près :
$$V = a e^{-\frac{R_1}{2L_1}t} \sin 2\pi \frac{x}{\lambda} \cos\left(\frac{1}{\sqrt{C_1L_1}} \cdot \frac{2\pi}{\lambda}\right)t, \quad [15]$$

ou :
$$V = a e^{-\frac{R_1}{2L_1}t} \sin 2\pi \frac{x}{\lambda} \cos 2\pi \frac{t}{T}. \quad (16)$$

avec :
$$\lambda = \frac{1}{\sqrt{C_1L_1}} T.$$

Cette relation est identique, au facteur exponentiel $e^{-\frac{R_1}{2L_1}t}$ près, à celle qui a été discutée ci-dessus.

Le phénomène présente donc la même allure générale : propagation le long du fil d'une onde qui s'amortit tout entière au même taux $e^{-\frac{R_1}{2L_1}t}$ en conservant la même forme, réflexion de l'onde (avec ou sans changement de signe) aux extrémités, et production d'ondes stationnaires avec la distribution de nœuds et de ventres qui a été étudiée.

76. **Ordre de grandeur de la vitesse de propagation.** — La vitesse de propagation d'une perturbation ou d'un ébranlement périodique le long d'un conducteur sur lequel la répartition de la capacité et de la self-induction est homogène est donnée par l'expression $v = \dfrac{1}{\sqrt{C_1 L_1}}$, où $C_1$ et $L_1$ désignent respectivement la capacité et la self-induction par unité de longueur[1].

Numériquement, l'expression $\dfrac{1}{\sqrt{C_1 L_1}}$ donnera la

---

[1] Le calcul qui précède suppose essentiellement que le conducteur dans lequel se propage l'ébranlement possède, *par unité de longueur*, une capacité et une self-induction parfaitement définies, et n'est pas à l'abri d'objections quand on l'applique à un fil rectiligne unique indéfini.

Dans de pareilles conditions, il est impossible en toute rigueur de définir la capacité ou la self-induction par unité de longueur indépendamment de la loi de variation du courant le long du fil.

Les difficultés disparaissent si, au lieu de considérer un fil unique, on considère deux fils parallèles, ou concentriques, ou bien un fil horizontal parallèle au sol, comme cela a été implicitement supposé dans la figure 91.

Le calcul rigoureux, appliqué à un fil unique, conduit d'ailleurs aux conclusions que nous avons obtenues. (Voir BOUASSE, § 47.)

vitesse de propagation en *centimètres par seconde* si l'on exprime $C_1$ et $L_1$ dans le même système d'unités.

Considérons, en particulier, le cas d'un conducteur filiforme isolé et infiniment éloigné de tout autre conducteur.

La capacité d'un pareil conducteur de longueur $l$ et de rayon $r$ est, en unités électrostatiques :

$$C = \frac{l}{2\mathcal{L}\frac{l}{r}}.$$

La self-induction pour des courants superficiels a pour valeur : $\quad L = 2l \left\{ \mathcal{L}\frac{2l}{r} - 1 \right\} \quad$ (§ 71)

ou : $\quad L = 2l \left\{ \mathcal{L}\frac{l}{r} + 0,7 - 1. \right\}$

Si le rapport $\frac{l}{r}$ est grand, on peut négliger dans la parenthèse le terme $0,7 - 1 = -0,3$, et écrire simplement : $\quad L = l \cdot 2\mathcal{L}\frac{l}{r}.$

Or : $\quad C_1 = \frac{C}{l}, \quad L_1 = \frac{L}{l}.$

Par suite, quand on exprime $C_1$ en *unités électrostatiques*, et $L_1$ en *unités électromagnétiques*, on a pour un fil isolé : $\quad C_1 L_1 = 1,$

c'est-à-dire : $\quad \dfrac{1}{\sqrt{C_1 L_1}} = 1.$

Si l'on exprime $C_1$ en unités *électromagnétiques* comme $L_1$, il faut remplacer $C_1$ par $\dfrac{C_1}{\Omega^2}$ (Voir tableau, p. 443), et écrire :

$$v = \frac{1}{\sqrt{C_1 L_1}} = \frac{\Omega}{\sqrt{C_1 L_1}},$$

c'est-à-dire, dans le cas présent, $v = \Omega$.

On sait que la quantité $\Omega$ qui s'introduit dans le rapport des unités électrostatiques et électromagnétiques est numériquement égale à la *vitesse de la lumière*.

**77. Vérifications expérimentales de la théorie.** — I. *Vérifications directes.* — Le premier procédé qui s'offre à l'esprit pour vérifier la théorie, et le plus direct, consiste à mesurer la vitesse de propagation d'une perturbation électrique le long d'un fil.

A diverses reprises, différents expérimentateurs s'étaient préoccupés de déterminer la *vitesse de l'électricité*, mais les résultats obtenus présentaient des divergences considérables.

Tandis que Wheatstone donnait à la vitesse de propagation la valeur de 460 000 kilomètres (1834), Walter trouvait seulement 30 000 kilomètres (1849), Fizeau et Gounelle arrivaient à 180 000 kilomètres (1850), et W. Siemens à 260 000 kilomètres par seconde (1876).

Toutes ces valeurs diffèrent notablement de celle qu'indique la théorie.

Mais on doit observer que les conditions que la théorie suppose se trouvaient très imparfaitement réalisées dans toutes ces expériences où l'on s'efforçait de déterminer la vitesse de propagation de l'électricité en observant les effets mesurables d'un courant continu périodiquement interrompu.

Dans les expériences de Fizeau et Gounelle[1], par exemple, le procédé était tout à fait analogue à celui de la roue dentée précédemment imaginé par Fizeau pour déterminer la vitesse de la lumière (fig. 92).

Une pile P, dont l'un des pôles est réuni au sol, a l'autre pôle relié à un galvanomètre G par l'intermé-

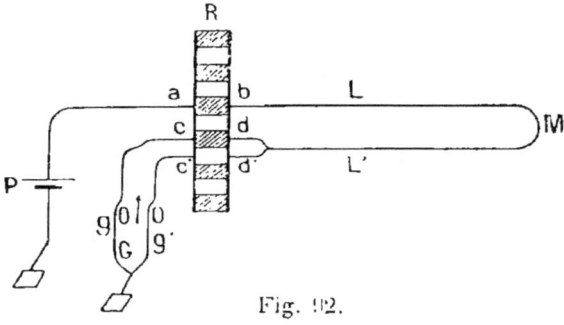

Fig. 92.

diaire d'une ligne LML' et d'un système de balais qui frottent sur une roue mobile à secteurs alternativement conducteurs et isolants.

Le pôle de la pile est relié au balai $a$ et le galvanomètre, qui est différentiel, a l'un de ses circuits $g$ relié au balai $c$, tandis que l'autre $g'$ est relié au balai $c'$. L'autre borne du galvanomètre, commune aux circuits $g$ et $g'$, est réunie au sol.

L'une des extrémités de la ligne est réunie au balai $b$, qui correspond à $a$, l'autre extrémité est reliée à la fois aux deux balais $d$ et $d'$ qui correspondent respectivement à $c$ et $c'$.

Les secteurs étant distribués uniformément sur le

[1] Fizeau et Gounelle, p. 437.

pourtour de la roue (il y en avait 36), l'espacement des balais est tel que les communications entre $a$ et $b$, $c$ et $d$ se trouvent ouvertes ou fermées en même temps, tandis que la communication entre $c'$ et $d'$ se trouve ouverte quand les autres sont fermées, et inversement.

On donne à la roue un mouvement de rotation rapide.

Si le temps employé par le courant pour parcourir la ligne est juste égal au temps qu'un secteur isolant met à prendre la place d'un secteur conducteur, le circuit se trouve constamment ouvert en $dc$, et fermé en $d'c'$, et c'est le courant qui passe dans le circuit $g'$ qui fait dévier le galvanomètre.

Au contraire, si le temps employé par le courant pour parcourir la ligne est égal à celui qu'un secteur conducteur met à prendre la place d'un autre secteur conducteur, le circuit se trouve constamment fermé en $dc$ et ouvert en $d'c'$ et c'est le courant qui passe dans le circuit $g$ qui fait dévier le galvanomètre.

Quand on fait croître progressivement la vitesse de rotation de la roue, le galvanomètre dévie donc, tantôt dans un sens, tantôt en sens contraire.

De la vitesse de rotation de la roue, qui donne une élongation maximum, soit dans un sens, soit dans l'autre, on peut déduire la vitesse de propagation.

C'est ainsi que Fizeau et Gounelle ont trouvé, le long d'une ligne en fil de fer, la valeur de 100 000 kilomètres, et, le long d'une ligne en fil de cuivre, la valeur de 180 000 kilomètres que nous avons citée. Mais le phénomène n'a pas le caractère de simplicité que nous avons supposé dans l'établissement de la théorie. Les interruptions du courant continu diffèrent trop d'une perturbation brusque pour qu'il n'y ait pas à tenir compte de la résistance du conducteur. La théorie complète montre que tout se passe alors comme si la région troublée occupait sur le fil une longueur de plus en plus grande à mesure que l'on s'éloigne du point de départ.

C'est bien, en effet, le phénomène qui a été constaté expérimentalement par Fizeau, et auquel il a donné le nom de *diffusion du courant*. Sans insister sur son interprétation, on voit qu'il en résulte que les expériences ne peuvent fournir qu'une valeur *apparente* de la vitesse de propagation, toujours inférieure à la valeur réelle de la vitesse de propagation de la perturbation initiale, ou *front* de l'onde.

Pour se rapprocher des conditions théoriques, il faut tout d'abord arriver à faire naître dans un fil une perturbation extrêmement brusque. La décharge d'un condensateur en fournit le moyen, et c'est celui dont Blondlot[1] s'est servi dans les expériences suivantes.

Le dispositif comprend deux bouteilles de Leyde identiques dont les armatures internes sont reliées aux boules d'un éclateur et aux pôles d'une bobine d'induction (fig. 93).

Les armatures externes sont formées de deux parties isolées $a$, $b$ et $a'$, $b'$.

Les portions correspondantes des armatures, $a$ et $a'$, $b$ et $b'$ sont réunies par des cordes mouillées qui permettent la charge *lente* des bouteilles.

La décharge de $aa'$ et de $bb'$ s'opère par le micromètre à étincelles $mm'$. Mais tandis que les armatures

---

[1] Blondlot, **1**, p. 543.

$a$ et $a'$ sont directement réunies au micromètre, les armatures $b$ et $b'$ y sont reliées par l'intermédiaire des fils de ligne LMP, L'M'P'.

Quand une étincelle éclate en E, les armatures $a$ et $a'$, $b$ et $b'$ se déchargent brusquement, et comme la décharge est brusque, elle prend la forme disruptive et passe par le micromètre au lieu de passer par la corde mouillée.

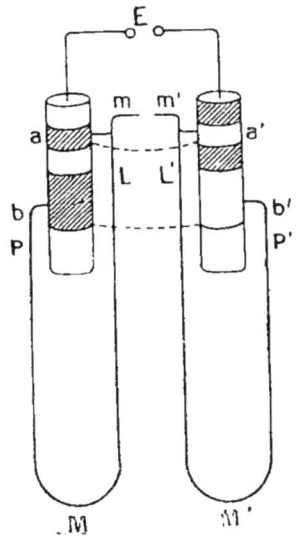

Fig. 93.

A chaque étincelle qui éclate en E, se produisent d'ailleurs deux décharges, c'est-à-dire deux étincelles en $mm'$.

La première se produit en même temps que l'étincelle de E, mais la seconde est en retard de la durée qu'il a fallu à la décharge pour parcourir la longueur de la ligne. On évalue cette durée en recevant sur une plaque photographique l'image des étincelles réfléchie par un miroir tournant.

Effectuées d'abord avec une ligne de 1 kilomètre, les expériences ont donné $2,94 \cdot 10^{10}$ centimètres pour la valeur de la vitesse de propagation. On a obtenu ensuite avec une ligne de 1 800 mètres (en fil de cuivre) la valeur moyenne de $2,98 \cdot 10^{10}$ centimètres par seconde. Aux erreurs d'observation près, cette valeur coïncide exactement avec la vitesse de la lumière.

Oscillations électriques.                    7*

## 78. **Production d'ondes stationnaires.** —
II. *Vérifications indirectes.* — Un procédé indirect de vérification de la théorie de Kirchoff, purement qualitatif, consiste à faire naître des ondes stationnaires dans des conducteurs. On peut les mettre en évidence avec une grande netteté en disposant des dimensions électriques du conducteur de manière à réduire la valeur de la vitesse de propagation.

La théorie nous a montré que cette vitesse de propagation a pour expression $v = \dfrac{1}{\sqrt{C_1 L_1}}$, $C_1$ et $L_1$ désignant la capacité et la self-induction par unité de longueur.

Il suffit d'accroître $C_1$ et $L_1$ pour diminuer la valeur de $v$. C'est ce que l'on obtient très simplement en enroulant un fil en spires plus ou moins serrées, c'est-à-dire en solénoïde cylindrique. On augmente alors $C_1$ et $L_1$ tout en leur conservant une répartition sensiblement uniforme le long de l'axe, de sorte qu'un solénoïde AB se comporte comme un conducteur filiforme de même longueur AB qui aurait par unité de longueur une capacité et une self-induction notables.

L'expression [1]

$$L = (\pi d n')^2 l,$$

où $n'$ représente le nombre de tours par centimètre d'un solénoïde de longueur $l$ et de diamètre $d$, donne une valeur approchée du coefficient de self-induction du solénoïde. En augmentant soit $n'$, soit $d$, on peut donner

---

[1] Cette expression s'obtient aisément par des considérations élémentaires.

au rapport $\frac{L}{l} = L_1$ une valeur aussi grande qu'on le désire.

Un solénoïde AB relié en B à la terre (c'est-à-dire à une grande capacité), et isolé en A, vibre comme un tuyau fermé et présente en B un nœud, et en A un ventre de tension.

Un solénoïde A'B', isolé en A' et B', vibre comme un tuyau ouvert en présentant un nœud de tension au milieu et un ventre de tension à chaque extrémité.

Pour faire naître ces ondes stationnaires, il suffit d'attaquer le solénoïde par induction à l'aide d'un circuit excitateur dans lequel se produisent des oscillations de période convenable, de même que pour faire naître des ondes stationnaires dans un tuyau, il suffit d'attaquer la colonne d'air à l'aide d'un diapason d'un nombre de vibrations donné. Le dispositif est d'ailleurs des plus simples.

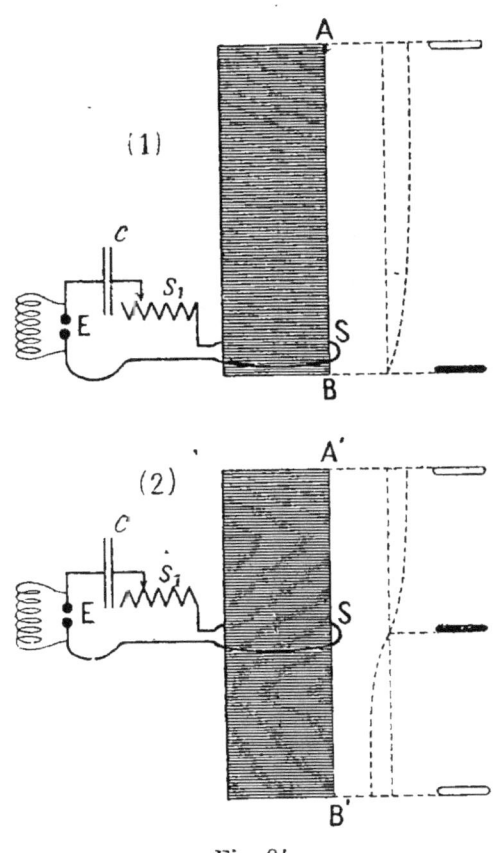

Fig. 94.

Le circuit excitateur comprend une spire S qui entoure le solénoïde AB, un condensateur C constitué par une ou plusieurs bouteilles de Leyde, et un éclateur E relié aux pôles d'une bobine d'induction.

Un solénoïde auxiliaire $s_1$, intercalé dans le circuit, dont on peut faire varier le nombre des spires à l'aide d'un curseur mobile, permet de modifier la période du circuit excitateur de manière à lui donner la valeur voulue.

En promenant le long de l'axe du solénoïde, et parallèlement au plan des spires, un tube à vide, le tube s'illumine aux ventres de tension, tandis qu'il demeure obscur aux nœuds.

Il convient d'ailleurs de disposer la spire excitatrice S en regard de la région du solénoïde où l'on désire voir se produire un nœud de tension, c'est-à-dire un ventre d'intensité. (De même que l'on attaque une corde vibrante par l'archet au point où l'on désire donner naissance à un ventre.)

En (1), pour le solénoïde relié à la terre en B, on attaquera par la spire S au voisinage de l'extrémité B et, pour un réglage convenable du circuit excitateur, on donnera naissance à un nœud de tension en B et à un ventre en A.

En (2), pour le solénoïde isolé aux extrémités, on attaquera au milieu et, en donnant à la période de l'excitation une valeur moitié de la précédente, on fera naître un ventre à chaque extrémité.

Si l'on double encore la fréquence des oscillations du circuit excitateur, on produira dans le solénoïde isolé aux extrémités trois concamérations avec deux nœuds de tension P et Q et trois ventres en A" B" et M (3).

Il faudra alors attaquer par la spire S, au $\frac{1}{4}$ de la longueur. Pour réaliser successivement les cas (2) et (3), il suffit de régler le dispositif d'excitation de manière à ce que la capacité soit constituée en (2) par deux jarres identiques réunies en parallèle. Laissant la self-induction constante, on associe ensuite les mêmes jarres en cascade. On divise alors la capacité par 4, c'est-à-dire la période par 2

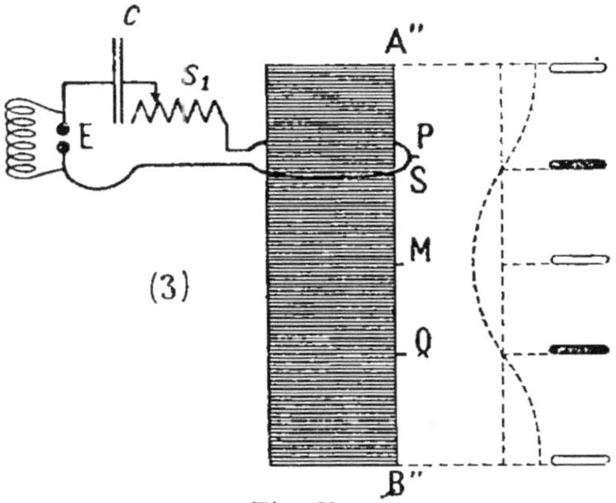

$(T = 2\pi \sqrt{LC})$

Fig. 95.

et l'on obtient immédiatement le réglage qui convient au cas (3).

Au lieu de déceler les ventres de *tension* par des tubes à vide luminescents, on peut déceler les ventres *d'intensité* à l'aide de petites lampes à incandescence intercalées dans le solénoïde même, et qui s'allument aux ventres de courant. Seibt[1] a donné à l'expérience une forme un peu différente (fig. 96). Un long solénoïde de faible diamètre (en fil de cuivre enroulé sur un noyau cylindrique de bois paraffiné ou d'ébonite) est disposé verticalement. Parallèlement à lui, et à une distance de

---

[1] SEIBT, p. 315 à 409.

quelques centimètres, se trouve un conducteur rectiligne relié à la terre. L'une des extrémités du solénoïde est réunie à un circuit excitateur susceptible d'être *accordé*, par réglage d'une self-induction variable, à la période des oscillations que l'on veut faire naître dans le solénoïde.

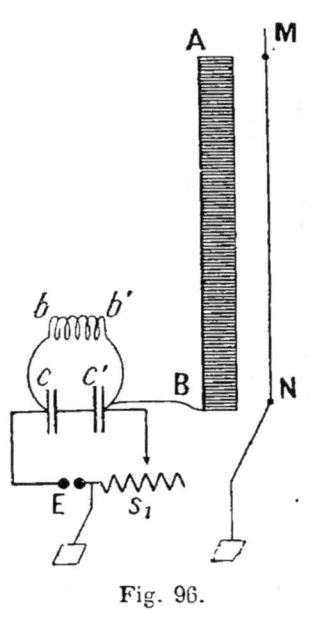

Fig. 96.

Lorsque ces oscillations son excitées dans le solénoïde, il se produit des nappes d'effluves entre la surface du solénoïde et le fil latéral. Ces effluves, qui sont beaucoup plus fournies au voisinage des ventres de tension qu'à celui des nœuds, rendent directement visibles dans l'obscurité les concamérations. Sans l'aide du conducteur auxiliaire MN, on voit facilement l'oscillation *fondamentale* se produire.

Quand elle prend naissance pour un réglage convenable du circuit excitateur, des effluves apparaissent spontanément à l'extrémité A. L'observation de ces effluves, qui peuvent atteindre plusieurs centimètres de longueur, fournit un procédé rapide pour juger de l'égalité des périodes du solénoïde et du circuit excitateur.

79. **Résonateur Oudin.** — Au lieu d'exciter le solénoïde AB par un circuit excitateur complètement indépendant, on peut prendre la spire excitatrice S et la self-induction $s_1$ de réglage sur le solénoïde AB lui-même.

Le circuit *primaire* S se confond alors avec une portion du circuit *secondaire* AB.

On obtient ainsi le dispositif connu sous le nom de *Résonateur Oudin* (fig. 97)[1].

Le circuit excitateur est constitué, par exemple, par un condensateur C (jarres associées en parallèle ou en cascade), et un éclateur E relié aux pôles d'une bobine d'induction $bb'$.

Un curseur mobile M permet d'intercaler, dans ce circuit excitateur, un nombre variable de spires du solénoïde AB. En déplaçant le curseur, on trouve une position pour laquelle le flux d'effluves en A prend une valeur maximum.

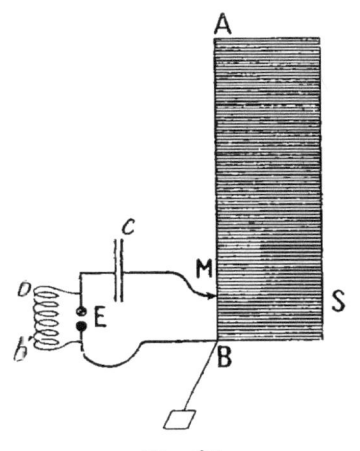

Fig. 97.

L'extrémité isolée A est alors un ventre de tension et le solénoïde vibre avec sa période propre, période égale à celle du circuit excitateur dont la self-induction est constituée par les spires comprises entre M et B.

La production spontanée d'effluves à l'extrémité du solénoïde AB est l'indice d'une tension élevée.

Cette tension est en effet beaucoup plus grande que celle qui correspond aux décharges du circuit excitateur.

---

[1] OUDIN, p. 1632.

## 80. Relation entre l'amplitude du potentiel et l'amplitude du courant.

— Les expressions obtenues (§ 74) :
$$V = A \sin \frac{2\pi x}{\lambda} \cos 2\pi \frac{t}{T}, \quad (11)$$

$$I = -A \sqrt{\frac{C_1}{L_1}} \cos \frac{2\pi x}{\lambda} \sin 2\pi \frac{t}{T}, \quad (13)$$

pour le potentiel et le courant à une distance $x$ de l'origine, montrent qu'il existe une relation simple entre la valeur du potentiel à un ventre de tension et celle du courant à un ventre d'intensité.

La valeur maximum du potentiel à un ventre de tension s'obtient en faisant :
$$t = 0 \quad \text{et} \quad x = \frac{\lambda}{4};$$

elle est : $\quad V_0 = A.$

L'amplitude du courant s'obtient en faisant :
$$t = \frac{T}{4} \quad \text{et} \quad x = 0.$$

Elle a pour valeur :
$$I_0 = -A \sqrt{\frac{C_1}{L_1}}.$$

On a donc (en valeur absolue) :
$$\frac{I_0}{V_0} = \sqrt{\frac{C_1}{L_1}}. \quad (17)$$

Pour traduire la relation numériquement, il faut se rappeler que $C_1$ est exprimée en unités électrostatiques et $L_1$ en unités électromagnétiques.

La relation peut être établie en évaluant de deux

manières différentes l'énergie mise en jeu dans le conducteur.

Dans chaque élément du fil, cette énergie se trouve tantôt à l'état électrique, tantôt à l'état magnétique.

Au moment où le courant a sa valeur maximum, l'énergie est tout entière sous forme magnétique et a pour expression dans un élément $dx$ :

$$\frac{1}{2}(L_1 dx) I^2.$$

I désignant la valeur maximum du courant dans l'élément $dx$, on a :

$$I = I_0 \cos 2\pi \frac{x}{\lambda}.$$

Pour obtenir l'énergie totale, il faut faire la somme des termes : $\quad \frac{1}{2} L_1 I_0^2 \cos^2 \frac{2\pi x}{\lambda} dx,$

étendue à tout le conducteur.

D'ailleurs, nous avons fait observer (§ 74) que la distribution des intensités est la même que si, la mise à terre du conducteur en A n'existant pas, le conducteur AB se trouvait relié en A au conducteur *symétrique* AB'.

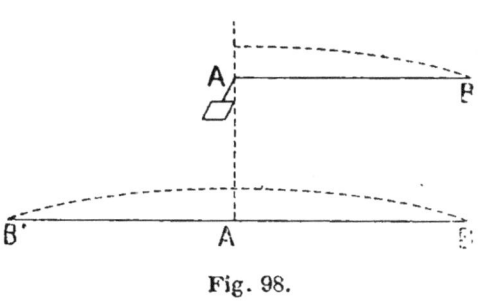

Fig. 98.

Si $l$ est la longueur de AB, on a :

$$\lambda = 4l.$$

On obtiendra donc la valeur de l'énergie cherchée en intégrant de $-\frac{\lambda}{4}$ à $+\frac{\lambda}{4}$,

c'est-à-dire en écrivant :

$$W = \frac{1}{2} L_1 I_0^2 \int_{-\frac{\lambda}{4}}^{+\frac{\lambda}{4}} \cos^2 \frac{2\pi x}{\lambda} \, dx.$$

Expression dont l'intégration immédiate donne :

$$W = \frac{1}{2} l L_1 I_0^2. \qquad (18)$$

L'énergie électrostatique se calculerait d'une manière identique.

L'énergie électrostatique d'un élément $dx_1$ de capacité $C_1 dx_1$ a pour expression :

$$\frac{1}{2}(C_1 dx) V^2,$$

et l'énergie totale est :

$$W = \frac{1}{2} l C_1 V_0^2; \qquad (19)$$

on a donc : $\qquad \frac{1}{2} l L_1 I_0^2 = \frac{1}{2} l C_1 V_0^2,$

c'est-à-dire : $\qquad \frac{I_0}{V_0} = \sqrt{\frac{C_1}{L_1}}. \qquad (20)$

En employant un fil de faible diamètre et l'enroulant en spires serrées, on peut accroître $L_1$ dans de grandes proportions sans faire varier sensiblement $C_1$.

PROPAGATION D'UN ÉBRANLEMENT LE LONG D'UN FIL 251

On peut donc donner au rapport $\dfrac{L_1}{C_1}$, c'est-à-dire à $\dfrac{V_0}{I_0}$, une valeur aussi grande qu'on le désire.

81. **Cas où la capacité n'est pas répartie uniformément.** — Lorsque la capacité n'est pas répartie d'une manière uniforme le long du conducteur, le défaut d'homogénéité entraîne dans le régime vibratoire simple que nous venons d'étudier des perturbations tout à fait comparables à celles qui se produisent dans une corde vibrante qui porte des surcharges. Nous nous bornerons à examiner le cas d'un conducteur filiforme à répartition homogène (comme self-induction et capacité), relié à l'une des extrémités A au sol, et à l'autre extrémité B à un condensateur de capacité $C_0$.

Lorsque le système vibre avec sa période propre, il s'établit, comme dans un conducteur homogène, un régime d'onde stationnaire caractérisé par une certaine longueur d'onde $\lambda$.

Cette longueur d'onde $\lambda$ serait la longueur d'onde

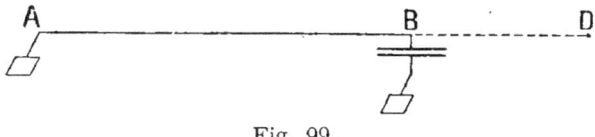

Fig. 99.

qu'aurait un conducteur AD plus long que AB et à répartition homogène comme AB, tel que $\lambda = 4 \cdot \overline{AD}$.

La longueur BD de conducteur filiforme et homogène *équivaut* à la capacité $C_0$ placée en B, c'est-à-dire absorbe à tout instant la même quantité d'électricité[1].

Si l'on désigne par $I_0$ l'amplitude du courant au point A pour le conducteur fictif équivalent AD, la valeur I de l'amplitude du courant au point B, situé à une distance $l$ de l'origine, est :

$$I = I_0 \cos \frac{2\pi l}{\lambda}.$$

La distribution de la charge suit la même loi que la distribution du courant, avec un décalage de $\frac{\pi}{2}$.

De sorte que si $q_0$ est l'amplitude de la charge au point A (pour le conducteur fictif), la valeur $q$ de l'amplitude de la charge au point B est :

$$q = q_0 \sin \frac{2\pi l}{\lambda}.$$

La charge absorbée par la portion BD du conducteur homogène a pour valeur :

$$Q = \int_l^{\frac{\lambda}{4}} q\, dl = \int_l^{\frac{\lambda}{4}} q_0 \sin \frac{2\pi l}{\lambda}\, dl,$$

c'est-à-dire :
$$Q = \frac{\lambda}{2\pi} q_0 \cos \frac{2\pi l}{\lambda}. \qquad (21)$$

Nous supposons que la substitution de la portion de conducteur homogène BD à la capacité $C_0$ ne modifie pas le régime vibratoire de AB. La valeur V du potentiel au point B doit donc être la même dans les deux cas.

[1] Cette conception d'une certaine longueur de conducteur filiforme *équivalente* à une capacité terminale se trouve justifiée, ainsi que nous le verrons ultérieurement, par des expériences de Lecher et de Rubens.

PROPAGATION D'UN ÉBRANLEMENT LE LONG D'UN FIL 253

Pour le conducteur homogène AD, elle est :

$$V = \frac{q}{C_1} = \frac{q_0}{C_1} \sin \frac{2\pi l}{\lambda}$$

($C_1$ étant la capacité par unité de longueur).

Et, pour le système qui comprend la capacité $C_0$ :

$$V = \frac{Q}{C_0} = \frac{\lambda}{2\pi} \cdot \frac{q_0}{C_0} \cos \frac{2\pi l}{\lambda} ; \qquad (22)$$

on a donc :
$$\frac{2\pi}{\lambda} \cdot \operatorname{tg} \frac{2\pi l}{\lambda} = \frac{C_1}{C_0} . \qquad (23)$$

Relation qui donne la valeur de la longueur d'onde $\lambda$ de l'oscillation qui prend naissance dans le système considéré.

**82. Circuit de décharge quelconque.** — Des considérations analogues sont applicables à un circuit de décharge constitué par un condensateur et des conducteurs présentant à la fois de la self-induction et de la capacité.

Considérons, pour préciser (fig. 100), un circuit constitué par le condensateur AB de capacité $C_0$ et par deux conducteurs filiformes parallèles AM, BN,

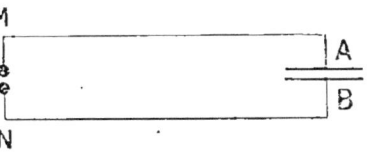

Fig. 100.

suffisamment longs pour que l'on puisse considérer la répartition de la capacité et de la self-induction comme homogène le long de ces conducteurs.

La relation : $\quad \dfrac{2\pi}{\lambda} \cdot \operatorname{tg} \dfrac{2\pi l}{\lambda} = \dfrac{C_1}{C_0} \qquad (23)$

est immédiatement applicable au système.

Oscillations électriques. 8

On peut d'ailleurs obtenir par le calcul la valeur $C_1$ de la capacité par unité de longueur des conducteurs AM et BN. Si l'on suppose que les conducteurs sont deux fils de mêmes rayons $r$, placés à une distance $a$, grande par rapport à $r$, on a, pour une longueur $l$ :

$$C = \frac{l}{4\mathcal{L}\frac{a}{r}},$$

c'est-à-dire, par unité de longueur :

$$C_1 = \frac{1}{4\mathcal{L}\frac{a}{r}},$$

et, par suite :

$$\frac{2\pi}{\lambda} \cdot \operatorname{tg} \frac{2\pi l}{\lambda} = \frac{1}{C_0 4\mathcal{L}\frac{a}{r}}. \qquad (24)$$

On peut écrire aussi :

$$\frac{2\pi}{\lambda} \operatorname{tg} \frac{2\pi l}{\lambda} = \frac{l}{C_0 4 l \mathcal{L}\frac{a}{r}} = \frac{l}{C_0 L}, \qquad (25)$$

car $4l\mathcal{L} \cdot \frac{a}{r}$ représente d'une manière très approxima-

---

[1] Le calcul complet de la capacité d'un système de deux fils cylindriques parallèles est donné par Vaschy (t. I, p. 86).

Si l'on désigne par $a$ la distance des fils, $R_1$ et $R_2$ leurs rayons, on a :

$$C = \frac{l}{2\mathcal{L}(\alpha + \sqrt{\alpha^2 - 1})} \qquad \text{avec} \qquad \alpha = \frac{a^2 - (R_1^2 + R_2^2)}{2R_1 R_2}.$$

L'expression se réduit aisément à celle qui est donnée quand l'on suppose que la distance des fils est grande par rapport à leurs rayons.

tive l'expression du coefficient de self-induction du système des deux fils pour une longueur $l$ (§ 71).

Si $l$ est petit par rapport à $\lambda$, l'arc $\dfrac{2\pi l}{\lambda}$ peut être confondu avec la tangente, et l'on a :

$$\frac{2\pi}{\lambda} \cdot \frac{2\pi l}{\lambda} = \frac{l}{C_0 L}, \qquad (26)$$

c'est-à-dire :  $\lambda = 2\pi \sqrt{C_0 L}$.

On retombe alors sur la relation de Thomson, et l'on voit dans quelles conditions elle est applicable : il faut que la longueur du circuit soit suffisamment petite par rapport à la longueur d'onde de l'oscillation pour que la distribution soit *homogène* le long du circuit et qu'il ne se produise pas *d'ondes stationnaires*.

La relation plus complexe :

$$\frac{2\pi}{\lambda} \operatorname{tg} \frac{2\pi l}{\lambda} = \frac{l}{C_0 L}$$

prévoit, outre l'oscillation fondamentale, une série d'oscillations *supérieures* correspondant aux valeurs de $\lambda$ qui satisfont à l'équation transcendante.

Kirchoff a montré qu'il en était bien ainsi en traitant la question d'une manière très générale.

Les relations que nous avons données peuvent, d'ailleurs, se déduire comme cas particuliers de celles qu'il a établies.

# CHAPITRE V

### ONDES ÉLECTRIQUES

**83. Les ondes électromagnétiques.** — Nous avons vu que la théorie de Kirchoff, *uniquement basée sur l'électrodynamique ancienne*, indique que la propagation d'une perturbation le long d'un conducteur filiforme s'opère avec une vitesse égale au rapport des unités. Or, le rapport des unités a été déterminé par de nombreuses expériences, toutes concordantes, et trouvé égal à $3 \times 10^{10}$, c'est-à-dire à la valeur numérique de la vitesse de la lumière dans le vide.

Une vitesse de propagation de l'ordre de celle de la lumière joue donc un rôle important dans les actions électriques. C'est en essayant d'en rendre compte que Maxwell a été amené à modifier la conception des phénomènes électriques et à imaginer que la propagation des effets d'induction n'est pas instantanée.

Les actions mutuelles des courants, les effets d'induction à distance, peuvent suggérer l'idée d'un milieu capable de les transmettre. Ampère le premier, et nombre de physiciens après lui, Faraday en particulier, avaient déjà été conduits à admettre l'existence d'un pareil milieu.

D'autre part, les phénomènes de l'optique ont conduit à la conception de l'éther, c'est-à-dire d'un milieu qui remplit les espaces interplanétaires, — vides de matière pondérable, — et dont les vibrations donnent naissance à la lumière.

Si les phénomènes électriques sont susceptibles de se propager dans un milieu qui occupe également ce que nous appelons « le vide », on doit supposer que ce milieu est le même que l'éther lumineux, car il serait peu rationnel, *a priori*, d'admettre l'existence de plusieurs « éthers ». Le fait que la vitesse de la lumière joue un rôle dans les phénomènes électriques ne serait plus alors fortuit et tiendrait à ce que le mécanisme des phénomènes lumineux et électriques est identique. A la vérité, c'est dans le vide ou dans les corps isolants que nous voyons se propager la lumière, tandis que c'est dans les conducteurs que nous sommes habitués à considérer la transmission des effets électriques.

Aussi conçoit-on que les modifications que Maxwell a apportées aux théories de l'électrodynamique pour les adapter à ces conceptions nouvelles, sans qu'elles cessent de s'accorder avec les faits expérimentaux antérieurement acquis, aient dû être assez profondes.

Maxwell[1] exposa ses idées en 1865 dans son mémoire célèbre : « Une théorie dynamique du champ électromagnétique. » Les physiciens ne les accueillirent qu'avec une grande réserve, réserve justifiée, non pas tant par la hardiesse des hypothèses que par les obscurités et les contradictions mêmes qu'une analyse approfondie demeure impuissante à faire disparaître complètement.

Vingt-cinq ans plus tard, Hertz apportait aux conclusions audacieuses de Maxwell une éclatante confir-

[1] Voir MAXWELL, t. II, p. 485.

mation en établissant *expérimentalement* que ce n'est pas seulement dans les conducteurs, mais aussi dans les diélectriques, que les perturbations électriques se propagent avec une vitesse finie, — égale (ou voisine) de la vitesse de la lumière dans le vide.

## 84. Rôle des diélectriques. — Déplacement électrique.

— La vieille expérience classique de la bouteille de Leyde démontable conduit à inférer que ce n'est pas sur les armatures conductrices, mais dans l'isolant même qui sépare ces armatures qu'est emmagasinée la majeure portion de l'énergie électrique.

Dans l'ancienne électrostatique, on suppose que les actions électriques s'exercent à distance au sein de milieux inertes, et l'on admet implicitement que les isolants n'ont d'autre effet que celui de s'opposer au libre passage de l'électricité. Le fait expérimental auquel nous venons de faire allusion conduit à attribuer aux diélectriques un rôle *actif* dans les phénomènes électriques.

Ce rôle avait été pressenti par Faraday, dans les travaux duquel on trouve l'origine des vues de Maxwell sur la constitution des diélectriques.

Toutefois, cette constitution même ne joue qu'un rôle secondaire dans l'interprétation des phénomènes de propagation. Ce qui est essentiel, au contraire, c'est la conception nouvelle introduite par Maxwell du *déplacement électrique*[1].

Quand on ferme le circuit d'une pile P dont les pôles sont reliés respectivement aux armatures M et N d'un condensateur C, le circuit devient le siège d'un

---

[1] Maxwell, t. I, § 60.

courant temporaire de durée très courte : c'est le courant de charge du condensateur.

Dans les idées anciennes, le circuit, même lorsque la clef K est abaissée, est un circuit *ouvert*, puisqu'il y a un isolant entre M et N.

Pour Maxwell, ce courant est *fermé* par le diélectrique, qui est le siège, pendant la durée très courte du courant de charge, d'un phénomène électrique analogue à un transport d'électricité, c'est-à-dire à un courant.

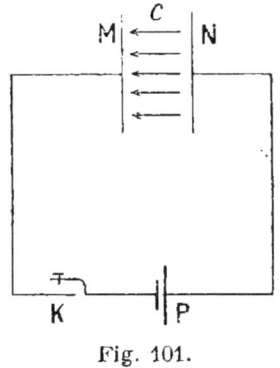

Fig. 101.

Si ce courant ne s'établit pas et ne *dure* pas dans le diélectrique, c'est que le diélectrique oppose au mouvement de l'électricité une *résistance*, non pas plus grande, mais d'une autre nature que la *résistance* d'un conducteur.

Cette résistance est de nature *élastique*, de sorte que le phénomène qui se produit dans le diélectrique qui sépare les armatures peut être assimilé à une *déformation* ou *contrainte* du milieu. Cette contrainte peut être représentée comme une sorte de tension selon les lignes de force, c'est-à-dire dans le sens du champ.

Maxwell suppose que l'effet électrique se propage de proche en proche dans le diélectrique qui sépare les armatures.

Cette propagation dans le diélectrique, et sur le mécanisme de laquelle il n'y a pas lieu d'insister pour l'instant, correspond à la mise en jeu d'une certaine quantité d'électricité, et est analogue à un *courant*. Mais, pour distinguer le phénomène de celui du courant de *con-*

*duction*, c'est-à-dire du phénomène qui se produit dans les conducteurs, on lui donne le nom de *courant de déplacement* ou de *courant diélectrique*.

Pour expliquer que le courant diélectrique n'a jamais qu'une durée très courte, on suppose que la création d'un pareil courant dans un milieu diélectrique fait naître une réaction élastique ou force électromotrice qui s'oppose au courant et tend à lui devenir égale : à ce moment il y a équilibre.

D'après ces idées, toute variation de charge d'un condensateur, ou, plus généralement, de tout conducteur plongé dans un diélectrique, donne naissance à un courant de conduction dans le conducteur et à un courant de déplacement dans le diélectrique. Si, considérant le condensateur C envisagé plus haut, nous supposons que, par l'effet d'une force électromotrice intercalée dans le circuit, une quantité $q$ d'électricité positive soit transportée de M vers N, en même temps que la quantité $q$ est transportée le long du fil, de M vers N, en traversant toutes les sections du fil, une quantité égale d'électricité traverse toutes les sections du diélectrique de N vers M, en vertu du *déplacement électrique*.

On définira ainsi le *déplacement électrique* par surface $s$ de diélectrique, comme la quantité d'électricité positive qui traverse la surface $s$.

Pour un condensateur de capacité C et dont les armatures, de surface $s$, sont parallèles à une distance $d$, le déplacement $h$ a pour expression :

$$h = \frac{CV}{s},$$

V étant la différence de potentiel de charge.

Si l'on désigne par $k$ la constante diélectrique du milieu qui sépare les armatures, la capacité du condensateur a pour valeur :
$$C = \frac{ks}{4\pi d};$$
de sorte que l'on a :
$$h = \frac{k}{4\pi} \cdot \frac{V}{d} = \frac{k}{4\pi} \cdot E,$$
en désignant par $E = \frac{V}{d}$ la variation de potentiel par unité de longueur ou force électromotrice par unité de volume du diélectrique.

Au courant de conduction dû à la variation de charge en un point du conducteur correspond dans le diélectrique un *courant diélectrique* dû à la variation du déplacement électrique.

Par analogie avec le courant de conduction :
$$i = \frac{dq}{dt};$$
le courant diélectrique a pour expression :
$$w = \frac{dh}{dt},$$
ou :
$$w = \frac{k}{4\pi} \cdot \frac{dE}{dt}.$$

**85. Propagation dans le milieu. Ondes planes.** — Selon Maxwell, le phénomène du *déplacement électrique* est un mouvement d'électricité « dans le même sens que le transport d'une quantité d'électricité à travers un fil est un mouvement d'électricité[1] ».

[1] Maxwell, t. 1, p. 73.

Un flux de déplacement, ou courant diélectrique, jouit donc de toutes les propriétés d'un flux de conduction. Comme un courant de conduction, il crée un champ magnétique et produit des forces électrodynamiques et des effets d'induction. Et, inversement, un aimant ou un courant de conduction exercent sur un diélectrique, siège d'un flux de déplacement, les mêmes actions que sur un conducteur qui, occupant la place du diélectrique, serait parcouru par un courant de conduction de même grandeur et de même direction que le courant diélectrique.

On est ainsi conduit à généraliser les lois de l'électrodynamique en les étendant aux *courants diélectriques*, et à modifier l'énoncé des relations générales, que l'on peut désigner sous les noms de *loi d'Ampère* et *loi de Faraday*, qui prendront la forme suivante :

**Loi d'Ampère.** — *Le travail de la force magnétique sur l'unité de masse magnétique le long d'un contour embrassant une surface traversée par un flux de courant diélectrique est égal au produit par $4\pi$ du flux de courant diélectrique.*

**Loi de Faraday.** — *La dérivée par rapport au temps du flux magnétique à travers un élément de surface du diélectrique est égale à la force électromotrice induite créée le long d'un contour embrassant la surface.*

Supposons d'abord, comme cas particulièrement simple, que la force électrique se réduise à une composante unique E selon $\overline{OZ}$, et que la force magnétique se réduise à une composante unique H selon OY.

Pour appliquer la loi d'Ampère, nous considérerons

un circuit élémentaire rectangulaire de côtés $dx$, $dy$, et dont l'un des sommets est à l'origine des coordonnées (fig. 102).

Le travail de la force magnétique H le long du contour $(O\,\overline{dx}\,\overline{dy})$ a pour expression :

$$\left(H + \frac{\partial H}{\partial x}\,\partial x\right) dy - H\,dy = \frac{\partial H}{\partial x}\,.\,dx\,.\,dy.$$

Ce travail est égal au produit par $4\pi$ du flux de courant $w$ à travers la surface embrassée $dx\,dy$. Et l'on a :

$$\frac{\partial H}{\partial x}\,dx\,dy = 4\pi w\,.\,dx\,dy;$$

c'est-à-dire :

$$4\pi w = \frac{\partial H}{\partial x}\,.$$

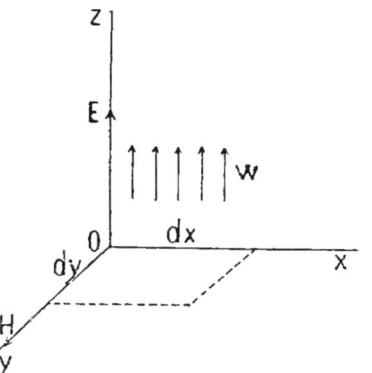

Fig. 102.

Pour étendre la loi de Faraday aux milieux diélectriques, on observera que la force électromotrice induite dans un circuit peut être représentée par l'intégrale de la *force électrique* prise le long du circuit, c'est-à-dire par le travail de la force électrique sur l'unité de quantité d'électricité le long du circuit.

Si l'on désigne par X,Y,Z les composantes de la force électrique E selon trois axes rectangulaires quelconques, on a en effet le long d'un contour fermé C :

$$\int_C E\,ds\,\cos(E,ds) = \int_C X\,dx + Y\,dy + Z\,dz.$$

Nous considérerons un contour rectangulaire élémentaire $(O, \overline{dx\,dz})$ (fig. 103). Le travail de E le long du contour a pour expression :

$$E dz - \left(E + \frac{\partial E}{\partial x} dx\right) dz = -\frac{\partial E}{\partial x} . dx\,dz.$$

Ce travail est égal à la dérivée par rapport au temps du flux magnétique à travers la surface $dx\,dz$.

Désignons par $\mu$ la perméabilité du milieu :

L'induction $\mathfrak{B} = \mu H$.

Le flux d'induction dans la surface $dx\,dz$ est :

$$\mathfrak{B} dx\,dz = \mu H dx\,dz.$$

La force électromotrice induite a pour valeur absolue :

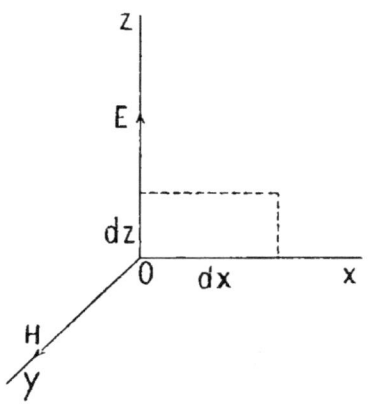

Fig. 103.

$$f.e.m.\text{ induite} = \frac{\partial \mathfrak{B}}{\partial t} dx\,dz = \mu \frac{\partial H}{\partial t} dx\,dz.$$

Si l'on tient compte du sens dans lequel on a parcouru le contour pour évaluer le travail de la force électrique, on doit écrire :

$$-\frac{\partial \mathfrak{B}}{\partial t} . dx\,dz = -\frac{\partial E}{\partial x} . dx\,dz,$$

ou

$$\frac{\partial \mathfrak{B}}{\partial t} = \frac{\partial E}{\partial x}.$$

On doit observer qu'en faisant figurer E dans les relations qui donnent l'expression du courant diélectrique et de la force électromotrice d'induction, on admet implicitement l'identité de la force électromotrice développée par induction et de la force électrique électrostatique, c'est-à-dire *l'unité de la force électrique*.

On a donc en résumé :
$$\begin{cases} w = \dfrac{\partial h}{\partial t} = \dfrac{k}{4\pi} \cdot \dfrac{\partial E}{\partial t}, \\ \mathcal{B} = \mu H, \\ 4\pi w = \dfrac{\partial H}{\partial x}, \\ \dfrac{\partial \mathcal{B}}{\partial t} = \dfrac{\partial E}{\partial x}. \end{cases}$$

C'est-à-dire les relations symétriques :
$$\begin{cases} k \dfrac{\partial E}{\partial t} = \dfrac{\partial H}{\partial x}, \\ \mu \dfrac{\partial H}{\partial t} = \dfrac{\partial E}{\partial x}. \end{cases}$$

D'où l'on tire aisément, en différentiant successivement par rapport à $x$ et par rapport à $t$ :
$$\begin{cases} \dfrac{\partial^2 E}{\partial t^2} = \dfrac{1}{\mu k} \cdot \dfrac{\partial^2 E}{\partial x^2}, \\ \dfrac{\partial^2 H}{\partial t^2} = \dfrac{1}{\mu k} \cdot \dfrac{\partial^2 H}{\partial x^2}. \end{cases}$$

Ce sont les équations aux dérivées partielles de la propagation, par ondes planes, d'un ébranlement dans un milieu élastique (§ 22).

Elles admettent pour intégrales générales :
$$E = \varphi(x + vt) + \psi(x - vt),$$
$$H = \varphi_1(x + vt) + \psi_1(x - vt),$$

en posant :
$$v = \dfrac{1}{\sqrt{\mu k}},$$

$\varphi$ et $\psi$, $\varphi_1$ et $\psi_1$ sont des fonctions arbitraires.

Les expressions obtenues pour E et H montrent que ces quantités reprennent les mêmes valeurs quand on remplace $x$ par $x+\xi$, et $t$ par $t+\theta$, $\xi$ et $\theta$ étant tels que :
$$\frac{\xi}{\theta}=v, \quad \text{ou} \quad \xi=v\theta.$$

Ainsi, la perturbation qui se trouve, au temps $t$, en un point M du milieu situé à une distance $x$ de l'origine, atteint au temps $t+\theta$ un point situé à la distance $\xi$ de ce point M.

L'état du milieu se propage donc de proche en proche dans le diélectrique : cette propagation est uniforme et présente un double caractère de périodicité dans l'espace et dans le temps.

La vitesse de propagation est la même pour l'ébranlement électrostatique (vecteur E) et pour l'ébranlement électromagnétique (vecteur H). Avec le système d'unités homogènes implicitement adoptées (unités électromagnétiques), elle a pour expression :
$$v=\frac{1}{\sqrt{k\mu}}.$$

Mais il faut observer que le coefficient $k$ en unités électromagnétiques n'est pas, comme dans le système électrostatique, un *nombre* dont la valeur ne change pas quand on change les unités fondamentales.

Pour en obtenir la valeur numérique, on remarquera que l'expression du *déplacement* doit être de la même forme dans les deux systèmes d'unités.

Soit $\quad \dfrac{q}{s}=\dfrac{k}{4\pi}\cdot\dfrac{V}{d} \quad$ en U.E.M.,

$\qquad\quad \dfrac{q_1}{s}=\dfrac{K}{4\pi}\cdot\dfrac{V_1}{d} \quad$ en U.E.S.

On a donc
$$\frac{k}{K} = \frac{q}{q_1} \cdot \frac{V_1}{V}.$$

Or, l'unité électromagnétique de quantité d'électricité est $\Omega$ fois plus grande que l'unité électrostatique de quantité d'électricité.

L'unité électromagnétique de potentiel est $\Omega$ fois plus petite que l'unité électrostatique du potentiel.

Comme *la valeur numérique d'une grandeur varie en raison inverse de l'unité choisie*, on a :

$$\frac{q}{q_1} = \frac{1}{\Omega}, \qquad \frac{V_1}{V} = \frac{1}{\Omega},$$

et :
$$\frac{k}{K} = \frac{1}{\Omega^2}.$$

Si donc l'on introduit dans les relations la constante diélectrique électrostatique K, il faut remplacer $k$ par $\frac{K}{\Omega^2}$, c'est-à-dire par un nombre $\Omega^2$ fois plus petit, et écrire :

$$v = \frac{\Omega}{\sqrt{K\mu}}.$$

Pour tous les milieux (métaux magnétiques exceptés) on a sensiblement $\mu = 1$.

Dans le vide (et approximativement dans l'air), on a également $K = 1$.

La vitesse de propagation $v$ est alors égale à la valeur numérique $\Omega$ du rapport des unités dans les systèmes électrostatique et électromagnétique, c'est-à-dire au nombre $3 \times 10^{10}$ centimètres par seconde, ou à la *vitesse de la lumière*.

## 86. Équations générales de Hertz pour un milieu diélectrique.

— Les relations que nous venons d'obtenir dans un cas particulier par l'application des lois d'Ampère et de Faraday peuvent être généralisées, sous une forme très symétrique, en faisant usage des transformations d'intégrales de surfaces en intégrales le long de contours.

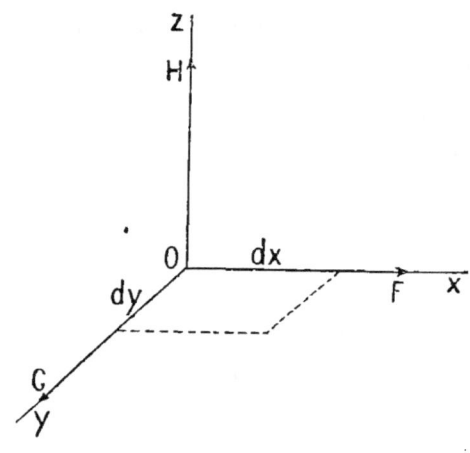

Fig. 104.

La *relation de Stokes* donne l'expression d'un flux indépendant de la forme de la surface qu'il traverse en fonction du champ sur le contour.

Soit un vecteur J dont les composantes, selon trois axes rectangulaires, sont F, G, H. Le travail $\mathcal{C}$ du vecteur J le long d'une courbe fermée $c$ quelconque a pour expression :

$$\mathcal{C} = \int_c J ds \cos(J, ds) = \int_c (F dx + G dy + H dz).$$

Prenons, comme courbe $c$, un contour rectangulaire élémentaire $(O\,dx\,\overline{dy})$ dont l'un des sommets est à l'origine des coordonnées (fig. 104). Le long de ce contour particulier, le travail de J est :

$$F dx + \left(G + \frac{\partial G}{\partial x} dx\right) dy - \left(F + \frac{\partial F}{\partial y} dy\right) dx - G dy$$
$$= \left(\frac{\partial G}{\partial x} - \frac{\partial F}{\partial y}\right) dx\,dy.$$

Or, si l'on considère un vecteur $\mathcal{H}$, de composantes P, Q, R, dont le *flux* à travers la surface $dx\,dy$ soit égal à :
$$\int_c J\,ds \cos(J,ds),$$

on a :
$$R\,dx\,dy = \left(\frac{\partial G}{\partial x} - \frac{\partial F}{\partial y}\right)dx\,dy,$$

c'est-à-dire :
$$R = \frac{\partial G}{\partial x} - \frac{\partial F}{\partial y}.$$

On obtiendrait de même pour P et Q les expressions :
$$P = \frac{\partial H}{\partial y} - \frac{\partial G}{\partial z},$$
$$Q = \frac{\partial F}{\partial z} - \frac{\partial H}{\partial x}. \qquad (1)$$

Le vecteur $\mathcal{H}$ ainsi déterminé a reçu le nom de *rotation de J* [1].

Les composantes P, Q, R, dont nous venons d'obtenir l'expression, sont les *rotations* du vecteur J dans chacun des trois plans de coordonnées.

Ainsi, si l'on a :

travail du vecteur J le long d'un contour = flux du vecteur $\mathcal{H}$ dans la surface embrassée,

on peut écrire :

$$\text{vecteur } \mathcal{H} = \text{Rotation de } J,$$

et exprimer les composantes de $\mathcal{H}$ en fonction des dérivées partielles des composantes de J.

---

[1] Les auteurs anglais se servent de la notation :
$\mathcal{H} = $ curl de J,  ou  (P, Q, R) = curl (F, G, H).

Appliquons ces considérations aux vecteurs E et H, qui représentent la *force électrique* et la *force magnétique*.

Selon la loi d'Ampère, on a :

travail de la force magnétique = flux du courant $\times 4\pi$.

On peut donc écrire :

vecteur du flux du courant $= \dfrac{1}{4\pi} \times$ Rotation force magnétique.

En désignant par $u, v, w$ les composantes du courant $i$; par L, M, N, les composantes de la force magnétique H, et en appliquant les relations (1) à des circuits rectangulaires élémentaires, on a :

$$\begin{cases} u = \dfrac{1}{4\pi}\left(\dfrac{\partial M}{\partial z} - \dfrac{\partial N}{\partial y}\right), \\ v = \dfrac{1}{4\pi}\left(\dfrac{\partial N}{\partial x} - \dfrac{\partial L}{\partial z}\right), \\ w = \dfrac{1}{4\pi}\left(\dfrac{\partial L}{\partial y} - \dfrac{\partial M}{\partial x}\right). \end{cases} \quad (2)$$

Mais le *courant diélectrique* peut s'exprimer en fonction du *déplacement* et, par suite, en fonction de la *force électrique*.

On a obtenu plus haut l'expression :

$$w = \frac{\partial h}{\partial t} = \frac{k}{4\pi} \cdot \frac{\partial E}{\partial t},$$

pour le courant diélectrique, dans le cas où le déplacement se réduit à une composante unique $h$, et la force électrique à une composante unique E.

Si la force électrique E a trois composantes, X, Y, Z, on a évidemment :

$$\begin{cases} u = \dfrac{k}{4\pi} \cdot \dfrac{\partial X}{\partial t}, \\ v = \dfrac{k}{4\pi} \cdot \dfrac{\partial Y}{\partial t}, \\ w = \dfrac{k}{4\pi} \cdot \dfrac{\partial Z}{\partial t}. \end{cases} \quad (3)$$

Et, en substituant à $u$, $v$, $w$ leurs valeurs dans les équations (2), il vient :

$$\begin{cases} k \dfrac{\partial X}{\partial t} = \dfrac{\partial M}{\partial z} - \dfrac{\partial N}{\partial y}, \\ k \dfrac{\partial Y}{\partial t} = \dfrac{\partial N}{\partial x} - \dfrac{\partial L}{\partial z}, \\ k \dfrac{\partial Z}{\partial t} = \dfrac{\partial L}{\partial y} - \dfrac{\partial M}{\partial x}. \end{cases} \quad (4)$$

Relations qui peuvent se traduire en disant que la rotation de la force magnétique est égale à un vecteur dont les composantes ont pour expression (au facteur constant $k$ près) les dérivées des composantes de la force électrique.

Ce vecteur, dont les composantes sont $\dfrac{\partial X}{\partial t}$, $\dfrac{\partial Y}{\partial t}$, $\dfrac{\partial Z}{\partial t}$, peut être représenté par $\dfrac{\partial E}{\partial t}$.

On peut dire aussi que le travail de la force magnétique H est égal au flux du vecteur $k \dfrac{\partial E}{\partial t}$.

On voit alors que l'application de la loi de Faraday conduit à des relations analogues.

Elle peut s'exprimer, en effet, en disant que le travail de la force électrique E est égal au flux du vecteur
$$\frac{\partial \mathcal{B}}{\partial t} = \mu \frac{\partial H}{\partial t}.$$

La symétrie est évidente et conduit à écrire :

$$\begin{cases} \mu \dfrac{\partial L}{\partial t} = \dfrac{\partial Z}{\partial y} - \dfrac{\partial Y}{\partial z}, \\ \mu \dfrac{\partial M}{\partial t} = \dfrac{\partial X}{\partial z} - \dfrac{\partial Z}{\partial x}, \\ \mu \dfrac{\partial N}{\partial t} = \dfrac{\partial Y}{\partial x} - \dfrac{\partial X}{\partial y}, \end{cases} \quad (5)$$

c'est-à-dire à passer des équations (4) aux équations (5), en remplaçant $k$ par $\mu$ et permutant X, Y, Z avec L, M, N.

La réciprocité des systèmes d'équation (4) et (5) est susceptible d'une interprétation physique remarquable que Hertz a mise en lumière.

Si l'on considère un vecteur $l, m, n$, relié à L, M, N d'une manière analogue à celle dont le vecteur $u, v, w$ est relié à X, Y, Z, tel que l'on ait, par exemple :

$$\begin{cases} l = \mu \dfrac{\partial L}{\partial t}, \\ m = \mu \dfrac{\partial M}{\partial t}, \\ n = \mu \dfrac{\partial N}{\partial t}, \end{cases}$$

le système (5) devient équivalent à un système (2)′ tout à fait analogue à (2) :

$$\begin{cases} l = \dfrac{\partial Z}{\partial y} - \dfrac{\partial Y}{\partial z}, \\ m = \dfrac{\partial X}{\partial z} - \dfrac{\partial Z}{\partial x}, \\ n = \dfrac{\partial Y}{\partial x} - \dfrac{\partial X}{\partial y}. \end{cases} \quad (2)'$$

et, de même que les relations (2) sont la traduction analytique de l'égalité entre le travail de la *force magnétique* et le flux du *courant diélectrique* (au facteur $4\pi$ près), les relations (2)′ peuvent être considérées comme la traduction de l'égalité entre le travail de la *force électrique* et le flux de *courant magnétique*.

On est ainsi conduit à la conception d'un *courant magnétique* produit par la convection de masses magnétiques, tout comme le courant électrique est produit par la convection de masses électriques.

Pour réaliser un pareil courant, on peut imaginer un solénoïde fermé excité par un courant variable.

Lorsque le courant magnétisant va en augmentant ou en diminuant, tout se passe comme si une certaine quantité de magnétisme se déplaçait le long du solénoïde, qui constitue ainsi un *courant magnétique fermé*.

L'interprétation de Hertz revient à admettre que ce solénoïde, siège d'un courant variable, crée un champ *électrostatique*[1].

---

[1] POINCARÉ, **1**, p. 116.

Telles que nous les avons écrites, les relations (4) et (5) supposent que les quantités L, M, N, X, Y, Z sont exprimées dans le même système d'unités (système électromagnétique). Mais, il est plus commode d'adopter la notation de Hertz et d'exprimer la *force magnétique* en *unités électromagnétiques*, et la *force électrique* en *unités électrostatiques*.

Le rapport $\Omega$ des unités s'introduit alors dans les équations, qui prennent la forme suivante :

$$\begin{cases} \dfrac{1}{\Omega} \mu \dfrac{\partial L}{\partial t} = \dfrac{\partial Z}{\partial y} - \dfrac{\partial Y}{\partial z}, \\ \dfrac{1}{\Omega} \mu \dfrac{\partial M}{\partial t} = \dfrac{\partial X}{\partial z} - \dfrac{\partial Z}{\partial x}, \\ \dfrac{1}{\Omega} \mu \dfrac{\partial N}{\partial t} = \dfrac{\partial Y}{\partial x} - \dfrac{\partial X}{\partial y}. \end{cases} \quad (6)$$

$$\begin{cases} \dfrac{1}{\Omega} K \dfrac{\partial X}{\partial t} = \dfrac{\partial M}{\partial z} - \dfrac{\partial N}{\partial y}, \\ \dfrac{1}{\Omega} K \dfrac{\partial Y}{\partial t} = \dfrac{\partial N}{\partial x} - \dfrac{\partial L}{\partial z}, \\ \dfrac{1}{\Omega} K \dfrac{\partial Z}{\partial t} = \dfrac{\partial L}{\partial y} - \dfrac{\partial M}{\partial x}. \end{cases} \quad (7)$$

Pour passer des systèmes (4) et (5) où X, Y, Z sont exprimées en U.E.M aux systèmes (6) et (7), où X, Y, Z sont exprimées en U.E.S, il faut, en effet :

1° Remplacer X, Y, Z par $\Omega X, \Omega Y, \Omega Z$, l'unité de champ électrique en U.E.S étant $\Omega$ fois plus grande que l'unité de champ électrique en U.E.M.

2° Remplacer $k$ (en U.E.M) par $\dfrac{K}{\Omega^2}$ (K en U.E.S) (§ 85).

ONDES ÉLECTRIQUES

Dans un *champ stable*, on a :

$$\frac{\partial L}{\partial t} = 0, \qquad \frac{\partial M}{\partial t} = 0, \qquad \frac{\partial N}{\partial t} = 0$$

(force magnétique constante).

Les équations (6) se réduisent alors aux suivantes :

$$\begin{cases} \dfrac{\partial Z}{\partial y} - \dfrac{\partial Y}{\partial z} = 0, \\ \dfrac{\partial X}{\partial z} - \dfrac{\partial Z}{\partial x} = 0, \\ \dfrac{\partial Y}{\partial x} - \dfrac{\partial X}{\partial y} = 0, \end{cases}$$

qui s'interprètent, comme on le sait, par l'existence d'un *potentiel électrostatique* V d'où dérivent les composantes X, Y, Z de la force électrique par les relations connues :

$$X = -\frac{\partial V}{\partial x}, \qquad Y = -\frac{\partial V}{\partial y}, \qquad Z = -\frac{\partial V}{\partial z}.$$

Si l'on différentie les équations (7) respectivement par rapport à $x$, $y$, $z$, et qu'on les ajoute ensuite membre à membre, il vient :

$$\frac{1}{\Omega} K \frac{\partial}{\partial t}\left[\frac{\partial X}{\partial x} + \frac{\partial Y}{\partial y} + \frac{\partial Z}{\partial z}\right] = 0, \qquad (8)$$

c'est-à-dire :

$$\frac{\partial X}{\partial x} + \frac{\partial Y}{\partial y} + \frac{\partial Z}{\partial z} = \text{Constante}.$$

Or :

$$\frac{\partial X}{\partial x} + \frac{\partial Y}{\partial y} + \frac{\partial Z}{\partial z} = \frac{\partial^2 V}{\partial x^2} + \frac{\partial^2 V}{\partial y^2} + \frac{\partial^2 V}{\partial z^2} = \Delta V.$$

On a d'ailleurs, d'après la relation de Poisson :
$$\Delta V = 4\pi\rho,$$
$\rho$ étant la *densité de l'électricité* au point de coordonnées $x$, $y$, $z$.

L'équation (8) signifie donc que la densité de l'électricité est constante dans tout le diélectrique.

On peut évidemment supposer cette constante *nulle* et écrire :
$$\frac{\partial X}{\partial x} + \frac{\partial Y}{\partial y} + \frac{\partial Z}{\partial z} = 0. \qquad (9)$$

Des équations (6), on déduirait de même la relation :
$$\frac{\partial L}{\partial x} + \frac{\partial M}{\partial y} + \frac{\partial N}{\partial z} = 0, \qquad (10)$$

qui s'interpréterait en disant que la *densité du magnétisme* est nulle.

Les équations (9) et (10) peuvent être appelées *équations de continuité*. Elles sont, en effet, l'expression du fait que les forces électriques et magnétiques ne présentent aucune discontinuité dans le milieu [1].

## 87. Propagation par ondes.

Différentions par rapport à $t$ la première des équations (6), il vient :
$$\frac{1}{\Omega}\mu\frac{\partial^2 L}{\partial t^2} = \frac{\partial^2 Z}{\partial t \partial y} - \frac{\partial^2 Y}{\partial t \partial z}.$$

---

[1] X, Y, Z, étant les composantes du vecteur E, l'expression $\frac{\partial X}{\partial x} + \frac{\partial Y}{\partial y} + \frac{\partial Z}{\partial z}$ s'appelle Divergence de E, et l'on écrit :
$$\text{Div. } E = \frac{\partial X}{\partial x} + \frac{\partial Y}{\partial y} + \frac{\partial Z}{\partial z}.$$
La relation Div. E = 0 signifie que le flux est *conservatif*. — Appliquée à un fluide, elle signifie qu'il *entre* dans tout élément de volume autant de fluide qu'il en *sort*, c'est-à-dire que le fluide est *incompressible*.

Différentions également, par rapport à $z$ et à $y$, les deux dernières équations (7) ;

$$\frac{1}{\Omega} K \frac{\partial^2 Y}{\partial z \partial t} = \frac{\partial^2 N}{\partial z \partial x} - \frac{\partial^2 L}{\partial z^2},$$

$$\frac{1}{\Omega} K \frac{\partial^2 Z}{\partial y \partial t} = \frac{\partial^2 L}{\partial y^2} - \frac{\partial^2 M}{\partial y \partial x}.$$

C'est-à-dire, après substitution :

$$\frac{1}{\Omega} \mu \frac{\partial^2 L}{\partial t^2} = \frac{\Omega}{K} \left[ \frac{\partial^2 L}{\partial y^2} + \frac{\partial^2 L}{\partial z^2} - \left( \frac{\partial^2 M}{\partial y \partial x} + \frac{\partial^2 N}{\partial z \partial x} \right) \right].$$

Mais, si l'on différentie par rapport à $x$ l'équation (10) :

$$\frac{\partial L}{\partial x} + \frac{\partial M}{\partial y} + \frac{\partial N}{\partial z} = 0,$$

il vient :
$$\frac{\partial^2 L}{\partial x^2} + \frac{\partial^2 M}{\partial x \partial y} + \frac{\partial^2 N}{\partial x \partial z} = 0 ;$$

c'est-à-dire :

$$\frac{\partial^2 M}{\partial x \partial y} + \frac{\partial^2 N}{\partial x \partial z} = - \frac{\partial^2 L}{\partial x^2}.$$

Et, par suite :

$$\frac{\partial^2 L}{\partial t^2} = \frac{\Omega^2}{K \mu} \left[ \frac{\partial^2 L}{\partial x^2} + \frac{\partial^2 L}{\partial y^2} + \frac{\partial^2 L}{\partial z^2} \right],$$

ou :
$$\frac{\partial^2 L}{\partial t^2} = \frac{\Omega^2}{K \mu} \cdot \Delta L.$$

On obtiendrait deux équations analogues pour M et N.

Oscillations électriques.

De même, en différentiant par rapport à $t$ la première des équations (7) et tenant compte de la relation :
$$\frac{\partial X}{\partial x} + \frac{\partial Y}{\partial y} + \frac{\partial Z}{\partial z} = 0,$$
on trouve :
$$\frac{\partial^2 X}{\partial t^2} = \frac{\Omega^2}{K\mu} \cdot \Delta X$$

et deux autres équations analogues pour Y et Z.

Ces équations aux dérivées partielles du second ordre ne sont autres que les équations générales de la propagation d'un ébranlement dans un milieu élastique.

Ce sont, en particulier, les équations du mouvement de l'éther lumineux, c'est-à-dire les équations fondamentales de l'optique.

La *force électrique* et la *force magnétique* se propagent ainsi l'une et l'autre dans le milieu avec la même vitesse constante $v = \dfrac{\Omega}{\sqrt{K\mu}}$ : c'est cette propagation qui constitue l'*onde électromagnétique*.

Dans l'éther du vide et, très approximativement, dans l'air, on a : $K = 1$, $\mu = 1$, c'est-à-dire : $v = \Omega$.

## 88. Milieux conducteurs.
— Dans un milieu conducteur, la loi de Ohm donne entre les composantes du courant $u$, $v$, $w$, et les composantes de la *force électromotrice* ou *force électrique* X, Y, Z, les relations simples :
$$u = cX, \quad v = cY, \quad w = cZ,$$
en désignant par $c$ la *conductivité*.

On a d'ailleurs :
$$u = \frac{k}{4\pi} \cdot \frac{\partial X}{\partial t}.$$

D'où :
$$\frac{\partial u}{\partial t} = \frac{k}{4\pi} \cdot \frac{\partial^2 X}{\partial t^2}. \qquad (3)$$

Mais on a trouvé :
$$\frac{\partial^2 X}{\partial t^2} = \frac{\Omega^2}{k\mu} \Delta X.$$

Cette dernière relation suppose que l'on fasse usage du système d'unités de Hertz. Si l'on remplace $\Delta X$ par $\frac{1}{c} \Delta u$, $\frac{\partial^2 X}{\partial t^2}$ par $\frac{4\pi}{k} \frac{\partial u}{\partial t}$ et que l'on revienne au système d'unités homogènes, il vient :

$$\Delta u = 4\pi \mu c \, \frac{\partial u}{\partial t}.$$

C'est l'équation qui, dans la théorie de Fourier, exprime la *diffusion* de la chaleur dans un milieu : nous l'avons déjà utilisée (§ 64).

89. **Expériences de Hertz.** — Le courant diélectrique s'ajoute au courant de conduction pendant la période variable et existe seul dans les isolants.

Pour des variations, même assez rapides, il est négligeable. Les équations de Maxwell conduiront donc aux mêmes résultats que les relations de l'électrodynamique ancienne pour les variations lentes.

Les termes complémentaires ne pourront prendre de

l'importance que si les variations sont *extrêmement rapides*. De là l'idée des expériences de Hertz[1].

Nous avons vu que la décharge d'un condensateur de capacité C dans un circuit de self-induction L, et de résistance négligeable, donne naissance à des oscillations de période $T = 2\pi\sqrt{LC}$.

Pour obtenir des variations extrêmement rapides de l'état du champ, Hertz s'est servi d'un circuit de décharge de capacité et de self-induction très faibles, c'est-à-dire

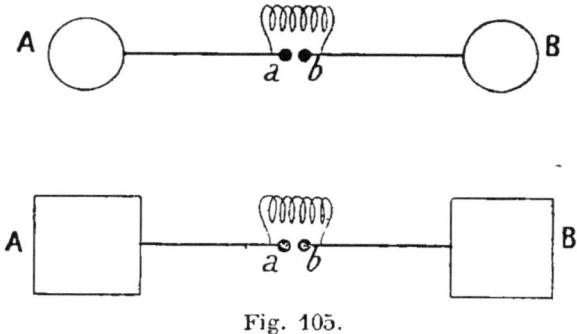

Fig. 105.

capable de donner naissance à des oscillations de fréquence élevée.

Le dispositif, auquel Hertz a donné le nom d'*oscillateur* ou d'*excitateur*, se compose de deux capacités A et B (sphères ou plaques métalliques) réunies l'une à l'autre par un conducteur rectiligne (fig. 105).

Une coupure est ménagée en *a b* au milieu de ce conducteur, et chacune des moitiés de l'appareil *symétrique* ainsi obtenu est reliée à l'un des pôles d'une bobine d'induction.

---

[1] Hertz, **1**, p. 421.

Lorsque la bobine fonctionne, les capacités A et B se chargent et prennent des potentiels égaux et de signe contraire.

Quand la différence des potentiels devient suffisante, une étincelle éclate à la coupure entre deux petites boules $a\,b$ rapprochées qui forment l'extrémité des conducteurs cylindriques $Aa$ et $Bb$, et les oscillations se produisent.

Comme la capacité se réduit ici à la capacité des sphères et la self-induction à la self-induction du conducteur rectiligne AB, la période $T = 2\pi\sqrt{LC}$ peut atteindre une valeur extrêmement petite.

Dans l'appareil primitif de Hertz, le conducteur AB était un fil cylindrique de $1^m,50$ de longueur, et les capacités, des sphères de zinc de 30 centimètres de diamètre : la fréquence des oscillations atteignait 50 millions par seconde.

Le phénomène oscillatoire qui prend naissance dans l'excitateur n'est d'ailleurs modifié en rien par la présence du secondaire de la bobine d'induction, qui constitue une dérivation de résistance et de self-induction considérables par rapport à la résistance et à la self-induction du circuit AB de l'excitateur.

Au moment où la décharge se produit, le circuit AB se trouve en effet fermé par l'étincelle et sa résistance devient très faible.

Tandis que se produisent les oscillations dans le circuit AB, le milieu dans lequel est plongé l'excitateur devient le siège de perturbations énergiques.

Pour mettre en évidence les phénomènes d'induction provoqués à distance par ces oscillations, Hertz se servait d'un cercle de cuivre présentant une coupure étroite. En donnant à ce cercle des dimensions convenables, on peut l'*accorder* avec l'excitateur.

Placé dans le champ, il devient alors le siège de courants induits de même fréquence que ceux auxquels la décharge oscillante a donné naissance dans l'excitateur, et un flux d'étincelles se produit à la coupure.

On peut interpréter le phénomène en disant que l'appareil vibre à l'unisson de l'excitateur comme un tuyau sonore ébranlé par un diapason synchrone : c'est pourquoi on lui a donné le nom de *résonateur* (fig. 106).

Les étincelles qui se produisent au résonateur sont d'ailleurs toujours extrêmement petites. Aussi, pour les obtenir, munit-on le résonateur d'un micromètre à étincelles, c'est-à-dire d'une vis $m$ terminée par une pointe que l'on peut amener presque au contact de la boule $n$, et les observe-t-on à la loupe.

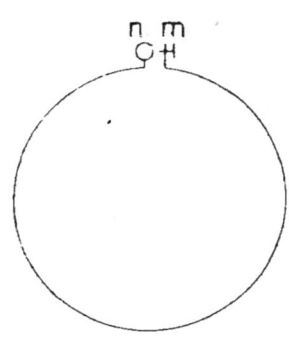

Fig. 106.

Plus l'effet exercé sur le résonateur est grand, plus nourri est le flux d'étincelles au micromètre, et plus ces étincelles sont brillantes. Le résonateur peut donc servir à explorer le champ de l'excitateur.

90. **Exploration du champ de l'excitateur.** — L'excitateur étant de révolution autour de son *axe* AB, les phénomènes, par raison de symétrie, doivent être les mêmes dans tous les plans qui passent par cet axe.

Si l'on suppose l'axe AB horizontal, le plan vertical

mené par le milieu de l'excitateur est un plan de symétrie et coupe le plan horizontal qui passe par AB selon une droite perpendiculaire à l'axe de l'oscillateur ; cette droite est un axe de symétrie auquel Hertz a donné le nom de *base*.

Supposons le centre d'un résonateur circulaire placé en un point M du champ, sur la base (fig. 107).

Par rapport aux axes de symétrie de l'excitateur, le résonateur peut occuper les trois positions principales suivantes :

1° Plan du résonateur perpendiculaire à la *base*, c'est-à-dire parallèle au plan des $yz$ (Position I);

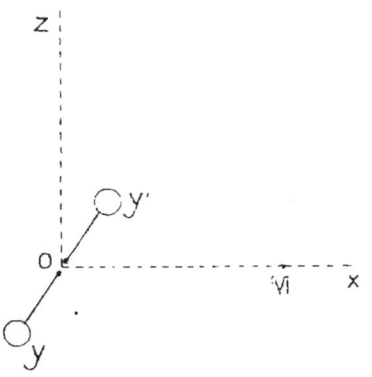

Fig. 107.

2° Plan du résonateur perpendiculaire à *l'axe*, c'est-à-dire dans le plan des $xz$ (Position II);

3° Résonateur dans le plan de la base et de l'axe, c'est-à-dire dans le plan des $xy$ (Position III).

Dans chacune de ces positions du résonateur, on observe en général des étincelles au micromètre lorsque l'excitateur fonctionne ; mais l'intensité du flux d'étincelles dépend de l'orientation du résonateur dans son plan, c'est-à-dire de la position occupée par la coupure.

Dans la position I, par exemple, il se produit un maximum d'étincelles quand l'axe du micromètre est parallèle à l'axe de l'excitateur, tandis que les étincelles disparaissent quand l'axe du micromètre se trouve perpendiculaire à l'axe de l'excitateur.

Dans la position III, il se produit encore un maximum quand l'axe du micromètre étant parallèle à l'axe de l'excitateur, la coupure se trouve dirigée vers l'excitateur. Mais les étincelles ne disparaissent pas quand l'axe du micromètre occupe la direction perpendiculaire, c'est-à-dire devient parallèle à la base.

Enfin, dans la position II, quelle que soit l'orientation du résonateur dans son plan, il ne se produit aucune étincelle au micromètre.

Ces divers aspects s'interprètent aisément en analysant le rôle du résonateur.

Examinons d'abord comment s'y produisent les étincelles. Le résonateur est un circuit qui possède une certaine capacité et une certaine self-induction, et dans lequel des oscillations de période déterminée sont susceptibles de prendre naissance lorsque l'appareil est ébranlé électriquement (Et par ébranlement électrique, on peut entendre, par exemple, la brusque production dans le circuit d'une force électro-motrice).

Si la cause d'ébranlement est périodique, on conçoit qu'il puisse se produire, pour des dimensions déterminées du résonateur, c'est-à-dire telles que sa période *propre* soit égale à celle de la cause excitatrice, une amplification progressive de la différence de potentiel entre les boules du micromètre, jusqu'à ce que les étincelles jaillissent [1].

En l'espèce, la cause d'ébranlement est extérieure et provient de l'excitateur, qui agit sur le résonateur à la fois par influence électrostatique et par induction électromagnétique.

---

[1] Le phénomène de la *résonance* sera étudié au chapitre VII.

La force électromotrice d'origine électrostatique est due aux charges développées par influence dans les boules du micromètre, par les charges statiques alternatives des sphères de l'excitateur. Elle dépend essentiellement de l'orientation de l'axe du micromètre, mais est sensiblement indépendante de l'orientation même du plan du résonateur.

La force électromotrice d'origine électromagnétique, au contraire, qui est due à la variation du flux magnétique qui traverse le circuit du résonateur, dépend seulement de l'orientation du plan du résonateur, et est indépendante de l'orientation du micromètre.

Par raison évidente de symétrie, le flux de force magnétique est perpendiculaire à l'axe $\overline{oy}$.

La force électromotrice électromagnétique doit donc être maximum quand le plan du résonateur est horizontal, et nulle quand ce plan est vertical.

Quant à la force électromotrice électrostatique, elle prend une valeur maximum quand l'axe du micromètre est parallèle, et une valeur nulle quand l'axe du micromètre est perpendiculaire à l'axe de l'excitateur.

On peut ainsi trouver des positions du résonateur où l'on observe les effets de l'une seule des deux forces électromotrices. C'est ce qui se produit, par exemple, quand le résonateur étant dans la position I, l'axe du micromètre est orienté parallèlement à $\overline{oy}$ : la force électromotrice électrique subsiste alors seule.

Au contraire, quand le résonateur occupe la position III et que l'axe du micromètre est orienté parallèlement à la base, c'est la force électromotrice magnétique seule qui apparaît.

## 91. Production d'ondes stationnaires dans le diélectrique.

— Disposons le résonateur dans la position I, l'axe du micromètre parallèlement à l'axe $oy$ de l'excitateur, et éloignons-le progressivement de l'excitateur. On constate que le flux d'étincelles va en diminuant d'une manière continue à mesure que l'on s'éloigne de l'excitateur pour devenir insensible à distance suffisante.

L'induction énergique exercée à distance par les décharges oscillatoires de haute fréquence dont l'excitateur est le siège suffit à expliquer la production de ces étincelles. Cette production d'étincelles n'implique donc nullement que l'induction n'agisse pas *instantanément* à distance, et pourrait s'interpréter également bien avec l'ancienne électrodynamique qu'avec les conceptions théoriques de Maxwell.

Pour trancher la question, Hertz[1] a imaginé de faire réfléchir le mouvement électrique qui provient de l'excitateur afin d'essayer de produire des phénomènes d'interférence. Nous avons vu que les oscillations électriques de fréquence élevée n'intéressent que la surface des conducteurs, et ne pénètrent pas à l'intérieur (§ 65).

Une plaque métallique MN disposée en regard de l'excitateur constitue, pour les oscillations électriques, un corps *opaque* capable de servir d'obstacle à la propagation et de permettre aux phénomènes de réflexion de se produire. Or, si l'on déplace le résonateur le long de la base OP, on observe que les étincelles ne vont plus en diminuant d'une manière continue à mesure que l'on s'écarte de l'excitateur, mais qu'il existe une

---

[1] Hertz. **2**, p. 769.

série de plans équidistants $v, v'\ldots$, où les étincelles sont particulièrement brillantes, et une série de plans intermédiaires, — également équidistants, — où elles deviennent imperceptibles, c'est-à-dire qu'il se produit des *ventres* et des *nœuds*.

Nous avons supposé que le résonateur était disposé dans la position I, de manière à ce que l'induction

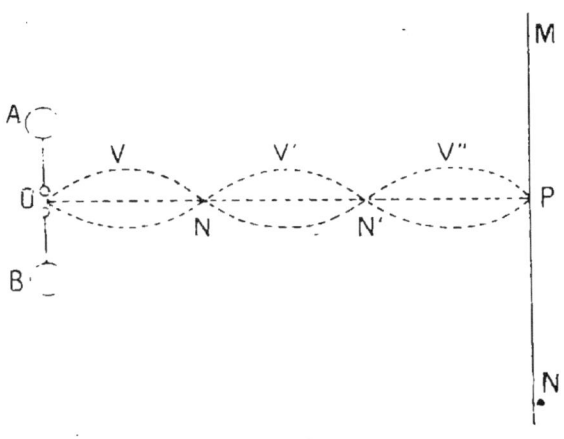

Fig. 108.

électrostatique agisse seule. L'un des plans *nodaux* coïncide alors avec la surface réfléchissante MN [1].

On peut également faire l'expérience en donnant au résonateur la position III, et orientant l'axe du micromètre parallèlement à la base, c'est-à-dire en le disposant de manière à ce que ce soient les effets de l'induction électromagnétique qui subsistent seuls. On

---

[1] L'existence d'un *nœud* de force électrique sur la paroi métallique réfléchissante ne saurait être établie par des considérations élémentaires.

Une théorie complète de la réflexion montre qu'il en est bien ainsi.

trouve encore une série de plans nodaux et ventraux équidistants, mais leurs places sont interverties par rapport à celles qu'ils occupent dans l'expérience précédente.

La surface réfléchissante, en particulier, devient alors un *ventre*.

L'analogie avec l'expérience de N. Savart sur les ondes sonores réfléchies par un mur est frappante.

Les ondes stationnaires qui prennent naissance dans l'expérience de Hertz ne peuvent être dues qu'à des phénomènes d'interférence. Or, la production de phénomènes d'interférence suppose qu'il existe des différences de phase entre les mouvements qui se superposent, et implique la nécessité d'une propagation progressive dans le milieu.

L'expérience de Hertz est donc fondamentale.

Elle montre que l'excitateur émet des flux qui se propagent dans le diélectrique *avec une vitesse finie*.

92. **Ordre de grandeur de la vitesse de propagation**. — Les expériences qui établissent l'existence d'une vitesse de propagation *finie* peuvent permettre en principe d'en fixer la valeur.

Elles fournissent en effet, par la mesure des internœuds, la valeur numérique de la longueur d'onde.

Or, cette longueur d'onde $\lambda$ dans le diélectrique est liée à la vitesse de propagation $v$ et à la période par la relation générale $\lambda = vT$ (§ 7).

Si l'on suppose que la formule de Thomson :

$$T = 2\pi \sqrt{LC},$$

demeure applicable à l'excitateur, la connaissance des

dimensions de l'excitateur doit permettre de calculer la période et de déduire la valeur numérique de $v$.

Toutefois, les phénomènes ne présentent pas en réalité le caractère de simplicité que nous avons supposé.

Tout d'abord, on opère nécessairement dans une salle sur les parois de laquelle se produisent des réflexions capables d'apporter des troubles aux mesures.

Mais il se présente, en outre, une circonstance plus importante et sur laquelle nous reviendrons : Sarasin et de la Rive ont reconnu que le même excitateur peut impressionner toute une série de résonateurs différents, de sorte que la longueur d'onde déterminée dépend seulement du résonateur employé. Le fait enlève toute signification aux valeurs numériques que l'on pourrait déduire de l'application de la relation $\lambda = vT$ en prenant pour T la valeur de la période de l'excitateur.

Aussi, sans insister sur les valeurs numériques obtenues par Hertz, retiendrons-nous seulement pour l'instant que ces valeurs sont de *l'ordre de grandeur de la vitesse de la lumière*.

## 93. Propagation, réflexion, réfraction des ondes électriques.

— Si les expériences fondamentales de Hertz sont insuffisantes pour fixer la valeur numérique exacte de la vitesse de propagation, il n'en résulte pas moins qu'elles établissent de la manière la plus nette que cette propagation s'effectue avec une vitesse *finie*, c'est-à-dire *par ondes*.

On est conduit à inférer que ces ondes électriques sont susceptibles de se comporter d'une manière analogue aux ondes lumineuses et à mettre cette analogie en évidence en cherchant à reproduire avec elles les principaux phénomènes de l'optique.

Nous avons vu que Hertz a tiré parti de la réflexion des ondes électriques sur un *miroir plan* pour la production d'ondes stationnaires.

Au lieu d'une surface plane, on peut opérer la réflexion sur une surface de courbure convenable, de manière à concentrer dans une direction déterminée les *rayons électriques* comme on concentre des rayons lumineux. L'un des dispositifs employés par Hertz consiste à placer l'axe de l'excitateur selon la ligne focale d'un cylindre parabolique obtenu en courbant une feuille de zinc de grande dimension (miroir de 2 mètres de hauteur et $1^m,20$ d'ouverture).

L'excitateur à boules ou à plaques dont il a été question plus haut est alors remplacé par un excitateur plus petit, simplement constitué par deux tiges cylindriques de laiton de 13 centimètres de longueur et de 3 centimètres de diamètre disposées dans le prolongement l'une de l'autre, et munies à leurs extrémités en regard de boules entre lesquelles éclatent les étincelles.

Le résonateur, également rectiligne, est constitué par un bout de fil droit de 5 centimètres de diamètre et de 50 centimètres de longueur, portant au milieu une coupure munie d'un micromètre à étincelles.

Il est disposé, comme l'excitateur, selon la ligne focale d'un miroir parabolique capable de former avec le premier un système de miroirs conjugués.

On constate que l'on n'obtient des étincelles au résonateur que si les plans de symétrie des miroirs coïncident.

Quand cette condition se trouve remplie, on fait disparaître les étincelles en interposant une feuille métallique sur le trajet du faisceau de *rayons électriques* dont ces expériences établissent la *propagation rectiligne*.

D'ailleurs, tandis qu'une feuille de métal se comporte comme un écran, une plaque de substance diélectrique, plaque de paraffine ou d'ébonite, se comporte comme un corps transparent.

Hertz a mis en évidence la *réfraction* des rayons électriques en se servant d'un prisme d'asphalte de $1^m,50$ de hauteur et de $30°$ d'angle qu'il disposait à une distance de $2^m,60$ de l'excitateur. En plaçant de l'autre côté du prisme le miroir du résonateur, on obtenait au résonateur des étincelles de longueur maximum quand l'angle des plans de symétrie des deux miroirs paraboliques atteignait $22°$. L'expérience permet de déterminer la valeur approchée de l'indice de réfraction de la substance employée par rapport aux ondes électriques.

Par suite de la forme de l'excitateur, les vibrations s'effectuent évidemment perpendiculairement au plan de symétrie qui passe par la base et est normal à l'axe de l'excitateur : ces vibrations sont donc *polarisées rectilignement*.

Les vibrations excitées dans le résonateur sont également *polarisées*.

En faisant tourner le miroir du résonateur autour de la base, on voit les étincelles diminuer progressivement jusqu'à disparaître complètement lorsque les plans de symétrie se trouvent perpendiculaires : c'est l'extinction que l'on obtient avec deux nicols croisés.

Hertz a montré que l'on pouvait constituer un polariseur pour ondes électriques à l'aide d'un réseau formé de fils métalliques tendus parallèlement sur un cadre. Un tel système n'est conducteur que dans la direction des fils. Il n'est donc opaque qu'aux ondes électriques dont les vibrations s'effectuent dans cette direction, et laisse passer sans les absorber les vibrations perpendiculaires. Si l'on interpose, en effet, un pareil réseau sur le trajet du faisceau émis par un excitateur et reçu par un résonateur, on voit les étincelles disparaître quand les fils du réseau sont parallèles à l'axe de l'excitateur, tandis qu'elles ne changent pas quand ils sont perpendiculaires.

Le réseau de fils parallèles agit donc sur les rayons électriques d'une manière analogue à une lame de tourmaline sur les rayons lumineux.

## 94. Réduction de la période des oscillations.

— Avec le grand excitateur de Hertz, à sphères de 30 centimètres de diamètre, ou à plaques de 40 centimètres de côté, on obtient des oscillations d'une fréquence de $50 \cdot 10^6$ par seconde.

Avec le petit excitateur rectiligne (utilisé dans les expériences des miroirs conjugués) on atteint une fréquence voisine de $500 \cdot 10^6$ par seconde.

L'application de la relation $\lambda = \Omega T$ montre que l'on obtient, par suite, des longueurs d'onde respectivement égales à 6 mètres et à 60 centimètres.

Divers expérimentateurs ont réussi depuis à obtenir des longueurs d'onde beaucoup plus courtes. Il suffit pour cela, en principe, de réduire les dimensions des appareils.

En première approximation, la formule de Thomson indique que la période d'un excitateur varie proportionnellement à la racine de la capacité et à la racine de la self-induction. Pour des circuits géométriquement semblables, la capacité et la self-induction varient comme les dimensions homologues.

La période et, par suite, la longueur d'onde, varieront également dans le même rapport.

Toutefois, la réduction des dimensions de l'excitateur entraîne la diminution de l'énergie mise en jeu, qui va en décroissant en même temps que la capacité du système. Les effets exercés à distance deviennent donc de moins en moins faciles à déceler à mesure que l'on fait usage de longueurs d'onde plus courtes.

Aussi n'a-t-on pu arriver à réduire les périodes qu'en imaginant des *récepteurs* ou *détecteurs* d'ondes moins grossiers et plus sensibles que le résonateur primitif de Hertz.

Lodge[1] avait construit un excitateur en supprimant les tiges rectilignes de l'excitateur à boules de Hertz.

Les étincelles éclatent alors directement entre les grandes sphères, et la période se trouve notablement réduite, puisque l'on supprime les portions rectilignes du circuit, c'est-à-dire celles qui présentent le plus de self-induction. En réduisant les dimensions des sphères de l'excitateur de Lodge, Righi a obtenu un appareil capable de fournir des oscillations d'une fréquence de $3 \times 10^8$ par seconde.

L'oscillateur de Righi[2] se compose de deux sphères de laiton isolées A et B de 4 centimètres de diamètre, maintenues à une faible distance l'une de l'autre

---

[1] Lodge, **2**, p. 368 et 462.
[2] Righi, p. 401.

(1 millimètre environ), et immergées dans de l'huile de vaseline. Ces sphères A et B ne sont pas directement reliées aux bornes de la bobine d'induction. Les bornes de la bobine sont réunies à deux boules latérales plus petites *a* et *b* respectivement disposées à une distance de 2 à 3 centimètres des sphères centrales (fig. 109).

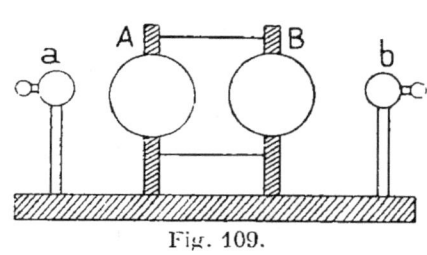

Fig. 109.

Lorsque le potentiel explosif atteint la valeur voulue, trois étincelles éclatent à la fois, les deux latérales dans l'air, et la centrale dans l'huile. Les deux étincelles latérales assurent simplement la charge de l'oscillateur. L'étincelle centrale qui éclate dans l'huile est l'étincelle oscillante.

L'emploi de l'huile, qui a été tout d'abord imaginé par Sarasin et de la Rive, prévient l'oxydation des surfaces d'éclatement et rend l'étincelle plus régulière. La rigidité électrostatique du diélectrique liquide permet en outre d'opérer avec un potentiel explosif plus élevé à égalité de longueur d'étincelle, c'est-à-dire de mettre en jeu une quantité d'énergie plus considérable sans que l'étincelle cesse d'être oscillante.

Le résonateur employé par Righi avec cet excitateur fonctionne comme un résonateur rectiligne de Hertz. Une bande rectangulaire étroite est découpée dans une glace argentée. Cette bande conductrice est divisée en deux par un trait de diamant qui constitue une coupure très étroite. Des étincelles extrêmement courtes peuvent éclater à la coupure : leur production

ONDES ÉLECTRIQUES

se trouve d'ailleurs facilitée par le fait qu'elles éclatent à la surface du verre qui sert de support à la mince couche d'argent. Comme elles sont toujours peu brillantes, on les observe à l'aide d'une loupe ou mieux d'une sorte de microscope. De même que le résonateur rectiligne de

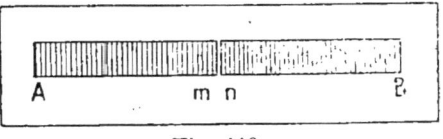

Fig. 110.

Hertz, ce résonateur est disposé selon la ligne focale d'un cylindre parabolique (fig. 110).

Bose, puis Lebedew[1] et Lampa[2], ont construit des excitateurs qui donnent des périodes plus courtes encore que celui de Righi.

L'excitateur de Lebedew, notamment (fig. 111), est constitué par deux petits cylindres de platine $m$, $n$ de

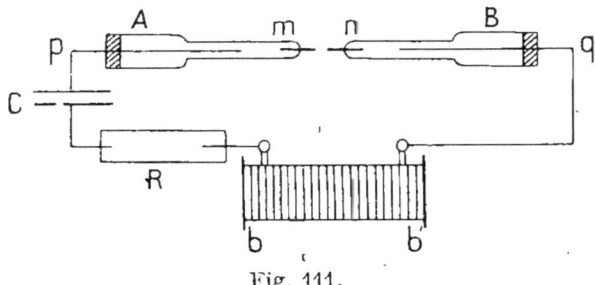

Fig. 111.

$1^{mm},3$ de longueur et de $0^{mm},5$ de diamètre, soudés aux extrémités de deux tubes de verre A, B. Ces deux cylindres se trouvent disposés dans le prolongement l'un de l'autre à une très faible distance. Ils forment un système parfaitement isolé, auquel deux fils $p$, $q$ qui

[1] Lebedew, p. 1.
[2] Lampa, p. 1179.

pénètrent dans les tubes de verre par deux bouchons d'ébonite communiquent par étincelles relativement longues (et non oscillantes) les charges mises en jeu par la bobine $bb'$. Afin de soustraire complètement le système oscillant $mn$ à l'influence des oscillations qui prennent naissance dans le circuit dérivé qui comprend le secondaire de la bobine d'induction, on intercale sur les fils de connexion un condensateur C de capacité notable et une résistance liquide R (fig. 111).

L'excitateur AB est disposé sur la ligne focale d'un miroir cylindrique de 2 centimètres de hauteur et d'ouverture égale à $1^{cm},2$. Tout l'ensemble, excitateur et miroir, est immergé dans un bain d'huile de vaseline.

On obtient ainsi des longueurs d'onde de 6 millimètres qui correspondent à une fréquence de $5 . 10^{10}$ ou 50 billions par seconde.

Les étincelles sont très courtes, — elles atteignent $0^{mm},02$ environ, — la capacité du système est très petite, aussi, en dépit de l'emploi de l'huile, l'énergie mise en jeu est-elle extrêmement faible.

Pour déceler les effets exercés sur le résonateur, Lebedew s'est servi d'un dispositif thermo-électrique imaginé par Klemencic[1]. Le résonateur proprement dit est un résonateur rectiligne formé d'une petite tige métallique de même longueur environ que l'excitateur (soit $2^{mm},6$). Lorsqu'un résonateur rectiligne vibre avec sa période propre, il présente au milieu, ainsi que nous l'établirons plus loin, un nœud de tension et un ventre de courant. La petite tige qui constitue le résonateur est coupée en deux par le milieu, mais les

---

[1] KLEMENCIC, p. 456.

extrémités en regard sont réunies l'une à l'autre par deux boucles de fils fins formées l'une de fer, l'autre de constantan (sorte de maillechort de composition spéciale). Deux fils réunissent respectivement la moitié « fer » et la moitié « constantan » du résonateur aux bornes d'un galvanomètre sensible. Le passage des oscillations qui prennent naissance dans le résonateur échauffe le point de contact des boucles et donne lieu à la production d'une force électro-motrice thermo-électrique que décèle la déviation du galvanomètre.

Les applications des ondes électriques, l'application à la télégraphie sans fil, notamment, ont conduit depuis à imaginer nombre de détecteurs d'oscillations électriques beaucoup plus sensibles que ceux dont nous venons de parler, et susceptibles d'être utilisés avec avantage dans ces divers dispositifs expérimentaux.

### 95. Imitation des phénomènes optiques. —
Les expériences de Hertz conduisent à envisager les radiations électriques comme des radiations qui ne diffèrent des radiations lumineuses visibles que par leur période. Toutefois, la grandeur des périodes, c'est-à-dire des longueurs d'onde, entraîne des conséquences sur lesquelles il importe d'insister.

Les longueurs d'onde que permettent d'obtenir les excitateurs de Bose et de Lebedew sont $10^4$ fois plus grandes que celles qui impressionnent la rétine. Avec de pareilles longueurs d'onde, les phénomènes de diffraction qui, en optique, sont l'accident, prennent une importance capitale et introduisent des éléments de perturbation difficiles à éliminer.

Pour avoir, avec les ondes émises par le petit excitateur de Hertz, l'équivalent d'un miroir de quelques millimètres carrés capable de réfléchir régulièrement les ondes de la lumière jaune (dont la longueur d'onde moyenne est de $0^\mu,45$), il faudrait un miroir métallique de plusieurs kilomètres de côté.

Ainsi, le principal obstacle que l'on doit rencontrer dans l'imitation des phénomènes de l'optique, est la nécessité d'employer des dispositifs expérimentaux de dimensions considérables pour se retrouver dans des conditions analogues.

L'imitation sera d'autant moins imparfaite que l'on fera usage de longueurs d'onde plus courtes.

Aussi, les excitateurs de Righi, de Bose et de Lebedew ont-ils permis d'imiter les phénomènes optiques d'une manière beaucoup plus parfaite que ceux de Hertz. Avec l'appareil de Lebedew, par exemple, pour démontrer la réfraction des ondes électriques, au lieu d'employer, comme dans l'expérience de Hertz, un prisme d'asphalte de $1^m,50$ de hauteur et du poids de 600 kilogrammes, on se borne à prendre un petit prisme d'ébonite de $1^{cm},8$ de hauteur et du poids de 2 grammes. La position du minimum de déviation peut alors être déterminée à $2°$ près et conduit à attribuer à l'indice de l'ébonite, par rapport aux ondes utilisées, une valeur $n = 1,6$.

Righi[1] a reproduit l'expérience des miroirs de Fresnel en faisant réfléchir les ondes électriques émises par son excitateur sur deux miroirs métalliques faisant entre eux un petit angle. En déplaçant dans un

---

[1] Righi, loc. cit.

plan parallèle à la ligne qui joint les deux « images » de la source le résonateur (convenablement protégé de l'action des *rayons* directs), on observe parfaitement des franges d'interférence.

Les divers phénomènes de diffraction dus au bord d'un écran, à une fente, à un fil ..., se reproduisent avec la plus grande facilité. Bose a constitué des *réseaux* en tendant sur un cadre des fils métalliques parallèles. Nous avons vu qu'un dispositif analogue avait été employé par Hertz comme *polariseur*.

Mais la distance des fils était alors de beaucoup inférieure à la longueur d'onde. Dans le cas présent, au contraire, la distance des fils est de l'ordre de grandeur de la longueur d'onde.

Bose a montré d'ailleurs que l'on pouvait substituer au polariseur de Hertz à fils parallèles un livre qui absorbe d'une manière complète les vibrations parallèles aux pages, tandis qu'il transmet sans altération les vibrations perpendiculaires. Les propriétés de la tourmaline se trouvent donc parfaitement reproduites par un livre fermé, dont l'effet sur les ondes électriques doit être comparé au *dichroïsme* que l'on constate en optique dans maints cristaux.

Les *phénomènes d'interférence* qui prennent naissance avec les lames minces (anneaux colorés en optique) ont été reproduits par Righi à l'aide de plaques de paraffine. Seulement, ici, les lames minces (plaques de paraffine) présentent des épaisseurs de 2 centimètres à 3 centimètres.

Enfin, Righi et Mack ont établi la *double réfraction* des ondes électriques à l'aide de plaquettes de bois taillées parallèlement ou perpendiculairement aux fibres.

Une plaque de chêne taillée parallèlement aux fibres et intercalée entre les deux miroirs cylindriques croisés d'un excitateur et d'un résonateur fait reparaître les étincelles du résonateur quand on oriente la direction des fibres à 45° des génératrices des miroirs, c'est-à-dire des sections principales. Une plaque de bois taillée perpendiculairement aux fibres ne fait reparaître les étincelles pour aucune orientation, se comportant, par suite, comme un cristal uniaxe taillé perpendiculairement à l'axe.

Les diélectriques cristallisés présentent aussi le phénomène de la double réfraction pour les ondes électriques.

Lebedew [1] a pu réaliser une lame *quart d'onde* avec une plaque de soufre de $0^{cm},6$ d'épaisseur.

Une pareille lame, orientée à 45° de la section principale de l'excitateur, donne une onde électrique *polarisée circulairement*.

L'analogie électro-optique peut se poursuivre plus loin. En sciant un parallélépipède de soufre selon une direction convenable et recollant les deux morceaux après interposition d'une lame d'ébonite, Lebedew a réussi à obtenir un véritable *nicol* capable de polariser par réfraction un pinceau de rayons électriques.

Ces pinceaux de rayons électriques s'obtiennent d'ailleurs avec la plus grande facilité avec les excitateurs de dimension réduite : il suffit de concentrer les rayons électriques à l'aide d'une lentille cylindrique de paraffine ou d'ébonite.

## 96. Propagation le long d'un fil. — Lorsqu'on laisse les oscillations se propager en tous sens dans le

---

[1] Lebedew, *loc. cit.*

diélectrique, elles s'affaiblissent rapidement à mesure que l'on s'écarte de la source d'émission.

On évite cet affaiblissement et on en observe les effets à de plus grandes distances en les obligeant à se transmettre le long d'un fil conducteur.

On peut opérer pour cela soit par induction *électrostatique*, soit par induction *électromagnétique*.

Le premier procédé a été imaginé par Hertz. Il consiste à disposer, en regard de l'une des plaques d'un excitateur AB, une plaque métallique parallèle *a*.

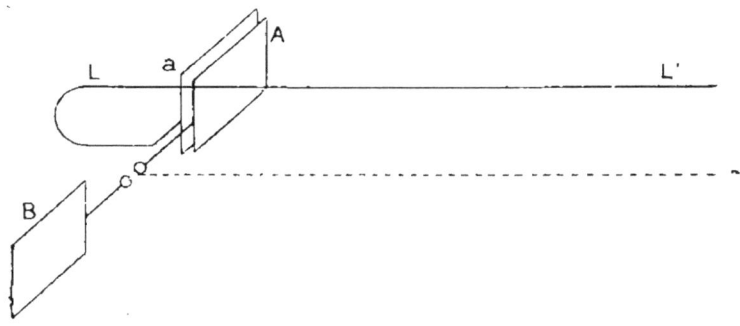

Fig. 112.

A la plaque *a* est relié un fil métallique isolé, tendu horizontalement selon la *base* de l'excitateur.

Les charges alternatives qui prennent naissance pendant les oscillations dans la plaque A développent par influence électrostatique des charges de signes opposés dans la plaque *a* (fig. 112).

L'extrémité du fil LL' devient alors le siège de perturbations périodiques qui se transmettent le long de ce fil.

Au lieu d'un fil unique, on emploie souvent deux fils respectivement reliés à deux plaques *a* et *b* symétriquement disposées en regard des plaques A et B de l'excitateur : c'est le dispositif de Lecher[1] (fig. 113).

Le champ se trouve alors concentré dans la région comprise entre les fils LL', $L_1L_1'$.

Le procédé d'excitation *électromagnétique* est dû à

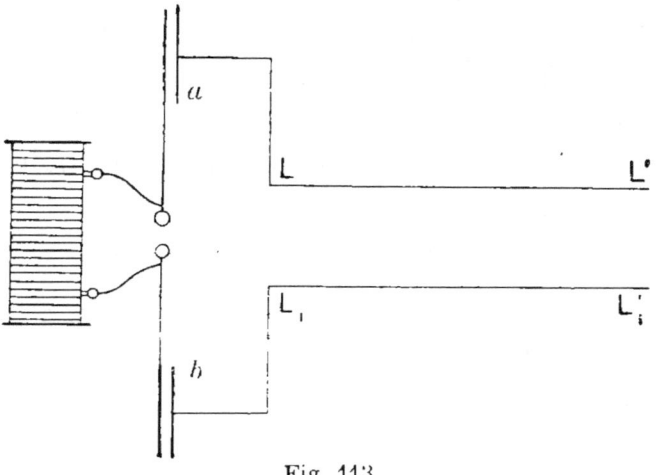

Fig. 113.

Blondlot. L'excitateur est constitué par un condensateur à air de faible capacité dont les armatures sont réunies respectivement à deux fils recourbés en cercle et terminés en regard par deux boules entre lesquelles éclatent les étincelles.

Autour du conducteur circulaire de l'excitateur est enroulé un fil qui s'en trouve isolé par un tube épais de caoutchouc (tube à vide) dans lequel il est engainé.

Ce circuit *secondaire* est relié aux fils LL', $L_1L_1'$ qui concentrent le champ (fig. 114).

Dans l'appareil employé par Blondlot, le condensateur avait des armatures de 12 centimètres de diamètre

---

[1] Lecher, p. 850.

et le cercle excitateur présentait un diamètre de 2 mètres.

On obtenait des longueurs d'onde d'une trentaine de mètres, ce qui correspond à une fréquence de $10 \cdot 10^6$ par seconde.

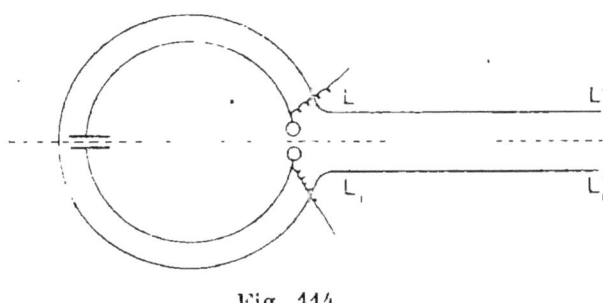

Fig. 114.

97. **Exploration du champ hertzien à un ou deux fils.** — On peut explorer le champ concentré par un fil unique ou par deux fils à l'aide d'un résonateur circulaire. C'est ainsi qu'a opéré Hertz. Si l'on déplace le résonateur le long du fil, on observe que les étincelles deviennent plus fournies en certains points, tandis qu'en d'autres elles disparaissent complètement.

Il se produit donc le long du fil des ventres et des nœuds.

La position de ces ventres et de ces nœuds dépend essentiellement, comme dans la propagation dans le diélectrique, de l'orientation du plan du résonateur, ainsi que l'avait déjà remarqué Hertz et que l'a établi avec précision Turpain[1] à l'aide du *résonateur à coupure*. Si l'on pratique dans un résonateur de Hertz une coupure de quelques centimètres, le résonateur ainsi coupé (B) fonctionne avec la même facilité que s'il

---

[1] Turpain, **1**, p. 31 et **2**, p. 470.

était entier (A) (fig. 115). Au lieu d'observer les étincelles qui se produisent au micromètre d'un pareil résonateur, on introduit dans la coupure un circuit contenant une pile et un téléphone. Quand le résonateur vibre, l'étincelle qui se produit au micromètre ferme le circuit téléphonique, de sorte que les interruptions successives du courant de la pile dans le

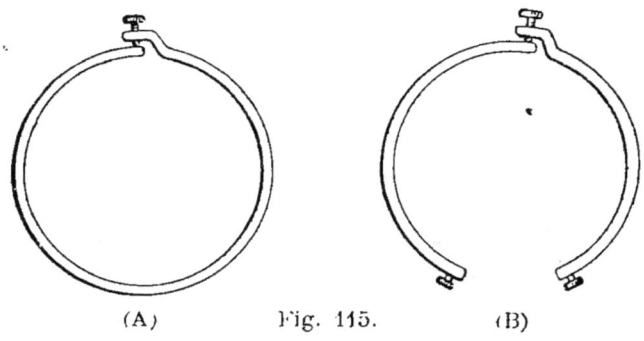

(A)  Fig. 115.  (B)

téléphone modulent à l'oreille, sous forme de *bruit*, les oscillations que traduit l'*éclat* des étincelles au micromètre. Ce mode d'investigation par l'ouïe constitue un moyen d'observation beaucoup plus délicat et est susceptible de donner aux mesures une précision plus grande.

Le résonateur se trouve soumis, à la fois, à l'influence directe de l'excitateur et à celle du fil. Si, en particulier, on le dispose dans la position II, où nous avons vu que l'action directe de l'excitateur est nulle, le résonateur ne demeure soumis qu'à l'influence seule du fil.

Hertz pensait que les ventres et les nœuds décelés par le résonateur étaient préexistants dans le fil et indiquaient les concamérations des ondes stationnaires produites par l'interférence des ondes directes et des ondes réfléchies aux extrémités.

La mesure de l'internœud devait alors permettre d'obtenir la *longueur d'onde* et d'en déduire la valeur de la vitesse de propagation.

**98. Résonance multiple.** — Mais les choses ne se passent pas d'une manière aussi simple. Nous avons dit que Sarasin et de la Rive, en répétant les expériences de Hertz sur le champ à deux fils, ont reconnu que la position des ventres et des nœuds dépend uniquement du résonateur et nullement de l'excitateur. En opérant avec un même excitateur et des résonateurs de différents diamètres, Sarasin et de la Rive[1] ont trouvé le résultat suivant :

| DIAMÈTRE $d$ DU RÉSONATEUR | 4 $d$ | LONGUEUR DE L'INTERNŒUD |
|---|---|---|
| 10 cm | 40 cm | 38 cm |
| 20 | 80 | 86 |
| 25 | 100 | 120 |
| 50 | 200 | 222 |
| 75 | 300 | 282 |
| 100 | 400 | 406 |

L'internœud est toujours sensiblement égal à quatre fois le diamètre du résonateur.

La longueur d'onde que l'on mesure, qui a pour valeur le double de l'internœud, est donc celle de la vibration *propre* du résonateur et n'a aucun rapport avec la période de l'excitateur. On peut interpréter le phénomène en imaginant que l'excitateur émet non pas une radiation unique de période déterminée, comme on

---

[1] Sarasin et de la Rive, p. 113 et 337.

l'a implicitement supposé jusqu'ici en admettant que la relation de Thomson lui est applicable, mais tout un ensemble de radiations formant un *spectre continu*.

Chaque résonateur exercerait alors un effet sélectif en renforçant uniquement les vibrations dont la période est égale à la sienne.

C'est la manière de voir qui avait été adoptée par Sarasin et de la Rive.

Une interprétation toute différente a été fournie par Poincaré [1], puis par Bjerknes [2]. Pour que le phénomène de la résonance multiple puisse prendre naissance, il est inutile de supposer la vibration de l'excitateur *complexe*, il suffit de la supposer fortement *amortie*. L'ébranlement agit alors à la manière d'un choc sur le résonateur qui, une fois excité, continue à vibrer avec sa période propre, sans que ses vibrations soient altérées par la réaction de la cause excitatrice.

C'est ainsi que, dans une série de résonateurs acoustiques de Helmholtz excités par un diapason, celui seul dont la période répond à celle du diapason se trouve ébranlé, tandis que tous répondent également au choc brusque d'un marteau sur une enclume ou à une détonation d'arme à feu.

En poussant les choses à l'extrême, et prenant le cas limite où les vibrations de l'excitateur seraient complètement amorties, on se rend compte de la manière dont le résonateur décèle des nœuds et des ventres le long du fil.

Une perturbation issue de A ébranle le résonateur R quand elle passe au point M (fig. 116).

[1] Poincaré, **2**, p. 105 et 123.
[2] Bjerknes, **1**, p. 74.

Le résonateur entre alors en vibration avec sa période propre. La perturbation, poursuivant son chemin le long du fil, se réfléchit en B et revient selon $\overline{BM}$. Au moment où l'onde réfléchie atteint le point M, l'onde directe est éteinte, puisque nous supposons l'excitateur extrêmement amorti,

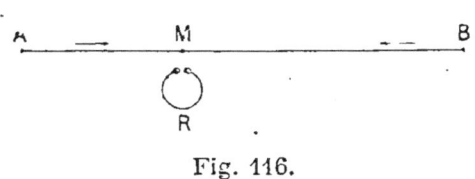

Fig. 116.

et ne peut interférer avec l'onde directe.

Mais elle agit sur le résonateur en lui communiquant un nouvel ébranlement. Si le temps écoulé depuis le premier passage en M est tel qu'il se soit produit un nombre entier de vibrations complètes dans le résonateur, les effets des deux ébranlements s'ajouteront et l'on aura un ventre. La différence de marche des deux ondes se trouve alors égale à un nombre entier de longueurs d'onde du *résonateur*.

Si cette différence de marche se trouve, au contraire, égale à un nombre impair de demi-longueurs d'onde du résonateur, les deux ébranlements se contrarieront et l'on aura un nœud. Le phénomène sera d'ailleurs d'autant mieux marqué que l'on se rapprochera davantage du cas limite que nous avons supposé. Mais, tant que l'amortissement de l'excitateur sera notablement plus grand que celui du résonateur, la mesure de l'inter-nœud donnera la longueur d'onde de la vibration propre du résonateur et non celle de l'excitateur.

Or, c'est bien ce qui a lieu pour l'excitateur de Hertz, ainsi que Bjerknes l'a établi par des mesures directes.

Il a trouvé 0,26 pour la valeur du décrément des

oscillations de l'excitateur, et 0,002 seulement, soit une valeur cent fois plus faible, pour le décrément des oscillations du résonateur. Ainsi, tandis que l'amplitude des oscillations d'un excitateur est réduite au dixième après neuf oscillations, l'amplitude des oscillations d'un résonateur ne se trouve réduite dans la même mesure qu'après qu'il en a exécuté un millier.

On voit que le résonateur continue à vibrer longtemps après que l'excitateur est revenu au repos.

99. **Vitesse de propagation des ondes hertziennes dans un fil.** — Quelle que soit l'interprétation que l'on adopte, c'est un fait expérimental que la longueur d'onde mesurée dépend seulement du résonateur. L'observation de cette longueur d'onde peut néanmoins permettre d'obtenir la valeur de la vitesse de propagation. Il suffit, en effet, de modifier les termes de l'interprétation donnée par Hertz de la production des ondes stationnaires. La longueur d'onde $\lambda$ est liée à la période T du *résonateur* par la formule $\lambda = vT$ où $v$ représente la vitesse de propagation *le long du fil*.

Si donc l'on connaît la période T du résonateur, la mesure de $\lambda$ peut fournir la valeur de $v$.

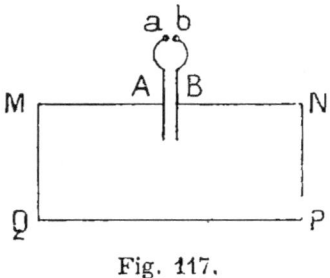

Fig. 117.

C'est ainsi qu'a opéré Blondlot[1]. Il a pris un résonateur *fermé* constitué par un circuit filiforme rectangulaire MNPQ coupé par un condensateur plan AB auquel la formule de Thomson est rigoureusement applicable.

[1] BLONDLOT, **2**, p. 549 et **3**, p. 283.

Comme le résonateur présente une forme géométrique simple, on peut obtenir son coefficient de self-induction par le calcul, ainsi que nous l'avons déjà indiqué (§ 70). Quant à la capacité du condensateur, qui est un condensateur à lame d'air, on la mesure aisément, — en basse fréquence, — par l'une des méthodes connues, la méthode du commutateur tournant, par exemple, qui s'applique à merveille à la mesure des faibles capacités.

L'application de la relation $T = 2\pi\sqrt{LC}$ fournit la valeur numérique de la période du résonateur.

Dans les expériences de Blondlot, deux fils parallèles symétriques sont excités par induction électromagné-

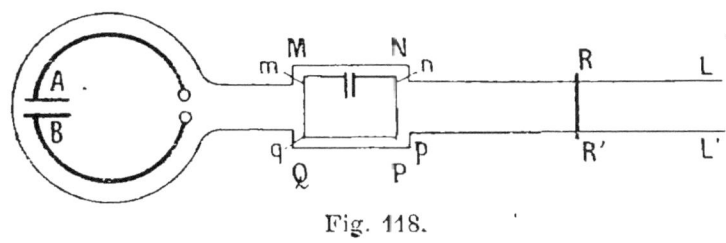

Fig. 118.

tique à l'aide d'un oscillateur AB. Ces deux fils sont très rapprochés et s'écartent en MNPQ, juste pour livrer passage au résonateur $mnpq$ (fig. 118).

Cette disposition permet aux fils d'exercer sur le résonateur une action assez énergique pour qu'il n'y ait pas à tenir compte de l'action directe exercée par l'excitateur.

Au lieu de s'astreindre à déplacer le résonateur le long des fils, ce qui ne serait pas commode avec la disposition adoptée, on laisse le résonateur dans une position invariable et l'on réunit les deux fils parallèles par un pont mobile RR′.

L'onde qui a parcouru l'un des fils de gauche à droite revient ainsi par le second fil de droite à gauche et produit des ondes stationnaires en interférant avec l'onde directe qui parcourt ce second fil.

En déplaçant progressivement le pont mobile, on modifie la longueur des portions NR, PR', c'est-à-dire la valeur de la différence de marche entre les deux ondes directe et réfléchie. On obtient ainsi des positions du pont pour lesquelles les étincelles cessent de se produire au résonateur. La distance de deux de ces positions consécutives est égale à la demi-longueur d'onde cherchée.

Blondlot a opéré avec quatre résonateurs de dimensions différentes, dont les coefficients de self induction avaient pour valeurs :

$$L = 246^{cm},66 ; \quad L = 518^{cm},2 ;$$
$$L = 660^{cm} ; \quad L = 973^{cm},2 ;$$

et avec différentes capacités que l'on réalisait en écartant plus ou moins les armatures du condensateur à lame d'air du résonateur.

La longueur d'onde pouvait ainsi varier de $\lambda = 8^m,94$ à $\lambda = 35^m,36$.

Il a obtenu des valeurs de $v$ comprises entre

$$v = 2,292.10^{10} \quad \text{et} \quad v = 3,04.10^{10}$$

centimètres par seconde, c'est-à-dire égales, aux erreurs d'observation près, à la vitesse même de la lumière dans le vide.

Or, en opérant avec un miroir de grandes dimensions ($8^m$ sur $16^m$), Sarasin et de la Rive ont établi que la longueur d'onde dans l'air est exactement la même que le long d'un fil.

La vitesse de propagation des oscillations est donc la même dans l'air que dans les fils.

Les expériences de Blondlot entraînent donc la conséquence que la *vitesse de propagation dans l'air est bien égale à la vitesse de la lumière*.

100. **Ondes stationnaires dans les fils.** — Nous avons vu qu'en poussant les choses à l'extrême, on pouvait expliquer l'apparition de ventres et de nœuds décelés par un résonateur le long d'un fil alors même que l'amortissement de l'excitateur est tel que ces ventres et ces nœuds ne se produisent pas réellement dans le fil.

Si, sans être *totalement* amorti, l'excitateur est seulement *fortement* amorti, on doit s'attendre à trouver des ondes stationnaires dans le fil même, tout au moins au voisinage de l'extrémité.

Un point M suffisamment voisin de l'extrémité B est atteint par l'onde réfléchie en B en un temps assez court pour que les ondes directes

Fig. 119.

n'aient pu encore s'éteindre et soient capables d'interférer avec elle.

Pour trouver des ondes stationnaires dans le fil, il convient donc de les rechercher près de l'extrémité. Dans une pareille recherche, l'usage d'un résonateur doit être proscrit, puisqu'un résonateur décèle des effets *secondaires* qui subsistent tout le long du fil.

Différents artifices permettent d'éviter l'usage du résonateur.

On peut, par exemple, se servir de procédés thermiques, ainsi que l'ont imaginé Jones[1] et Rubens[2]. Jones a employé une *pince thermo-électrique* et Rubens un *bolomètre* que l'on déplace le long des fils et qui décèlent les ventres du courant.

On peut aussi se servir de procédés électrométriques.

Un pont mobile est jeté entre les fils parallèles du dispositif hertzien à deux fils. Ce pont présente une coupure qui le divise en deux parties. Chacune des moitiés est reliée, soit à un micromètre à étincelles, c'est le procédé de Pérot[3], soit aux quadrants d'un électromètre monté en idiostatique, c'est le procédé de Bjerknes[4].

On peut enfin, ainsi que l'a indiqué Lecher[5], em-

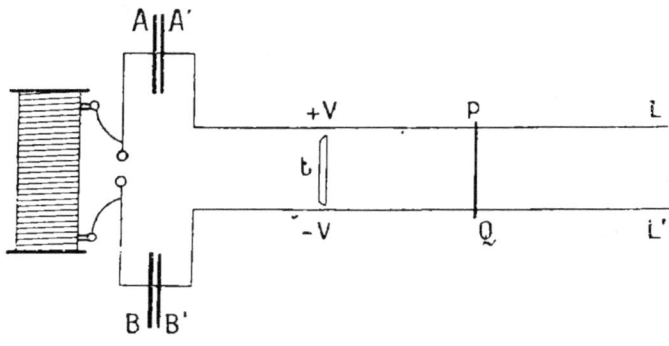

Fig. 120.

ployer comme pont mobile un tube à vide (tube sans électrodes de préférence). Ce tube devient luminescent sous l'action des oscillations et prend un maximum

[1] Jones, *Electrician*, t. XXVII, p. 250, 1891.
[2] Rubens, *Wied. Ann.*, t. XLVII, p. 154, 1889.
[3] Pérot, p. 165.
[4] Bjerknes, 1, p. 74.
[5] Lecher, p. 850.

d'éclat aux ventres de potentiel, tandis qu'il s'éteint aux nœuds.

Au lieu de déplacer le tube le long des fils, on peut d'ailleurs opérer comme dans les expériences de Blondlot et se servir d'un pont conducteur auxiliaire mobile PQ, en laissant le tube à vide fixe (fig. 120).

Ces divers procédés montrent qu'il se produit bien réellement le long des fils des ventres et des nœuds. L'existence des ondes stationnaires prévues par Hertz se trouve donc parfaitement établie.

101. **Influence de l'amortissement.** — Si l'on suppose l'ébranlement périodique simple et amorti, l'influence de l'amortissement doit se traduire par le fait que les ventres et les nœuds sont d'autant moins marqués, c'est-à-dire les ondes stationnaires d'autant moins apparentes, que l'on s'éloigne davantage de l'extrémité du fil. C'est bien, en effet, ce qu'indiquent les expériences. Les déterminations expérimentales de Jones et Rubens, Pérot et Bjerknes, permettent de retrouver exactement la forme des courbes que prévoit la théorie, et sont en parfait accord avec l'interprétation qui a été donnée de la *résonance multiple* par la différence des valeurs de l'amortissement de l'excitateur et du résonateur.

Nous avons d'ailleurs implicitement supposé que l'amortissement de l'excitateur est le plus grand des deux. C'est, en effet, ce qui a lieu dans les conditions ordinaires, ainsi que l'a établi Bjerknes. Mais, si l'on renverse ces conditions, l'aspect du phénomène est modifié. Nils Strindberg[1] et Décombes[2] ont opéré en prenant

[1] Nils Strindberg, p. 129.
[2] Décombes, p. 156.

un excitateur peu amorti et un résonateur fortement amorti et ont trouvé que la longueur d'onde obtenue dépend alors seulement de l'excitateur.

## 102. Application des ondes stationnaires à la détermination de la vitesse de propagation le long des fils.

— Les ondes stationnaires se produisent non seulement au voisinage des extrémités, mais sur toute la longueur des fils quand on fait usage d'un excitateur dont l'amortissement n'a pas une valeur trop élevée.

L'application du procédé auquel avait songé Hertz pour la détermination de la vitesse de propagation devient alors légitime.

La méthode employée par Trowbridge et Duane [1] consiste à produire des ondes stationnaires dans un système de deux fils parallèles en y excitant des oscillations de période *connue*.

L'excitateur est constitué par un condensateur à plaques parallèles AB, par une self-induction rectangulaire et un éclateur $E_1$. Cet excitateur est *fermé*, de sorte que son amortissement est relativement faible, ainsi que nous le verrons ultérieurement.

Il agit par induction électrostatique sur les fils LL′, $L_1 L_1'$, qui sont respectivement reliés à deux plaques métalliques M et N disposées parallèlement et à faible distance des armatures A et B du condensateur (fig. 121).

Les 2 fils sont reliés, à l'autre extrémité, aux boules d'un second éclateur $E_2$. On ajuste les circuits de manière qu'il se produise en $E_2$ un nœud de potentiel.

---

[1] Trowbridge et Duane, p. 211.

Il s'en produit alors un second sur chacun des fils symétriques LL', $L_1L_1'$.

La mesure de l'internœud donne la valeur de la demi-longueur d'onde. Quant à la période, on l'obtient direc-

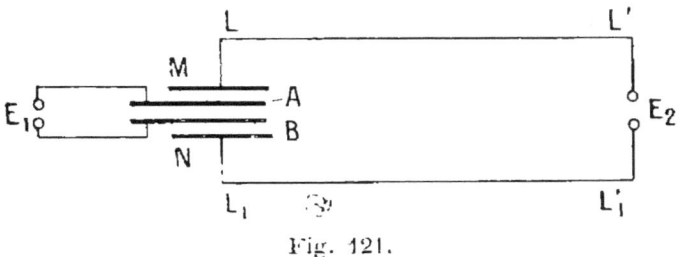

Fig. 121.

tement par la photographie de l'étincelle de l'excitateur dissociée par un miroir tournant (§ 43).

Duane et Trowbridge ont ainsi obtenu comme moyenne d'une série d'expériences concordantes le nombre $v = 3,003 \times 10^{10}$ centimètres par seconde pour la valeur de la vitesse de propagation. Cette valeur s'accorde parfaitement avec les déterminations de Blondlot : *elle est égale à la vitesse de la lumière dans le vide.*

103. **Fonctionnement du résonateur.** — Les considérations que nous avons exposées montrent que des ondes stationnaires prendront naissance dans tout le fil si ce fil est suffisamment court pour que le temps au bout duquel les ondes réfléchies reviennent en un point quelconque M, après avoir parcouru deux fois le chemin MB,

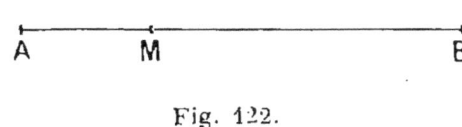

Fig. 122.

soit assez petit pour que les ondes directes ne soient pas encore assez affaiblies pour pouvoir interférer avec elles.

Ceci aura toujours lieu, quelle que soit la valeur de l'amortissement, si l'on excite le fil par des oscillations de période égale à la sienne propre, c'est-à-dire telle que l'ébranlement parcourt le chemin AB + BA pendant la durée d'une oscillation excitatrice complète.

Ce sont ces oscillations *fondamentales* qui tendront toujours à s'établir spontanément dans un conducteur filiforme, car ce sont celles qui se produisent avec la plus grande facilité.

Un résonateur de Hertz n'est autre qu'un circuit filiforme ébranlé par les perturbations créées dans le diélectrique.

Si nous considérons d'abord un résonateur rectiligne, constitué par un fil droit et court AB séparé en deux par une coupure MN munie d'un micromètre à étincelles, quand les étincelles passent, le fil AB vibre en entier, à la manière d'un tuyau dont les deux extrémités seraient *fermées* : la demi-longueur d'onde fondamentale a donc pour valeur $\overline{AB}$.

Quand les étincelles ne passent pas, les boules du micromètre, qui sont séparées par une épaisseur très mince de diélectrique, se comportent comme les armatures d'un condensateur, c'est-à-dire constituent une capacité notable.

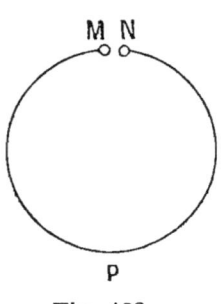

Fig. 123.

Chacune des moitiés AM et BN du résonateur vibre alors séparément à la manière d'un tuyau dont l'une des extrémités M ou N serait *ouverte*, tandis que l'autre A ou B serait *fermée* : la demi-longueur d'onde est alors 2 $\overline{AM}$, c'est-à-dire encore $\overline{AB}$.

Ainsi, la longueur d'onde d'un résonateur rectiligne

ou résonateur *ouvert* est toujours égale à deux fois la longueur du résonateur.

Ceci demeure *sensiblement* vrai pour un résonateur circulaire ou résonateur *fermé*. Comme la longueur d'un pareil résonateur vaut environ 3 fois le diamètre, la longueur d'onde doit avoir une valeur égale à 6 fois le diamètre.

Elle est en réalité un peu plus grande, à cause de l'action perturbatrice des extrémités, c'est-à-dire de la capacité de la coupure dont il faut tenir compte. Le calcul exact montre que la longueur d'onde fondamentale propre d'un résonateur circulaire filiforme est égale à *7,95 fois* son diamètre.

Nous avons vu que Sarasin et de la Rive ont trouvé, dans leurs expériences, que les longueurs d'onde étaient sensiblement égales à *8 fois* le diamètre des résonateurs employés.

Les longueurs d'onde que mesuraient Sarasin et de la Rive étaient donc bien les longueurs d'onde propres de leurs résonateurs.

*Remarque.* — Il importe d'observer que la longueur d'onde d'un résonateur filiforme demeure égale au double de la longueur totale de ce résonateur, quelle que soit la vitesse de propagation. Les expériences antérieures à celles de Blondlot, dans lesquelles on faisait usage d'un résonateur filiforme pour déterminer la position des nœuds et des ventres, ne pouvaient donc permettre d'en obtenir la valeur.

## 104. Accord avec la théorie de Kirchoff. Différence des points de vue.

— Nous avons vu que, pour approcher du cas limite de la théorie de

Kirchoff, il fallait faire naître dans un conducteur filiforme des ébranlements de très courte durée : ce sont les excitateurs hertziens qui en ont fourni le moyen. Les conséquences de la théorie n'ont donc pu être vérifiées que lorsque l'on a su les utiliser.

Les diverses expériences que nous avons citées, qui établissent que la vitesse de propagation des ondes hertziennes le long des fils est égale à la vitesse de la lumière, peuvent être considérées comme une vérification de la théorie de Kirchoff.

Elles s'accordent donc aussi bien avec l'électrodynamique ancienne qu'avec la théorie de Hertz-Maxwell.

Mais, selon l'électrodynamique ancienne, la propagation s'effectue dans le fil même, tandis que dans les vues de Maxwell et de Hertz elle s'effectue *dans le diélectrique* à la surface du conducteur qui a simplement pour rôle de drainer les oscillations dans le milieu dans une direction déterminée.

Bien que l'expérience ait prononcé entre les deux théories, et montré que c'est l'interprétation de Maxwell qui est exacte, les résultats du calcul de Kirchoff n'en subsistent pas moins.

La distribution des nœuds et des ventres, notamment, le long d'un conducteur filiforme droit ou contourné en hélice, excité par des oscillations hertziennes, est bien celle que nous avons exposée dans le chapitre IV.

105. **Oscillations électriques d'ordre supérieur.** — L'accord avec la théorie de Kirchoff se poursuit plus loin. Nous avons vu que cette théorie prévoit l'existence, dans un système de conducteurs fili-

formes, d'une série d'oscillations de périodes décroissantes analogues aux *harmoniques* des tuyaux sonores.

L'existence de ces oscillations supérieures a en effet été établie par différents expérimentateurs, parmi lesquels il convient de citer Lecher, Rubens, Cohn et Heerwagen, Drude et Lamotte.

La plupart des expériences ont été effectuées, soit avec le dispositif de Lecher, soit avec celui de Blondlot.

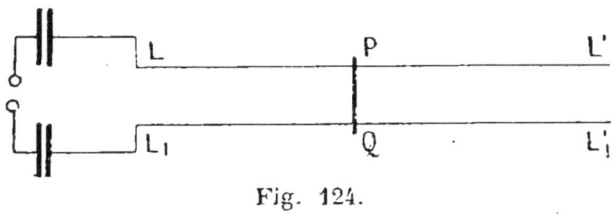

Fig. 124.

Nous avons vu que si l'on déplace un tube à vide le long des fils, ce tube s'illumine aux ventres et s'éteint aux nœuds.

Quand on réunit les fils par un pont mobile auxiliaire $\overline{PQ}$, le tube à vide placé dans une position invariable ne s'illumine que pour certaines positions déterminées du pont. Les portions des fils qui sont situées de part et d'autre du pont constituent alors des systèmes en *résonance*. Lecher[1] a observé que les positions du pont pour lesquelles se produit la luminescence maximum du tube se groupent en systèmes de points sensiblement équidistants. Par analogie avec les vibrations sonores, on peut considérer que ces points divisent le système en concamérations ou systèmes partiels qui se trouvent chacun en résonance avec le système total.

[1] LECHER, p. 850.

Au lieu de se servir d'un tube à vide comme détecteur pour fixer la position des ventres et des nœuds, Rubens[1] a employé le bolomètre. La branche bolométrique n'est pas directement reliée aux fils parallèles, ce qui modifierait le régime des oscillations, mais à deux petites capacités constituées par un bout de fil enroulé en boucle sur un fragment de tube de verre enfilé sur chacun des fils parallèles. L'induction électrostatique qui s'exerce entre les fils et les petites capacités permet aux oscillations de se transmettre au bolomètre. D'ailleurs, ces capacités sont assez faibles pour ne pas altérer le régime oscillatoire.

Rubens a confirmé une observation déjà faite par Lecher, que l'adjonction d'une capacité à l'extrémité des fils équivaut à un accroissement de longueur. Elle justifie la conception que nous avons introduite dans le calcul des périodes possibles d'un système hétérogène simple.

Rubens profite de cette remarque pour faire porter les comparaisons, non sur les longueurs mêmes des portions de fils séparées par le pont, mais sur les longueurs *équivalentes* (en apportant une correction convenable aux longueurs des fils qui se trouvent du côté des capacités).

Il a trouvé que les longueurs *réduites* des fils, de part et d'autre du pont, sont entre elles dans un rapport simple (comme les nombres impairs simples).

Dans les expériences de Lecher et de Rubens, où les fils sont relativement courts, les oscillations supérieures qui apparaissent sont uniquement celles de l'excitateur.

---

[1] RUBENS, *Wied. Ann.*, t. XLII, p. 154, 1891.

Mais ce ne sont pas les seules qui peuvent se manifester.

C'est ce que Lamotte[1] a établi d'une manière très nette en opérant sur des fils longs avec le dispositif de Lecher.

Afin d'éviter les corrections et d'opérer sur des oscillations de période parfaitement définie, Lamotte fait usage de deux ponts. L'un de ces ponts, qui est fixe, est placé tout près de l'excitateur; l'autre est mobile et permet de réaliser la résonance.

Cette résonance s'établit entre l'excitateur (et la portion des fils qui le sépare du premier pont) et la portion des fils comprise entre les deux ponts.

En déplaçant le second pont jusqu'à établir de nouveau la résonance, la demi-longueur d'onde est exactement égale au déplacement qu'il faut donner au pont mobile pour le faire passer de la première position à la seconde.

Lamotte a montré que l'ensemble des *harmoniques* se groupe en deux séries : l'une dont les périodes sont voisines des périodes propres du primaire, l'autre dont les périodes sont voisines des périodes propres du secondaire, c'est-à-dire du système des fils. On peut faire prédominer l'une ou l'autre série, selon que l'on allonge beaucoup les fils du primaire et que l'on réduit les fils du secondaire, ou que l'on agit en sens inverse.

Dans chacun des groupes, les longueurs d'onde forment une suite qui n'est pas harmonique, mais tend vers une série harmonique à mesure que la longueur du système vibrant augmente.

---

[1] Lamotte, p. 205.

Si le circuit vibrant est fermé métalliquement aux deux extrémités, c'est-à-dire si ces extrémités correspondent toutes deux à des nœuds, la série des longueurs d'onde forme une série harmonique complète. Si le circuit est ouvert à une extrémité et fermé à l'autre, la série des longueurs d'onde ne renferme que les termes impairs de la série harmonique.

Nous verrons que ces oscillations supérieures se manifestent avec une grande netteté dans les systèmes constitués par les antennes d'émission de télégraphie sans fil.

L'application de la théorie de Kirchoff conduit à une relation :

$$\frac{2\pi}{\lambda} tg \frac{2\pi l}{\lambda} = \frac{l}{C_0 L},$$

que nous avons donnée précédemment (§ 82), et qui fournit les valeurs des périodes propres possibles de vibration d'un système hétérogène.

Cohn et Heerwagen[1], en partant des équations de Hertz, ont montré que cette relation était applicable au système des fils de Lecher et l'ont vérifiée expérimentalement.

Les expériences de Lamotte et de Drude[1] confirment d'une manière générale la formule de Cohn et Heerwagen, que l'on doit appliquer séparément au circuit primaire et au circuit secondaire pour obtenir les deux groupes d'harmoniques.

106. **Cas particuliers d'interférences le long des fils. Champ interférent.** — La distribution

---

[1] COHN et HEERWAGEN, p. 343.

des nœuds et des ventres, que décèle un résonateur déplacé le long d'un fil excité par un oscillateur hertzien, dépend essentiellement de l'orientation du résonateur[1]. Si l'on fait occuper au résonateur les positions I, II et III (voir § 90), cette distribution peut être définie en disant que, pour la position I, l'extrémité isolée du fil est un *ventre*, tandis que pour les positions II et III cette extrémité est un *nœud*.

L'expérience montre que le champ à un fil et le champ à deux fils donnent exactement le même système de sections nodales et ventrales. Dans le champ à deux fils, les ventres en regard se trouvent au même instant avoir des potentiels égaux et de signes contraires. Les actions de chacun des ventres en regard sur le résonateur s'ajoutent, de sorte que les phéno-

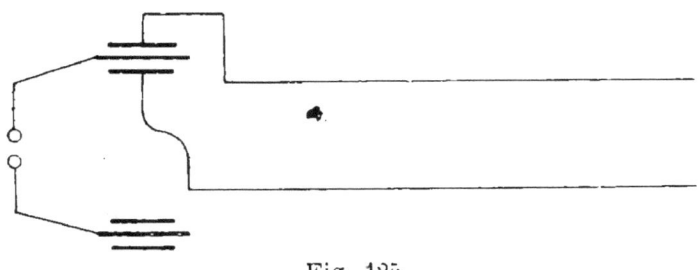

Fig. 125.

mènes sont plus intenses avec le champ à deux fils qu'avec le champ à un fil.

Si, au lieu de concentrer le champ hertzien par deux fils réunis respectivement à deux plaques voisines de chacune des plaques et de l'excitateur, on fait aboutir les fils à deux plaques disposées de part et

[1] Turpian, **1**, p. 56 et 64.

d'autre de la même plaque de l'excitateur, on observe que le résonateur déplacé dans le champ (dans l'une quelconque des positions) ne décèle plus aucun système de ventres et de nœuds (fig. 125).

Les actions des deux fils sur le résonateur, au lieu de s'ajouter comme cela a lieu pour le champ ordinaire à deux fils, semblent se détruire. Turpain donne à un champ ainsi constitué le nom de *champ interférent*. Dans un pareil champ, deux ventres en regard pris l'un sur un fil, l'autre sur l'autre fil, se trouvent dans le même état électrique : les actions de chacun des deux ventres sur le résonateur sont égales et de sens opposé et doivent donc se détruire ainsi que le montre l'expérience.

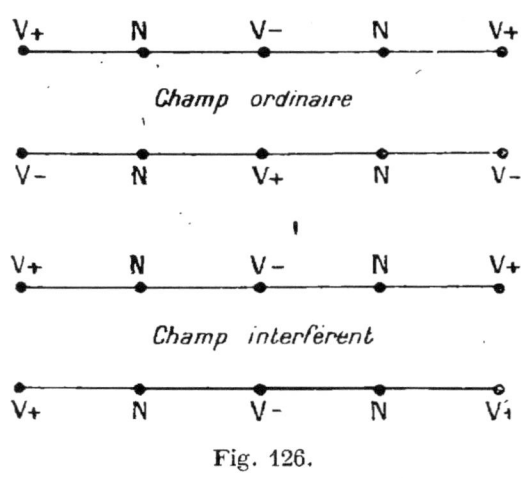

Fig. 126.

Deux ventres consécutifs qui appartiennent au même fil présentent d'ailleurs toujours au même instant des états électriques différents. On peut, par analogie avec l'état vibratoire de la colonne d'un tuyau sonore, indiquer ces états électriques différents en affectant de signes contraires les ventres successifs (fig. 126).

On obtient ainsi des schémas qui donnent la représentation graphique du *champ ordinaire* à deux fils et du *champ interférent*. Un champ interférent peut être transformé en champ ordinaire et inversement sans modifier les connexions des fils avec les plaques terminales induites par l'excitateur.

Il suffit pour cela de pratiquer une coupure sur l'un seul des deux fils et d'y intercaler une longueur additionnelle de fil égale à la demi-longueur d'onde du résonateur à influencer.

Le champ, *interférent* avant la coupure, devient *ordinaire* après (fig. 127).

Le résonateur disposé entre les fils dans la sec-

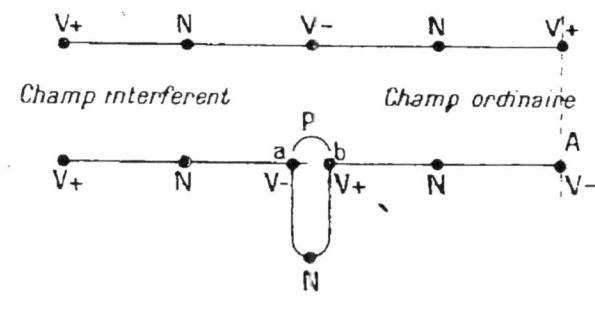

Fig. 127.

tion A, qui ne décelait aucun effet quand tout le champ était interférent, entre en vibration quand, par l'insertion de la longueur additionnelle, on a transformé le champ en champ ordinaire.

Par la simple manœuvre d'un pont P qui réunit les points $a$ et $b$, il est facile de rétablir le champ interférent. On conçoit que l'on puisse ainsi influencer à volonté le résonateur placé en A.

Turpain[1] a montré que la transformation aisée des champs interférents et ordinaires permettait de donner une solution simple au problème de la multi-commu-

[1] Turpain, **1**, p. 144.

Oscillations électriques.

nication en télégraphie. Nous reviendrons ultérieurement sur cette intéressante application. Nous retrouverons aussi de nombreuses applications de cette notion fondamentale dans l'étude des procédés de réception en télégraphie sans fil.

### 107. Propagation dans un diélectrique autre que l'air. —
Nous avons vu que l'expérience a apporté un premier contrôle à la théorie de Maxwell, en montrant qu'une perturbation électrique se propage dans le vide (ou dans l'air) avec la vitesse de la lumière.

La théorie s'applique d'ailleurs à un diélectrique quelconque et donne des indications plus générales. La vitesse de propagation n'est égale, dans le vide, à la vitesse de la lumière, que parce que la constante diélectrique et la perméabilité y ont pour valeur 1. Dans un diélectrique quelconque, la vitesse de propagation est donnée par la relation

$$V = \frac{\Omega}{\sqrt{\mu K}},$$

où K représente la constante diélectrique, et $\mu$ la perméabilité du milieu considéré.

La mesure directe de la vitesse de propagation dans un diélectrique autre que l'air présenterait de grandes difficultés, mais il est possible de contrôler ce résultat par une expérience indirecte. Considérons, pour préciser, un diélectrique liquide de constante diélectrique K et de perméabilité égale à 1.

Si l'on étudie la propagation des oscillations le long d'un fil *plongé dans ce diélectrique*, à l'aide d'un résonateur *plongé dans l'air*, — par la méthode de Blondlot, par exemple, — la vitesse de propagation étant multipliée par $\frac{1}{\sqrt{K}}$, la longueur d'onde que l'on mesure se trouve multipliée par $\frac{1}{\sqrt{K}}$ (car la période du résonateur n'a évidemment pas varié). Si l'on étudie, d'autre part, la propagation des oscillations dans un fil *plongé dans l'air* à l'aide du même résonateur *plongé dans le diélectrique liquide,* comme la capacité du résonateur se trouve multipliée par K, la longueur d'onde que l'on mesure est multipliée par $\sqrt{K}$.

En plongeant à la fois dans le diélectrique le fil et le résonateur, la longueur d'onde doit se trouver multipliée, d'une part, par $\frac{1}{\sqrt{K}}$, d'autre part, par $\sqrt{K}$ et doit conserver la même valeur que lorsque tout le système est placé dans l'air.

C'est, en effet, ce qu'a trouvé Blondlot en plongeant le fil et le résonateur dans de l'essence de térébenthine. La distribution des nœuds et des ventres le long du fil ne subit aucune modification.

108. **Relation de Maxwell.** — L'expérience est bien d'accord avec la théorie, mais elle n'est susceptible de fournir aucune valeur numérique capable de la contrôler. Une voie différente permet d'atteindre ce résultat.

Si l'on considère deux milieux dans lesquels les vitesses de propagation d'un mouvement ondulatoire ont des valeurs différentes V et V′, l'indice de réfraction pour le passage du premier milieu au second a pour expression $n = \dfrac{V}{V''}$.

Considérons des ondes électriques et supposons que l'un des milieux étant le vide, l'autre soit un diélectrique de constante K et de perméabilité $\mu$.

On devra avoir, en désignant par $n$ l'indice de réfraction du diélectrique *par rapport aux ondes électriques considérées* :

$$n = \dfrac{\Omega}{\dfrac{\Omega}{\sqrt{\mu K}}} = \sqrt{\mu K}.$$

D'ailleurs, pour la plupart des diélectriques, $\mu$ diffère peu de l'unité. De sorte que l'on doit avoir simplement $n = \sqrt{K}$ ou $K = n^2$, c'est-à-dire que le *carré de l'indice de réfraction doit être égal à la constante diélectrique*.

A l'époque où Maxwell[1] donna sa loi comme une conséquence de la *théorie électromagnétique de la lumière*, le nombre des données que l'on possédait sur les constantes diélectriques était fort restreint, et comme on ne pouvait songer à appliquer la relation qu'à des substances diélectriques transparentes, les moyens de contrôle étaient très limités.

Aussi les écarts étaient-ils beaucoup plus nombreux que les accords avec la relation théorique. Pour un petit nombre de corps seuls, comme les gaz, et, parmi les diélectriques solides, le soufre, la vérification pouvait être considérée comme satisfaisante.

Encore, le cas des gaz ne pouvait-il être considéré

---

[1] Maxwell, t. II, p. 491.

comme bien démonstratif, étant donné que leurs constantes diélectriques et leurs indices diffèrent fort peu de l'unité.

Pour certains corps, au contraire, les valeurs des constantes s'écartaient de la relation d'une quantité telle qu'il paraissait, à première vue, difficile à admettre qu'elle pût leur être applicable sans profonde modification.

C'est ainsi, par exemple, que la constante diélectrique K prend des valeurs voisines de 80 pour l'eau, de 6 à 10 pour les différentes espèces de verres, et de 25 pour l'alcool, tandis que les indices de réfraction de ces substances se trouvent compris entre 1,3 et 1,5. Il importe d'observer tout d'abord qu'il convient de faire figurer dans la relation des valeurs de la constante diélectrique et de l'indice prises dans les mêmes conditions et, notamment, des valeurs qui correspondent à des oscillations de même fréquence. Il est clair que la comparaison ne saurait légitimement porter sur un indice correspondant à la réfraction des radiations lumineuses du spectre visible et une constante diélectrique déterminée par des procédés statiques. Il faut, tout d'abord, prendre pour K les valeurs qui sont fournies par des procédés de mesures basés sur l'emploi de fréquences élevées. En déterminant K à l'aide d'oscillations électriques rapides, on peut d'ailleurs éliminer les phénomènes secondaires qui proviennent de la pénétration des charges (charges résiduelles) et viennent fausser le résultat des mesures électrostatiques, — méthode du galvanomètre balistique, ou de l'attraction, par exemple. — L'expérience montre que la fréquence exerce une influence considérable sur la valeur de la constante diélectrique. D'une manière générale, on peut dire que plus élevée est la fréquence et plus faible est la valeur de la constante diélectrique. Aussi convient-il d'opérer avec la fréquence la plus élevée possible. — Les oscillations hertziennes en fournissent le moyen.

Pour opérer les mesures avec des oscillations hertziennes, on peut, par exemple, appliquer le procédé de Blondlot dont il a été question plus haut, en ne plongeant dans le diélectrique que le résonateur seul.

La capacité du résonateur étant alors multipliée par K, de la mesure directe des longueurs d'onde, $\lambda$ quand le résonateur est plongé dans l'air, et $\lambda'$ quand il est plongé dans le diélectrique, on peut déduire K.

Les périodes ayant, en effet, pour valeurs respectives
$$T = 2\pi \sqrt{L} \sqrt{C}, \quad T' = 2\pi \sqrt{L} \sqrt{C'} = 2\pi \sqrt{L} \sqrt{C} \sqrt{K},$$
on a : 
$$\frac{\lambda}{\lambda'} = \frac{T}{T'} = \frac{1}{\sqrt{K}}.$$

On peut aussi employer le dispositif de Lecher qui a été décrit ci-dessus (§ 96).

Nous avons vu que, si l'on dispose un tube à vide dans une position invariable à l'extrémité des fils, ce tube subit des alternatives d'illumination et d'extinction lorsqu'on déplace un pont mobile le long du système des fils.

Ces fils sont terminés par deux armatures MN qui, placées en regard l'une de l'autre, constituent un petit condensateur C (fig. 128). La position du pont mobile qui correspond à un maximum d'illumination du tube varie quand on modifie la capacité de ce condensateur $c$. On peut d'ailleurs la modifier soit en faisant varier la distance des armatures, soit en introduisant entre les armatures des diélectriques différents.

Or, quand un diélectrique d'épaisseur ε est intercalé entre les armatures, si l'on observe un maximum de luminescence pour une certaine position du pont, on peut encore obtenir la luminescence pour la même position du pont quand le diélectrique est de l'air en écartant les plaques l'une de l'autre d'une quantité $e > ε$.

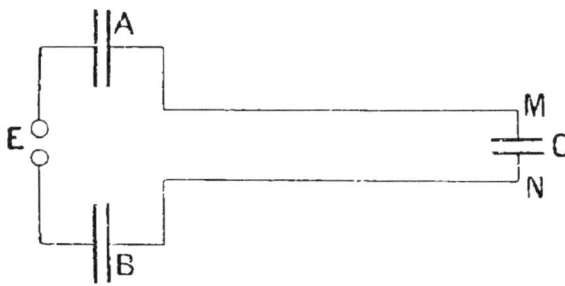

Fig. 128.

La capacité du condensateur C est alors devenue la même et l'épaisseur ε du diélectrique équivaut à une épaisseur d'air $e$. De sorte que $K = \dfrac{e}{ε}$.

En opérant par ces procédés ou d'autres tout à fait analogues, on a obtenu les résultats suivants :

VALEURS DE K

| SUBSTANCES | PROCÉDÉS ÉLECTROSTATIQUES | OSCILLATIONS HERTZIENNES |
|---|---|---|
| Huile de ricin | 2,2 | 2 (Arons et Rubens). |
| Verre | 4 à 6 | 2,8 (Blondlot). |
| Verre | 4 à 6 | 2,7 (J.-J. Thomson, Pérot). |
| Résine | 5,4 | 2,1 |
| Alcool | 25 | 6,6 |
| Glace | 78 | 2,5 (Blondlot, Pérot). |

Il est manifeste que si les valeurs de K demeurent encore plutôt supérieures au carré de l'indice de réfraction, les divergences se trouvent considérablement réduites lorsque les déterminations correspondent à la fréquence des oscillations hertziennes.

Un grand nombre de corps peuvent alors être considérés comme satisfaisant à la loi de Maxwell. Parmi ceux pour lesquels l'accord est particulièrement bon, on peut citer les suivants :

| SUBSTANCES | K (OSCILLATIONS HERTZIENNES) | CARRÉ DE L'INDICE |
|---|---|---|
| Les gaz | | |
| Soufre | 4,73 | 4,89 |
| Paraffine | 2,29 | 2,02 |
| Pétrole | 1,92 | 1,92 |
| Térébenthine | 2,23 | 2,13 |
| Benzine | 2,38 | 2,26 |

Si, pour la majeure partie des corps, la constante diélectrique prend une valeur beaucoup plus faible quand on la détermine à une fréquence élevée, le fait n'est pas absolument général. Sans retenir les résultats divergents obtenus par certains observateurs comme Lecher, par exemple, qui a trouvé que la constante diélectrique du verre allait en augmentant avec la fréquence (résultat qui paraît devoir être attribué à une dessiccation imparfaite de la substance examinée), il paraît bien établi qu'il existe des corps dont la constante diélectrique conserve pour les fréquences élevées la valeur notable qu'elle présente quand on la détermine par des procédés statiques. L'eau est de ce nombre. A la fréquence des oscillations hertziennes (la mesure a été effectuée à la fréquence de $30.10^6$) sa constante diélectrique conserve une valeur voisine de 80, c'est-à-dire la valeur que l'on trouve par les divers procédés statiques. La glycérine se comporte d'une manière analogue.

Mais, si l'on opère la détermination de la constante diélectrique à une température *très basse* au lieu d'opérer à la température ordinaire, on observe une diminution considérable de sa valeur et du même ordre de grandeur que celle qui se produit pour la plupart des corps quand on augmente la fréquence.

A la température de l'air liquide, la constante diélectrique de la glace tombe de la valeur 80 qu'elle a à la température ordinaire, à une valeur voisine de 2,4.

La constante diélectrique de la glycérine passe de même de la valeur 56 à la valeur 3 à 3,2.

Fleming[1] et Dewar ont étendu les déterminations à un grand nombre de corps et ont trouvé que le fait est tout à fait général. Il ressort du tableau suivant que le désaccord avec la loi de Maxwell, parfois considérable, à la température ordinaire, tend toujours à s'atténuer avec l'abaissement de la température (température de l'air liquide, — 185°), la variation étant de même sens que celle que produit l'accroissement de fréquence.

| SUBSTANCES | K à 15° | K à —185° | CARRÉ DE L'INDICE |
|---|---|---|---|
| Eau . . . . . . | 80 | 2,4 | 1,78 |
| Glycérine. . . . | 56 | 3,2 | 1,83 |
| Alcool éthyliq. . | 25 | 3,11 | 1,80 |
| Alcool amyliq. . | 16 | 2,14 | 1,95 |
| Huile d'olive . . | 3.16 | 2,18 | 2,13 |
| Sulf$^{re}$ de carb$^{ne}$. | 2,67 | 2,24 | 2,01 |

La loi de Maxwell paraît donc s'appliquer d'autant

---

[1] FLEMING, **1**, p. 296.

mieux que les corps sont à une température plus basse. S'il en est ainsi, on doit s'attendre à la voir vérifiée par les gaz liquéfiés à basse température critique.

Le fait a en effet été mis en lumière, pour l'oxygène liquide, par Fleming et Dewar.

L'oxygène liquide présente une particularité intéressante : c'est un corps magnétique dont la perméabilité est de l'ordre de grandeur de celle d'une solution saturée de chlorure ferrique.

Appliquée à un corps dont la perméabilité diffère de l'unité, la relation de Maxwell prend la forme $n^2 = K\mu$ et le contrôle repose sur trois mesures indépendantes, d'indice, de constante diélectrique et de perméabilité.

La moyenne des déterminations les plus certaines de la constante diélectrique de l'oxygène liquide (Fleming, Hasenoerhl) donne la valeur

$$K = 1,478.$$

La perméabilité $\mu$ déterminée par Fleming, soit directement, soit en partant de la susceptibilité, est

$$\mu = 1,0041.$$

Or, le produit $K\mu = 1,484$ est précisément égal au carré $1,483$ de l'indice de réfraction $n = 1,218$ de l'oxygène liquide déterminé par Dewar (et rapporté à une longueur d'onde infinie).

La comparaison doit porter, en effet, ainsi que nous l'avons fait remarquer, non sur l'indice qui correspond aux radiations du spectre visible, mais sur l'indice qui correspond aux radiations de la fréquence à laquelle se rapporte la constante diélectrique.

Pour obtenir une valeur *approchée* de l'indice capable de figurer dans la relation, on doit extrapoler la formule de dispersion qui donne l'indice en fonction de la longueur d'onde en attribuant à la longueur d'onde une valeur *très grande* ou *infiniment grande*. Une pareille extrapolation comporte une grande incertitude. Aussi doit-on inférer que si la loi de Maxwell se trouve tout de même *à peu près* vérifiée dans un grand nombre de cas, ce n'est pas par suite de circonstances fortuites.

On a pu d'ailleurs déterminer directement par la méthode du prisme les indices de réfraction de plusieurs diélectriques pour les ondes hertziennes.

Bien que les résultats soient moins nets que ceux que l'on obtient avec les ondes lumineuses dans les déterminations d'indices à cause de l'imperfection du parallélisme des *rayons électriques* (due aux effets de diffraction qui proviennent de la grandeur des longueurs d'onde), ils présentent un accord remarquable avec la relation théorique.

C'est ainsi, par exemple, que pour l'eau qui présente, comme nous l'avons vu, à la température ordinaire, une constante diélectrique voisine de 80, on a trouvé une valeur de l'indice égale à 8,9, c'est-à-dire une valeur dont le carré est sensiblement égal à 80.

Il est donc permis de penser que les exceptions que rencontre la loi de Maxwell ne sont qu'*apparentes*, et proviennent uniquement du fait qu'on ne fait pas entrer dans la relation les quantités mêmes qui doivent y figurer.

109. **Dispersion électrique.** — Drude a en effet donné une interprétation très plausible du fait que l'on obtient pour certains diélectriques qui, comme l'eau, présentent une légère conductibilité électrolytique, des

valeurs très différentes de la constante diélectrique selon la méthode de mesure employée.

Nous verrons plus loin (§ 111) que les corps conducteurs se comportent comme des écrans parfaits pour les ondes électriques. Un corps faiblement conducteur se comportant comme un écran imparfait peut être considéré comme un corps transparent doué d'un pouvoir d'absorption plus ou moins considérable.

Or, en optique, l'expérience montre qu'au voisinage d'une bande d'absorption la dispersion est toujours *anomale*, c'est-à-dire que l'indice va en *croissant* au lieu de *décroître* quand la longueur d'onde augmente. (L'indice prend alors une valeur infinie à la limite de la bande d'absorption.)

L'indice d'une substance optiquement transparente qui présente une forte absorption pour des ondes électriques d'une certaine longueur peut donc prendre, pour ces ondes électriques longues, une valeur beaucoup plus forte que pour les ondes lumineuses très courtes.

Nous avons vu que l'on a obtenu, par exemple, pour l'indice de l'eau correspondant aux ondes hertziennes, la valeur de 8,9.

Le fait que l'absorption des ondes électriques est accompagnée d'une dispersion *anomale* a été mise en lumière par Drude[1] et Barbillion[2] pour l'alcool éthylique et ses homologues.

110. **Influence de la position du résonateur.** — Si les considérations précédentes permettent

---
[1] Drude, *Wied. Ann.*, t. LXI, 1897.
[2] Barbillion, Thèse de doctorat, Paris, 1899.

de rendre compte, du moins d'une manière générale, de la plupart des exceptions que paraît rencontrer au premier abord la loi de Maxwell, il y a encore certaines anomalies qui resteraient à expliquer.

Nous avons vu que l'on peut obtenir la mesure de K en plongeant dans le diélectrique à étudier le fil seul ou le résonateur seul.

En opérant ainsi sur l'eau (fil plongé dans l'eau), Cohn et Zeemann ont trouvé pour la constante diélectrique de l'eau la valeur $K = 76$ (à 9°).

Or, pour des oscillations électriques de fréquence sensiblement égale, Blondlot a trouvé pour la glace la valeur $K = 2,5$.

Il ne s'agit plus ici de valeurs obtenues dans des conditions de fréquence ou de température notablement différentes. Des désaccords analogues ont été signalés pour d'autres corps. La raison générale de ces désaccords paraît avoir été indiquée par Turpain[1] : elle tiendrait à la diversité des modes opératoires.

On trouve, en effet, que le champ hertzien concentré à l'aide de deux fils présente des propriétés fort différentes selon que le résonateur est placé dans le plan des fils, — c'est la position que nous avons appelée plus haut position III, — ou dans des plans perpendiculaires, position I.

En opérant avec des fils plongés dans l'air, puis dans du pétrole et de l'eau, et un résonateur plongé dans l'air, Turpain a établi que :

1° Les longueurs d'onde des oscillations qui, dans l'air, excitent un même résonateur placé dans la position I ou la position III sont les mêmes.

[1] Turpain, 3, p. 17.

2° Les longueurs d'onde des oscillations qui excitent un résonateur placé dans la position III sont les mêmes dans l'air et dans un diélectrique autre que l'air.

3° Pour les oscillations qui excitent un résonateur dans la position I, le rapport de la longueur d'onde $\lambda$ dans l'air à la longueur d'onde $\lambda'$ dans un diélectrique est égal à la racine carrée de la constante diélectrique du diélectrique considéré.

C'est-à-dire que l'on a :

$$\frac{\lambda}{\lambda'} = \sqrt{K}.$$

La deuxième loi est conforme aux déterminations faites par Blondlot sur l'huile de ricin (que nous avons citées précédemment), si l'on admet que le résonateur Blondlot fonctionne comme un résonateur de Hertz dans la position III.

La troisième loi n'est conforme aux déterminations de Cohn et Zeemann sur l'eau que si l'on admet que le résonateur Cohn et Zeemann fonctionnait dans leurs expériences comme un résonateur de Hertz placé dans la position I.

La position occupée par le résonateur joue donc un rôle capital dans l'interprétation des mesures.

111. **Absorption par les conducteurs.** — Nous savons que les oscillations électriques de fréquence notable n'intéressent qu'une couche superficielle très mince des corps conducteurs. Lorsque la fréquence est de l'ordre de la fréquence des oscillations hertziennes, la surface seule est intéressée.

Bjerknes a déterminé par un procédé élégant une limite supérieure de la profondeur de pénétration des oscillations hertziennes dans les métaux.

Il trace les *courbes de résonance* que l'on obtient, pour un même excitateur, avec une série de résonateurs géométriquement identiques (voir §§ 125 et 126). Ces courbes de résonance présentent la même allure générale, mais ne sont pas identiques. Les maxima correspondent tous à la même abcisse, ce qui indique que la nature du métal n'influe pas sur la valeur de la période, mais ces maxima ont des valeurs différentes, de sorte que les courbes sont plus ou moins *aplaties*.

Or, nous verrons que l'aplatissement de la courbe de la résonance traduit l'amortissement. L'amortissement est plus grand pour le fer, — courbe (1), — que pour le platine, — courbe (2), — et que pour le cuivre, — courbe (3) (fig. 129).

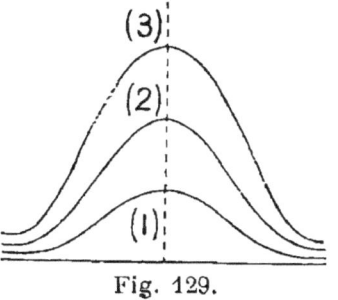

Fig. 129.

Bjerknes dépose par électrolyse une couche mince de cuivre sur le résonateur de fer, et une couche mince de fer sur le résonateur de cuivre.

Quand l'épaisseur de la couche métallique déposée atteint $\frac{1}{100}$ de millimètre, on constate que le résonateur de fer donne la même courbe de résonance que le résonateur de cuivre et vice-versa.

On doit en conclure qu'un résonateur de fer recouvert d'un couche de $\frac{1}{100}$ de millimètre de cuivre se comporte vis-à-vis des oscillations hertziennes comme s'il était en cuivre massif, c'est-à-dire que les courants pénètrent dans le métal à une profondeur moindre que $\frac{1}{100}$ de millimètre.

Les oscillations électriques ne pénétrant pas dans les conducteurs, ceux-ci se comportent pour les ondes comme des milieux très absorbants, ou opaques.

Pour les métaux, cette opacité est à peu près absolue.

De nombreuses expériences ont établi, en effet, que, sous l'épaisseur la plus faible, les métaux se comportent comme des écrans parfaits pour les ondes électriques.

Hertz a montré que si l'on entoure un résonateur d'un manchon constitué par une feuille métallique mince, — feuille d'or de $\frac{1}{20}$ de millimètre d'épaisseur, — les étincelles cessent de se produire.

Mais l'observation des étincelles est un procédé relativement grossier. On peut obtenir une sensibilité beaucoup plus grande en se servant, pour déceler les oscillations, de certains *détecteurs* tels que les tubes à limaille ou cohéreurs dont la pratique de la télégraphie sans fil a rendu l'usage courant.

Un *cohéreur* est constitué, en principe, par un tube de verre qui contient, entre deux électrodes de métal, une petite quantité de limaille métallique.

Intercalé dans le circuit d'une pile, l'appareil présente une résistance en général considérable, qui subit une chute permanente sous l'influence d'oscillations électriques même très faibles.

Cette chute de résistance peut-être décelée par un galvanomètre ou par un relais qui, actionné par le courant qui parcourt le cohéreur, vient fermer sur une sonnerie, par exemple, le courant d'une pile locale.

Pour reconnaître si les métaux présentent une légère transparence aux ondes hertziennes, Branly[1] enferme dans une même boîte une pile dont le circuit comprend un cohéreur et un relais dont la palette mobile vient fermer le circuit auxiliaire d'une sonnerie, également contenue dans la boîte, quand le tube est impressionné.

La boîte, en bois, est tapissée entièrement de feuilles d'étain d'une épaisseur de 8 millièmes de millimètre, de manière à constituer une enceinte métallique complètement close.

Si les feuilles d'étain ne présentent aucune solution de continuité, on constate que la sonnerie ne fonctionne pas, c'est-à-dire que le cohéreur n'est pas impressionné, même si l'on produit des oscillations énergiques à toucher la paroi extérieure de la boîte.

La moindre solution de continuité, la fente la plus mince pratiquée dans l'enveloppe métallique, suffit à livrer passage aux ondes, et à permettre à l'impression du cohéreur de se produire.

C'est ce qui explique le résultat contradictoire obtenu par Bose qui, opérant dans des conditions analogues avec un cohéreur très sensible, avait cru observer qu'il était impressionné à travers deux enceintes métalliques superposées.

---

[1] BRANLY, 1, p. 24.

Comme la pénétration des ondes par ouvertures se produit par *diffraction*, la forme et la direction de ces ouvertures exercent un effet marqué sur la facilité de la pénétration.

Branly a constaté, par exemple, que le passage des ondes est beaucoup plus facile par une fente allongée que par des ouvertures circulaires de surface notablement supérieure, beaucoup plus aisé aussi à travers une fente perpendiculaire à l'axe de l'oscillateur qu'à travers une fente parallèle.

Les expériences de Branly sur les enveloppes métalliques ont été reprises plus récemment par Turpain[1], qui en a pleinement confirmé les résultats sur lesquels il ne peut subsister aucun doute :

*Les oscillations hertziennes sont complètement arrêtées par une enveloppe métallique, même extrêmement mince, si elle est hermétiquement close.*

Les électrolytes, qui sont des milieux conducteurs, sont également des milieux opaques pour les ondes électriques.

Les dissolutions de sels métalliques absorbent d'autant plus complètement les ondes électriques, c'est-à-dire sous une épaisseur d'autant plus faible, qu'ils conduisent mieux.

Le fait a été établi d'abord par Branly[2], qui a étudié différentes solutions, puis par Zeemann[3], qui a comparé l'absorption de dissolutions de chlorure de sodium et de sulfate de cuivre à divers degrés de concentration,

---

[1] Turpain, *Congrès de l'A. F. A. S.*, Angers, 1903.
[2] Branly, **2**, p. 144.
[3] Zeemann, *Archives néerlandaises*, 2ᵉ série, t. VII, 1903.

et qui a trouvé que leur pouvoir absorbant est le même à conductivité égale.

L'absorption exercée par les liquides électrolytiques est d'ailleurs toujours considérable. Nous avons vu qu'elle est généralement liée à une dispersion anomale.

# CHAPITRE VI

### RAYONNEMENT DE L'OSCILLATEUR

**112. Expression des composantes des forces électriques et magnétiques pour un doublet.**
— Nous allons considérer de nouveau l'excitateur de Hertz afin d'analyser plus complètement le phénomène de propagation dans le milieu.

La perturbation initiale est due au courant variable I dont l'excitateur est le siège ou, ce qui revient au même, au transport périodique des charges $+q$ et $-q$ qui se trouvent placées, au début de l'oscillation, à une distance égale à la longueur $2l$ de l'excitateur.

Lors du fonctionnement de l'excitateur, les masses électriques $+q$ et $-q$ se déplacent en sens inverse le long de l'axe et le courant I varie, ce qui donne naissance à la propagation dans le milieu d'un *champ électrique* et d'un *champ magnétique*.

Sous sa forme la plus simple, l'excitateur se trouve ainsi constitué par deux masses électriques $+q$ et $-q$ qui oscillent dans un circuit linéaire de longueur $2l$. Un pareil système, que Hertz nomme un *doublet*, est caractérisé par son *moment* $2l \times q$.

Pour étudier la distribution du champ, supposons le centre O de l'excitateur placé à l'origine des coordonnées, et prenons trois axes de coordonnées rectangulaires O$x$, O$y$, O$z$, tels que l'axe O$z$ coïncide avec l'axe de l'excitateur (fig. 130).

On peut admettre que, par raison de symétrie, la force électrique a la même valeur dans tous les azimuts autour de O$z$ et se trouve contenue dans un plan *méridien*, c'est-à-dire dans un plan passant par O$z$.

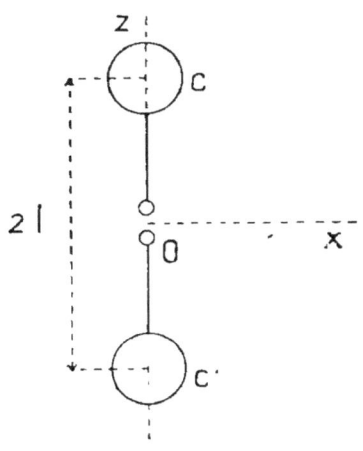

Fig. 130.

Soient E la valeur de cette force électrique en un point A de coordonnées $x$, $y$, $z$ et X, Y, Z ses composantes selon les axes adoptés (fig. 131).

Nous prendrons comme variables indépendantes $z$, et la distance $\rho = \sqrt{x^2 + y^2}$ du point A à l'axe de symétrie O$z$.

Les composantes X et Y de E s'expriment aisément en fonction de la projection R de la force E sur le plan $x$O$y$, c'est-à-dire de la composante *équatoriale*.

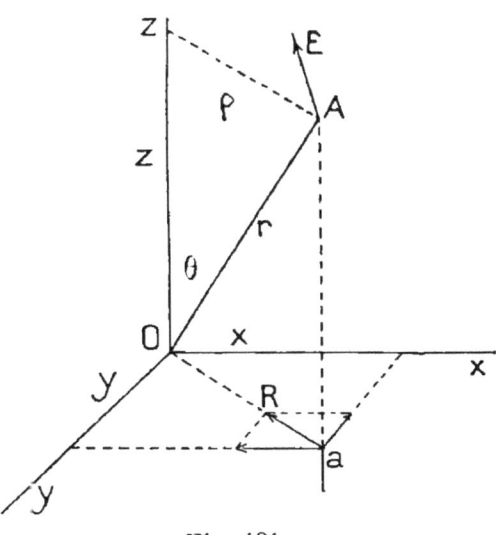

Fig. 131.

On a, en effet :
$$X = R\frac{x}{\rho}, \quad Y = R\frac{y}{\rho};$$
d'où :
$$\frac{\partial X}{\partial y} = x\frac{\partial}{\partial \rho}\left(\frac{R}{\rho}\right)\cdot\frac{\partial \rho}{\partial y} = \frac{xy}{\rho}\cdot\frac{\partial}{\partial \rho}\left(\frac{R}{\rho}\right),$$
$$\frac{\partial Y}{\partial x} = y\frac{\partial}{\partial \rho}\left(\frac{R}{\rho}\right)\cdot\frac{\partial \rho}{\partial x} = \frac{xy}{\rho}\cdot\frac{\partial}{\partial \rho}\left(\frac{R}{\rho}\right),$$

car, de $\rho^2 = x^2 + y^2$, on tire :
$$\rho\frac{\partial \rho}{\partial y} = y, \quad \rho\frac{\partial \rho}{\partial x} = x.$$

On a donc :
$$\frac{\partial X}{\partial y} = \frac{\partial Y}{\partial x}. \tag{1}$$

On peut satisfaire à cette condition en posant :
$$X = \frac{\partial}{\partial x}\cdot\Phi, \quad Y = \frac{\partial}{\partial y}\cdot\Phi, \tag{2}$$

$\Phi$ étant une certaine fonction de $x$, $y$, $z$, $t$.

Si l'on porte ces valeurs de X et de Y dans l'équation de *continuité*
$$\frac{\partial X}{\partial x} + \frac{\partial Y}{\partial y} + \frac{\partial Z}{\partial z} = 0,$$

il vient :
$$\frac{\partial^2 \Phi}{\partial x^2} + \frac{\partial^2 \Phi}{\partial y^2} + \frac{\partial Z}{\partial z} = 0;$$

ou, en posant $\Phi = \dfrac{\partial H}{\partial z}$, H étant une fonction de $x$, $y$, $z$, $t$ :

$$\frac{\partial}{\partial z}\left[Z + \left(\frac{\partial^2 H}{\partial x^2} + \frac{\partial^2 H}{\partial y^2}\right)\right] = 0; \tag{3}$$

et en intégrant :
$$Z + \left(\frac{\partial^2 \Pi}{\partial x^2} + \frac{\partial^2 \Pi}{\partial y^2}\right) = f(x, y, t). \qquad (4)$$

Cette fonction $f(x, y, t)$, *indépendante de $z$*, doit être supposée nulle, car, par raison de symétrie, la composante du champ parallèle à l'axe de l'oscillateur ne peut contenir de fonction indépendante de $z$.

On a donc simplement :
$$Z = -\left(\frac{\partial^2 \Pi}{\partial x^2} + \frac{\partial^2 \Pi}{\partial y^2}\right).$$

Chacune des composantes X, Y, Z satisfait d'ailleurs aux relations générales
$$\Omega^2 \Delta X - \frac{\partial^2 X}{\partial t^2} = 0, \quad \Omega^2 \Delta Y - \frac{\partial^2 Y}{\partial t^2} = 0,$$
$$\Omega^2 \Delta Z - \frac{\partial^2 Z}{\partial t^2} = 0.$$

On peut en inférer qu'il en est de même de la fonction $\Pi$, d'où on les déduit par différentiations, et que l'on a : 
$$\Omega^2 \Delta \Pi - \frac{\partial^2 \Pi}{\partial t^2} = 0\,[1]. \qquad (5)$$

---

[1] Les considérations suivantes permettent de s'en rendre compte.

Si dans la relation $\Omega^2 \Delta X - \frac{\partial^2 X}{\partial t^2} = 0$, on remplace X par la valeur $X = \frac{\partial^2 \Pi}{\partial x \partial z}$, il vient :
$$\frac{\partial^2}{\partial x \partial z}\left[\Omega^2 \Delta \Pi - \frac{\partial^2 \Pi}{\partial t^2}\right] = 0.$$

Les relations analogues qui correspondent à Y et Z donnent de même :

Pour obtenir, dès lors, les composantes de la force magnétique, reportons-nous aux équations

$$\begin{cases} \dfrac{1}{\Omega} \cdot \dfrac{\partial L}{\partial t} = \dfrac{\partial Z}{\partial y} - \dfrac{\partial Y}{\partial z}, \\ \dfrac{1}{\Omega} \cdot \dfrac{\partial M}{\partial t} = \dfrac{\partial X}{\partial z} - \dfrac{\partial Z}{\partial x}, \\ \dfrac{1}{\Omega} \cdot \dfrac{\partial N}{\partial t} = \dfrac{\partial Y}{\partial x} - \dfrac{\partial X}{\partial y}, \end{cases}$$

et substituons à X, Y, Z les expressions obtenues pour les composantes électriques. On a :

$$\begin{cases} \dfrac{\partial Z}{\partial y} = -\left( \dfrac{\partial^3 \Pi}{\partial x^2 \partial y} + \dfrac{\partial^3 \Pi}{\partial y^3} \right), \\ \dfrac{\partial Y}{\partial z} = \dfrac{\partial^3 \Pi}{\partial y \partial z^2}, \end{cases} \qquad (6)$$

$$\dfrac{\partial^2}{\partial y \partial z}\left[ \Omega^2 \Delta \Pi - \dfrac{\partial^2 \Pi}{\partial t^2} \right] = 0,$$

$$\dfrac{\partial^2}{\partial x^2}\left[ \Omega^2 \Delta \Pi - \dfrac{\partial^2 \Pi}{\partial t^2} \right] + \dfrac{\partial^2}{\partial y^2}\left[ \Omega^2 \Delta \Pi - \dfrac{\partial^2 \Pi}{\partial t^2} \right] = 0.$$

Équations que l'on peut écrire, en posant :

$$\Omega^2 \Delta \Pi - \dfrac{\partial^2 \Pi}{\partial t^2} = U,$$

$$\dfrac{\partial^2 U}{\partial x \partial z} = 0, \qquad \dfrac{\partial^2 U}{\partial y \partial z} = 0, \qquad \dfrac{\partial^2 U}{\partial x^2} + \dfrac{\partial^2 U}{\partial y^2} = 0.$$

Elles sont vérifiées par une fonction U de la forme

$$U = f(z,t) + \varphi(x,y,t) + \psi(t),$$

que l'on peut supposer *nulle*, car tous les termes disparaîtront quand on effectuera les différentiations qui permettent de passer de $\Pi$ à X, Y, Z. Pour la démonstration rigoureuse de la propriété de $\Pi$, voir BRILLOUIN, p. 276.

d'où :
$$\frac{1}{\Omega} \cdot \frac{\partial L}{\partial t} = -\left(\frac{\partial^3 \Pi}{\partial y\, \partial x^2} + \frac{\partial^3 \Pi}{\partial y^3} + \frac{\partial^3 \Pi}{\partial y\, \partial z^2}\right).$$

Et, en tenant compte de la relation $\Omega^2 \Delta \Pi = \dfrac{\partial^2 \Pi}{\partial t^2}$,

$$\Omega \frac{\partial L}{\partial t} = -\frac{\partial}{\partial y} \cdot \frac{\partial^2 \Pi}{\partial t^2},$$

ou :
$$\frac{\partial}{\partial t}\left[L + \frac{1}{\Omega} \cdot \frac{\partial^2 \Pi}{\partial y\, \partial t}\right] = 0. \qquad (7)$$

L'intégration donne une fonction *indépendante du temps* qui ne joue aucun rôle dans le phénomène périodique étudié et que l'on peut, par suite, supposer nulle.

On a donc $\quad L = -\dfrac{1}{\Omega} \cdot \dfrac{\partial^2 \Pi}{\partial y\, \partial t}$.

La valeur des composantes M et N s'obtient de la même manière.

On est conduit, en définitive, aux expressions

$$\begin{cases} X = \dfrac{\partial^2 \Pi}{\partial x\, \partial z}, \\ Y = \dfrac{\partial^2 \Pi}{\partial y\, \partial z}, \\ Z = -\left(\dfrac{\partial^2 \Pi}{\partial x^2} + \dfrac{\partial^2 \Pi}{\partial y^2}\right). \end{cases} \begin{cases} L = -\dfrac{1}{\Omega} \cdot \dfrac{\partial^2 \Pi}{\partial y\, \partial t}, \\ M = \dfrac{1}{\Omega} \dfrac{\partial^2 \Pi}{\partial x\, \partial t}, \\ N = 0. \end{cases} \qquad (8)$$

**113. Équation des lignes de force électriques.** — La symétrie nécessaire du phénomène autour de l'excitateur qui est de révolution montre que la fonction $\Pi$ est, en réalité, une fonction de

$$\rho = \sqrt{x^2 + y^2}.$$

En prenant $z$ et $\rho$ comme *variables indépendantes*, on peut écrire :

$$X = \frac{x}{\rho} \cdot \frac{\partial^2 \Pi}{\partial \rho\, \partial z}, \quad Y = \frac{y}{\rho} \cdot \frac{\partial^2 \Pi}{\partial \rho\, \partial z},$$

$$Z = -\frac{1}{\rho} \cdot \frac{\partial}{\partial \rho}\left(\rho \frac{\partial \Pi}{\partial \rho}\right). \qquad (9)$$

Une ligne de force électrique est définie par la condition que la force électrique lui soit tangente en chaque point.

Elle est donc déterminée par la relation

$$\frac{X}{dx} = \frac{Y}{dy} = \frac{Z}{dz}.$$

Et, dans un plan méridien où l'on a : $z = z$, $x = \rho$,

$$\frac{X}{d\rho} = \frac{Z}{dz},$$

c'est-à-dire, $\quad X dz - Z d\rho = 0$ ;

ou : $\quad \dfrac{x}{\rho} \cdot \dfrac{\partial}{\partial z}\left(\dfrac{\partial \Pi}{\partial \rho}\right) dz + \dfrac{1}{\rho} \cdot \dfrac{\partial}{\partial \rho}\left(\rho \dfrac{\partial \Pi}{\partial \rho}\right) d\rho = 0.$

En faisant $x = \rho$ et multipliant par $\rho$,

$$\frac{\partial}{\partial z}\left(\rho \frac{\partial \Pi}{\partial \rho}\right) dz + \frac{\partial}{\partial \rho}\left(\rho \frac{\partial \Pi}{\partial \rho}\right) d\rho = 0, \qquad (10)$$

c'est-à-dire : $\quad d\left(\rho \dfrac{\partial \Pi}{\partial \rho}\right) = 0,$

ou : $\quad \rho \dfrac{\partial \Pi}{\partial \rho} = \text{Constante.} \qquad (11)$

Si l'on pose $Q = \rho \dfrac{\partial \Pi}{\partial \rho}$, on voit que les lignes de force électriques sont déterminées par la relation

$$Q = \text{Constante.}$$

## 114. Forme donnée par Hertz aux composantes.

— Les diverses composantes peuvent s'exprimer aisément en fonction de $Q = \rho \dfrac{\partial \Pi}{\partial \rho}$.

Les expressions précédentes peuvent, en effet, s'écrire

$$\begin{cases} X = \dfrac{x}{\rho} \cdot \dfrac{1}{\rho} \cdot \dfrac{\partial}{\partial z}\left(\rho \dfrac{\partial \Pi}{\partial \rho}\right), \\ Y = \dfrac{y}{\rho} \cdot \dfrac{1}{\rho} \cdot \dfrac{\partial}{\partial z}\left(\rho \dfrac{\partial \Pi}{\partial \rho}\right), \\ Z = \dfrac{1}{\rho} \cdot \dfrac{\partial}{\partial \rho}\left(\rho \dfrac{\partial \Pi}{\partial \rho}\right). \end{cases} \quad (12)$$

Cette force totale E, qui est contenue dans un plan méridien, peut être décomposée en deux de plusieurs manières.

Décomposons-la, par exemple, selon l'axe des $z$ et selon la direction perpendiculaire à l'axe des $z$ (fig. 132),

$$Mm = \rho.$$

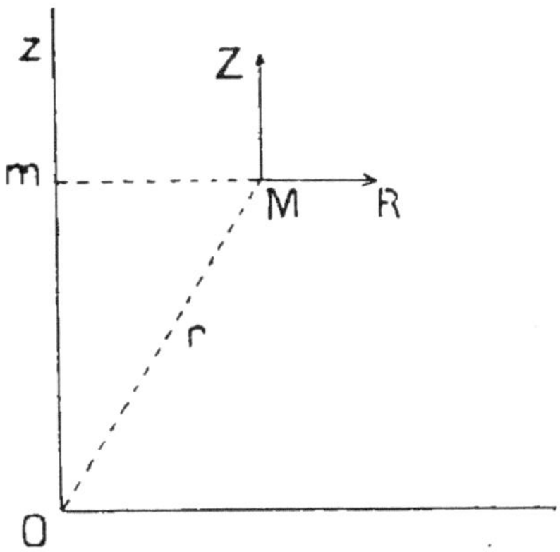

La composante R suivant la direction de $\rho$ a pour valeur :

$$R = X\dfrac{x}{\rho} + Y\dfrac{y}{\rho},$$

Fig. 132.

c'est-à-dire :
$$R = \dfrac{1}{\rho} \cdot \dfrac{\partial Q}{\partial z}. \quad (13)$$

On a, d'ailleurs,
$$Z = -\dfrac{1}{\rho} \cdot \dfrac{\partial Q}{\partial \rho}. \quad (14)$$

Quant à la force magnétique, comme on a $N = 0$, elle est située dans un plan perpendiculaire à Z.

On a d'ailleurs, avec les variables indépendantes $z$ et $\rho$ :

$$\begin{cases} \Omega L = -\dfrac{\partial}{\partial t}\left(\dfrac{x}{\rho} \cdot \dfrac{\partial \Pi}{\partial \rho}\right) = -\dfrac{x}{\rho} \cdot \dfrac{1}{\rho} \cdot \dfrac{\partial}{\partial t}\left(\rho \dfrac{\partial \Pi}{\partial \rho}\right), \\ \Omega M = \dfrac{\partial}{\partial t}\left(\dfrac{y}{\rho} \cdot \dfrac{\partial \Pi}{\partial \rho}\right) = \dfrac{y}{\rho} \cdot \dfrac{1}{\rho} \cdot \dfrac{\partial}{\partial t}\left(\rho \dfrac{\partial \Pi}{\partial \rho}\right). \end{cases} \quad (15)$$

La résultante a pour valeur $\sqrt{L^2 + M^2}$,

ou : 
$$H = \dfrac{1}{\Omega} \cdot \dfrac{1}{\rho} \cdot \dfrac{\partial Q}{\partial t}. \quad (16)$$

et elle est *perpendiculaire à la direction* $\rho$, c'est-à-dire au plan méridien qui passe par la force électrique.

Nous avons vu que la fonction $\Pi$ satisfait à l'équation

$$\Omega^2 \Delta \Pi - \dfrac{\partial^2 \Pi}{\partial t^2} = 0,$$

qui est l'équation aux dérivées partielles de la propagation d'un ébranlement dans un milieu élastique et admet pour intégrale générale (§ 22) :

$$\Pi = \dfrac{1}{r}\left[F(\Omega t + r) + f(\Omega t - r)\right].$$

Si l'on s'occupe du problème de l'*émission*, on aura à considérer seulement l'onde *centrifuge* qui correspond à 
$$\Pi = \dfrac{1}{r} f(\Omega t - r).$$

Hertz suppose que la vibration de l'excitateur est périodique simple et prend pour $f$ une fonction harmonique.

Nous avons vu que cette hypothèse se trouve confirmée par toutes les expériences que l'on a effectuées sur l'excitateur hertzien.

Il pose :
$$\Pi = \frac{1}{r} \mathcal{M}_0 \sin \frac{2\pi}{\lambda} (\Omega t - r). \qquad (17)$$

Il vient alors :
$$Q = \rho \frac{\partial \Pi}{\partial \rho} = r \sin \theta \frac{\partial \Pi}{\partial r} \cdot \frac{dr}{d\rho} = r \frac{\partial \Pi}{\partial r} \sin^2 \theta.$$

Si l'on désigne par $\theta$ l'angle de OA avec OZ (fig. 131), et que l'on remarque que $r$ et $\theta$ sont fonctions des variables indépendantes $\rho$ et $z$, de sorte que des relations :
$$\rho = r \sin \theta, \qquad r = \sqrt{\rho^2 + z^2},$$

on tire :
$$\frac{dr}{d\rho} = \frac{\rho}{\sqrt{\rho^2 + z^2}} = \frac{\rho}{r} = \sin \theta.$$

En introduisant la valeur de $\Pi$ (17), l'expression de Q devient :
$$Q = -\mathcal{M}_0 \left[ \frac{2\pi}{\lambda} \cos \frac{2\pi}{\lambda} (\Omega t - r) \right.$$
$$\left. + \frac{1}{r} \sin \frac{2\pi}{\lambda} (\Omega t - r) \right] \sin^2 \theta. \qquad (18)$$

A grande distance, le second terme de la parenthèse qui contient $r$ en dénominateur devient négligeable, et l'on peut prendre :
$$Q = -\mathcal{M}_0 \frac{2\pi}{\lambda} \cos \frac{2\pi}{\lambda} (\Omega t - r) \sin^2 \theta. \qquad (19)$$

On en déduit aisément par différentiation les valeurs des composantes Z. R et H.

$$\begin{cases} Z = -\dfrac{1}{r}\mathcal{M}_0\dfrac{4\pi^2}{\lambda^2}\sin\dfrac{2\pi}{\lambda}(\Omega t - r)\sin^2\theta, \\ R = \phantom{-}\dfrac{1}{r}\mathcal{M}_0\dfrac{4\pi^2}{\lambda^2}\sin\dfrac{2\pi}{\lambda}(\Omega t - r)\sin\theta\cos\theta, \quad (20) \\ H = \phantom{-}\dfrac{1}{r}\mathcal{M}_0\dfrac{4\pi^2}{\lambda^2}\sin\dfrac{2\pi}{\lambda}(\Omega t - r)\sin\theta. \end{cases}$$

**115. Distribution des vecteurs dans le champ.** — Ces expressions montrent que l'on a :

$$\frac{R}{\cos\theta} = -\frac{Z}{\sin\theta} = \sqrt{R^2 + Z^2} = E;$$

c'est-à-dire que la résultante $\sqrt{R^2 + Z^2}$, qui est la force électrique totale, est perpendiculaire à OM (fig. 133).

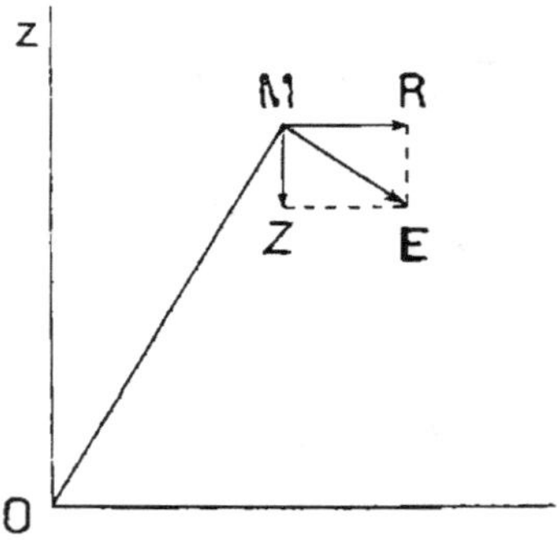

La force électrique à grande distance est donc *transversale*.

D'ailleurs, on a aussi :

$$\frac{R}{\cos\theta} = -\frac{Z}{\sin\theta} = H;$$

c'est-à-dire

$$E = H.$$

Fig. 133.

La force électrique et la force magnétique sont donc égales en valeur absolue.

A grande distance, la surface sur laquelle sont répartis les états de *même phase* dans le milieu, c'est-à-dire la *surface d'onde*, est sphérique.

Cette sphère a pour centre le centre de l'excitateur :

dans l'excitateur de Hertz, le point O où éclate l'étincelle.

Pour définir les coordonnées des points de la sphère, supposons-la divisée par un système de méridiens et de parallèles, en prenant comme axe polaire le diamètre qui coïncide avec l'axe de l'excitateur.

En tout point du milieu, la force électrique et la force magnétique varient périodiquement de grandeur en conservant chacune la même direction.

Sur l'équateur QQ', la force électrique est constamment parallèle à l'axe de l'excitateur. La force magnétique est perpendiculaire, à la fois, à la force électrique et à la direction de propagation :

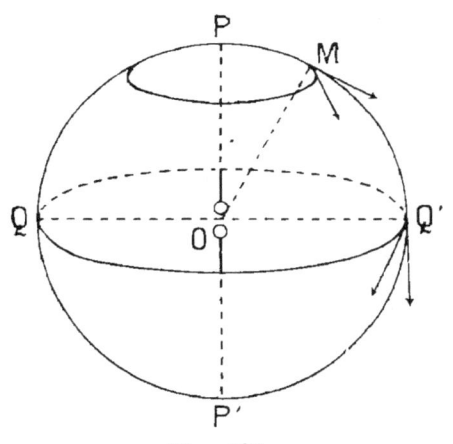

Fig. 134.

au point Q', en particulier, elle est perpendiculaire au plan de la figure 134.

En un point quelconque, la force électrique est tangente au méridien et la force magnétique tangente au parallèle.

*Les deux vibrations sont donc transversales.*

Elles sont situées toutes deux dans le plan de l'onde, et leur intensité commune, maximum à l'équateur et nulle aux pôles, varie comme le sinus de la latitude. Quant aux sens respectifs des vecteurs électrique et magnétique, ils sont donnés par une règle analogue à celle du bonhomme d'Ampère : *Un observateur qui fait face à l'onde incidente et qui est traversé des pieds* à la tête par le vecteur électrique a le vecteur magnétique à sa gauche.

**116. Mécanisme de la propagation.** — Il convient d'examiner d'un peu plus près comment se propage l'état du champ.

Avant que l'étincelle n'éclate, les deux moitiés de l'excitateur ont des charges égales et de signes contraires.

Si l'on représente le champ électrique par des lignes de force, leur disposition affecte l'aspect de la figure 135. Le flux est dirigé dans le sens des flèches, c'est-à-dire des charges positives aux charges négatives.

Quand la décharge oscillante se produit, les signes des charges s'inversent alternativement sur $Aa$ et $Bb$.

À la distribution primitive de la figure 135 (I) succède donc une distribution identique où le flux a un sens opposé. Si les champs de sens opposé, créés dans le milieu, se succèdent l'un à l'autre d'une manière relativement lente, l'état de « tension élastique » qui résulte du premier a le temps de disparaître et de se dissiper sur place avant l'établissement du suivant.

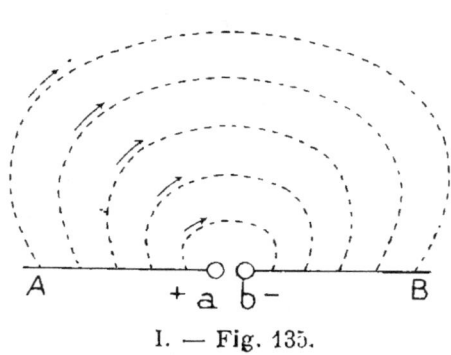

I. — Fig. 135.

Mais, si les oscillations sont rapides, l'inertie du milieu s'oppose à la brusque inversion des lignes de flux.

Pendant la décharge, les charges se déplacent en sens inverse de A vers $a$, et de B vers $b$. Une ligne de force quelconque $m$ tend donc à se resserrer progressivement, tandis que ses extrémités s'approchent de $a$ et de $b$ (II et III, fig. 136).

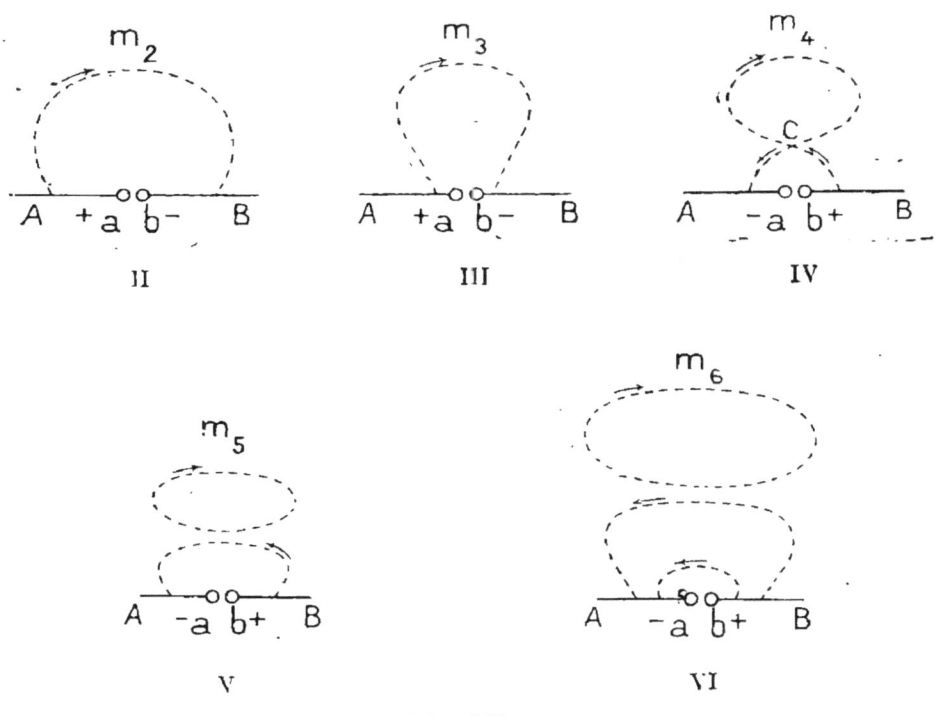

Fig. 136.

La décharge étant oscillante, les charges continuent à se déplacer en allant de $b$ vers B pour les positives, de $a$ vers A pour les négatives.

Il y a ainsi à la fois tendance à la création d'une nouvelle ligne de force dans le sens $bca$ et à la conservation de l'ancien état, traduit schématiquement par l'existence de la ligne $m_4$ (IV). D'où *sectionnement* de la ligne de force en $c$.

La ligne de force primitive *m* se ferme en formant une *boucle* $m_3$ qui s'élargit à mesure qu'elle se déplace dans la direction de propagation (V et VI).

Le phénomène se reproduit à chaque alternance. A mesure qu'une boucle se détache et se propage en s'élargissant, une nouvelle ligne de flux prend naissance, se déforme et se détache à son tour pour suivre la précédente.

La loi de croissance des boucles de flux peut être obtenue par un tracé graphique.

L'équation d'une ligne de flux est, en effet, ainsi que nous l'avons vu $Q = o$, ou

$$\left[\frac{2\pi}{\lambda} \cos \frac{2\pi}{\lambda}(\Omega t - r) + \frac{1}{r} \sin \frac{2\pi}{\lambda}(\Omega t - r)\right] \sin^2 \theta = o. \tag{21}$$

En considérant $t$ comme un paramètre variable et lui attribuant des valeurs successives croissantes, on obtient, pour chaque valeur de $t$, une équation

$$f(r, \theta) = o$$

qui permet de tracer la courbe par points.

Les schémas ci-joints (fig. 137) sont la reproduction des diagrammes que Hertz a obtenus en attribuant à $t$ les valeurs successives $o$, $\frac{T}{8}$, $\frac{T}{4}$, $\frac{3T}{8}$, $\frac{T}{2}$; T est la période, et l'on prend pour origine des temps le moment où le courant dans l'excitateur passe par sa valeur maximum.

La forme que Hertz a adoptée pour la fonction Π suppose que les oscillations ne sont pas amorties. Ce n'est pas ce qui a lieu en réalité : nous avons vu qu'il

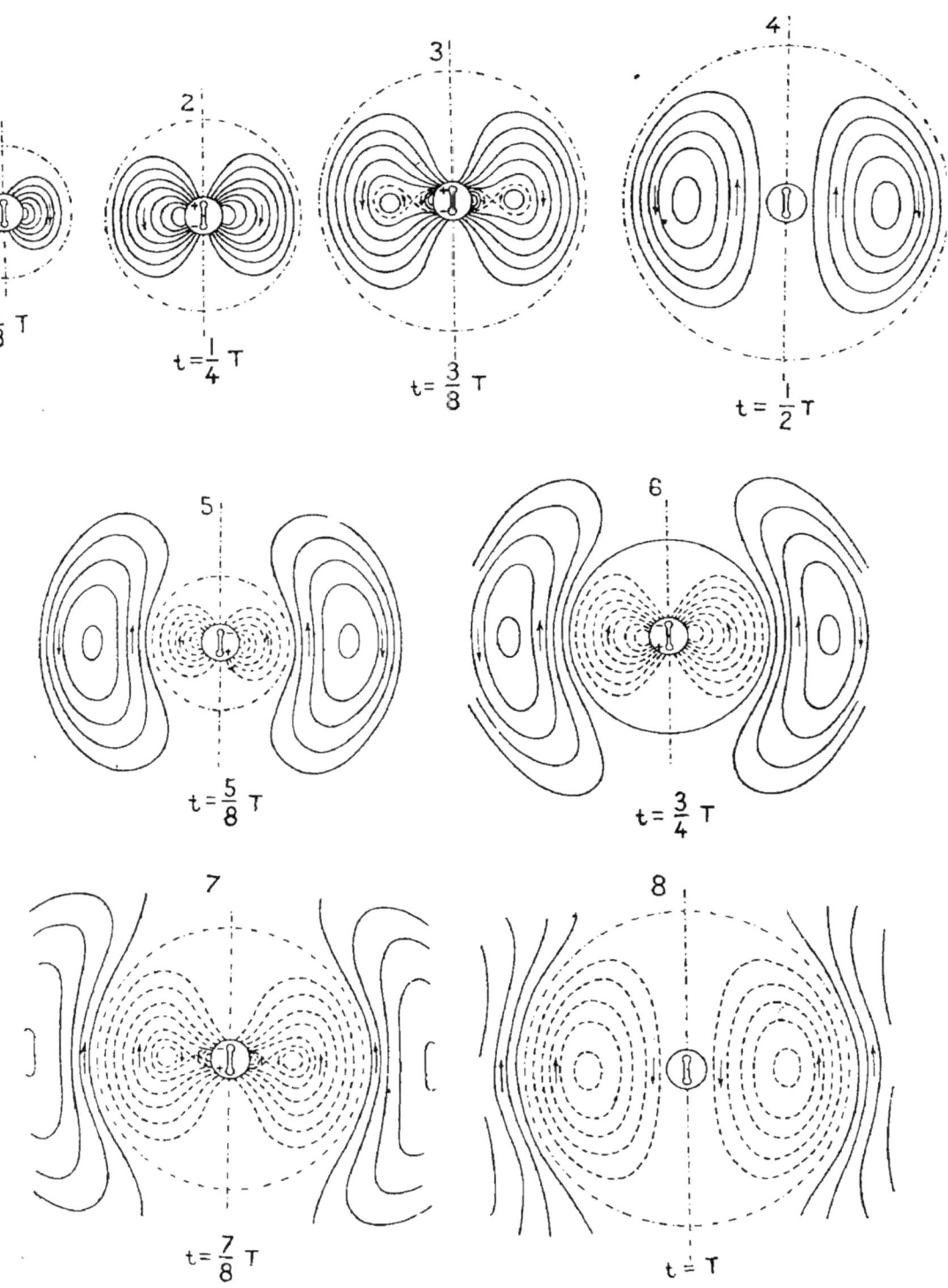

Fig. 137. — Champ de l'excitateur de Hertz.

résulte des mesures de Bjerknes que l'excitateur de Hertz présente un amortissement notable.

Pearson et miss Lee ont étudié le problème de la propagation en tenant compte de l'amortissement.

Il suffit, pour cela, de faire entrer dans l'expression de H un facteur exponentiel et de prendre, par exemple :

$$H = \frac{A}{r} e^{-\frac{\partial}{\lambda}(\Omega t - r)} \times \sin \frac{2\pi}{\lambda}(\Omega t - r).$$

Les diagrammes obtenus par Pearson et miss Lee, en faisant le tracé des lignes de flux de $\frac{1}{8}$ en $\frac{1}{8}$ de période, rappellent comme aspect général ceux de Hertz, mais la complexité en est beaucoup plus grande[1].

### 117. Théorème de Poynting. Vecteur radiant.

— Lors du fonctionnement de l'excitateur, il y a mise en jeu d'une certaine quantité d'énergie.

Cette énergie se présente successivement sous la forme électrique et sous la forme magnétique.

Au moment où l'excitateur est chargé, et juste avant que la décharge ne se produise, l'énergie est tout entière électrostatique.

Si $V_0$ est la valeur maximum (amplitude) du potentiel, C la capacité de l'excitateur, cette énergie W est :

$$W = \frac{1}{2} C V_0^2.$$

Pendant la décharge, il se produit dans l'excitateur un courant variable.

Au moment où ce courant atteint sa valeur maxi-

[1] BRILLOUIN, p. 302.

mum, il n'existe plus de différence de potentiel entre les deux moitiés de l'excitateur : l'énergie est tout entière électromagnétique et a pour valeur

$$W = \frac{1}{2} L I_0^2,$$

en désignant par L la self-induction de l'excitateur, et par $I_0$ l'amplitude du courant.

Le jeu de l'excitateur fait naître, en chaque point du milieu, une force électrique et une force magnétique dont les variations sont périodiques.

La quantité d'énergie électrique contenue dans l'*unité de volume* du diélectrique a pour expression :

$$w_e = \frac{K}{8\pi} E^2,$$

en désignant par E la force électrique et par K la constante diélectrique.

La quantité d'énergie magnétique a une expression analogue, et, par *unité de volume*, a pour valeur :

$$w_m = \frac{\mu}{8\pi} H^2,$$

en désignant par H la force magnétique et par $\mu$ la perméabilité du milieu (supposée constante)[1].

A la propagation des flux correspond donc une propagation d'énergie de proche en proche dans le milieu.

A un instant quelconque, l'énergie par unité de

---

[1] La première expression se retrouve aisément en considérant un condensateur plan dont les armatures ont une surface S et comprennent une épaisseur $e$ de diélectrique de constante K. Si les

volume en un point du milieu est égale à la somme de l'énergie électrique et de l'énergie magnétique.

D'ailleurs, l'énergie totale contenue dans un volume donné est la somme des énergies localisées dans chacun des éléments du volume.

Cette quantité d'énergie varie avec le temps.

Poynting a établi une relation importante, qui donne sous une forme simple le *taux de la variation de l'énergie* et permet d'en faire le calcul.

Pour l'obtenir, considérons les systèmes des équa-

armatures sont à une différence de potentiel V, l'énergie emmagasinée dans le condensateur est $\frac{1}{2}$ CV².

Comme $C = \frac{KS}{4\pi e}$, $W = \frac{1}{2} \cdot \frac{KS}{4\pi e} V^2 = \frac{K}{8\pi} \left(\frac{V}{e}\right)^2 (Se)$,

$\frac{V}{e} = E$, champ électrique. Se est le volume du diélectrique.

Si l'on suppose l'énergie *localisée* dans le diélectrique, on voit que l'on a *par unité de volume* $w_e = \frac{K}{8\pi} E^2$.

On retrouve également la seconde en appliquant l'expression $\frac{1}{2}$ LI² de l'énergie électromagnétique mise en jeu dans un circuit à un solénoïde fermé de longueur $l$ et de surface S.

Pour un appareil solénoïde, portant $n$ spires, le coefficient de self-induction a pour valeur $L = \mu \frac{4\pi n^2 S}{l}$, et le champ magnétique $H = \frac{4\pi n I}{l}$.

On a ainsi : $W_m = \frac{1}{2} LI^2 = \frac{1}{2} \frac{\mu}{4\pi} (lS) H^2$,

c'est-à-dire, par *unité de volume*, $w_m = \frac{\mu}{8\pi} H^2$,

(*l*S) représentant le volume du milieu soumis à l'aimantation.

Pour l'établissement général des relations, voir MASCART, t. I, p. 126 et 409.

## RAYONNEMENT DE L'OSCILLATEUR

tions fondamentales de Hertz [(6) et (7) du § 86] :

$$\begin{cases} \dfrac{\mu}{\Omega} \cdot \dfrac{\partial L}{\partial t} = \dfrac{\partial Z}{\partial y} - \dfrac{\partial Y}{\partial z}, \\ \dfrac{\mu}{\Omega} \cdot \dfrac{\partial M}{\partial t} = \dfrac{\partial X}{\partial z} - \dfrac{\partial Z}{\partial x}, \\ \dfrac{\mu}{\Omega} \cdot \dfrac{\partial N}{\partial t} = \dfrac{\partial Y}{\partial x} - \dfrac{\partial X}{\partial y}. \end{cases} \quad (6)$$

$$\begin{cases} \dfrac{K}{\Omega} \cdot \dfrac{\partial X}{\partial t} = \dfrac{\partial M}{\partial z} - \dfrac{\partial N}{\partial y}, \\ \dfrac{K}{\Omega} \cdot \dfrac{\partial Y}{\partial t} = \dfrac{\partial N}{\partial x} - \dfrac{\partial L}{\partial z}, \\ \dfrac{K}{\Omega} \cdot \dfrac{\partial Z}{\partial t} = \dfrac{\partial L}{\partial y} - \dfrac{\partial M}{\partial x}. \end{cases} \quad (7)$$

Multiplions les équations (6) respectivement par L, M, N ; les équations (7) par X, Y, Z, et ajoutons membre à membre.

On obtient :

$$\dfrac{\mu}{\Omega}\left(L\dfrac{\partial L}{\partial t} + M\dfrac{\partial M}{\partial t} + N\dfrac{\partial N}{\partial t}\right)$$
$$+ \dfrac{K}{\Omega}\left(X\dfrac{\partial X}{\partial t} + Y\dfrac{\partial Y}{\partial t} + Z\dfrac{\partial Z}{\partial t}\right)$$
$$= \left(X\dfrac{\partial Y}{\partial x} - M\dfrac{\partial Z}{\partial x} + Y\dfrac{\partial N}{\partial x} - Z\dfrac{\partial M}{\partial x}\right)$$
$$+ \left(L\dfrac{\partial Z}{\partial y} - N\dfrac{\partial X}{\partial y} + Z\dfrac{\partial L}{\partial y} - X\dfrac{\partial N}{\partial y}\right)$$
$$+ \left(M\dfrac{\partial X}{\partial z} - L\dfrac{\partial Y}{\partial z} + X\dfrac{\partial M}{\partial z} - Y\dfrac{\partial L}{\partial z}\right). \quad (22)$$

Mais on a :

$$L\frac{\partial L}{\partial t} + M\frac{\partial M}{\partial t} + N\frac{\partial N}{\partial t} = \frac{1}{2}\frac{\partial}{\partial t}[L^2 + M^2 + N^2]$$
$$= \frac{\partial}{\partial t}\left(\frac{1}{2}H^2\right), \qquad (23)$$

$$X\frac{\partial X}{\partial t} + Y\frac{\partial Y}{\partial t} + Z\frac{\partial Z}{\partial t} = \frac{1}{2}\frac{\partial}{\partial t}[X^2 + Y^2 + Z^2]$$
$$= \frac{\partial}{\partial t}\left(\frac{1}{2}E^2\right).$$

La somme qui figure au premier membre est donc égale à :
$$\frac{1}{\Omega} \cdot \frac{\partial}{\partial t}\left[\frac{KE^2}{2} + \frac{\mu H^2}{2}\right].$$

Ce que l'on peut écrire :
$$\frac{4\pi}{\Omega} \cdot \frac{\partial}{\partial t}\left[\frac{KE^2}{8\pi} + \frac{\mu H^2}{8\pi}\right]. \qquad (24)$$

Et représente la variation pendant le temps $dt$ de la quantité totale d'énergie contenue dans l'unité de volume du diélectrique.

D'autre part, on peut remarquer que :

$$N\frac{\partial Y}{\partial x} - M\frac{\partial Z}{\partial x} + Y\frac{\partial N}{\partial x} - Z\frac{\partial M}{\partial x} = \frac{\partial}{\partial x}[NY - MZ].$$

Pour les autres parenthèses du second membre, on obtient des relations analogues.

De sorte que l'on a :

$$\frac{4\pi}{\Omega} \cdot \frac{\partial}{\partial t}\left[\frac{KE^2}{8\pi} + \frac{\mu H^2}{8\pi}\right] = \frac{\partial}{\partial x}[NY - MZ]$$
$$+ \frac{\partial}{\partial y}[LZ - NX] + \frac{\partial}{\partial z}[MX - LY]. \qquad (25)$$

Si l'on multiplie les deux membres par
$$dv = dx\,dy\,dz$$
et que l'on intègre dans un volume donné, les intégrales du second membre deviennent des intégrales de surface, et il vient :

$$\frac{4\pi}{\Omega} \cdot \frac{\partial}{\partial t} \int \left(\frac{KE^2}{8\pi} + \frac{\mu H^2}{8\pi}\right) dv = \iint (NY - MZ)\,dy\,dz$$
$$+ \iint (LZ - NX)\,dx\,dz + \iint (MX - LY)\,dx\,dy. \quad (26)$$

La première intégrale s'étend au volume du diélectrique, la seconde à la surface qui limite ce volume.

Si l'on désigne par $dS$ un élément de cette surface, $\alpha$, $\beta$, $\gamma$, les cosinus directeurs de la normale à l'élément $dS$, on a :

$$\alpha\,dS = dy\,dz, \quad \beta\,dS = dx\,dz, \quad \gamma\,dS = dx\,dy,$$

c'est-à-dire :

$$\frac{\partial}{\partial t} \cdot \int \left(\frac{KE^2}{8\pi} + \frac{\mu H^2}{8\pi}\right) dv = \frac{\Omega}{4\pi} \iint \big[(NY - MZ)\alpha$$
$$+ (LZ - NX)\beta + (MX - LY)\gamma\big]\,dS. \quad (27)$$

Considérons un vecteur dont les composantes, $p$, $q$, $r$, ont pour valeur :

$$\begin{cases} p = (NY - MZ), \\ q = (LZ - NX), \\ r = (MX - LY), \end{cases} \quad (28)$$

$$\frac{\partial}{\partial t} \int \left(\frac{KE^2}{8\pi} + \frac{\mu H^2}{8\pi}\right) dv = \frac{\Omega}{4\pi} \iint (p\alpha + q\beta + r\gamma)\,dS.$$
$$(29)$$

Et l'intégrale du second membre représente le *flux* du vecteur $p$, $q$, $r$, à travers la surface S qui limite le volume.

Le taux de la variation de l'énergie contenue dans le volume est donc égal au flux du vecteur $p$, $q$, $r$ qu traverse la surface.

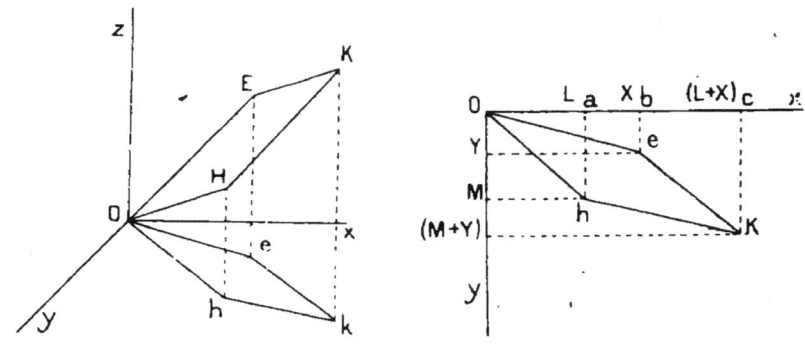

Fig. 138.

Tout se passe comme si, pendant le temps $dt$, une quantité d'énergie $\iint (p\alpha + q\beta + r\gamma)dS$ passait de l'intérieur à l'extérieur de la surface S, c'est-à-dire *rayonnait* de cette surface.

Le vecteur $p$, $q$, $r$ a reçu le nom de *vecteur radiant*.

Les équations (28) montrent que ce vecteur est perpendiculaire à la fois à la force électrique et à la force magnétique, c'est-à-dire est perpendiculaire au plan de ces deux vecteurs.

On a, en effet :
$$pX + qY + rZ = 0,$$
$$pL + qM + rN = 0.$$

Les composantes $p$, $q$, $r$ du vecteur radiant sont d'ailleurs proportionnelles aux projections sur les plans de coordonnées du parallélogramme construit sur les vecteurs X, Y, Z ; L, M, N.

Construisons ce parallélogramme OEKH. Sa projection sur le plan des $xy$ est le parallélogramme $Oekh$.

Or, on a :

Aire $\overline{Oekh}$ = aire triangle $Oah$ + aire trapèze $ahkc$

— aire triangle $obc$ — aire trapèze $bekc$,

c'est-à-dire :

$$\text{Aire } \overline{Oekh} = \frac{1}{2} \text{LM} + \left(\text{MX} + \frac{1}{2} \text{XY}\right) - \frac{1}{2} \text{XY}$$
$$- \left(\text{LY} + \frac{1}{2} \text{LM}\right) = \text{MX} - \text{LY}.$$

Si l'on désigne par $\Phi$ l'angle des vecteurs E et H, on a donc : $\quad \text{EH} \sin \Phi = p\alpha + q\beta + r\gamma.$

Et l'on peut écrire la variation d'énergie sous la forme :

$$\frac{\partial}{\partial t} \int \left(\frac{\text{KE}^2}{8\pi} + \frac{\mu \text{H}^2}{8\pi}\right) dv = \frac{\Omega}{4\pi} \iint \text{EH} \sin \Phi \, dS. \quad (30)$$

Cette expression montre qu'elle est égale (au facteur constant près $\frac{\Omega}{4\pi}$), *à la somme des produits que l'on obtient en multipliant, pour chaque élément de la surface qui limite le volume, la force électrique par la force magnétique et par le sinus de l'angle de ces deux vecteurs.*

**118. Rayonnement d'un excitateur.** — Appliquons à l'excitateur hertzien élémentaire, c'est-à-dire au *doublet*, le calcul de l'énergie rayonnée.

Nous considérerons seulement ce qui se passe à grande distance de l'excitateur et appliquerons le théorème de Poynting à une sphère de rayon $r$ ayant pour centre le centre de l'excitateur.

Pour définir la position d'un point de la sphère, nous prendrons les coordonnées polaires $r$, $\theta$, $\theta$ étant l'angle du rayon vecteur $r$ avec l'axe du *doublet*.

Nous savons qu'en tout point de la sphère considérée, la force magnétique est tangente au parallèle, et la force électrique tangente au méridien.

Les deux vecteurs sont donc perpendiculaires l'un à l'autre, et l'angle $\Phi = 90°$. Ils ont pour valeur commune

$$E = H = \frac{1}{r} \mathfrak{M}_0 \frac{4\pi^2}{\lambda^2} \sin \frac{2\pi}{\lambda} (\Omega t - r) \sin \theta. \quad (31)$$

L'énergie qui *sort* pendant le temps $dt$ d'une zone sphérique comprise entre les angles $\theta$ et $\theta + d\theta$ a pour expression :

$$2\pi r . \sin \theta . r\, d\theta \frac{\Omega}{4\pi} . E . H\, dt.$$

Ou, en remplaçant E et H par leurs valeurs :

$$\Omega \frac{\mathfrak{M}_0^2}{2} \frac{16\pi^4}{\lambda^4} . \sin^2 \frac{2\pi}{\lambda} (\Omega t - r) \sin^3 \theta\, d\theta . dt. \quad (32)$$

Pour obtenir l'énergie rayonnée totale, pendant le temps $dt$, il faut étendre l'intégration à toute la surface de la sphère, c'est-à-dire intégrer de $0$ à $\pi$.

En intégrant ensuite de $0$ à T, on obtiendra l'énergie rayonnée pendant une période.

Si l'on remarque que l'on a :

$$\int_0^\pi \sin^3 \theta \, d\theta = \frac{4}{3},$$

$$\int_0^T \sin^2 \frac{2\pi}{\lambda} (\Omega t - r) \, dt = \frac{T}{2}.$$

On obtient pour expression de la quantité d'énergie rayonnée par période

$$\Omega \frac{\mathcal{M}_0^2}{2} \cdot \frac{16\pi^4}{\lambda^4} \cdot \frac{T}{2} \cdot \frac{4}{3} = \frac{16\pi^4 \mathcal{M}_0^2}{3\lambda^3}. \quad (33)$$

En tenant compte de la relation $\lambda = \Omega T$.

119. **Amortissement de l'excitateur.** — Cette quantité d'énergie qui, pendant une période, rayonne de la sphère considérée, est empruntée à l'excitateur. De sorte que l'excitateur perd peu à peu son énergie, tout comme un corps chaud doué d'un certain pouvoir émissif qui se refroidit à mesure qu'il rayonne.

La dissipation progressive de l'énergie mise en jeu dans l'excitateur fait que l'amplitude des oscillations va en diminuant, ou, en d'autres termes, que ces oscillations s'*amortissent*.

D'ailleurs, l'amortissement n'est pas dû au rayonnement seul.

Du fait même du fonctionnement de l'excitateur, il y a production de phénomènes calorifiques, soit dans l'étincelle, soit dans les conducteurs métalliques qui sont le siège de courants de haute fréquence.

Ces effets calorifiques entraînent une nouvelle dissipation d'énergie qui vient s'ajouter à la première.

Les oscillations périodiques, dont l'excitateur est le siège, sont donc nécessairement *amorties*.

### 120. **Amortissement dû au rayonnement.** —

Le rayonnement par période, c'est-à-dire la quantité d'énergie *perdue* par l'excitateur pendant une période, est :
$$\frac{16\pi^4 \mathfrak{M}_0^2}{3\lambda^3} = 520 \frac{\mathfrak{M}_0^2}{\lambda^3}. \qquad (33)$$

Prenons, comme exemple numérique, l'excitateur à sphères dont il a été question plus haut (§ 89).

Les sphères avaient un rayon de 15 centimètres et se trouvaient chargées à une différence de potentiel estimée par Hertz à 100 U.E.S (3 . 10$^4$ volts).

Pour obtenir la capacité de l'excitateur, on doit considérer les sphères comme formant les armatures d'un condensateur.

La capacité de ce condensateur est le rapport de la charge des sphères à leur différence de potentiel. Comme les sphères sont portées aux potentiels $+$ V et $-$ V, leur charge est $q_0 = c$V, si l'on désigne par $c$ la valeur de la capacité électrostatique de l'une d'elles ($c = 15$ centimètres). Mais leur différence de potentiel est 2V, de sorte que la capacité du condensateur qu'elles constituent, c'est-à-dire de l'excitateur, est :

$$C = \frac{c}{2} = \frac{R}{2} = 7^{cm},5.$$

La formule de Thomson peut donner une valeur *approchée* de la période. Le conducteur rectiligne ayant (de centre en centre) une longueur $2\,l = 100^{cm}$ et un diamètre $d = 0^{cm},5$, on a :

$$L = 4l\left[\mathcal{L}\,\frac{8l}{d} - 1\right] = 1140^{cm},$$

ou, en unités *pratiques* :

$$L = \frac{1}{10^9} \cdot 1140 \text{ henrys},$$

$$C = \frac{1}{9 \cdot 10^{11}} \cdot 7,5 \text{ farads}.$$

Par suite,

$$T = \frac{2\pi}{3 \cdot 10^{10}}\sqrt{1140 \cdot 7,5}.$$

Comme la longueur d'onde $\lambda$ de l'oscillation est :

$$\lambda = \Omega T = 3 \cdot 10^{10} \cdot T,$$

on voit que l'on obtient directement cette longueur d'onde en centimètres par la formule $\lambda = 2\pi\sqrt{LC}$, en exprimant L en unités électromagnétiques et C en unités électrostatiques.

On a ici :

$$\lambda = 2\pi\sqrt{1140 \cdot 7,5} = 580 \text{ centimètres}.$$

La valeur donnée par Hertz pour la $\frac{1}{2}$ longueur d'onde était $4^m,80$. Cette valeur est manifestement erronée[1].

En opérant avec un excitateur identique à celui de Hertz, Sarasin et de la Rive ont trouvé, pour la $\frac{1}{2}$ lon-

---

[1] Poincaré, **1**, p. 157 et 246. Au sujet de l'indécision de la valeur à attribuer à $\lambda$, selon les données de Hertz, voir Fleming, **1**, p. 191, 342 et 345.

gueur d'onde, la valeur de 3 mètres, qui est d'accord avec la théorie et que nous adopterons.

La charge de chacune des sphères étant en valeur absolue :

$$q_0 = cV = RV = 15 \times 100 \text{ unités électrostatiques,}$$

le moment de l'oscillateur est :

$$\mathcal{M}_0 = 2l \times q = 100 \times 1500 = 15 \cdot 10^4.$$

Et la quantité d'énergie rayonnée par période est égale à :

$$520 \cdot \frac{\overline{15}^2 \cdot 10^8}{\overline{600}^3} = 54\,000 \text{ ergs.}$$

L'énergie disponible est :

$$W_0 = \frac{1}{2} \cdot \frac{q_0^2}{C} = RV^2.$$

On a ici :

$$W_0 = 15 \cdot \overline{100}^2 = 15 \cdot 10^4.$$

On voit que cette énergie se trouve entièrement dissipée au bout d'un très petit nombre d'oscillations.

L'expression :

$$\frac{16\pi^4 \mathcal{M}_0^2}{3\lambda^3} = \frac{16\pi^4 \overline{2l \times q_0}^2}{3\lambda^3}$$

de l'énergie rayonnée par période répond aux conditions initiales.

A une époque quelconque $t$, la charge de l'excitateur est $q < q_0$ et l'énergie rayonnée est $\dfrac{16\pi^4 \overline{2l \times q}^2}{3\lambda^3}$ pendant le temps T.

La vitesse de dissipation de l'énergie, c'est-à-dire l'énergie perdue dans l'unité de temps, est donc :

$$\frac{dW}{dt} = \frac{16\pi^4 \overline{2l \times q}^2}{3\lambda^3 T}. \qquad (34)$$

Mais l'énergie que contient encore l'oscillateur au temps $t$ a pour valeur :

$$W = \frac{1}{2} \frac{q^2}{C}.$$

En désignant par C la capacité de l'oscillateur telle que nous l'avons définie plus haut.

On a ainsi :

$$\frac{dW}{dt} = \frac{2 \cdot 16\pi^4 \cdot 4l^2 \cdot CW}{3\lambda^3 T};$$

c'est-à-dire :

$$\frac{dW}{W} = \frac{32\pi^4 \cdot 4l^2 \cdot C}{3\lambda^3 T} dt. \qquad (35)$$

Une intégration immédiate donne :

$$W = e^{-\alpha t} W_0. \qquad (36)$$

En posant : $\quad \alpha = \dfrac{32\pi^4 \cdot 4l^2 \cdot C}{3\lambda^3 T},$

et désignant par $W_0$ l'énergie initiale de l'excitateur.

La quantité $\alpha$ est proportionnelle au décrément des oscillations.

Le décrément $\gamma$ est, par définition, le logarithme népérien du rapport des amplitudes de deux oscillations successives de même sens.

Si l'on désigne par $I_{m+1}$ et $I_m$ les amplitudes de deux oscillations successives, on a donc :

$$\gamma = \mathcal{L}\,\frac{I_m}{I_{m+1}}.$$

Pour obtenir l'expression de l'énergie mise en jeu dans la $m^{ième}$ oscillation, il faut faire $t = (m-1)T$ dans l'expression (36).

On obtient ainsi pour la $m^{ième}$ oscillation :

$$W_m = e^{-\alpha(m-1)T} \times W_0,$$

et pour la $(m+1)^{ième}$ :

$$W_{m+1} = e^{-\alpha m T} \times W_0.$$

Par suite : $\quad \dfrac{W_m}{W_{m+1}} = e^{\alpha T}.$

Mais l'énergie mise en jeu est proportionnelle au carré de l'amplitude de l'oscillation; on a donc :

$$\frac{W_m}{W_{m+1}} = \frac{I_m^2}{I_{m+1}^2}; \qquad (37)$$

c'est-à-dire $\quad \mathcal{L}\dfrac{W_m}{W_{m+1}} = 2\mathcal{L}\,\dfrac{I_m}{I_{m+1}}.$

Mais $\quad \mathcal{L}\dfrac{W_m}{W_{m+1}} = \alpha T.$

Par suite

$$\alpha T = 2\gamma, \quad \text{ou} \quad \gamma = \frac{\alpha T}{2}.$$

En substituant dans l'expression la valeur de $\alpha$, il vient :

$$\gamma = \frac{16\pi^4 \cdot 4l^2 C}{3\lambda^3} = 520\,\frac{4l^2 C}{\lambda^3}, \qquad (38)$$

## RAYONNEMENT DE L'OSCILLATEUR

Pour l'excitateur de Hertz dont il a été question plus haut, on avait :

$$2l = 100^{cm}, \quad C = \frac{R}{2} = 7^{cm},5, \quad \lambda = 600^{cm}.$$

De sorte que :

$$\gamma = \frac{16 \cdot 9\pi \cdot 4 \cdot \overline{100}^2 \cdot 7,5}{3 \cdot \overline{600}^3} = 0,20.$$

Pour avoir l'amortissement total, il faudrait ajouter celui qui provient de la dissipation d'énergie en effets calorifiques dans le circuit. La valeur obtenue est donc une limite inférieure du décrément. Nous avons vu que Bjerknes a trouvé par mesure directe la valeur 0,26 pour le décrément d'un oscillateur identique à celui de Hertz.

# CHAPITRE VII

## LA RÉSONANCE ÉLECTRIQUE

**121. Accord du résonateur.** — Nous avons vu que Hertz se servait, pour explorer le champ de l'excitateur, d'un cercle de cuivre présentant une coupure étroite, et observait les étincelles qui se produisent à la coupure. Pour déceler les nœuds et les ventres, on peut donner au cercle des dimensions quelconques. Toutefois, pour que les phénomènes prennent de la netteté, il convient de donner au cercle des dimensions convenables, et de l'*accorder* avec l'excitateur.

On est conduit à établir un rapprochement entre ce phénomène et les phénomènes de *résonance* qui se produisent en acoustique.

L'expérience montre d'ailleurs que les conditions de la résonance électrique sont assez différentes de celles de la résonance acoustique.

Tandis qu'un résonateur acoustique, une sphère de Helmholtz, par exemple, répond uniquement aux vibrations pour lesquelles il est accordé, un résonateur électrique répond seulement un peu mieux à celles qui correspondent aux siennes propres.

En d'autres termes, la résonance électrique présente en général beaucoup de flou.

Ce flou est dû à l'*amortissement*.

Les ondes émises par l'excitateur sont nécessairement amorties.

Il en est de même des oscillations qui prennent naissance dans le résonateur.

Dans le cas extrême où l'excitateur est fortement amorti et où le résonateur l'est faiblement, nous avons vu que l'effet exercé sur le résonateur est comparable à celui d'un choc, de sorte que le résonateur vibre avec sa période propre quelle que soit la période des ondes émises.

On obtient alors les phénomènes mis en lumière par Sarasin et de la Rive sous le nom de *résonance multiple*.

Mais lorsque l'excitateur est modérément amorti, le résonateur a tendance à vibrer à la fois et avec sa propre période et avec la période de l'excitateur.

Les conditions de l'*accord* sont donc en général complexes et dépendent des valeurs des amortissements des systèmes en présence.

122. **Théorie de Bjerknes**[1]. — Pour préciser cette idée, considérons un excitateur hertzien, c'est-à-dire un excitateur qui est le siège d'oscillations électriques amorties.

Un résonateur placé dans le champ devient aussi le siège d'oscillations périodiques amorties.

---

[1] BJERKNES, **2**, p. 121.

L'équation différentielle d'un mouvement périodique amorti est, en général :

$$\frac{d^2\varphi}{dt^2} + 2\beta \frac{d\varphi}{dt} + (b^2 + \beta^2)\varphi = 0. \quad (1)$$

Ici $V = \varphi(t)$ représente le potentiel variable dans le résonateur.

Si l'on suppose que le résonateur est ébranlé par une cause excitatrice extérieure, on doit, pour en tenir compte, compléter l'équation différentielle par un second membre $F(t)$ et écrire :

$$\frac{d^2\varphi}{dt^2} + 2\beta \frac{d\varphi}{dt} + (b^2 + \beta^2)\varphi = F(t). \quad (2)$$

La cause excitatrice représentée par $F(t)$ est une fonction périodique amortie, puisqu'elle est due à l'excitateur.

On peut donc poser :

$$F(t) = Ae^{-\alpha t} \cos at + Be^{-\alpha t} \sin at.$$

D'ailleurs, le système (résonateur) part du repos ; on a donc pour $t = 0$ :

$$V = \varphi(t) = 0 \quad \text{et} \quad \frac{d\varphi}{dt} = 0.$$

ce qui fixe les conditions aux limites.

Si $\varphi_b$ est une solution particulière de l'équation (1) sans second membre, on obtiendra l'intégrale générale de l'équation (2), qui est une équation différentielle linéaire de deuxième ordre à coefficients constants, en ajoutant à cette solution particulière une solution quelconque $\varphi_a$ de l'équation avec second membre.

L'intégrale générale de l'équation (2) aura donc la forme : $\varphi = \varphi_a + \varphi_b$.

On trouve que $\varphi_a$ et $\varphi_b$ ont pour expressions :

$$\begin{aligned} \varphi_a &= e^{-\alpha t}(A_1 \sin at + A_2 \cos at), \\ \varphi_b &= e^{-\beta t}(B_1 \sin bt + B_2 \cos bt). \end{aligned} \quad (3)$$

Résultat analytique qui peut être interprété physiquement en disant que le mouvement électrique dans le résonateur peut être considéré comme la superposition de deux mouvements :

1° Une vibration *forcée* dont la période et l'amortissement ont pour valeurs la période et l'amortissement de l'excitateur;

2° Une vibration *libre* dont la période et l'amortissement ont pour valeurs la période propre et l'amortissement du résonateur.

Si l'on désigne par :

T la période de l'excitateur,
γ son amortissement,
θ la période du résonateur,
δ son amortissement,

on a :
$$\begin{cases} a = \dfrac{2\pi}{T}, & b = \dfrac{2\pi}{\theta}, \\ \alpha = \dfrac{\gamma}{T}, & \beta = \dfrac{\delta}{\theta}. \end{cases}$$

On pose :
$$m = \frac{a+b}{2}, \quad n = \frac{a-b}{2},$$
$$\mu = \frac{\alpha+\beta}{2}, \quad \nu = \frac{\alpha-\beta}{2},$$

et l'on substitue, dans les relations (3), à $a$, $b$, $\alpha$, $\beta$, leurs valeurs en fonction de $m$, $n$, $\mu$, $\nu$.

En développant les sinus et cosinus de sommes, on voit aisément que l'on peut mettre $\varphi$ sous la forme :

$$\varphi = M \sin(mt + m'). \qquad (4)$$

Relation qui montre que *le mouvement électrique dans le résonateur peut être représenté par une vibration dont la période a pour valeur la moyenne entre la période de l'excitateur et la période propre du résonateur.*

Nous reviendrons ultérieurement sur ce résultat et nous verrons qu'il s'est trouvé confirmé par nombre de mesures directes.

Pour obtenir la valeur de l'amplitude M, *qui est fonction du temps*, on doit remarquer que $n$, $\mu$ et $\nu$ sont, en général, petits vis-à-vis de $m$, et que l'on peut, par suite, négliger $n^2$, $\mu^2$ et $\nu^2$ vis-à-vis de $m^2$. On trouve ainsi :

$$M^2 = \frac{cb^2}{16 m^2 (n^2 + \nu^2)} \left[ T_1 + 2\frac{1+\cos 2a'}{m} T_2 + 2\frac{\sin 2a'}{m} T_3 \right], \qquad (5)$$

où $T_1$, $T_2$ et $T_3$ sont des fonctions qui ont pour expressions :

$$\begin{cases} T_1 = e^{-2\mu t}\left(e^{-2\nu t} + e^{2\nu t} - 2\cos 2nt\right), \\ T_2 = e^{-2\mu t}\left(ne^{2\nu t} - n\cos 2nt - \nu \sin 2nt\right), \\ T_3 = e^{-2\mu t}\left(\nu e^{2\nu t} - \nu \cos 2nt + n \sin 2nt\right). \end{cases} \qquad (6)$$

$cb$ est un paramètre indépendant du temps et fonction

de l'énergie mise en jeu : on peut l'appeler le *facteur d'intensité*.

L'expression de l'amplitude M, qui dépend de la phase $a'$, est en général fort compliquée. Mais on peut se rendre compte de l'allure de la variation en examinant en particulier le cas où $a' = \dfrac{\pi}{2}$. $T_1$ devient alors un carré parfait tandis que $T_2$ et $T_3$ disparaissent, et il vient simplement :

$$M = \pm \frac{ab}{4m\sqrt{n^2 + \nu^2}} e^{-\mu t}\left[\left(e^{-\nu t} - e^{\nu t}\right) \cos nt + \left(e^{-\nu t} + e^{\nu t}\right) \sin nt\right]. \qquad (7)$$

Les courbes que l'on obtient présentent des formes différentes selon les valeurs respectives de $n$ et $\nu$, et peuvent être rapportées à quatre types principaux (fig. 139) :

1° $\qquad\qquad\qquad n = \nu = 0$,

c'est-à-dire : $\qquad a = b \quad \text{ou} \quad T = \theta$,

et $\qquad\qquad\qquad x = \beta$.

L'excitateur et le résonateur ont la même période et le même amortissement.

L'expression de M prend la forme $\dfrac{0}{0}$, mais on fait disparaître l'indétermination en développant en série la fonction $T_1$.

On trouve : $\qquad M = \pm \dfrac{ab}{2m} t e^{-\mu t}, \qquad (8)$

et l'on obtient la courbe 1 qui montre que l'amplitude des oscillations dans le résonateur va d'abord en croissant, atteint un maximum, puis décroît régulièrement (mouvement de l'escarpolette)

2°  $\qquad n = 0, \quad \nu \neq 0.$

L'excitateur et le résonateur ont la même période, mais des amortissements inégaux.

L'équation (7) donne :

$$M = \pm \frac{ab}{4m\nu} e^{-\mu t} \left( e^{-\nu t} - e^{\nu t} \right), \qquad (9)$$

et conduit à une courbe II dont l'allure générale rappelle de la courbe I.

La rapidité de croissance de l'amplitude est régie par l'amortissement le plus fort, mais la décroissance de l'amplitude est régie par l'amortissement le plus faible, et elle est d'autant plus lente que la valeur de cet amortissement (le plus faible) est plus petite.

3°  $\qquad n \neq 0, \quad \nu = 0.$

L'excitateur et le résonateur ont des périodes différentes, mais des amortissements égaux.

L'équation (7) donne :

$$M = \pm \frac{ab}{2mn} e^{-\mu t} \sin nt, \qquad (10)$$

et montre que l'amplitude subit des variations périodiques tout en décroissant selon une loi exponentielle.

La courbe figurative présente alors l'allure III, et le phénomène peut-être rapproché du phénomène acoustique des *battements*.

On a d'ailleurs :

$$n = \frac{1}{2}(a - b) = \pi \left( \frac{1}{T} - \frac{1}{\theta} \right).$$

Les battements présentent donc une période T' telle que : $$\frac{1}{T'} = \frac{1}{T} - \frac{1}{\theta},$$
c'est-à-dire une période d'autant plus grande, ou une fréquence d'autant moindre, que les périodes des circuits diffèrent moins l'une de l'autre.

La théorie élémentaire qui a été donnée au paragraphe 18 trouve ici une application immédiate.

4° Enfin, si l'on a à la fois $n \neq 0$, $\nu \neq 0$, c'est-à-dire dans le cas général où les périodes et les amortissements des circuits en présence sont différents, il se produit aussi des variations périodiques d'amplitude, mais ces variations sont moins marquées que dans le cas précédent. La décroissance peut d'ailleurs être plus ou moins rapide selon la valeur des amortissements (courbe IV).

Les renforcements et affaiblissements périodiques de l'amplitude dans les cas 3° et 4° sont dus aux différences de phase des deux oscillations composantes : oscillation forcée et oscillation libre.

Pour étudier les oscillations qui prennent naissance dans le résonateur, on peut opérer de différentes manières.

On peut, par exemple, observer les étincelles qui se produisent au micromètre : c'est le procédé qu'employait Hertz.

On peut aussi relier les extrémités du micromètre aux quadrants d'un électromètre monté en idiostatique : c'est la disposition de Bjerknes.

Enfin on peut utiliser un procédé thermique, et intercaler dans le résonateur soit un bolomètre, soit un élément thermo-électrique.

Ces divers procédés ne fournissent pas la même quantité.

Par l'observation des étincelles, on évalue le maxi-

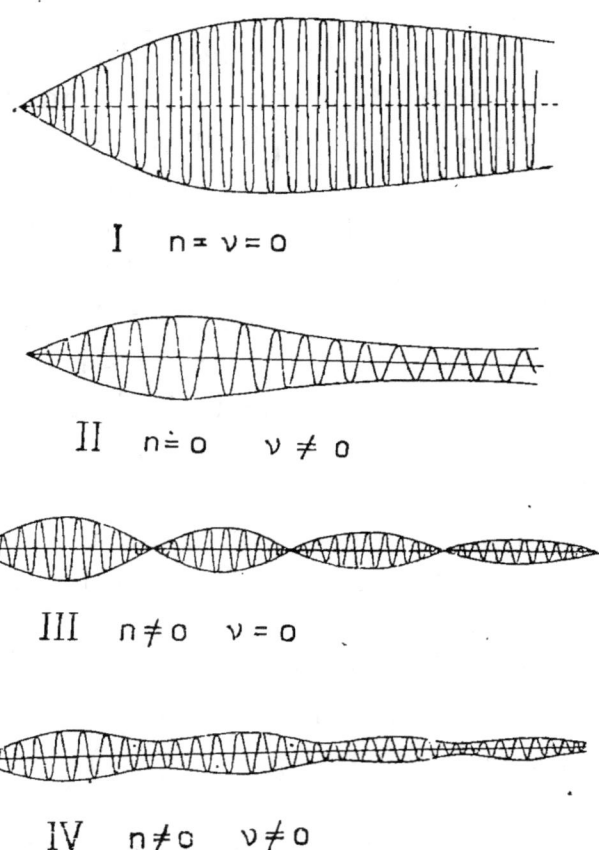

I  $n = \nu = 0$

II  $n = 0 \quad \nu \neq 0$

III  $n \neq 0 \quad \nu = 0$

IV  $n \neq 0 \quad \nu \neq 0$

Fig. 139.

mum de la différence de potentiel entre les boules du micromètre, ou l'*amplitude* du potentiel dans le résonateur.

L'observation électrométrique donne une quantité proportionnelle à l'intégrale $\int V^2 dt$ étendue à toute la durée du train d'oscillations, ou ce que l'on peut appeler l'*effet électrique total*.

Quant aux procédés thermiques, ils fournissent la mesure de la quantité $\int R I^2 dt$ étendue à toute la durée du train, c'est-à-dire une quantité analogue, pour le courant, à celle que donne la mesure électrométrique pour le potentiel : on peut l'appeler l'*effet thermique total*.

Supposons d'abord qu'on emploie l'électromètre.

Les déviations de l'aiguille de l'instrument sont proportionnelles à l'intégrale $\int \varphi^2 dt$ étendue à toute la durée d'une série complète d'oscillations.

D'ailleurs, la durée d'observation la plus courte laissera toujours s'écouler un très grand nombre d'oscillations. On peut donc sans inconvénient adopter $t = \infty$ comme limite supérieure, et considérer l'intégrale :
$$1 = \int_0^\infty \varphi^2 dt.$$

En remplaçant $\varphi$ par sa valeur
$$\varphi = M \sin(mt + m'), \qquad (4)$$
c'est-à-dire :
$$\varphi^2 = \frac{1}{2} M^2 - \frac{1}{2} M^2 \cos 2(mt + m'),$$
il vient :
$$1 = \frac{1}{2} \int_0^\infty M^2 dt - \frac{1}{2} \int_0^\infty M^2 \cos 2(mt + m').$$

La seconde intégrale est nulle, car elle renferme un même nombre d'éléments positifs et négatifs égaux.

Il serait facile de l'établir analytiquement, mais on le voit immédiatement en faisant le tracé de la courbe représentative de la fonction.

Ainsi l'expression $\int_0^x \varphi^2 \, dt$

peut-être remplacée par la suivante :

$$I = \frac{1}{2} \int_0^{2\pi} M^2 \, dt. \quad (11)$$

Quand on observe des effets thermiques, et c'est le cas que nous envisagerons plus particulièrement, on doit substituer dans l'intégrale, au potentiel $\varphi$, l'intensité $i$ du courant.

Pour les effets thermiques, on a donc à considérer l'expression $I' = \int_0^x i^2 \, dt.$

On a d'ailleurs : $i = C \dfrac{d\varphi}{dt},$

en désignant par C la capacité du résonateur[1].

Comme on a supposé $m$ grand par rapport à $n$, $\mu$, $\nu$, on voit que la différentiation donne le membre principal : $i = C \, m \, M \cos(mt + m').$

Si l'on substitue à $i$ cette valeur approchée dans l'intégrale : $I' = \int_0^x i^2 \, dt,$

---

[1] $V = \varphi(t)$ étant la différence de potentiel, on a :
$$q = CV = C\varphi(t),$$
$$i = \frac{dq}{dt} = C \frac{d\varphi}{dt}.$$

on obtient :

$$I' = \frac{1}{2} C^2 m^2 \int_0^\infty M^2 dt.$$

De sorte que, dans le cas des observations thermiques, comme dans celui des observations électrométriques, tout se réduit au calcul de l'expression :

$$\int_0^\infty M^2 dt.$$

On a trouvé :

$$M^2 = \frac{ab^2}{16 m^2 (n^2 + v^2)} f(T_1, T_2, T_3).$$

La valeur de l'intégrale $\int_0^\infty M^2 dt$ s'obtient sans difficultés, car elle ne contient que des exponentielles, ou des exponentielles multipliées par des cosinus.

On trouve ainsi :

$$I = \frac{ab^2 \mu}{32 m^2 (\mu^2 - v^2)(\mu^2 + n^2)} \left[ 1 + \frac{\mu + v}{m} \sin 2\alpha' + \frac{\mu + v}{\mu} - \frac{n}{m} (1 + \cos 2\alpha') \right], \quad (12)$$

ou

$$I = I_1 + I_1 \left[ \frac{\mu + v}{m} \sin 2\alpha' + \frac{\mu + v}{\mu} - \frac{n}{m} (1 + \cos 2\alpha') \right]. \quad (13)$$

Le facteur entre parenthèses reste toujours inférieur à la valeur maximum :

$$\frac{\mu + v}{\mu} \frac{\mu + m}{m} - \frac{n}{m}.$$

Si $n$, $\nu$ et $\mu$ sont suffisamment petits par rapport à $m$, ce facteur est négligeable, et l'on pourra prendre simplement : $\quad I = I_1$.

Nous supposerons que cette condition se trouve réalisée.

*L'effet électrique total* sera alors représenté par l'expression
$$I_1 = \frac{b^2 \mu}{32 m^2 (\mu^2 - \nu^2)(\mu^2 + n^2)}, \qquad (14)$$

qui est la partie principale de l'intégrale I.

En revenant aux variables, $a$, $b$, $\alpha$, $\beta$, il vient :
$$I_1 = \frac{cb^2}{16 m^2} \cdot \frac{\alpha + \beta}{\alpha\beta \left[(\alpha + \beta)^2 + (a - b)^2\right]}. \qquad (15)$$

Et pour *l'effet thermique total* :
$$I' = C^2 \left(\frac{cb}{4}\right)^2 \cdot \frac{\alpha + \beta}{\alpha\beta \left[(\alpha + \beta)^2 + (a - b)^2\right]}. \qquad (16)$$

Si l'on se reporte aux significations de $a$ et $b$ qui désignent les *pulsations* respectives de l'excitateur et du résonateur :
$$a = \frac{2\pi}{T}, \quad b = \frac{2\pi}{\theta}.$$

On voit que l'effet observé au résonateur va en croissant à mesure que les périodes propres des deux circuits se rapprochent l'une de l'autre, et prend une valeur maximum quand elles deviennent égales.

La relation $a = b$, ou $T = \theta$ détermine la condition de *résonance*.

On a alors :
$$I'_0 = C^2 \left(\frac{cb}{4}\right)^2 \frac{1}{\alpha\beta (\alpha + \beta)}. \qquad (17)$$

Pour une petite différence de fréquence $x = (a-b)$ entre l'excitateur et le résonateur, on a un certain effet I'.

$$I' = C^2 \left(\frac{ab}{4}\right)^2 \frac{\alpha + \beta}{\alpha\beta\left[(\alpha+\beta)^2 + x^2\right]}.$$

et
$$\frac{I'_0}{I'} = 1 + \frac{x^2}{(\alpha+\beta)^2}. \qquad (17 \ bis)$$

Le rapport $\dfrac{I'_0}{I'}$ de l'effet obtenu lors de la résonance à l'effet que l'on obtient quand on s'en écarte d'une même valeur $x$ est d'autant plus grand que $(\alpha + \beta)$ est plus petit.

*La résonance est donc d'autant plus marquée que les amortissements de l'excitateur et du résonateur ont des valeurs plus faibles.*

123. **Vérification expérimentale.** — On peut montrer la production des phénomènes de résonance et mettre en lumière l'influence de l'amortissement par l'expérience suivante, dont le principe a été indiqué par Janet[1].

Comme excitateur, on prend un cadre carré en bois (de 70 centimètres de côté, par exemple) qui porte des entretoises d'ébonite sur lesquelles sont enroulés un ou plusieurs tours de conducteur isolé (fig. 140).

Le côté AB porte en $ab$ une coupure munie d'un éclateur que l'on relie aux bornes d'une bobine d'induction. Dans le côté CD, on intercale un condensateur K.

---

[1] JANET, **3**, p. 375.

On constitue ainsi un excitateur analogue à celui dont Blondlot a fait usage dans ses expériences sur la propagation le long des fils.

Un cadre identique MNPQ est disposé à distance parallèlement au premier. Dans l'un des côtés PQ, on intercale en série un condensateur C, de capacité variable, et un appareil thermique $t$ (ampèremètre à fil chaud ou bolomètre).

Le condensateur K ayant reçu une valeur déterminée,

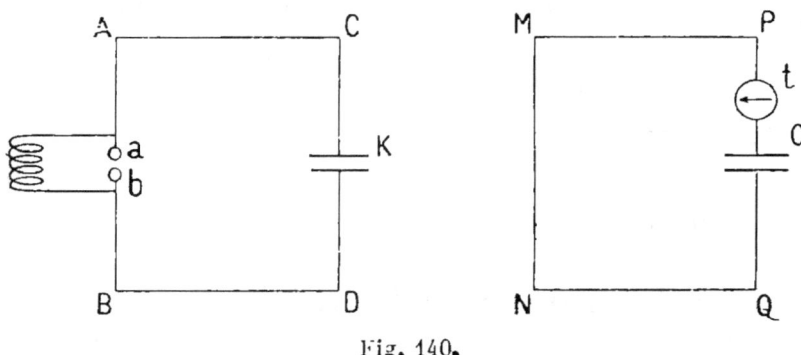

Fig. 140.

on constate que les indications du thermique passent par un maximum pour une certaine valeur $C_1$ de la capacité du condensateur C.

Pour faire varier dans un rapport donné la capacité du condensateur K qui est constitué par des bouteilles de Leyde, on peut employer l'artifice que nous avons déjà indiqué, et associer les bouteilles en cascade après les avoir associées en parallèle.

On voit alors que le maximum des indications du thermique se produit quand on fait varier dans le même rapport la valeur de la capacité C.

Pour modifier les amortissements des circuits ABCD,

ou MNPQ, il suffit d'intercaler dans ces circuits des résistances non-inductives convenables.

On introduit ainsi dans les oscillations le terme exponentiel :
$$e^{-\frac{R}{2L}T}.$$

Or, soit que l'on agisse sur l'excitateur, c'est-à-dire que l'on accroisse $\alpha$, soit que l'on agisse sur le résonateur, c'est-à-dire que l'on accroisse $\beta$, on observe que la résonance est d'autant moins marquée que $\alpha$ et $\beta$ sont plus grands.

124. **Comparaison entre l'effet total et le maximum d'amplitude du potentiel lors de la résonance.** — Nous avons obtenu pour expression de l'effet électrique total :

$$I_1 = \frac{ab^2}{16m^2} \times \frac{\alpha+\beta}{\alpha\beta\left[(\alpha+\beta)^2 + (a-b)^2\right]}. \quad (15)$$

Dans le cas de la résonance, on a : $a = b$, c'est-à-dire $T = 0$ et $\qquad m = \frac{2\pi}{T}.$

Il vient alors :

$$I_1 = \left(\frac{ab}{8\pi}\right)^2 \frac{T^2}{\alpha\beta(\alpha+\beta)}. \quad (18)$$

Et, en introduisant les paramètres $\gamma$ et $\delta$ :

$$I_1 = \left(\frac{ab}{8\pi}\right)^2 \frac{T^5}{\gamma\delta(\gamma+\delta)}. \quad (19)$$

*L'effet électrique total est donc proportionnel à la cinquième puissance de la période.*

L'introduction des mêmes paramètres dans l'expression de l'effet thermique donne l'expression :

$$I'_0 = C^2 \left(\frac{cb}{4}\right)^2 \cdot \frac{T^3}{\gamma \delta (\gamma + \delta)}, \qquad (20)$$

qui montre que : *l'effet thermique est proportionnel au cube de la période*.

Pour obtenir l'expression du maximum de l'amplitude du potentiel dans le cas de la résonance, reportons-nous à l'équation

$$M = \frac{cb}{4m\nu} \cdot e^{-\mu t} \left( e^{-\nu t} - e^{\nu t} \right), \qquad (9)$$

de la courbe II, qui représente les variations de l'amplitude du potentiel du résonateur dans le cas de la résonance quand les amortissements sont différents.

Nous obtiendrons le maximum de la fonction M en cherchant la valeur de $t$ qui annule la dérivée $\dfrac{dM}{dt}$.

Posons : $$M = \frac{cb}{4m\nu} y,$$

$$y = e^{-\mu t}\left(e^{-\nu t} - e^{\nu t}\right) = e^{-(\mu+\nu)t} - e^{-(\mu-\nu)t}.$$

Et en remplaçant $\mu$ et $\nu$ par leurs valeurs en fonction de $\gamma$ et $\delta$ :

$$y = e^{-\frac{\gamma}{T}t} - e^{-\frac{\delta}{T}t}.$$

Le maximum a lieu pour $\dfrac{dy}{dt} = 0$, c'est-à-dire :

$$-\frac{\gamma}{T} e^{-\frac{\gamma}{T}t} + \frac{\delta}{T} e^{-\frac{\delta}{T}t} = 0,$$

ou : $$\gamma e^{-\frac{\gamma}{T}t} = \delta e^{-\frac{\delta}{T}t}.$$

Ce qui donne :
$$\frac{t}{T} = \frac{1}{\gamma - \delta} \mathcal{L}\left(\frac{\gamma}{\delta}\right),$$
Par suite :
$$\gamma \frac{t}{T} = \frac{\gamma}{\gamma - \delta} \mathcal{L}\left(\frac{\gamma}{\delta}\right) = \mathcal{L}\left(\frac{\gamma}{\delta}\right)^{\frac{\gamma}{\gamma-\delta}},$$
$$\delta \frac{t}{T} = \frac{\delta}{\gamma - \delta} \mathcal{L}\left(\frac{\gamma}{\delta}\right) = \mathcal{L}\left(\frac{\gamma}{\delta}\right)^{\frac{\delta}{\gamma-\delta}}.$$

La valeur $y_m$ qui correspond au maximum est donc
$$y_m = e^{-\frac{\gamma}{T}t} - \frac{\gamma}{\delta} e^{-\frac{\gamma}{T}t} = \frac{\delta - \gamma}{\delta} \cdot e^{-\frac{\gamma}{T}t},$$

ou :
$$y_m = \frac{\delta - \gamma}{\delta} \left(\frac{\gamma}{\delta}\right)^{\frac{\gamma}{\delta - \gamma}},$$

car :
$$e^{\mathcal{L}a} = a.$$

D'autre part, $\dfrac{db}{4m\gamma} = \dfrac{db}{4\pi} \cdot \dfrac{T^2}{\gamma - \delta}.$

Le maximum maximorum $M_m$ de l'amplitude est donc donné en valeur absolue par l'expression :
$$M_m = \frac{db}{4\pi} \cdot \frac{T^2}{\delta} \left(\frac{\gamma}{\delta}\right)^{\frac{\gamma}{\delta - \gamma}}, \qquad (21)$$
ou par l'expression évidemment équivalente :
$$M_m = \frac{db}{4\pi} \cdot \frac{T^2}{\gamma} \left(\frac{\delta}{\gamma}\right)^{\frac{\delta}{\gamma - \delta}}.$$

C'est ce maximum d'amplitude du potentiel qu'indique l'observation des étincelles au résonateur.

L'expression obtenue montre *qu'il est proportionnel au carré de la période.*

On voit que les divers effets exercés sur le résonateur sont tous proportionnels à une puissance de la période. Il vont donc en croissant rapidement quand la période augmente.

Pour examiner l'influence de l'amortissement, supposons les amortissement égaux.

Si l'on fait $\gamma = \delta$ dans les expressions obtenues, il vient :

$$I_i = \left(\frac{cb}{8\pi}\right)^2 \cdot \frac{T^5}{2\gamma^3},$$

$$I'_0 = C^2 \left(\frac{cb}{4}\right)^2 \cdot \frac{T^3}{2\gamma^3}, \quad (21)$$

$$M_m = \frac{cb}{4\pi} \cdot \frac{T^2}{\gamma}.$$

L'effet total électrique ou thermique varie en raison inverse du *cube*, tandis que le maximum d'amplitude du potentiel varie en raison inverse de la *simple puissance* du décrément commun.

Ainsi, pour obtenir au résonateur l'effet le plus grand, convient-il de réduire le plus possible la valeur des décréments. *On voit d'ailleurs que le bénéfice réalisé est bien moindre pour l'amplitude que pour l'effet total*[1]

## 125. La courbe de résonance.

Dans l'expression obtenue pour l'effet électrique total dans le cas général, remplaçons $a$, $b$, $\alpha$, $\beta$, par leurs valeurs en fonction de T, $\theta$, $\gamma$, $\delta$.

Il vient :

$$I_t = \left(\frac{cb}{8\pi}\right)^2 \frac{T^3\theta^3(\gamma\theta + \delta T)}{\gamma\delta\left[(\gamma\theta + \delta T)^2 + 4\pi^2(T - \theta)^2\right]}, \quad (23)$$

[1] C. Tissot, **1**, p. 158.

en supposant que dans les limites d'approximation adoptées, on puisse remplacer $m^2$ par $a\,b$, c'est-à-dire écrire :
$$m^2 = ab = \frac{4\pi^2}{T\theta}.$$

Au même degré d'approximation, on peut mettre l'effet thermique sous la forme :

$$\Gamma = C^2 \left(\frac{db}{4}\right)^2 \frac{T^2\theta^2(\gamma\theta + \delta T)}{\gamma\delta\left[(\gamma\theta + \delta T)^2 + 4\pi^2(T - \theta)^2\right]}. \quad (24)$$

Pour obtenir une relation propre à être utilisée en pratique, on cherchera à réduire le nombre des paramètres.

Remarquons d'abord que, dans l'application, quand on a à mettre deux systèmes en résonance, on conserve l'un des systèmes invariable (l'excitateur, par exemple), et l'on fait varier progressivement la période de l'autre (le résonateur) à partir de la valeur $\theta = T$. T et $\gamma$ auront alors des valeurs constantes, et $\theta$ et $\delta$ seront fonctions de la variation de période $(\theta - T)$.

On supposera que cette variation de période est assez faible pour que $(\theta - T)^2$ soit négligeable vis-à-vis de $4T^2$.

Les quantités $db^2$, $\delta$, et $\theta^3$ seront remplacées par leurs développements en fonction de $(\theta - T)$, bornés aux termes du premier degré en $(\theta - T)$.

$$db^2 = db_0^2 + db_1^2 \frac{(\theta - T)}{T},$$

$$\delta = \delta_0 + \delta_1 \frac{(\theta - T)}{T},$$

$$\theta^3 = T^3 + 3T(\theta - T),$$

$db_0$, $db_1$; $\delta_0$, $\delta_1$; T, $T_1$, sont des facteurs constants.

Il est commode d'introduire un paramètre

$$\omega = \frac{\gamma + \delta_0}{2},$$

égal à la moyenne des valeurs des décréments propres de l'excitateur et du résonateur.

On verra que ce paramètre est directement accessible à la mesure.

De même, on posera :

$$\varepsilon = \frac{\gamma + \delta_1}{2};$$

$\varepsilon$ représente la moyenne du décrément du système fixe et de l'accroissement de décrément du système variable.

Il convient d'observer que, tandis que $\omega$ a toujours une valeur positive, $\varepsilon$ peut prendre une valeur positive, nulle, ou négative. On supposera enfin que $\omega$ est assez petit par rapport à $2\pi$ pour que l'on puisse négliger $\omega^2$ vis-à-vis de $(2\pi)^2$.

Avec ces substitutions, l'expression de $I_1$ prend la forme d'une fraction rationnelle.

Le numérateur est du premier degré en $(\theta - T)$ et le dénominateur du second degré en $(\theta - T)$.

(25)
$$I_1 = I_0 \frac{\omega^2 T^2 + \pi^2 S(\theta - T)}{\omega^2 T^2 + \pi^2(\theta - T)^2 + [2\omega\varepsilon T + \varepsilon^2(\theta - T)](\theta - T)}.$$

$I_0$ et $S$ sont des paramètres constants dont la signification apparaîtra plus loin.

Une simplification importante peut encore être apportée à cette expression.

On peut remarquer que le terme du dénominateur
$$[2\omega\varepsilon T + \varepsilon^2(\theta - T)](\theta - T)$$
est d'un ordre de grandeur inférieur à celui des autres termes.

On a supposé en effet que $(\theta - T)^2$ est négligeable vis-à-vis de $T^2$.

D'autre part, $\varepsilon$ est toujours plus petit que $\omega$.

En négligeant ce terme (ce qui revient, en pratique, à négliger la variation du décrément), on obtiendra une première approximation. Il vient alors simplement :

$$I_1 = I_0 \frac{\omega^2 T^2 + \pi^2 S(\theta - T)}{\omega^2 T^2 + \pi^2(\theta - T)^2}, \qquad (26)$$

et à ce degré d'approximation, l'expression de l'effet thermique I' a la même forme.

Supposons que l'on observe les effets produits dans le résonateur à l'aide d'un instrument dont les déviations $y$ sont proportionnelles à $I_1$ (un bolomètre, par exemple).

En désignant par Y la valeur de $y$ qui correspond à $I_0$, on aura :

$$y = Y \frac{\omega^2 T^2 + \pi^2 S(\theta - T)}{\omega^2 T^2 + \pi^2(\theta - T)^2}. \qquad (27)$$

Si l'on porte en abscisses les périodes $\theta$ du système variable (le résonateur dans l'hypothèse), et en ordonnées les déviations $y$, on obtient une courbe remarquable $y = f(\theta)$ que Bjerknes a nommée *courbe de résonance* (fig. 141).

En chassant le dénominateur, on met aisément l'équation sous la forme :

$$\theta^2 y - A\theta y - B\theta + Cy + D = 0,$$

qui montre que la courbe de résonance est une courbe algébrique du troisième degré.

Cette courbe est une cubique unicursale dont le point double est à l'infini, et qui admet l'axe des $x$ (des $\theta$) pour asymptote.

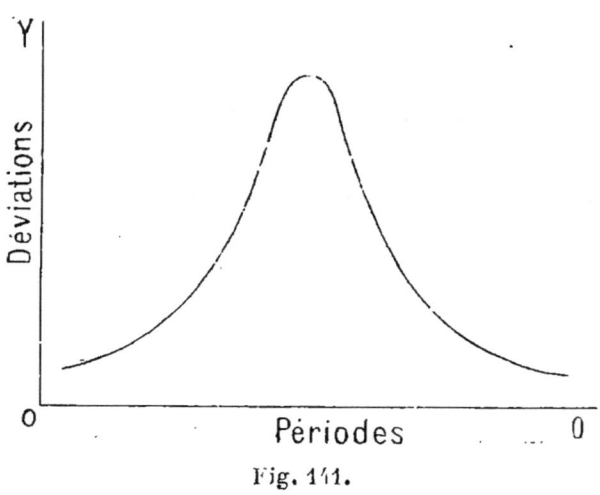

Fig. 141.

L'équation de la courbe peut s'écrire en ordonnant par rapport aux puissances de $(\theta - T)$ :

$$\pi^2 y (\theta - T)^2 - \pi^2 SY (\theta - T) + \omega^2 T^2 (y - Y) = 0.$$

Le point
$$\theta = T$$
$$y = Y$$

appartient à la courbe.

Il se trouve dans le voisinage du maximum, mais ne coïncide pas en général avec lui.

Bjerknes lui a donné le nom de *point d'isochronisme*.

La substitution $y = Y$ dans l'équation donne la relation :

$$(\theta - T) = S,$$

qui montre que S représente la longueur de la corde horizontale qui passe par le point d'isochronisme.

Le paramètre S a donc une valeur d'autant plus faible que le point d'isochronisme se rapproche davantage du maximum.

Une corde quelconque parallèle à l'axe des θ coupe la courbe en deux points $m$ et $n$ dont les abcisses sont $θ_1$ et $θ_2$.

$(θ_1 — T)$ et $(θ_2 — T)$ sont racines de l'équation :

$$\pi^2 y (\theta — T)^2 — \pi^2 SY (\theta — T) + \omega^2 T^2 (y — Y) = 0.$$

Et l'on a les relations suivantes entre les coefficients et les racines :

$$\begin{cases} (θ_1 — T) + (θ_2 — T) = S \dfrac{Y}{y}, \\ (θ_1 — T)(θ_2 — T) = \dfrac{\omega^2 T^2 (y — Y)}{\pi^2 y}. \end{cases}$$

La quantité

$$\frac{1}{2}[(θ_1 — T) + (θ_2 — T)] \quad \text{ou} \quad \frac{θ_1 + θ_2}{2} — T$$

représente la distance entre le milieu de la corde $mn$ et la droite $θ = T$ qui est l'ordonnée du *point d'isochronisme*.

Si l'on désigne cette distance par $x$, on a :

$$xy — \frac{SY}{2} = \text{Constante}.$$

*Ainsi, le diamètre des cordes parallèles à l'axe des θ est une hyperbole équilatère.*

Cette hyperbole admet pour asymptotes l'axe des θ et la droite $x = 0$, ou $θ = T$ (fig. 142).

La corde *mn* rencontre l'asymptote de l'hyperbole en un point *p*. Ce point *p* divise la corde en deux segments :

$$\overline{mp} = (\theta_1 - T) = a,$$
$$\overline{pn} = (\theta_2 - T) = b.$$

en valeur absolue.

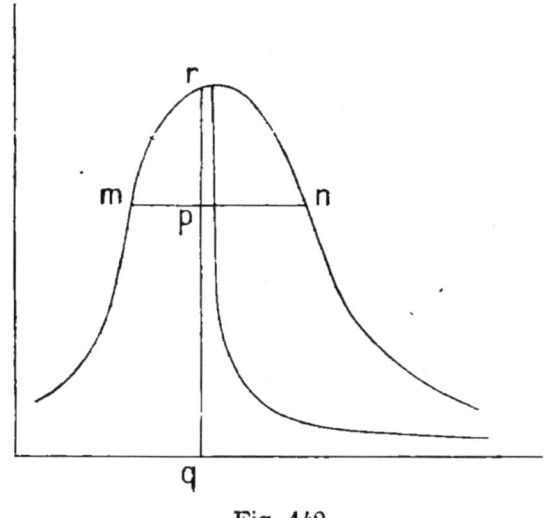

Fig. 142.

Elle divise aussi l'ordonnée du point d'isochronisme en deux segments :

$$\overline{pq} = y = c,$$
$$\overline{pr} = (Y - y) = d.$$

La relation :

$$(\theta_1 - T)(\theta_2 - T) = \frac{\omega^2 T^2 (y - Y)}{\pi^2 y}$$

montre que l'on a :

$$\omega^2 = \frac{abc}{d} \cdot \frac{\pi^2}{T^2},$$

c'est-à-dire :

$$\omega = \frac{\gamma+\delta}{2} = \frac{\pi}{T}\sqrt{\frac{abc}{d}}. \qquad (28)$$

Le tracé graphique d'une courbe de résonance, déterminée expérimentalement par points, permet donc de déterminer et la période inconnue d'un excitateur, et la moyenne des décréments de l'excitateur et du résonateur.

**126. Détermination des décréments par la courbe de résonance.** — La courbe de résonance fournit simplement la moyenne $\omega = \dfrac{\gamma+\delta}{2}$ des deux décréments.

Il est néanmoins possible d'obtenir séparément les valeurs de $\gamma$ et de $\delta$ par une seconde détermination expérimentale.

Supposons que l'on modifie seulement l'un des deux décréments, celui du résonateur $\delta$, par exemple, en lui donnant une valeur $\delta'$.

Le tracé d'une nouvelle courbe de résonance avec le résonateur modifié fournira une valeur de $\omega' = \dfrac{\gamma+\delta'}{2}$.

La courbe qui a été obtenue avec la valeur $\delta$ a donné :

$$\omega = \frac{\gamma+\delta}{2}.$$

Pour obtenir une troisième relation entre $\gamma$, $\delta$ et $\delta'$, considérons l'expression obtenue pour l'effet thermique dans les systèmes en résonance :

$$I_0 = C^2 \left(\frac{\mathcal{C}}{4}\right)^2 \frac{T^3}{\gamma\delta(\gamma+\delta)}. \qquad (20)$$

Elle donne la relation :
$$I_0 \gamma \delta (\gamma + \delta) = \text{constante.} \qquad (29)$$

D'ailleurs, si l'on considère la déviation $Y_0$ qui correspond à la résonance, cette déviation est proportionnelle à $I_0$, de sorte que l'on a :
$$Y_0 \gamma \delta (\gamma + \delta) = \text{Constante.}$$

Pour faire usage de cette relation, on doit supposer que l'on opère les déterminations de $\omega$ et de $\omega'$ en conservant une valeur parfaitement constante à l'énergie mise en jeu dans l'excitateur, de manière à ce que le *facteur d'intensité* $I_0$ demeure le même dans les deux séries de mesures.

On observera les déviations maxima $Y_0$ et $Y'_0$ ou, mieux, on relèvera les ordonnées maxima des deux courbes de résonance. On aura alors :
$$Y_0 \gamma \delta (\gamma + \delta) = Y'_0 \gamma \delta' (\gamma + \delta'). \qquad (30)$$

La modification de $\delta$ en $\delta'$ entraîne à la vérité un changement dans la période.

Bjerknes a donné l'expression de la correction $\Delta Y'_0$, qu'il faut apporter à $Y'_0$ quand la période $T'$ de résonance obtenue avec le résonateur $\delta'$ diffère de $T$.

On a :
$$\Delta Y'_0 = -3 \frac{T' - T}{T}.$$

Cette correction est négligeable en général. D'ailleurs, les déterminations ne sont valables que lorsque le changement de période est peu important.

Ainsi, on a en définitive les trois relations suivantes pour déterminer les décréments :
$$\begin{cases} \gamma + \delta = 2\omega, \\ \gamma + \delta' = 2\omega', \\ Y_0 \gamma \delta (\gamma + \delta) = Y'_0 \gamma \delta' (\gamma + \delta'). \end{cases} \qquad (31)$$

Ces relations fournissent les valeurs :

$$\begin{cases} \gamma = 2\,\dfrac{Y_0\omega^2 - Y'_0\omega'^2}{Y_0\omega - Y'_0\omega'}, \\[2mm] \delta = 2Y'_0\omega'\,\dfrac{\omega' - \omega}{Y_0\omega - Y'_0\omega'}, \\[2mm] \delta' = 2Y_0\omega\,\dfrac{\omega' - \omega}{Y_0\omega - Y'_0\omega'}\,{}^1. \end{cases} \qquad (32)$$

**127. Conditions d'application des relations.**
— Dans l'établissement des relations de Bjerknes, on a fait certaines hypothèses sur l'ordre de grandeur relatif des différents facteurs.

Ces hypothèses peuvent se traduire de la manière suivante :

1° On suppose qu'il n'y a pas de *réaction* sensible du résonateur sur l'excitateur. Cela revient à supposer négligeable le coefficient d'induction mutuelle entre le circuit excitateur et le circuit résonateur.

2° On suppose que les périodes diffèrent peu, et que les amortissements sont relativement faibles.

Ce sont ces dernières conditions que l'on a introduit dans les développements, en considérant comme négligeables :

$\omega^2$ vis-à-vis de $4\pi^2$.

$(\theta - T)^2$ vis-à-vis de $4T^2$.

Il importe de voir de quelle manière elles se traduisent numériquement. Bjerknes a tracé une série de courbes de résonance pour des valeurs de $\omega$ variant de $\omega = 0.1$ à $\omega = 2$.

---

[1] Pour le détail des opérations de mesures, voir C. Tissot, **1**, p. 126 et 132.

Pour ces courbes, la variation de période s'étend de
$\theta = 0,8\,T$ à $\theta = 1,2\,T$, et le rapport $\dfrac{(\theta - T)^2}{4T^2}$
demeure donc inférieur à $\dfrac{1}{100}$.

On voit que pour $\omega = 2$, la courbe n'accuse plus de

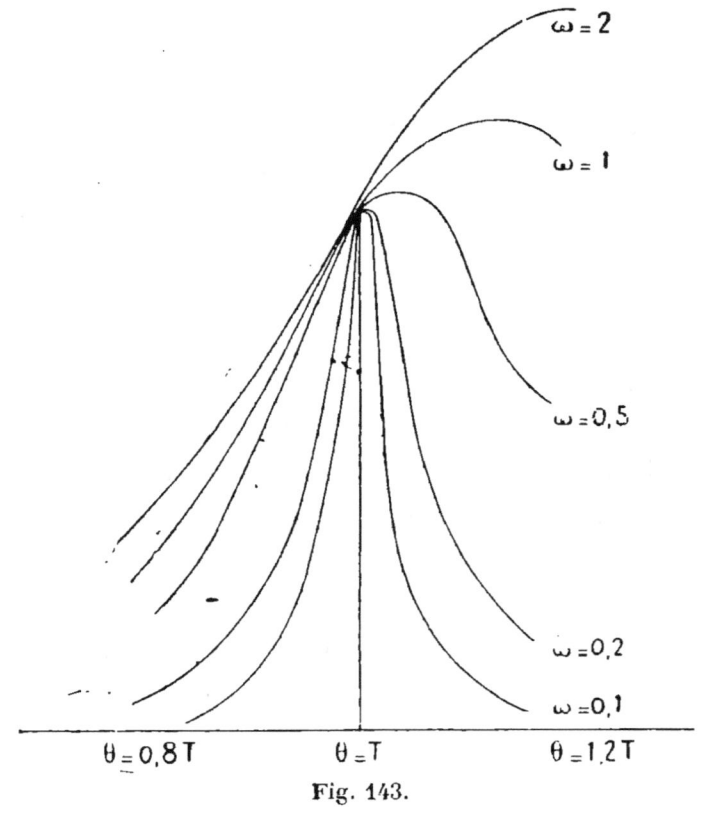

Fig. 143.

maximum net, de sorte que le phénomène capital de la résonance paraît disparaître complètement.

La valeur de $\left(\dfrac{\omega}{2\pi}\right)^2$ est alors égale à environ $\dfrac{1}{10}$.

Pour $\omega = 1$, on a : $\left(\dfrac{\omega}{2\pi}\right)^2 = \dfrac{1}{40}$.

Le maximum de la courbe est encore éloigné du point d'isochronisme de plus de 10 o/o. La résonance, bien que facile à reconnaître, est peu marquée.

Pour des valeurs décroissantes de $\omega$, la résonance devient de plus en plus nette, et l'approximation donnée par les relations augmente rapidement.

En somme, on doit conclure que l'application de la méthode est légitime et que l'approximation fournie pour la détermination des décréments est suffisante *lorsque la valeur moyenne des décréments est inférieure à* 1.

128. **Autres formes de la courbe de résonance.** — Brillouin[1] a donné à l'expression de l'effet électrique total, ou de l'effet thermique, une forme intéressante par un choix convenable des variables.

Considérons, par exemple, l'effet thermique

$$I' = C^2 \left(\frac{cb}{4}\right)^2 \times \frac{\alpha + \beta}{\alpha\beta\left[(\alpha+\beta)^2 + (a-b)^2\right]}, \quad (16)$$

et posons :

$$a - b = x, \qquad \frac{1}{I'} = y, \qquad C^2\left(\frac{cb}{4}\right)^2 = A^2.$$

Il vient :

$$y = \frac{1}{A^2} \frac{\alpha\beta\left[(\alpha+\beta)^2 + x^2\right]}{\alpha+\beta}; \quad (33)$$

c'est-à-dire :

$$\alpha\beta x^2 - A^2(\alpha+\beta)y + \alpha\beta(\alpha+\beta)^2 = 0.$$

Si l'on porte en abcisses les $x$, c'est-à-dire les diffé-

---
[1] Brillouin, *Cours du Collège de France.*
[2] Voir C. Tissot, **6**, p. 319.

rences de fréquence, et en ordonnées les $y$, c'est-à-dire les inverses des indications du bolomètre, l'équation représente une *parabole* d'axe vertical (fig. 144).

Le sommet correspond à $x = 0$, c'est-à-dire à $a = b$ ou $\theta = T$.

Si, au lieu de porter en abcisses $x = a - b$, on

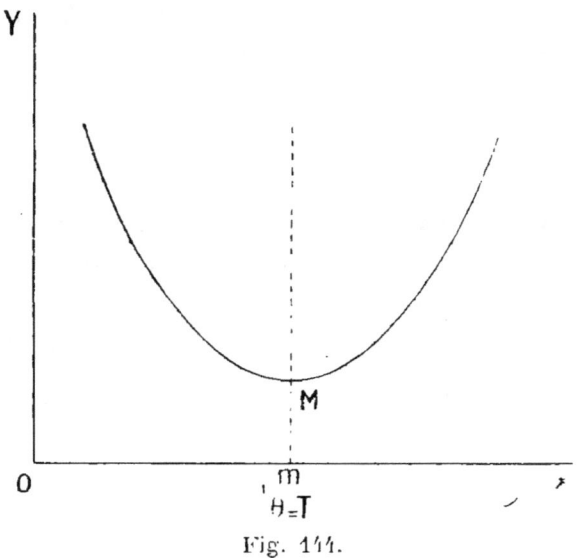

Fig. 144.

porte en abcisses les fréquences variables $b = \dfrac{2\pi}{\theta}$, on voit que l'abcisse du sommet donne la fréquence.

En rapportant la parabole à l'axe et à la tangente au sommet, son équation prend la forme :

$$x_1^2 = A^2 \frac{\alpha + \beta}{\alpha \beta} y_1.$$

Le *paramètre* a donc pour valeur :

$$2p = A^2 \frac{\alpha + \beta}{\alpha \beta}.$$

D'autre part, l'ordonnée du sommet $\overline{Mm} = h$ a pour valeur :

$$h = \frac{1}{A^2} \alpha\beta(\alpha + \beta).$$

On a ainsi :     $2ph = (\alpha + \beta)^2,$
ou :     $\alpha + \beta = \sqrt{2ph}.$

Le tracé graphique de la parabole permettra de mesurer $p$ et $h$ et d'obtenir par suite la somme des deux amortissements. Pour avoir séparément chacun des amortissements, on peut procéder comme il a été indiqué plus haut et tracer une seconde courbe après avoir modifié l'un des amortissements. On donne par exemple à $\beta$ la valeur $\beta'$.

La seconde parabole ayant un *paramètre* $p'$ et une ordonnée au sommet égale à $h'$, on a :

$$2p'h' = (\alpha + \beta')^2.$$

Si d'ailleurs on fait en sorte que le facteur A ait conservé la même valeur dans les deux séries d'expériences, on a :

$$\frac{p'}{p} = \frac{\alpha + \beta'}{\alpha + \beta} \cdot \frac{\beta}{\beta'},$$

ce qui donne trois relations pour déterminer les trois quantités $\alpha$, $\beta$, et $\beta'$.

Le tracé obtenu suppose essentiellement que la variation de période n'entraîne ni une variation du facteur d'intensité, c'est-à-dire de la quantité $A^2$, ni une modification de l'amortissement $\beta$ du résonateur.

S'il en est autrement (en supposant toutefois ces variations faibles), il faudrait remplacer $A^2$ par $A^2 + A'x$, et $\beta$ par $\beta + \beta'x$.

On retrouve alors une équation du même genre, à

laquelle on peut donner la forme parabolique en ne conservant que les quantités que l'observation peut atteindre.

L'ordonnée minimum de la parabole et le paramètre conservent les mêmes significations.

Mais l'axe de la parabole est incliné sur l'axe des $y$, et cela d'autant plus que la variation de $A^2$, ou la réaction sur la source est plus grande.

D'ailleurs, ni l'abcisse du minimum, ni le point de rencontre de l'axe de la parabole avec l'axe des $x$ ne fournissent plus la fréquence de résonance. La seule manière de l'obtenir exactement est donc de s'arranger de manière à ce que $\beta'$ soit petit.

L'inclinaison de l'axe de la parabole correspond à la *dissymétrie* que présente la cubique de Bjerknes, dissymétrie qui se traduit par le fait que le diamètre des cordes parallèles à l'axe des $x$ est une hyperbole et non une droite.

Lorsque les amortissements sont assez faibles pour que l'on puisse confondre la branche d'hyperbole avec son asymptote parallèle aux $y$, le tracé peut être simplifié.

Le rapport $\dfrac{I'_0}{I'}$ de l'effet produit à la résonance à l'effet produit, lorsqu'on s'en écarte d'une petite quantité $x = (a-b)$, a pour expression (17 *bis*, § 122) :

$$\frac{I'_0}{I'} = 1 + \frac{x^2}{(\alpha+\beta)^2},$$

ce qui donne [1] :

$$\alpha + \beta = x\sqrt{\frac{I'}{I'_0 - I'}}. \qquad (34)$$

[1] $I'_0$ et $I'$, qui représentent des quantités d'énergie mises en jeu, sont proportionnelles aux indications d'un bolomètre, ou aux *carrés* des indications d'un ampèremètre thermique, intercalés dans le résonateur.

Posons $\dfrac{I'}{I'_0} = y$, et remplaçons $x$ par sa valeur en fonction des périodes T et $\theta$, $\alpha$ et $\beta$ par leurs valeurs $\dfrac{\gamma}{T}$ et $\dfrac{\delta}{\theta}$, en fonction des décréments,
il vient :

$$\frac{\gamma}{T} + \frac{\delta}{\theta} = 2\pi \left( \frac{1}{T} - \frac{1}{\theta} \right) \sqrt{\frac{y}{1-y}},$$

c'est-à-dire :

$$(\gamma + \delta) + \gamma \frac{\theta - T}{T} = 2\pi \left( \frac{\theta}{T} - 1 \right) \sqrt{\frac{y}{1-y}}.$$

Et si la variation de période est assez faible, le terme $\gamma \dfrac{\theta - T}{T}$ sera négligeable, et l'on aura simplement :

$$(\gamma + \delta) = 2\pi \left( \frac{\theta}{T} - 1 \right) \sqrt{\frac{y}{1-y}}. \quad (35)$$

La courbe que l'on obtient en portant les valeurs de $\dfrac{\theta}{T}$ en abcisses et les valeurs de $y$ en ordonnées présente une forme analogue à la cubique que nous avons étudiée plus haut, mais elle est symétrique par rapport au diamètre rectiligne vertical dont l'abcisse est $\dfrac{\theta}{T} = 1$ (fig. 145).

Si l'on trace une corde quelconque AB qui coupe en M le diamètre vertical, on a :

$$\overline{am} = \frac{\overline{ab}}{2} = 1 - \frac{\theta}{T},$$

et :
$$(\gamma+\delta) = 2\pi \cdot \overline{am}\sqrt{\frac{y}{1-y}}. \qquad (36)$$

Posons :
$$\overline{am} = 1 - \frac{\theta}{T} = x;$$

c'est-à-dire, désignons par $x$ la différence entre

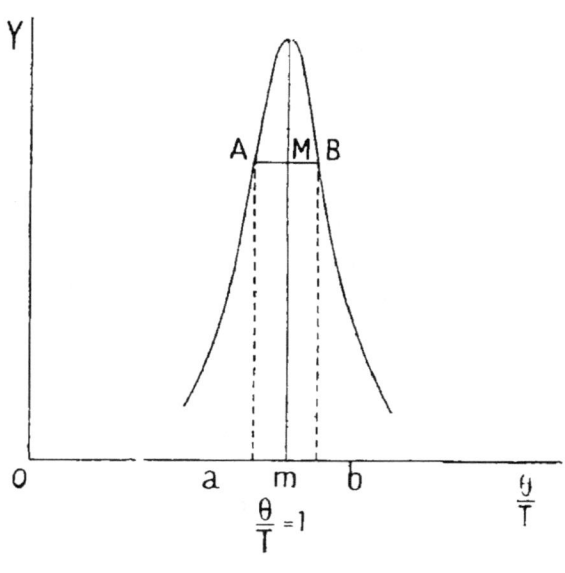

Fig. 145.

l'abcisse d'un point $\frac{\theta}{T}$ de la courbe et l'abcisse du point de résonance.

De (36), on tire :

$$y = \frac{1}{1 + \left(\frac{2\pi}{\gamma+\delta}\right)^2 x^2}. \qquad (37)$$

Le rayon de courbure de la courbe au point de résonance est donné par l'expression :

$$\rho = \frac{\left\{1 + \left(\dfrac{dy}{dx}\right)^2\right\}^{\frac{3}{2}}}{\dfrac{d^2y}{dx^2}}, \quad \text{pour} \quad x = 0.$$

Si l'on pose :
$$\frac{2\pi}{\gamma + \delta} = a,$$

l'équation de la courbe prend la forme :

$$y = \frac{1}{1 + a^2 x^2},$$

et l'on a :

$$\frac{dy}{dx} = -\frac{2a^2 x}{(1 + a^2 x^2)^2}, \quad \frac{d^2y}{dx^2} = 2a^2 \cdot \frac{4a^2 x^2 - 1}{(1 + a^2 x^2)^2},$$

$$1 + \left(\frac{dy}{dx}\right)^2 = 1 + \frac{4a^4 x^2}{(1 + a^2 x^2)^4},$$

et :
$$\rho_{x=0} = \frac{1}{2a^2} = \frac{1}{2}\left(\frac{\gamma + \delta}{2\pi}\right)^2. \qquad (38)$$

Le rayon de courbure dépend uniquement de la somme des décréments, et il est d'autant plus petit que ces décréments sont plus faibles. D'ailleurs, plus il est petit et plus la courbe est pointue, c'est-à-dire plus la résonance est marquée. Aussi peut-il servir à caractériser *l'acuité de la résonance*[1].

Les divers tracés que nous venons de donner sont d'un usage constant dans la détermination des périodes

---

[1] ZENNECK, p. 572.

et des amortissements des systèmes utilisés en télégraphie sans fil, et nous en trouverons ultérieurement d'importantes applications.

129. **Résonance dans le cas de systèmes couplés.** — Nous avons supposé jusqu'ici que le résonateur n'exerçait sur la source (excitateur) qu'une réaction *nulle* ou tout au moins *très faible*. Cette réaction existe cependant toujours, puisque quand le résonateur est en résonance, il draine nécessairement à son profit une portion de l'énergie de la source.

Lorsque le coefficient d'induction mutuelle entre les circuits en présence n'est plus négligeable, les phénomènes deviennent plus complexes.

C'est ce qui se produit quand le résonateur est placé dans le voisinage immédiat de l'excitateur, ainsi que dans le cas important où l'on emploie les oscillations mises en jeu dans un circuit *primaire* à provoquer par induction des oscillations dans un circuit *secondaire*.

Tel est, par exemple, le cas qui se présente dans le dispositif de Blondlot.

Tel est aussi celui des *dispositifs de Tesla,* qui sont constitués, en principe, par un transformateur sans fer dont le primaire est excité par un circuit de décharge oscillatoire.

De pareils systèmes sont dits *systèmes couplés.*

La théorie générale en a été donnée par Oberbeck[1], puis d'une manière plus complète par Wien[2] et Drude[3].

---

[1] Oberbeck, p. 623.
[2] Wien, **1**, p. 696 et **2**, p. 871.
[3] Drude, **2**, p. 512.

Les deux systèmes en présence peuvent être constitués, soit par un excitateur et un résonateur, soit par deux circuits de décharge inductifs possédant chacun une capacité et une self-induction propres.

Nous considérerons en particulier le cas où ces circuits de décharge sont tous deux *fermés,* et où la capacité se trouve concentrée en un point des circuits. (Ce sera, par exemple, le cas d'un Tesla.)

Le circuit primaire est constitué par un oscillateur

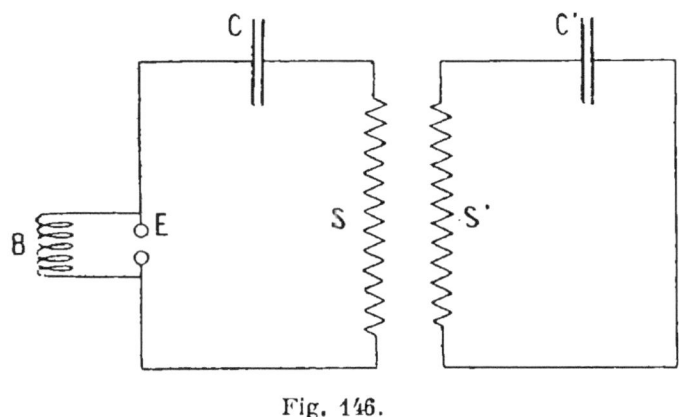

Fig. 146.

comprenant une self-induction S de valeur L, une capacité C et un éclateur E relié aux bornes d'une bobine d'induction.

Le circuit secondaire est constitué de même par une self-induction S' de valeur L' et une capacité C' (fig. 146).

Désignons par M le coefficient d'induction mutuelle des circuits et supposons d'abord que leurs résistances sont négligeables.

Si V et V' sont les différences de potentiel instantanées, I et I' les valeurs instantanées des courants respectifs au temps $t$ dans chacun des circuits, on doit satisfaire au système d'équations différentielles simultanées :

$$\begin{cases} L\dfrac{dI}{dt} + M\dfrac{dI'}{dt} + V = 0, \\ L'\dfrac{dI'}{dt} + M\dfrac{dI}{dt} + V' = 0, \end{cases} \quad (39)$$

avec :
$$I = C\dfrac{dV}{dt},$$
$$I' = C'\dfrac{dV'}{dt}.$$

La substitution à $I$ et $I'$ de leurs valeurs en fonction de $V$ et $V'$ donne :

$$\begin{cases} LC\dfrac{d^2V}{dt^2} + MC'\dfrac{d^2V'}{dt^2} + V = 0, \\ L'C'\dfrac{d^2V'}{dt^2} + MC\dfrac{d^2V}{dt^2} + V' = 0, \end{cases} \quad (40)$$

système qui admet les solutions :

$$V = e^{\lambda t}, \quad V' = A e^{\lambda t}.$$

La substitution à $V$ et $V'$ de ces valeurs, et l'élimination de la constante arbitraire $A$, conduit à une équation bi-carrée en $\dfrac{1}{\lambda}$ :

$$\dfrac{1}{\lambda^4} + (LC + L'C')\dfrac{1}{\lambda^2} + CC'(LL' - M^2) = 0.$$

D'ailleurs, le potentiel devant être une fonction périodique du temps, $\lambda$ est une imaginaire.

Comme les circuits oscillatoires sont *fermés*, la partie

principale de l'amortissement provient de la dissipation d'énergie en effets calorifiques.

D'ailleurs, nous avons supposé que les résistances sont négligeables ; il en sera de même des amortissements.

Les quatre racines en $\dfrac{1}{\lambda}$ seront alors des imaginaires simples conjuguées, de la forme

$$\begin{cases} \dfrac{1}{\lambda_1} = +\dfrac{1}{i\rho}, & \dfrac{1}{\lambda_3} = +\dfrac{1}{i\rho'} \\ \dfrac{1}{\lambda_2} = -\dfrac{1}{i\rho}, & \dfrac{1}{\lambda_4} = -\dfrac{1}{i\rho'} \end{cases} \quad (i = \sqrt{-1}).$$

Les quantités $\dfrac{1}{\rho}$, $\dfrac{1}{\rho'}$ représentent évidemment des *durées* : elles sont proportionnelles aux périodes des fonctions $V$ et $V'$.

Si l'on considère en particulier le cas où les périodes propres des circuits sont égales (ce que nous pouvons appeler cas de *résonance*),

$$T = 2\pi \sqrt{LC} = T' = 2\pi \sqrt{L'C'},$$

et que l'on pose :

$$\theta = \dfrac{2\pi}{\rho}, \quad \theta' = \dfrac{2\pi}{\rho'} ;$$

en substituant à $C$ et $C'$ leurs valeurs en fonction de $T$ et $T'$,

$$C = \dfrac{T^2}{4\pi^2 L}, \quad C' = \dfrac{T'^2}{4\pi^2 L'},$$

l'équation bi-carrée donne :

$$\dfrac{1}{\lambda^2} = -\dfrac{T^2}{4\pi^2} \pm \dfrac{M}{\sqrt{LL'}} \cdot \dfrac{T^2}{4\pi^2},$$

c'est-à-dire :

$$\begin{cases} \theta^2 = T^2 \left(1 + \dfrac{M}{\sqrt{LL'}}\right), \\ \theta'^2 = T^2 \left(1 - \dfrac{M}{\sqrt{LL'}}\right), \end{cases} \quad (41)$$

Ce qui montre que, même dans le cas où les circuits présentent la même période propre, il se produit dans le secondaire, par le fait de la réaction des circuits, deux oscillations de *périodes différentes* $\theta$ et $\theta'$, l'une plus grande, l'autre plus petite que la période propre commune aux deux circuits séparés.

Le caractère de la résonance se trouve donc profondément modifié.

Le coefficient $\dfrac{M}{\sqrt{LL'}}$, qui s'introduit dans l'expression des périodes des oscillations résultantes, porte le nom de *coefficient de couplage* et on le désigne par K.

Sa valeur est évidemment toujours comprise entre 0 et 1.

En posant $K = \dfrac{M}{\sqrt{LL'}}$, les deux périodes résultantes ont pour expressions :

$$\begin{cases} \theta^2 = T^2 (1 + K), \\ \theta'^2 = T^2 (1 - K). \end{cases} \quad [42]$$

Lorsque M est négligeable vis-à-vis de LL', on a simplement : $\theta = \theta' = T$,

et les deux oscillations résultantes se confondent en

LA RÉSONANCE ÉLECTRIQUE 417

une seule de période égale à la période commune primitive.

L'existence des deux oscillations de couplage est aisément mise en évidence quand on fait le tracé de la courbe de résonance d'un système couplé (ainsi qu'il a été indiqué §§ 127 et 128).

Elle se traduit par l'apparition sur la courbe de deux maxima distincts M' et M'', plus ou moins marqués.

La figure 147, qui est la reproduction d'une courbe de résonance obtenue après couplage de deux systèmes de même période propre, montre quel est l'aspect du phénomène.

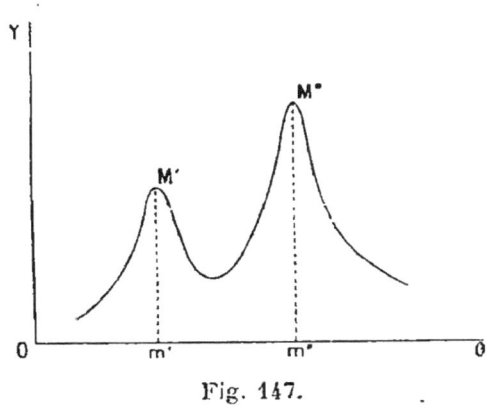

Fig. 147.

Dans le cas général où les périodes propres T et T' des deux circuits ont des valeurs quelconques, on a toujours deux oscillations résultantes de périodes $\theta$ et $\theta'$, mais l'expression n'en est plus aussi simple.

L'équation bicarrée en $\dfrac{1}{\lambda}$ donne :

$$\frac{1}{\lambda^2} = -\frac{1}{2}[LC+L'C'] \pm \frac{1}{2}\sqrt{(LC-L'C')^2+4CC'M^2}.$$

La substitution $\theta = \dfrac{2\pi}{\rho}$ $\theta' = \dfrac{2\pi}{\rho'}$ conduit aux expressions : $\theta^2 = \dfrac{4\pi^2}{\rho^2} = -\dfrac{4\pi^2}{\lambda_1^2} =$

$$= 4\pi^2 \left\{ \frac{1}{2}[LC+L'C'] + \frac{1}{2}\sqrt{(LC-L'C')^2+4CC'M^2} \right\},$$

$$\theta'^2 = \frac{4\pi^2}{\rho'^2} = -\frac{4\pi^2}{\lambda_3^2} =$$

$$= 4\pi^2 \left\{ \frac{1}{2}[LC+L'C'] - \frac{1}{2}\sqrt{(LC-L'C')^2+4CC'M^2} \right\}.$$

On a d'ailleurs toujours :

$$T = 2\pi\sqrt{LC}, \quad T' = 2\pi\sqrt{L'C'}$$

Posons : $\quad \tau^2 = 4\pi^2 M\sqrt{CC'}.$

et faisons les substitutions :

$$LC = \frac{T^2}{4\pi^2}, \quad L'C' = \frac{T'^2}{4\pi^2}, \quad M^2CC' = \frac{\tau^4}{16\pi^4};$$

il vient après réductions :

$$\begin{cases} \theta^2 = \frac{1}{2}(T^2+T'^2) + \frac{1}{2}\sqrt{(T^2-T'^2)^2+4\tau^4}, \\ \theta'^2 = \frac{1}{2}(T^2+T'^2) - \frac{1}{2}\sqrt{(T^2-T'^2)^2+4\tau^4}. \end{cases} \quad (4)$$

Si la période de l'un des circuits est notablement supérieure à celle de l'autre, de sorte que l'on ait :

$$T^2 - T'^2 > 2\tau^4,$$

on peut développer le radical et écrire :

$$[(T^2-T'^2)^2+4\tau^4]^{\frac{1}{2}} = (T^2-T'^2) + \frac{1}{2} 4\tau^4 \frac{1}{T^2-T'^2} + \cdots$$

Les expressions des périodes résultantes ont alors pour valeurs approchées :

$$\begin{cases} \theta^2 = T^2 + \dfrac{\tau^4}{T^2 - T'^2}, \\ \theta'^2 = T'^2 - \dfrac{\tau^4}{T^2 - T'^2} \cdot \end{cases} \quad (44)$$

Des deux oscillations de périodes différentes qui prennent naissance dans le circuit secondaire, l'une est voisine de la période propre du primaire (et un peu plus grande), l'autre est voisine de la période propre du secondaire (et un peu plus petite).

C'est autour de ces deux périodes fondamentales que se groupent les deux séries d'oscillations supérieures dont Lamotte a montré l'existence dans les dispositifs de Lecher et de Blondlot (§ 105).

130. **Rapport des différences de potentiel dans les deux circuits oscillatoires.** — Quand on suppose les résistances négligeables et les amortissements très faibles, nous avons vu que les potentiels instantanés V et V' des deux circuits doivent satisfaire au système d'équations différentielles simultanées :

$$\begin{cases} LC \dfrac{d^2 V}{dt^2} + MC' \dfrac{d V'}{dt^2} + V = 0, \\ L'C' \dfrac{d^2 V'}{dt^2} + MC \dfrac{d^2 V}{dt^2} + V' = 0. \end{cases} \quad (40)$$

Pour le calcul des potentiels V et V', il est préférable d'écrire les solutions de ces équations sous la forme :

$$V = A \cos at + B \cos bt,$$
$$V' = A' \cos at + B' \cos bt, \quad (45)$$

au lieu d'introduire des exponentielles imaginaires.

En substituant dans les équations à :

$$V, \ V', \ \frac{d^2V}{dt^2}, \ \frac{d^2V'}{dt^2},$$

leurs valeurs tirées de (45), on obtient :

$$\begin{cases} A(1 - a^2 LC) \cos at + B(1 - b^2 LC) \cos bt \\ = MC'A' \, a^2 \cos at + MC'B' b^2 \cos bt, \\ A'(1 - a^2 L'C') \cos at + B'(1 - b^2 L'C') \cos bt \\ = MCA \, a^2 \cos at + MCB \, b^2 \cos bt. \end{cases}$$

La première de ces relations se trouve identiquement satisfaite si l'on a :

$$\begin{cases} A(1 - a^2 LC) = MC'A' \, a^2, \\ B(1 - b^2 LC) = MC'B' \, b^2; \end{cases} \quad (46)$$

ou : $\quad \dfrac{A}{A'} = \dfrac{a^2 MC'}{1 - a^2 LC}, \quad \dfrac{B}{B'} = \dfrac{b^2 MC'}{1 - b^2 LC}.$

Désignons par $V_0$ l'amplitude du potentiel dans le circuit primaire, c'est-à-dire le potentiel de décharge, et par $V'_0$ l'amplitude du potentiel dans le circuit secondaire :

À l'époque $t = 0$, on a :

$$V = V_0, \quad \text{et} \quad V' = 0,$$

ce qui donne :

$$A + B = V_0$$
$$A' + B' = 0.$$

# LA RÉSONANCE ÉLECTRIQUE

Pour simplifier l'écriture, posons :

$$\frac{A}{A'} = \frac{a^2 MC'}{1 - a^2 LC} = \frac{1}{m}, \quad \frac{B}{B'} = \frac{b^2 MC'}{1 - b^2 LC} = \frac{1}{m'}.$$

Il vient :

$$\left. \begin{array}{ll} A = \dfrac{m'}{m' - m} V_0, & B = - \dfrac{m}{m' - m} V_0, \\[2mm] A' = \dfrac{mm'}{m' - m} V_0, & B' = - \dfrac{mm'}{m' - m} V_0. \end{array} \right\} \quad (47)$$

La substitution de ces valeurs dans les équations (45) donne :

$$\begin{cases} V = \dfrac{1}{m' - m} V_0 [m' \cos at - m \cos bt], \\[2mm] V' = \dfrac{mm'}{m' - m} V_0 [\cos at - \cos bt]. \end{cases} \quad (48)$$

La valeur du potentiel dans le circuit secondaire s'obtient ainsi en faisant la somme (algébrique) de deux fonctions harmoniques de périodes différentes, de sorte qu'il se produit dans ce circuit des *battements*.

L'amplitude du potentiel subit des variations périodiques que l'on pourrait obtenir à l'aide du graphique général qui a été indiqué au paragraphe 18, et, en se reportant à ce graphique, on voit que le *maximum* de l'amplitude a pour valeur :

$$V'_0 = \frac{mm'}{m' - m} V_0.$$

Le rapport des amplitudes maxima dans les circuits primaire et secondaire est donc :

$$\frac{V'_0}{V_0} = \frac{mm'}{m' - m}.$$

Les équations (46) et (47) donnent d'ailleurs :

$$m = \frac{L'C' - LC + \sqrt{(LC - L'C')^2 + 4M^2CC'}}{2MC'},$$

$$m' = \frac{L'C' - LC - \sqrt{(LC - L'C')^2 + 4M^2CC'}}{2MC'}.$$

En substituant à $m$ et $m'$ ces valeurs, il vient :

$$\frac{V'_0}{V_0} = \frac{MC}{\sqrt{(LC - L'C')^2 + 4M^2CC'}}. \quad (49)$$

Telle est la valeur du rapport des amplitudes du potentiel dans les deux circuits, c'est-à-dire, dans un Tesla, du rapport de transformation.

Dans le cas de la *résonance*

$$T = 2\pi\sqrt{LC} = T' = 2\pi\sqrt{L'C'}.$$

on a :
$$m = \sqrt{\frac{C}{C'}}, \quad m' = -\sqrt{\frac{C}{C'}},$$

$$V' = \frac{1}{2} V_0 \sqrt{\frac{C}{C'}} (\cos at - \cos bt),$$

et :
$$V'_0 = \frac{1}{2} V_0 \sqrt{\frac{C}{C'}}. \quad (50)$$

Le coefficient de transformation dépend alors uniquement du *rapport des capacités* des circuits primaire et secondaire.

131. **Amortissement dû à la résistance des circuits.** — Quand les résistances ne sont plus négli-

geables, le système d'équations différentielles (39) doit être remplacé par le suivant :

$$\begin{cases} RI + L\dfrac{dI}{dt} + M\dfrac{dI'}{dt} + V = 0, \\ R'I' + L'\dfrac{dI'}{dt} + M\dfrac{dI}{dt} + V' = 0. \end{cases} \quad (51)$$

Avec :
$$I = C\dfrac{dV}{dt},$$
$$I' = C'\dfrac{dV'}{dt},$$

c'est-à-dire :

$$\begin{cases} RC\dfrac{dV}{dt} + LC\dfrac{d^2V}{dt^2} + MC'\dfrac{d^2V'}{dt^2} + V = 0, \\ R'C'\dfrac{dV'}{dt} + L'C'\dfrac{d^2V'}{dt^2} + MC\dfrac{d^2V}{dt^2} + V' = 0, \end{cases} \quad (52)$$

le système admet toujours une solution de la forme :

$$V = e^{\lambda t}, \quad V' = A e^{\lambda t} \; ;$$

mais l'élimination de A donne une équation complète du quatrième degré en $\lambda$ :

$$\lambda^4 + \dfrac{RL + R'L'}{LL' - M^2}\lambda^3 + \dfrac{LC + L'C' + RR'CC'}{CC'(LL' - M^2)}\lambda^2$$
$$+ \dfrac{RC + R'C'}{CC'(LL' - M^2)}\lambda + \dfrac{1}{CC'(LL' - M^2)} = 0. \quad (53)$$

Puisque l'on a supposé que les circuits présentent une certaine résistance, les oscillations sont *amorties* et le potentiel V est de la forme $V = e^{-\Delta + i\rho}$.

On est donc conduit à donner aux racines $\lambda$ les expressions
$$\lambda_1 = -\Delta + i\rho, \quad \lambda_3 = -\Delta' + i\rho',$$
$$\lambda_2 = -\Delta - i\rho, \quad \lambda_4 = -\Delta' - i\rho'.$$

L'équation en $\lambda$ peut s'écrire :
$$\lambda^4 + f\lambda^3 + g\lambda^2 + h\lambda + k = 0.$$

La substitution $\lambda = -\Delta + i\rho$ donne :
$$\rho^4 + 4i\rho^3\Delta - fi\rho^3 - g\rho^2 - 2gi\rho\Delta + hi\rho + k = 0.$$

En supposant $\Delta$ assez petit par rapport à $\rho$ pour que l'on puisse négliger les puissances de $\Delta$ ainsi que les produits de $\Delta$ par $f$ et par $h$.

Cette équation se dédouble en les deux suivantes :
$$\rho^4 - g\rho^2 + k = 0,$$
$$4\rho^3\Delta - f\rho^3 - 2g\rho\Delta + h\rho = 0.$$

La seconde donne :
$$\Delta = \frac{f\rho^2 - h}{2(2\rho^2 - g)}.$$

On trouverait de même
$$\Delta' = \frac{f\rho'^2 - h}{2(2\rho'^2 - g)}.$$

Ces expressions des amortissements $\Delta$ et $\Delta'$, assez compliquées dans le cas général, se simplifient notablement dans le cas de la *résonance*.

On a alors :
$$\begin{cases} \Delta = \dfrac{R[L'\sqrt{CC'} - MC] + R'[L\sqrt{CC'} - MC']}{4\sqrt{CC'}\,[LL' - M^2]}, \\[2mm] \Delta' = \dfrac{R[L'\sqrt{CC'} + MC] + R'[L\sqrt{CC'} + MC']}{4\sqrt{CC'}\,[LL' - M^2]}. \end{cases} \quad (54)$$

Ces expressions montrent que les deux oscillations qui prennent naissance lors du couplage dans le circuit secondaire ont, non seulement des périodes différentes, mais aussi des amortissements différents. On doit remarquer que l'amortissement le plus grand $\Delta'$ correspond à l'oscillation de période $\theta' = T\sqrt{1-K}$, et l'amortissement le plus petit $\Delta$, à l'oscillation de période $\theta = T\sqrt{1+K}$.

Ainsi, *l'amortissement de l'oscillation de la période la plus courte est plus grand que l'amortissement de l'oscillation de la période la plus longue.*

L'introduction du coefficient de couplage dans l'expression des amortissements permet de leur donner la forme simple

$$\begin{cases} \Delta = \dfrac{\dfrac{R}{L}+\dfrac{R'}{L'}}{4(1+K)}, \\ \Delta' = \dfrac{\dfrac{R}{L}+\dfrac{R'}{L'}}{4(1-K)}; \end{cases} \quad (55)$$

ou, en introduisant les décréments :

$$\frac{R}{2L}T_0 = \delta_1, \quad \frac{R'}{2L'}T_0 = \delta_2,$$

$$\Delta\theta = \delta, \quad \Delta'\theta' = \delta'.$$

$$\begin{cases} \delta = \dfrac{1}{\sqrt{1+K}} \cdot \dfrac{\delta_1+\delta_2}{2}, \\ \delta' = \dfrac{1}{\sqrt{1-K}} \cdot \dfrac{\delta_1+\delta_2}{2}. \end{cases} \quad (56)$$

**132. Couplage serré et couplage lâche.** — On voit que le coefficient $K = \dfrac{M}{\sqrt{LL'}}$ joue un rôle important dans les phénomènes qui se produisent dans le circuit secondaire sous l'action des oscillations primaires.

Des considérations simples permettent de justifier à priori l'intervention de ce facteur.

Le flux d'induction dans le primaire est proportionnel au coefficient de self-induction L du primaire.

La fraction du flux primaire qui traverse le secondaire est proportionnelle au coefficient M d'induction mutuelle des deux circuits.

Elle est relativement d'autant plus grande par rapport au flux primaire que le rapport $\dfrac{M}{L}$ est plus grand.

La réaction exercée par le secondaire sur le primaire est de même proportionnelle à $\dfrac{M}{L'}$ ; $L'$ étant proportionnel au flux d'induction dans le secondaire.

L'action totale est ainsi proportionnelle à la quantité :
$$\dfrac{M^2}{LL'} = K^2 ;$$

K se trouve nécessairement compris entre 0 et 1.

Lorsque K est petit, la fraction de flux du primaire qui traverse le secondaire est faible et les réactions mutuelles peu importantes : on dit que le couplage est *lâche*.

Lorsque K est grand (voisin de 1), la presque totalité du flux du primaire traverse le secondaire, et les réactions mutuelles entre les circuits sont énergiques : on dit alors que le couplage est *serré*.

## 133. Influence du couplage sur les oscillations secondaires.

— Lorsque le couplage est *très faible*, les réactions mutuelles des circuits sont négligeables et on retombe sur les résultats de la théorie de Bjerknes qui a été exposée plus haut. A la vérité, la réaction mutuelle des circuits n'est jamais nulle. Du moment qu'il se produit un effet dans le secondaire, c'est que ce circuit draine à son profit une portion, si minime soit elle, de l'énergie mise en jeu dans le primaire auquel il l'emprunte.

On se rapproche du cas limite en éloignant le plus possible le secondaire du primaire et en enregistrant les effets avec un instrument très sensible, — un bolomètre, par exemple. Dans de pareilles conditions, lorsque les systèmes sont en résonance :

1° Les périodes des oscillations dans les deux circuits sont égales, la valeur commune étant la même que celle de la période propre de chacun des circuits considérés isolément ;

2° Le décrément $\delta$ des oscillations dans le secondaire est égal à la moyenne arithmétique des décréments $\delta_1$ et $\delta_2$ des oscillations propres dans les deux circuits, de sorte que l'on a :

$$\delta = \frac{\delta_1 + \delta_2}{2}.$$

Toutefois, si les amortissements sont très différents, si l'amortissement dans le secondaire est beaucoup plus grand que dans le primaire, la courbe II de la figure 139 montre que l'effet de l'oscillation fortement amortie s'éteint rapidement et qu'il ne subsiste plus, — au bout d'un temps très court, — que l'effet de l'oscillation faiblement amortie (l'oscillation forcée en l'espèce).

Avec un couplage suffisamment lâche entre un circuit primaire très faiblement amorti et un circuit secondaire fortement amorti, on peut donc faire en sorte que les oscillations dans le secondaire aient la même période que dans le primaire et présentent un amortissement peu différent du faible amortissement du primaire.

Quand le couplage n'est pas *très lâche,* il se produit toujours dans le système secondaire deux oscillations de périodes et d'amortissements différents.

Toutefois, tant que K n'a pas une valeur notable, (K ≦ 0,1, par exemple), les décréments de ces deux oscillations peuvent être considérés comme sensiblement égaux à la moyenne des décréments des oscillations propres des circuits couplés. Il arrive souvent que l'un des circuits a un amortissement $\delta_1$ beaucoup plus faible que l'autre $\delta_2$. Le décrément des oscillations que l'on obtient par couplage est alors voisin de $\dfrac{\delta_2}{2}$.

Que le couplage soit lâche ou serré, l'amplitude des oscillations dans le circuit secondaire est toujours maximum lorsque les circuits présentent *la même période* avant le couplage. Cette amplitude des oscillations dans le circuit secondaire va en croissant avec le couplage, d'abord très vite, puis de plus en plus lentement. En même temps, les courbes de résonance se déforment en s'aplatissant de plus en plus, de sorte que la résonance devient de moins en moins nette.

C'est ce qu'indiquent les courbes de la figure 148 que nous avons déterminées expérimentalement au laboratoire à l'aide d'observations au bolomètre, avec deux circuits oscillatoires fermés, progressivement rapprochés l'un de l'autre.

On voit que le maximum (c'est ici le maximum de

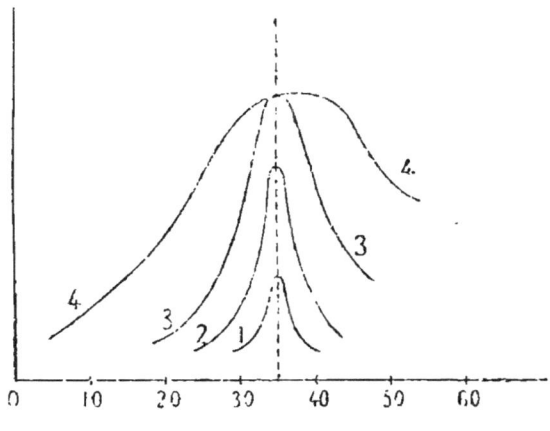

Fig. 148.

l'*effet total*) augmente très rapidement quand on passe de la courbe 1 à la courbe 2 sans que le caractère de la résonance se trouve sensiblement modifié. Il augmente encore quand on passe à la courbe 3, mais l'accroissement de l'amortissement devient sensible. Enfin, quand on passe à la courbe 4, la résonance devient tout à fait floue, tandis que l'effet dans le secondaire ne subit plus de nouvelle augmentation.

Quand on couple deux circuits pour *utiliser* les oscillations dans le secondaire, il y a intérêt, en général, à se rapprocher des conditions de la courbe 3 qui correspondent au couplage *favorable*.

Quand on se sert d'un circuit de résonance secondaire pour la détermination de la période et de l'amortissement d'un circuit primaire, on doit au contraire faire usage du couplage le plus lâche possible. L'emploi d'un instrument très sensible, comme le bolomètre, est alors particulièrement recommandé.

### 134. Transformateur de Tesla.

— Un dispositif dans lequel un circuit oscillatoire à condensateur, c'est-à-dire un circuit oscillatoire fermé, agit par induction sur un secondaire (comprenant un condensateur ou n'en comprenant pas), porte le nom général de *transformateur de Tesla*, Tesla ayant utilisé tout d'abord ce dispositif à l'exécution de nombreuses expériences.

Dans les appareils de ce genre, on cherche généralement à obtenir une tension très élevée dans le secondaire.

On donne pour cela au système primaire la plus grande capacité possible en le constituant d'un seul tour de fil, de manière à réduire au minimum sa self-induction.

Le secondaire est, au contraire, constitué par une simple bobine à tours serrés, de manière à présenter une faible capacité et une grande self-induction : le circuit primaire est superposé au circuit secondaire et mis en résonance avec lui.

Les deux circuits doivent être soigneusement isolés pour éviter la production d'étincelles, soit entre le circuit primaire et le circuit secondaire, soit même entre les spires du secondaire.

Cet isolement peut être obtenu en engainant les fils dans des tubes de caoutchouc épais (tubes à vide). Mais il est préférable d'immerger tout le système dans une cuve en verre ou un baril plein d'huile (huile de paraffine ou huile de lin bouillie). Les fils peuvent être enroulés sur des cadres rectangulaires de bois, ou mieux d'ébonite, dans la confection desquels on proscrira l'emploi de vis métalliques.

La figure 149 indique le schéma du dispositif.

Le circuit primaire est constitué par la spire S et les condensateurs C et C' associés en cascade et reliés à une bobine d'induction B, la décharge s'opérant par l'éclateur E. Le circuit secondaire se compose d'un certain nombre de tours de fils (une douzaine, par exemple) enroulés par-dessus le primaire selon MPQN. Quand on cherche à obtenir une forte tension au secondaire, le cou-

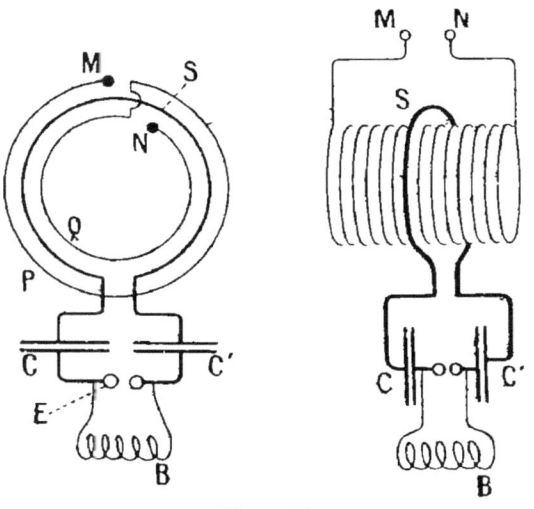

Fig. 149.

plage entre les circuits primaire et secondaire doit présenter une valeur assez élevée. Aussi l'accord n'a-t-il pas besoin d'être réalisé d'une manière très rigoureuse.

On obtient des effets lumineux remarquables en reliant aux bornes M et N du secondaire, soit des solénoïdes, soit des conducteurs rectilignes isolés. De brillantes effluves et des décharges en aigrette se produisent non seulement aux extrémités des conducteurs, mais sur toute leur surface.

En disposant parallèlement l'un à l'autre et suffisamment près deux fils reliés respectivement aux bornes M et N, les effluves intenses qui se produisent entre les fils prennent l'aspect d'une nappe lumineuse. Une forme brillante de l'expérience consiste à disposer en cercles concentriques les conducteurs isolés qui sont reliés aux bornes du secondaire : la nappe lumineuse prend alors l'aspect d'un disque.

Les phénomènes de luminescence sont particulièrement marqués avec des tubes à vide (avec ou sans électrodes). De pareils tubes brillent d'un vif éclat quand on les approche, soit des bornes M et N, soit des conducteurs qui leur sont reliés, même en les tenant à distance.

L'expérience montre que l'on peut, en général, toucher impunément les pôles du secondaire d'un transformateur Tesla en activité ou les conducteurs qui y sont reliés. En approchant la main de ces conducteurs, on en tire des étincelles, parfois fort longues, qui ne produisent d'autre sensation qu'une légère piqûre à fleur de peau [1].

L'explication qui a été parfois donnée de ce phénomène, par la localisation des courants de haute fréquence dans une couche très mince à la surface du corps humain, est manifestement insuffisante.

Un pareil effet de localisation superficielle (skin-effect) ne saurait se produire que si le corps humain présentait une conductibilité de l'ordre de grandeur de celle

---

[1] Il ne serait cependant pas prudent de le faire avec un transformateur Tesla de grande puissance, ne fût-ce que par crainte d'une communication possible entre le secondaire et le primaire, par suite d'un isolement imparfait.

des métaux. Or il est loin d'en être ainsi, car sa conductibilité n'est due qu'à la présence de liquides organiques capables de se comporter comme des *électrolytes*.

On doit donc supposer plutôt que c'est une action physiologique spéciale liée à la valeur élevée de la fréquence des alternances.

135. **Action d'un circuit oscillatoire sur un circuit fermé**. — Quand un circuit *fermé* (sans condensateur) se trouve dans le voisinage d'un circuit oscillatoire de décharges ou, plus généralement, d'un circuit siège de courants de haute fréquence, il se développe dans ce circuit, en dehors de tout effet de résonance, des courants induits.

On obtient, par exemple, une déviation notable d'un ampèremètre thermique *t* dont les bornes sont reliées par une simple boucle de conducteur, quand on approche la boucle du circuit de décharge (1) (fig. 150).

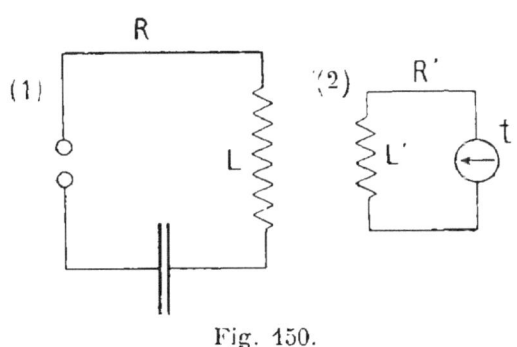

Fig. 150.

Si la réaction du circuit secondaire sur le primaire est faible, les courants induits qui prennent naissance dans le secondaire ont la *même fréquence* et le *même amortissement* que les oscillations du circuit inducteur.

La force électromotrice induite dans le circuit (2) a en effet pour valeur : $E' = M \dfrac{dI}{dt}$.

Si l'on désigne par I l'intensité du courant dans le circuit (1) et par M le coefficient d'induction mutuelle des deux circuits, I étant un courant de la forme :

$$I = Ae^{-\delta t} \sin \omega t,$$

on a :

$$\frac{dI}{dt} = A\omega e^{-\delta t} \cos \omega t - A\delta e^{-\delta t} \sin \omega t;$$

et si l'on pose : $E' = E_0 e^{-\delta t} \sin(\omega t + \varphi)$, il vient :

$$MA\omega e^{-\delta t} \cos \omega t - MA\delta e^{-\delta t} \sin \omega t$$
$$= E_0 e^{-\delta t} \sin(\omega t + \varphi),$$

équation à laquelle on peut satisfaire en posant :

$$\begin{cases} E_0 \cos \varphi = - MA\delta, \\ E_0 \sin \varphi = MA\omega; \end{cases}$$

d'où : $E_0 = MA \sqrt{\omega^2 + \delta^2} = MA \sqrt{\delta^2 + \dfrac{4\pi^2}{T^2}}$,

$$tg\varphi = -\frac{\omega}{\delta}.$$

Comme $\delta$ est toujours très petit par rapport à $\omega = \dfrac{2\pi}{T}$, l'angle $\varphi$ est très voisin de $\dfrac{\pi}{2}$ et la force électromotrice $E'$ décalée de 90° sur le courant inducteur.

Et l'on a :

$$E' = MA \sqrt{\delta^2 + \frac{4\pi^2}{T^2}} \cdot \sin\left(\omega t + \frac{\pi}{2}\right) \cdot e^{-\delta t}$$

ou sensiblement, si $\delta$ est faible :

$$E' = MA \cdot \frac{2\pi}{T} \cdot \sin\left(\omega t + \frac{\pi}{2}\right).$$

L'amplitude $E'_0$ de la force électromotrice induite a ainsi pour valeur :

$$E'_0 = MA \cdot \frac{2\pi}{T} = MA\omega.$$

Elle est, toutes choses égales, proportionnelle à la *fréquence* du courant inducteur.

L'amplitude $I'_0$ du courant induit a alors pour expression :

$$I'_0 = \frac{E'_0}{\sqrt{R'^2 + L'^2\omega^2}} = \frac{MA\omega}{\sqrt{R'^2 + L'^2\omega^2}}, \quad (57)$$

en désignant par $R'$ et $L'$ la résistance et le coefficient de self-induction du circuit (2), dont l'impédance est : $\sqrt{R'^2 + L'^2\omega^2}$ ;

ou, si l'on tient compte de l'amortissement :

$$I'_0 = \frac{MA\omega}{\sqrt{(R' - L'\varepsilon)^2 + L'^2\omega^2}}. \quad (58)$$

L'amplitude du courant induit dépend donc, en général, *de la fréquence* du courant inducteur.

Toutefois, si $\varepsilon$ est faible et $R'$ petit par rapport à $L'\omega$, c'est-à-dire si le circuit (2) présente *une inductance grande par rapport à sa résistance*, on a sensiblement :

$$I'_0 = \frac{MA\omega}{L'\omega} = \frac{M}{L'} A. \quad (59)$$

Et l'amplitude du courant dans ce circuit (2) est indépendante de la fréquence et proportionnelle à l'amplitude du courant inducteur.

Pour des fréquences de l'ordre $10^5$ à $10^6$ (et au-dessus *à fortiori*), ces conditions se trouvent réalisées pour tout circuit exclusivement métallique (en métal non magnétique) constitué par des conducteurs pas trop fins, — fils de diamètre supérieur à $0^c,1$, par exemple. C'est ainsi qu'un cadre carré de 70 centimètres de côté, en fil de cuivre de diamètre $d = 0^c,2$, dont la self-induction a pour valeur $L' = 3,4 \cdot 10^3$ centimètres, présente pour des courants de période $T = 10^{-6}$ seconde une inductance

$$L'\omega = L' \cdot \frac{2\pi}{T} = 2,13 \cdot 10^{10} \quad [\text{C. G. S}].$$

La résistance R en haute fréquence, donnée par la formule de Rayleigh, est :

$$R' = R'_0 \frac{\pi d}{80} \sqrt{\frac{1}{T}} = 7,8 \, R'_0.$$

$R_0$ résistance du fil en courant continu a pour valeur :

$$R'_0 = 0^\omega,015 = 1,5 \cdot 10^7 \quad [\text{C.G.S}],$$

et
$$\frac{L'\omega}{R'} = \frac{2,13 \cdot 10^{10}}{7,8 \cdot 1,5 \cdot 10^7} = 180.$$

De sorte que le terme $R'^2$ du radical est bien négligeable vis-à-vis du terme $L'^2\omega^2$.

*Remarque.* — Nous avons vu que, pour tracer la courbe de résonance d'un système à période fixe (1), on fait usage d'un système (2) à période variable (à capacité variable en principe) en notant, pour chaque valeur de la période, l'indication d'un instrument thermique *intercalé* dans le système (2). Au lieu d'intercaler le détecteur d'effet total dans le système (2), on peut, d'après ce qui précède, l'intercaler dans un circuit fermé (3) associé au circuit (2) en couplage *lâche* (fig. 151). Si le couplage des circuits (2) et (3) est suffisamment lâche pour que la réaction de (3) sur (2) soit négligeable, et si l'inductance de (3) est grande par rapport à sa résistance, l'amplitude du courant dans ce circuit (3) demeure proportionnelle à l'amplitude du courant dans le circuit (2), et les indications du ther-

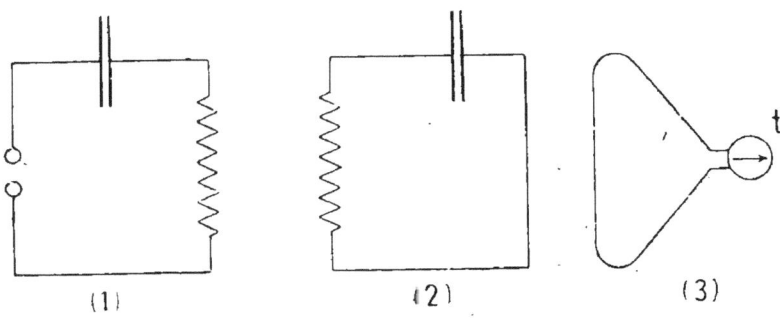

Fig. 151.

mique $t$ proportionnelles à l'*effet total* développé dans le circuit (2), quelles que soient les variations de période.

Il y a avantage à se servir d'un pareil montage quand la résistance du détecteur $t$ est notable (bolomètre, en particulier). En intercalant directement le détecteur dans le circuit (2), on produirait un accroissement de l'amortissement. Cet accroissement n'a pas lieu lorsqu'on le dispose dans le circuit (3) (les conditions de couplage et d'inductance voulues se trouvant réalisées); l'amortissement des oscillations dans le circuit (3) est indépendant de la résistance de ce circuit et toujours égal à l'amortissement dans le circuit (2).

**136. Réaction du circuit fermé sur le circuit oscillatoire.** — Nous avons supposé le couplage assez lâche pour que la réaction exercée par le circuit (2) sur le circuit (1) puisse être considérée comme négligeable et avons examiné ce qui se passe alors dans le circuit (2).

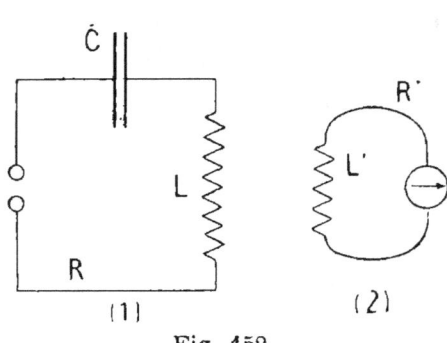

Fig. 152.

Examinons maintenant ce qui se produit dans le circuit (1) (fig. 152) qand le couplage a une valeur telle que le circuit (2) réagisse sur le circuit (1).

Dans le cas le plus général, si l'on désigne par L, R, L', R', les coefficients de self-induction et les résistances respectives des circuits (1) et (2), par M leur coefficient d'induction mutuelle, par I et I' les valeurs instantanées des courants respectifs au temps $t$, et par V la valeur de la différence de potentiel dans le circuit (1), on doit satisfaire au système d'équations différentielles simultanées :

$$\begin{cases} RI + L\dfrac{dI}{dt} + M\dfrac{dI'}{dt} + V = 0, \\ R'I' + L'\dfrac{dI'}{dt} + M\dfrac{dI}{dt} = 0, \end{cases} \quad (60)$$

qui n'est autre que le système que nous avons déjà rencontré au § 131, dont la seconde équation se trouve simplifiée puisque le circuit (2) ne comporte pas de capacité.

Comme on a d'ailleurs toujours :
$$I = C \frac{dV}{dt},$$

C étant la capacité intercalée dans le circuit (1), on peut écrire, après avoir différentié la première équation par rapport à $t$ :

$$\begin{cases} R \dfrac{dI}{dt} + L \dfrac{d^2I}{dt^2} + M \dfrac{d^2I'}{dt^2} + \dfrac{I}{C} = 0, \\ R'I' + L' \dfrac{dI'}{dt} + M \dfrac{dI}{dt} = 0. \end{cases} \quad (61)$$

On résoudra ce système en posant, ainsi que nous l'avons fait précédemment :
$$I = e^{\lambda t}, \quad I' = A e^{\lambda t}.$$

La substitution donne :
$$\begin{cases} (MAC + LC)\lambda^2 + RC\lambda + 1 = 0, \\ (M + L'A)\lambda + R'A = 0, \end{cases} \quad (62)$$

et l'élimination de la constante arbitraire A conduit à l'équation du troisième degré en $\lambda$ :

$$\left(1 - \frac{M^2}{LL'}\right)\lambda^3 + \left(\frac{R'}{L'} + \frac{R}{L}\right)\lambda^2 + \left(\frac{RR'}{LL'} + \frac{1}{CL}\right)\lambda$$
$$+ \frac{R'}{CLL'} = 0, \quad (63)$$

que l'on peut écrire en introduisant le coefficient
$$K = \frac{M}{\sqrt{LL'}},$$

la pulsation $\quad \omega = \dfrac{2\pi}{T} = \dfrac{1}{\sqrt{CL}},$

et l'amortissement $\Delta = \dfrac{R}{2L}$,

et posant : $\dfrac{R'}{L'} = a,$

$$(1 - K^2)\lambda^3 + (2\Delta + a)\lambda^2 + (2\Delta a + \omega^2)\lambda + a\omega^2 = 0. \quad (64)$$

Lorsque K est très faible, c'est-à-dire le couplage très lâche, $1 - K^2$ diffère très peu de 1, de sorte que l'équation se réduit sensiblement à :

$$\lambda^3 + (2\Delta + a)\lambda^2 + (2\Delta a + \omega^2)\lambda + a\omega^2 = 0, \quad (65)$$

et peut se mettre sous la forme :

$$(\lambda^2 + 2\Delta\lambda + \omega^2)(\lambda + a) = 0. \quad (66)$$

Les solutions périodiques, seules à considérer, correspondent aux racines de l'équation :

$$\lambda^2 + 2\Delta\lambda + \omega^2 = 0,$$

qui sont imaginaires conjuguées et ont pour valeur

$$\lambda = -\Delta \pm i\omega \,{}^1.$$

Le courant primaire ayant pour expression :

$$I = e^{\lambda t} = e^{(-\Delta \pm i\omega)t},$$

le courant secondaire est :

$$I' = A e^{\lambda t} = -\dfrac{M\lambda}{R' + L'\lambda} e^{\lambda t},$$

en remplaçant A par sa valeur tirée de (62) en fonction de $\lambda$.

---

[1] Cette expression de $\lambda$ est non pas *approchée*, mais *exacte*; on a pris $\dfrac{1}{CL} = \omega^2$, tandis que l'on a en réalité $\dfrac{1}{CL} = \omega^2 + \Delta^2$.

On voit que, même dans le cas d'un couplage très lâche, I' n'est pas, en général, proportionnel à I puisqu'il dépend de $\lambda$, et par suite de la fréquence de I.

Mais, si L' est grand par rapport à R', on peut écrire :

$$I' = -\frac{\frac{M}{L'}\lambda}{\frac{R'}{L'}+\lambda}I = -\frac{M}{L'}I$$

sensiblement.

C'est le résultat qui a été obtenu plus haut.

Lorsque K n'est pas très petit, l'équation (64) [1]

$$\lambda^3 + \frac{2\Delta + a}{1-K^2}\lambda^2 + \frac{2\Delta a + \omega^2}{1-K^2}\lambda + \frac{a\omega^2}{1-K^2} = 0$$

peut s'écrire sous la même forme

$$(\lambda^2 + 2\Delta'\lambda + \omega'^2)(\lambda + a') = 0 \qquad (67)$$

(tant qu'elle a deux racines imaginaires conjuguées), en faisant :

$$2\Delta' + a' = \frac{2\Delta + a}{1-K^2}, \quad \omega'^2 + 2\Delta'a' = \frac{\omega^2 + 2\Delta a}{1-K^2},$$

$$a'\omega'^2 = \frac{a\omega^2}{1-K^2}. \qquad (68)$$

Le courant I a alors pour expression

$$I = e^{(-\Delta' \pm i\omega')t};$$

c'est-à-dire présente une certaine pulsation $\omega'$ et un certain amortissement $\Delta'$ différents de la pulsation et de l'amortissement primitifs.

[1] LINDEMANN, *Ann. der Pysik*, t. XII, 1903.

Si K, sans être *très petit*, demeure suffisamment faible, on obtient aisément l'expression de $\omega'$ en fonction de $\omega$, et de $\Delta'$ en fonction de $\Delta$.

Si l'on pose :

$$\begin{cases} 2\Delta' = 2\Delta + m K^2, \\ \omega'^2 = \omega^2 + n K^2, \\ a' = a + p K^2, \end{cases} \qquad (69)$$

et que l'on substitue ces valeurs dans les relations (68), on obtient pour déterminer $m$, $n$, $p$, les équations

$$\begin{cases} m + p = \dfrac{2\Delta + a}{1 - K^2}, \\ \omega^2 p + a n + n p K^2 = \dfrac{\omega^2 a}{1 - K^2}, \\ n + 2\Delta p + a m + m p K^2 = \dfrac{\omega^2 + 2\Delta a}{1 - K^2}, \end{cases} \qquad (70)$$

qui s'abaissent au premier degré si K est assez faible pour que l'on puisse négliger les termes qui ont $K^2$ en facteur, et donnent après quelques réductions immédiates, *si l'on suppose $\Delta$ faible et l'inductance du circuit fermé (2) grande par rapport à sa résistance* :

$$m = 2\Delta + \frac{R'}{L'}, \quad n = \omega^2.$$

On a alors :

$$\begin{cases} \Delta' = \Delta(1 + K^2) + K^2 \dfrac{R'}{2L'}, \\ \omega'^2 = \omega^2(1 + K^2). \end{cases} \qquad (70)$$

$\Delta'$ est donc $> \Delta$ et $\omega' > \omega$. La réaction exercée sur le circuit (1) se traduit par *un accroissement de l'amor-*

*tissement et un accroissement de la fréquence des oscillations dans ce circuit.*

Les phénomènes présentent ainsi les mêmes caractères généraux que ceux que nous avons rencontrés dans la réaction des circuits alternatifs de basse fréquence (§ 39).

Remarque. — Par circuit fermé capable de réagir sur un circuit oscillatoire, il faut entendre un conducteur de forme quelconque dans lequel sont susceptibles de se développer des courants induits (courants de Foucault).

Le régime d'un oscillateur peut être profondément modifié quand il se trouve à proximité d'une paroi métallique.

Nous en avons rencontré un exemple frappant dans les expériences de Hemsalech (§ 45). Nous en trouverons d'autres en T.S.F.[1].

Il est clair, d'autre part, que dans l'emploi d'un résonateur à période variable au tracé de la courbe de résonance d'un oscillateur, le résonateur doit être disposé, non seulement de manière à ce que la réaction sur l'oscillateur soit négligeable, mais encore de manière à se trouver lui-même soustrait aux perturbations des circuits *fermés* voisins (parois métalliques, notamment).

[1] E. S.

## TABLEAU DE CORRESPONDANCE DES UNITÉS ÉLECTRIQUES

| | UNITÉ PRATIQUE | RAPPORT DE L'UNITÉ PRATIQUE A L'UNITÉ ÉLECTRO-MAGNÉTIQUE. | RAPPORT DE L'UNITÉ PRATIQUE A L'UNITÉ ÉLECTROSTATIQUE. | RAPPORT DE L'UNITÉ ÉLECTRO-MAGNÉTIQUE A L'UNITÉ ÉLECTROSTATIQUE. |
|---|---|---|---|---|
| Intensité. | Ampère. | $10^{-1}$ | $a \times 10^{-1}$ | $a$ |
| Quantité. | Coulomb. | $10^{-1}$ | $a \times 10^{-1}$ | $a$ |
| Force électromotrice. | Volt. | $10^{8}$ | $\dfrac{1}{a} \times 10^{8}$ | $\dfrac{1}{a}$ |
| Résistance. | Ohm. | $10^{9}$ | $\dfrac{1}{a^{2}} \times 10^{9}$ | $\dfrac{1}{a^{2}}$ |
| Capacité. | Farad. | $10^{-9}$ | $a^{2} \times 10^{-9}$ | $a^{2}$ |
| Coefficient d'induction. | Henry. | $10^{9}$ | $\dfrac{1}{a^{2}} \times 10^{9}$ | $\dfrac{1}{a^{2}}$ |

| DÉTERMINATIONS EXPÉRIMENTALES DE $a$. | | VITESSE $\Omega$ DE LA LUMIÈRE EN CENTIMÈTRES PAR SECONDE | |
|---|---|---|---|
| Weber et Kohlrausch (1856) | $2{,}99 \times 10^{10}$ | Fizeau (1849) | $3{,}15 \times 10^{10}$ |
| Maxwell (1868) | $2{,}9 \times 10^{10}$ | Foucault (1862) | $2{,}98 \times 10^{10}$ |
| Ayrton et Perry (1879) | $2{,}96 \times 10^{10}$ | Cornu (1874) | $3{,}004 \times 10^{10}$ |
| Stoleton (1881) | $2{,}98 \times 10^{10}$ | Michelson (1879) | $2{,}999 \times 10^{10}$ |
| Klemencic (1886) | $3{,}01 \times 10^{10}$ | Newcomb (1882) | $2{,}998 \times 10^{10}$ |
| J.-J. Thomson (1891) | $2{,}99 \times 10^{10}$ | Perrotin (1904) | $2{,}998 \times 10^{10}$ |
| Pellat (1891) | $3{,}01 \times 10^{10}$ | | |
| Abraham (1892) | $2{,}99 \times 10^{10}$ | | |

# INDEX BIBLIOGRAPHIQUE

(Les principaux ouvrages à consulter sont indiqués par un astérisque.)

| | |
|---|---|
| Battelli et Magri. | Oscillations propres des circuits à condensateurs, *Philosophical Magazine*, 6ᵉ série, t. V, 1903. |
| Beaulard. | 1. Sur l'hystérésis diélectrique, *Journal de Physique*, 3ᵉ série, t. IX, 1900. |
| — et Pellat. | 2. De l'énergie absorbée par les condensateurs soumis à une différence de potentiel sinusoïdale, *Comptes rendus de l'Acad. des sciences*, 1ᵉʳ sem., 1900. |
| V. Bjerknes. | 1. Ueber die Dampfung schneller elektrischer Schwingungen, *Annalen der Physik*, t. XLIV, 1891. |
| — | 2*. Ueber elektrische Resonanz, *Annalen der Physik*, t. LV, 1895. |
| — | 3. Elektrische Wellen (Eindringen in Metalle), *Annalen der Physik*, t. XLVIII, 1893. |
| Blondel. | Sur les phénomènes de l'arc chantant, *Bulletin des séances de la Société française de physique*, 1905. |
| R. Blondlot. | 1. Détermination de la vitesse de propagation d'une perturbation électrique le long d'un fil de cuivre, à l'aide d'une méthode indépendante de toute théorie, *Comptes rendus de l'Acad. des sciences*, t. CXVII, 1893. |
| — | 2. Détermination expérimentale de la vitesse de propagation des ondes électromagnétiques, *Journal de Physique*, 2ᵉ série, t. X, 1891. |
| — | 3. Sur un nouveau procédé pour transmettre des ondulations électriques le long de fils métalliques, et sur une nouvelle disposition du récepteur, *Comptes rendus de l'Acad. des sciences*, t. CXIV, 1892. |

| | |
|---|---|
| H. BOUASSE. | * *Cours de Physique conforme aux programmes des certificats et de l'agrégation de physique.* 5e partie (Electroptique, Ondes hertziennes). Paris, Ch. Delagrave, 1909. |
| BRANLY. | 1. Une enveloppe métallique ne se laisse pas traverser par les oscillations hertziennes, *Journal de Physique*, 3e série, t. VIII, 1899. |
| — | 2. Absorption des radiations hertziennes par les liquides, *Journal de Physique*, 3e série, t. IX, 1900. |
| M. BRILLOUIN. | *Propagation de l'électricité, Histoire et théorie.* Paris, Hermann, 1904. |
| A. BROCA. | 1. Ampèremètre thermique pour courants de forte intensité et de grande fréquence, *Bulletin de la Société internationale des électriciens*, n° 87, t. IX, 1909. |
| — | et TURCHINI, 2. Sur les phénomènes de l'antenne de la télégraphie sans fil, *Comptes rendus de l'Acad. des sciences*, t. CXXXVI, 1903. |
| H. BROOKS. | The damping of oscillations in the discharge of a Leyden jar, *Philosophical Magazine*, 6e série, t. II, 1901. |
| COHN et HEERWAGEN. | Periode sehr schneller Schwingungen, *Annalen der Physik* (*Wied Ann.*), t. XLIII, 1891. |
| DÉCOMBES. | Résonance multiple des oscillations électriques, *Annales de Chimie et Physique*, 7e série, t. XV, 1899. |
| P. DRUDE. | 1. Die Dämpfung von Kondensatorkreisen mit Funkenstrecke, *Annalen der Physik*, vol. XV, 1904. |
| — | 2. Ueber induktive Erregung zweier elektrischer Schwingungkreise mit Anwendung auf Perioden- und Dämpfungmessung, Teslatransformatoren und drahtlose Telegraphie, *Annalen der Physik*, vol. XIII, 1904. |
| — | 3. De l'existence de vibrations de période plus courte à côté de l'ondulation fondamentale de l'excitateur de Hertz, *Archives des sciences physiques et naturelles*, 4e série, t. III, 1897. |

W. Duddell.
1. On rapid variations in the current through the direct-current arc, *Journal of the Institution of electrical engineers*, vol. XXX, 1900.

— 2. Mesure des petits courants alternatifs de haute fréquence, *Journal de Physique*, 4ᵉ série, t. IV, 1905.

W. Eickhoff. Ueber Messung des Funkenwiderstandes in Kondensatorkreisen, *Physikalische Zeitschrift*, t. VIII, 1907.

Feddersen. Sur la décharge des bouteilles de Leyde, *Annales de Chimie et Physique*, t. LXIX, 1863.

Fizeau et Gounelle. Recherches sur la vitesse de propagation de l'électricité, *Comptes rendus de l'Acad. des sciences*, t. XXX, 1850.

J.-A. Fleming.
1*. *The principles of electric wave telegraphy*. Longmans, Green, and Cᵒ, Londres, 1906.

— 2. *An elementary manual of radiotelegraphy and radiotelephony*. Longmans, and Cᵒ, Londres, 1908.

— 3. Some observations on the Poulsen-arc as a means of obtaining continuous electrical oscillations, *Philosophical Magazine*, t. XIV, 1907.

G.-A. Hemsalech.
1. *Recherches expérimentales sur les spectres d'étincelles*. Paris, A. Hermann, 1901.

— 2. Sur le rôle et la nature de la décharge initiale (trait de feu) dans l'étincelle électrique, *Comptes rendus de l'Acad. des sciences*, t. CXLIV, 1907.

— 3. Sur une méthode simple pour l'étude des étincelles oscillantes, *Comptes rendus de l'Acad. des sciences*, t. CXL, 1905.

— 4. La constitution de l'étincelle électrique, *Journal de Physique*, 4ᵉ série, t. I, 1902.

H. Hertz.
1. Ueber sehr schnelle elektrische Schwingungen, *Annalen der Physik*, t. XXXI, 1887.

— 2. Die Kräfte elecktrischer Schwingungen und Ueber Strahlen elektrischer Kraft, *Annalen der Physik*, t. XXXVI, 1889.

— 3. *Gesammelte Werke*, vol. II; *Untersuchungen über die Ausbreitung der elektrischer Kraft*. Ambrosius Barth, Leipzig (3 vol.), 1895.

| | |
|---|---|
| P. Janet. | 1*. *Leçons d'électrotechnique générale,* 3e édition, t. II. Paris, Gauthier-Villars (3 vol.), 1908. |
| — | 2. Quelques remarques sur la théorie de l'arc chantant de Duddell, *Comptes rendus de l'Acad. des sciences,* t. CXXXIV, 1902. |
| — | 3. Note relative à quelques expériences sur les courants à haute fréquence, *Journal de physique,* 3e série, t. I, 1892. |
| J. Klemencic. | Thermische Wellenindikatoren, *Annalen der Physik,* t. L, 1893. |
| G. Kirchoff. | *Gesammelte Abhandlungen.* Ambrosius Barth, Leipzig, 1882. |
| M. Lamotte. | Recherches expérimentales sur les oscillations électriques d'ordre supérieur, *Annales de Chimie et Physique,* 7e série, t. XXIV. |
| A. Lampa. | Sender für sehr schnelle elektrische Schwingungen, *Wien. Berichte,* t. CIV, 1895. |
| P. Lebedew. | 1. Sender für sehr schnelle elektrische Schwingungen, *Annalen der Physik,* t. LVI, 1895. |
| — | 2. Ueber die Doppelbrechung elektrischer Kraft, *Annalen der Physik,* t. LVI, 1895. |
| E. Lecher. | 1. Elektromagnetischer Wellen an leitern (système de Lecher), *Annalen der Physik,* t. XLI, 1890. |
| — | 2. Eine studie über elektrische Resonanzerscheinungen, *Sitzungsberichte der Akademie der Wissenschaften,* 1890. |
| R. Lindemann. | Einfluss des Funkens auf Dämpfung, *Annalen der Physik,* t. XII, 1903. |
| O. Lodge. | 1. Stationary oscillations on wires, *Electrician,* t. XXI, 1888. |
| — | 2. On the theory of lightning conductors, *Philosophical Magazine,* 5e série, t. XXVI, 1888. |
| E. Mascart. | *Leçons sur l'électricité et le magnétisme.* 2e édition. Paris, Gauthier-Villars (2 vol.). 1896. |
| J. Clerk Maxwell. | *Traité d'électricité et de magnétisme,* traduit de l'anglais sur la 2e édition par G. Seligmann-Lui. Paris, Gauthier-Villars (2 vol.), 1885. |

| | |
|---|---|
| A. Oberleck. | Ueber den Verlauf der elektrischen Schwingungen bei den Tesla'schen Versuchen, *Annalen der Physik*, t. LV, 1895. |
| Oudin. | Sur les résonateurs et sur l'effluve de résonance, *Comptes rendus de l'Acad. des sciences*, t. CXXVI, 1898. |
| Papalexi. | Messinstrument für Schwingungen von Kondensatorkreisen, *Annalen der Physik*, t. XIV, 1904. |
| K. Pearson et Miss Lee. | On the vibrations in the field round a theoretical Hertzian oscillator, *Philosophical transactions Royal Society*, vol. CXCIII, 1900. |
| Pellat. | (Voir Beaulard, 2.) |
| H. Poincaré. | 1. *Électricité et optique*. t. II, 1re édition. Paris, Georges Carré (2 vol.), 1894. |
| — | 2*. *Les oscillations électriques*. Paris. Georges Carré, 1894. |
| V. Poulsen. | 1. System for producing continuous electric oscillations, *Transactions of the international Congress Saint-Louis* (2), 1904. |
| — | 2. Ein Verfahren zur Erzeugung ungedämpfter elektrischer Schwingungen, und seine Anordnung bei der drahtlosen Telegraphie, *Electrotechnischen Zeitschrift*, t. XXVII, 1906. |
| W. Porter et K. Morriss. | On the question of dielectric hysteresis, *Proceedings of Royal Society*, t. LVII, 1895. |
| H. Poynting. | On the transfer of energy in the electromagnetic field, *Philosophical transactions Royal Society*, t. CLXXXIV, 1884. |
| G. Rempp. | *Einfluss der Funkens auf die Dämpfung von Kondensatorkreisen*, Thèse, Strasbourg, 1904. |
| A. Righi. | L'optique des oscillations électriques, *Archives de Genève*, 4e période, t. IV, 1897. |
| E. Rutherford. | On a magnetic detector of electric waves and some of its applications, *Philosophical Transactions Royal Society*, t. CLXXXIX, 1897. |
| Sarasin et de la Rive. | Sur la résonance multiple des ondulations électriques, *Archives de Genève*, 3e période, t. XXIII, 1890. |

G. Seibt. Theorie der spulenschwingungen auf Grund der Telegraphengleichung, *Elektrotechnischen Zeitschrift*, 1902.

Th. Simon. Ueber die Dynamik der Lichtbogenvorgänge und über Lichtbogenhysteresis, *Physikalische Zeitschrift*, t. VI, 1905.

K. Simons. Die Dämpfung elektrischer Schwingungen durch eine Funkenstrecke, *Annalen der Physik*, t. XIII, 1904.

A. Slaby. Die Abstimmung funkentelegraphischer Sender, extrait de *Elektrotechnischen Zeitschrift*, 1904.

Nils Strindberg. Sur la résonance multiple des oscillations électriques, *Archives de Genève*, 3ᵉ période, t. XXXII, 1894.

Swingedauw. *Bulletin des séances de la Société française de physique*, 1902.

N. Tesla. Expériences avec les courants alternatifs de grande fréquence et de haute tension, *Bulletin de la Société française de Physique*, 1892.

R. Threlfall. On the conversion of electric energy in dielectrics, *Physical rewiew*, t. IV, 1897.

C. Tissot.
1. *Sur la résonance des systèmes d'antennes*, Thèse de doctorat ès sciences physiques. Faculté des sciences de Paris, 15 décembre 1905. Paris, 1905, Gauthier-Villars. — Ou : *Annales de Chimie et Physique*, 8ᵉ série, t. VII, 1906.

—— 2. Bolomètre comme détecteur d'ondes électriques, *Journal de Physique*, 4ᵉ série, t. III, 1904.

—— 3. Sur le détecteur à effet magnétique, *Bulletin des séances de la Société française de physique*, 1903.

—— 4. Sur la stabilité de l'arc de Poulsen, *Bulletin de la Société internationale des électriciens*, n° 87, t. IX, 1909.

—— 5. *Observations sur le phénomène de l'arc chantant*, Congrès de l'A. F. A. S., Montauban, 1902.

—— 6. Les méthodes de mesures dans la télégraphie sans fil.
*Bulletin de la Société internationale des électriciens*, 2ᵉ série, n° 57, t. VI, 1906.

TROWBRIDGE et DUANE. On the velocity of electric waves, *Philosophical Magazine*, 5ᵉ série, t. XL, 1895.

A. TURPAIN.
1. *Recherches expérimentales sur les oscillations électriques.* Paris, A. Hermann, 1899.

— 2. Sur le résonateur de Hertz et le champ hertzien, *Journal de Physique*, 3ᵉ série, t. VII, 1898.

— 3. Recherches expérimentales sur les oscillations électriques, *Journal de Physique*, 3ᵉ série, t. IX, 1900.

M. WIEN.
1. Ueber die Verwendung der Rezonanz bei der drahtlosen Telegraphie, *Annalen der Physik*, t. VIII, 1902.

— 2. Ueber die Intensität der beiden Schwingungen eines gekoppelten Senders, *Physikalische Zeitschrift*, t. VII, 1906.

J. ZENNECK.
\* *Elektromagnetische Schwingungen und drahtlose Telegraphie.* Fr. Enke, Stuttgart, 1905.

# TABLE ALPHABÉTIQUE DES AUTEURS ET DES MATIÈRES

Absorption par les conducteurs, 338.
Accord du résonateur, 284.
Action d'un circuit oscillatoire sur un circuit fermé, 433.
Actions électrodynamiques des courants alternatifs, 95.
Acuité de la résonance, 411.
Amortissement de la décharge, 131.
Amortissement; influence de l'étincelle, 143.
Amortissement; influence du condensateur, 144.
Amortissement des ondes dans les fils, 313.
Amortissement; détermination, 179, 401.
Amortissement de l'excitateur, 369.
Amortissement dans les circuits couplés, 422.
Amortissement des oscillations, 117.
Amortissement dû au rayonnement, 369.
AMPÈRE (loi d'), 262.
Ampèremètres thermiques, 185.
Analyse harmonique d'une courbe, 84.
Arc chantant, 147, 149.
Arc chantant (coefficient de stabilité de l'), 151.
Arc de Poulsen, 156.
ARNO (R.), 144.
AYRTON (H.), 151.

BATTELLI (et MAGRI), 121.
BARBILLION, 336.
BEAULARD, 146.
BJERKNES (V.), 196, 306, 312, 339, 397, 402.
BJERKNES théorie de la résonance, 377.
BLONDEL, 151.
BLONDLOT (R.), 240, 248, 302, 308, 327, 331.
Bobines de réaction, 98.
Bolomètre, 188.
BOSE (W.-CH.), 295.
BOUASSE (H.), 125, 235.
BOYS (V.), 120.
BRANLY (E.), 341, 342.
BRILLOUIN (M.), 235, 348, 360, 405.
BROCA (A.), 186, 195.
BROOKS (H.), 180.

Capacité dans un courant alternatif, 70.
Capacité d'un système de deux fils parallèles, 254.
Caractéristiques statique et dynamique d'un arc, 152, 159.
Champ de l'excitateur, 354, 359.
— interférent, 324.
Coefficient d'induction mutuelle de deux circuits rectangulaires, 214.
Coefficient de self-induction d'un circuit rectangulaire, 218.
Coefficient de self-induction d'un circuit circulaire, 220.

Coefficient de self-induction d'un conducteur rectiligne, 220.
Coefficient de self-induction d'un cadre à plusieurs tours, 221.
Coefficient de self-induction d'un solénoïde, 242.
Coefficients de self-induction; détermination, 225.
Coefficient de couplage, 416.
Cohéreur, 310.
Cohn (et Heerwagen), 322.
Comparaison des chronomètres, 37.
Composition des mouvements vibratoires, 29.
Conditions d'application des relations de Bjerknes, 403.
Condensateur (qualité d'un), 147.
Conducteurs (relations pour les milieux), 278.
Constante de temps, 62.
Constante diélectrique en U. E. S. et U. E. M., 267.
Constantes diélectriques; valeurs, 331.
Constantes diélectriques aux basses températures, 333.
Couplage de deux circuits, 412, 416.
Couplage lâche et serré, 426.
Couplage; influence sur les oscillations secondaires, 427.
Courant sinusoïdal, 55.
— production, 56.
— diélectrique, 261.
Courants de haute fréquence; production, 106.
Courants de haute fréquence; mesure, 166.
Courants de haute fréquence; effets physiologiques, 432.
Courbe de résonance, 397, 405.
Curl d'un vecteur, 269.

Décharge continue, 112.
— oscillante, 108.
— étude expérimentale, 122.
Décombe (L.), 122, 313.
Décrément des oscillations, 117.
Décréments; détermination, 180.
Décréments; détermination par la courbe de résonance, 401.
Détecteur magnétique de Rutherford, 181.
Déplacement électrique, 260.
Diélectriques; rôle, 258.
— constantes, 331.
Diffraction des ondes électriques, 297, 299, 342.
Diffusion du courant, 240.
Dispersion électrique, 335.
Distribution du courant dans un conducteur cylindrique, 200.
Distribution des vecteurs dans le champ de l'oscillateur, 354.
Divergence d'un vecteur, 276.
Doublet, 344.
— composantes, 349, 351.
Drude (P.), 142, 143, 147, 322, 336, 412.
Duddell (W.), 147, 193.

Effet Ferranti, 82.
Effet total du courant, 388, 392.
Effet total du potentiel, 388, 391.
Eickhoff (W.), 141.
Electrodynamomètre de Fleming, 97.
Electrodynamomètre de Papalexi, 194.
Electrodynamomètre de Broca, 195.
Enceintes métalliques fermées, 342.
Energie dépensée dans un diélectrique, 146.

# TABLE ALPHABÉTIQUE DES AUTEURS ET DES MATIÈRES

Energie électrique par unité de volume, 361.
Energie magnétique par unité de volume, 361.
Energie; répartition dans une onde stationnaire, 249.
Energie; taux de variation dans le champ, 360.
Equation générale de l'induction, 60, 109.
Equations de Hertz pour un milieu diélectrique, 268.
Equations des lignes de force électriques, 349.
Equation des télégraphistes, 228.
— de continuité, 276.
Etalonnage d'un bolomètre, 191.
Etalonnage d'une self-induction en haute fréquence, 223.
Etincelles oscillantes (photographies), 124, 131.
Etincelle (résistance de l'), 135.
Etincelle de capacité, 128.
— self-induction, 128.
— pilote de Boys, 128.
Exploration du champ de l'excitateur, 282.
Exploration du champ hertzien à un ou deux fils, 303.
Excitateur de Hertz, 280.
— de Blondlot, 309.
Expressions des composantes pour un doublet, 344.

Faraday (loi de), 262.
Feddersen, 119.
Fizeau (et Gounelle), 238.
Fleming (J.-A.), 97, 143, 160, 245, 333, 371.
Flux conservatif, 276.
Fonctions harmoniques; sommation, 25, 28.
Fonctions harmoniques de périodes peu différentes, 32.

Fonctionnement du résonateur, 315.
Force électromotrice efficace, 89.
Fréquence d'un courant alternatif, 58.
Fréquences réalisées par les moyens mécaniques, 106.
Fréquences réalisées par l'arc chantant, 154.
Fréquences réalisées par l'arc de Poulsen, 156.

Hemsalech (G.-A.), 127, 130, 133.
Hertz (H.), 268, 286, 290, 301, 340, 351, 359.
Hertz (expériences de), 279.
Heydweiller, 198.
Houle trochoïdale, 17, 46.
Huygens (principe de), 21, 31.
Hystérésis diélectrique, 144.

Imitation des phénomènes optiques, 297.
Impédance, 65, 79.
Impédance avec amortissement, 167.
Impédance imaginaire, 101.
Inductance, 80.
Instruments de mesures pour courants alternatifs, 91.
Instruments de mesures pour courants de haute fréquence, 185.
Intensité efficace d'un courant alternatif, 87.
Intensité efficace d'un courant oscillatoire amorti, 175.
Intensité moyenne, 87.
Interférences, 29.
Interférences; généralités, 29.
Interférences de deux mouvements vibratoires, 29.
Interférences; ondes stationnaires, 42.

Interférences des ondes électriques, 299.
Isochronisme (point d'), 398.

JANET (P.), 148, 149, 389.
JONES, 312.

KLEMENCIC (J.), 296.
KIRCHHOFF (R.), 225, 255, 317.
— (théorie de), 225.
— vérifications, 237, 242.

LAMOTTE (M.), 321.
LAMPA (A.), 295.
LEBEDEW (P.), 295, 298, 300.
LECHER (E.), 302, 312, 319.
Lignes de force de l'oscillateur, 349.
LINDEMANN (R.), 137, 441.
Localisation superficielle des courants de haute fréquence, 199.
LODGE (O.), 121, 293.
Longueur d'onde, 11, 17.
Longueurs d'ondes électriques dans l'air, 288.
Longueurs d'ondes électriques dans les fils, 305, 308.
Longueurs d'ondes électriques dans un diélectrique, 327.

Marées (phénomènes des), 39.
MACK, 299.
MARCHANT, 132.
MASCART (E.), 200, 212, 214, 219, 220, 361.
MAXWELL (J.-C.), 256 et suiv.
— (relation de) 327.
Mécanisme de la propagation des ébranlements de l'excitateur, 355.
Mesure des courants alternatifs, 91.
Mesure des courants de haute fréquence, 166.
Mesure des différences de potentiel, 196.
Moment d'un doublet, 344.
Mouvement pendulaire, 1.
— vibratoire quelconque, 5.
Mouvement vibratoire transversal, 15.

NEUMANN (formule de), 214.
Nombre d'oscillations par décharge, 167.
OBERBECK (A.), 412.
Ondes ; surface d'onde, 18.
Ondes liquides progressives (houle), 49.
Ondes stationnaires (clapotis), 46.
Ondes stationnaires dans les tuyaux, 42.
Ondes électromagnétiques, 228, 256.
Ondes enveloppes, 23.
Ondes planes (électriques), 261.
— planes, 21, 251.
— stationnaires dans les fils, 232, 311, 314.
Ondes stationnaires dans les solénoïdes, 242.
Ondes stationnaires dans le diélectrique, 287.
Oscillateur de Lodge, 293.
— de Righi, 294.
— de Lebedew, 295.
Oscillations d'un circuit de décharge quelconque, 253.
Oscillations de l'arc de Poulsen, 160.
Oscillations électriques d'ordre supérieur, 318.
OUDIN (résonateur), 247.

PAALZOW, 120.
PAPALEXI, 194.

PELLAT (H.), 146.
Période d'un courant alternatif, 58.
Période d'une décharge oscillante, 115, 118.
Période de l'arc chantant, 147.
— de l'arc de Poulsen, 163.
PÉROT, 312.
Phase, 6.
Phénomènes présentés par les courants alternatifs, 98.
Phénomènes de luminescence avec transformateurs Tesla, 430.
POINCARÉ (H.), 233, 274, 306, 371.
POISSON (relation de), 276.
Polarisation des ondes électriques, 291.
Potentiel (différence de aux extrémités d'un conducteur siège d'un courant alternatif, 67.
Potentiel en haute fréquence, 196.
Potentiels explosifs, 198.
Potentiel : effet total et amplitude lors de la résonance, 391.
Potentiel (différence de) efficace, 89.
POULSEN (V.), 156.
PORTER (W.) et (K. MORRISS), 145.
POYNTING (théorème de), 360.
Profondeur de pénétration du courant, 204.
Propagation d'un mouvement vibratoire, 8, 18.
Propagation des ondes longitudinales, 50.
Propagation d'une perturbation le long d'un conducteur, 225.
Propagation des ondes électriques dans le vide, 261, 276.
Propagation dans un diélectrique quelconque, 326.

Puissance d'un courant sinusoïdal, 90.
Pulsation, 58.
PUPIN (méthode de), 84.

RAYLEIGH (formule de Lord), 210.
Rayonnement de l'excitateur, 367.
Réactance, 80.
Réaction de deux circuits, 102.
— d'un circuit fermé sur un circuit oscillatoire, 438.
Réduction de la période, 292.
Réflexions des ondes électriques, 289.
Réfraction des ondes électriques, 291.
Règle de Fresnel, 26.
REMPP (G.), 141.
Représentation par les quantités complexes, 100.
Résistance de l'étincelle, 135.
— d'un conducteur en haute fréquence, 206.
Résonance ; courants alternatifs, 80.
Résonance multiple, 305.
— (condition de), 82.
— (circuit de), 162.
— courbe de), 394, 405.
— (acuité de la), 411.
— dans les systèmes couplés, 412, 427.
Résonance (condition de), 82.
— (circuit de), 162.
Résonateur de Hertz, 282.
— de Blondlot, 308.
— à coupure, 304.
— de Righi, 295.
— Oudin, 247.
— influence de la position, 336.
Retard, 8, 64.
Rotation d'un vecteur, 269.

Oscillations électriques.

Righi (A.), 293, 299.
Rubens, 312, 320.
Rutherford (E.), 181.

Sarasin et La Rive, 305.
Seibt (G.), 245.
Self-induction dans un courant alternatif, 59.
Self-induction; représentation graphique, 65.
Self-induction des appareils de mesures, 185.
Self-induction en haute fréquence, 213.
Self-induction (valeurs des); formules usuelles, 219.
Simon (Th), 151.
Simons (K), 141.
Slaby (A), 139.
Sommation des fonctions harmoniques, 25, 28.
Steinmetz, 144.
Stéphan (formule de), 221.
Stokes (relations de), 268.
Strindberg (N.), 313.
Stroboscopique (méthode), 36.
Superposition des petits mouvements, 23.
Swingedauw (R.), 125.

Tesla (N.), 430.
Thermo-galvanomètre, 193.
Thermomètre de Riess, 187.
Thomson (formule de), 118.
Thomson (J.-J.), 132.
Threlfall, 145.
Tissot (C.), 125, 149, 165, 182, 189, 394, 403.

Train d'ondes, 171.
Transformateur de Tesla, 430.
Transformation (rapport de), 422.
Transversalité des vibrations, 355.
Trowbridge (et Duane), 314.
Turpain (A.), 303, 323, 325, 337, 342.

Unité de la force électrique, 265.
Unités électriques ; tableau, 444.
Unités électriques ; rapport, 444.

Vaschy, 254.
Vecteur radiant, 365.
Vitesse de propagation d'un mouvement vibratoire, 13.
Vitesse de propagation d'ondes longitudinales, 51, 52.
Vitesse de propagation d'un ébranlement le long d'un fil, 233, 237.
Vitesse de propagation des ondes électriques dans un diélectrique, 268, 278, 326.
Vitesse de propagation des ondes électriques (détermination expérimentale), 288, 311.
Vitesse de propagation des ondes électriques dans un fil, 308, 314.

Wien (M.), 411.

Zeemann, 342.
Zenneck (J.), 411.

# TABLE SYSTÉMATIQUE DES MATIÈRES

INTRODUCTION. — *Mouvements vibratoires et phénomènes périodiques* .................................... 1
1. Mouvement pendulaire. ........................... 1
2. Mouvement vibratoire quelconque ................. 5
3. Phase ........................................... 6
4. Propagation d'un mouvement vibratoire ........... 8
5. Longueur d'onde. ................................ 9
6. Vitesse vibratoire à distance de l'origine. ..... 12
7. Vitesse de propagation. ......................... 13
8. Mouvement vibratoire transversal ................ 15
9. Propagation dans un milieu indéfini. Surface d'onde . 18
10. Principe de Huygens. ........................... 21
11. Superposition des petits mouvements. ........... 23
12. Sommation de deux fonctions harmoniques de même période ........................................ 25
13. Règle de Fresnel. .............................. 26
14. Sommation de plusieurs fonctions harmoniques de même période ................................... 28
15. Interférences. ................................. 29
16. Cas de deux mouvements vibratoires parallèles. . 29
17. Justification du principe des ondes enveloppes . 31
18. Fonctions harmoniques de périodes peu différentes. 32
19. Application des notions précédentes ............ 35
20. Cas particulier d'interférences. Ondes stationnaires. 42
21. Ondes liquides stationnaires. « Clapotis ». ..... 46
22. Problème dynamique de la propagation des ondes. 50

## CHAPITRE I

### COURANTS ALTERNATIFS DE BASSE FRÉQUENCE

23. Courant sinusoïdal. ............................ 55
24. Production d'un courant sinusoïdal. ............ 56
25. Cas où le circuit possède de la self-induction. . 59
26. Représentation graphique ....................... 65

27. Différence de potentiel aux extrémités d'un circuit parcouru par un courant sinusoïdal. . . . . . . . . 67
28. Cas où le circuit possède de la capacité . . . . . . . 70
29. Cas où le circuit présente à la fois de la self-induction et de la capacité. . . . . . . . . . . . . . . . . . 76
30. Cas particulier. Résonance. . . . . . . . . . . . . 80
31. Application du phénomène de résonance. Analyse harmonique d'une courbe périodique . . . . . . . . . 84
32. Intensité efficace. Force électromotrice efficace. . . . 87
33. Puissance d'un courant sinusoïdal . . . . . . . . . . 90
34. Instruments de mesures pour courants alternatifs. . . 91
35. Actions électrodynamiques des courants alternatifs. . 95
36. Phénomènes généraux présentés par les courants alternatifs . . . . . . . . . . . . . . . . . . . . . . . 98
37. Bobines de réaction. . . . . . . . . . . . . . . . . 98
38. Représentation par les quantités complexes. . . . . . 100
39. Réaction de deux circuits l'un sur l'autre. . . . . . . 102

## CHAPITRE II

### PRODUCTION DES COURANTS DE HAUTE FRÉQUENCE

40. Ordre de grandeur des fréquences réalisées à l'aide de moyens mécaniques. . . . . . . . . . . . . . . . . 106
41. Décharge oscillante d'un condensateur . . . . . . . . 108
42. Vérifications expérimentales . . . . . . . . . . . . . 119
43. Étude expérimentale de la décharge oscillante . . . . 122
44. Expériences de Hemsalech . . . . . . . . . . . . . . 127
45. Amortissement de la décharge. . . . . . . . . . . . 131
46. Résistance de l'étincelle . . . . . . . . . . . . . . . 135
47. Influence du condensateur sur l'amortissement. . . . 143
48. Production d'oscillations électriques au moyen de l'arc chantant. . . . . . . . . . . . . . . . . . . . . . 147
48 bis. Conditions d'établissement de l'arc chantant . . . 149
49. Ordre de grandeur des fréquences réalisables. . . . . 154
50. Arc de Poulsen. . . . . . . . . . . . . . . . . . . 156
51. Caractère des oscillations engendrées dans l'arc de Poulsen. . . . . . . . . . . . . . . . . . . . . . . 160

# CHAPITRE III

### MESURES EN HAUTE FRÉQUENCE

| | | |
|---|---|---|
| 52. | Mesure des courants de haute fréquence | 166 |
| 53. | Nombre d'oscillations par décharge | 167 |
| 54. | Relation entre l'amplitude du courant et la différence de potentiel dans un circuit de décharge | 172 |
| 55. | Intensité efficace d'un courant oscillatoire amorti | 175 |
| 56. | Détermination expérimentale de l'amortissement | 179 |
| 57. | Instruments de mesures pour hautes fréquences | 185 |
| 58. | Mesure des courants. Ampèremètres thermiques | 185 |
| 59. | Bolomètre | 188 |
| 60. | Thermo-galvanomètre | 193 |
| 61. | Électro-dynamomètres | 194 |
| 62. | Mesure des différences de potentiel | 196 |
| 63. | Localisation superficielle des courants de haute fréquence | 199 |
| 64. | Distribution du courant dans un conducteur cylindrique | 200 |
| 65. | Profondeur de pénétration du courant | 204 |
| 66. | Résistance d'un conducteur pour des courants alternatifs de haute fréquence | 206 |
| 67. | Cas où la fréquence n'est pas très élevée | 212 |
| 68. | Self-induction des conducteurs en haute fréquence | 213 |
| 69. | Coefficient d'induction mutuelle de deux circuits rectangulaires | 214 |
| 70. | Coefficient de self-induction d'un cadre rectangulaire | 218 |
| 71. | Cas particuliers. Formules usuelles | 219 |
| 72. | Détermination expérimentale des coefficients de self-induction | 223 |

# CHAPITRE IV

### PROPAGATION D'UN ÉBRANLEMENT LE LONG D'UN FIL

| | | |
|---|---|---|
| 73. | Propagation d'une perturbation le long d'un conducteur. *Théorie de Kirchhoff* | 225 |
| 74. | Cas où la résistance est négligeable | 228 |
| 75. | Cas où la résistance n'est pas négligeable | 233 |
| 76. | Ordre de grandeur de la vitesse de propagation | 235 |

77. Vérifications expérimentales de la théorie. — I. *Vérifications directes* .................... 237
78. II. *Vérifications indirectes*. — Production d'ondes stationnaires .......................... 242
79. Résonateur Oudin ........................ 246
80. Relation entre l'amplitude du potentiel et l'amplitude du courant ........................... 248
81. Cas où la capacité n'est pas répartie uniformément. . 251
82. Circuit de décharge quelconque. ............. 253

## CHAPITRE V

### ONDES ÉLECTRIQUES

83. Les ondes électromagnétiques .............. 256
84. Rôle des diélectriques. Déplacement électrique ... 258
85. Propagation dans le milieu. Ondes planes ...... 261
86. Équations générales de Hertz pour un milieu diélectrique. ............................. 268
87. Propagation par ondes (Vitesse de propagation) ... 276
88. Milieux conducteurs ..................... 278
89. Expériences de Hertz .................... 279
90. Exploration du champ de l'excitateur. ......... 282
91. Production d'ondes stationnaires dans le diélectrique. 285
92. Ordre de grandeur de la vitesse de propagation. ... 288
93. Propagation, réflexion, réfraction des ondes électriques. 289
94. Réduction de la période des oscillations ....... 292
95. Imitation des phénomènes optiques .......... 297
96. Propagation le long d'un fil. ............... 300
97. Exploration du champ hertzien à un ou deux fils .. 303
98. Résonance multiple ..................... 305
99. Vitesse de propagation des ondes hertziennes dans un fil. ................................. 308
100. Ondes stationnaires dans les fils ............ 311
101. Influence de l'amortissement. .............. 313
102. Application des ondes stationnaires à la détermination de la vitesse de propagation le long des fils .... 314
103. Fonctionnement du résonateur ............. 315
104. Accord avec la théorie de Kirchhoff. Différence des points de vue. ......................... 317
105. Oscillations électriques d'ordre supérieur. ...... 318

106. Cas particuliers d'interférences le long des fils. Champ interférent. . . . . . . . . . . . . . . . . . 322
107. Propagation dans un diélectrique autre que l'air . . . 326
108. Relation de Maxwell. . . . . . . . . . . . . . . . . 327
109. Dispersion électrique. . . . . . . . . . . . . . . . 335
110. Influence de la position du résonateur. . . . . . . . 336
111. Absorption par les conducteurs . . . . . . . . . . . 338

## CHAPITRE VI

### RAYONNEMENT DE L'OSCILLATEUR

112. Expression des composantes des forces électriques et magnétiques pour un doublet. . . . . . . . . . . . 344
113. Équation des lignes de forces électriques. . . . . . . 349
114. Forme donnée par Hertz aux composantes . . . . . . 351
115. Distribution des vecteurs dans le champ . . . . . . . 354
116. Mécanisme de la propagation. . . . . . . . . . . . . 355
117. Théorème de Poynting. Vecteur radiant . . . . . . . 360
118. Rayonnement d'un excitateur . . . . . . . . . . . . 367
119. Amortissement de l'excitateur . . . . . . . . . . . . 368
120. Calcul de l'amortissement dû au rayonnement . . . . 369

## CHAPITRE VII

### LA RÉSONANCE ÉLECTRIQUE

121. Accord du résonateur . . . . . . . . . . . . . . . . 376
122. Théorie de Bjerknes. . . . . . . . . . . . . . . . . 377
123. Vérification expérimentale . . . . . . . . . . . . . 389
124. Comparaison de l'effet total et du maximum d'amplitude du potentiel lors de la résonance. . . . . . . 391
125. La courbe de résonance . . . . . . . . . . . . . . . 394
126. Détermination des décéments par la courbe de résonance. . . . . . . . . . . . . . . . . . . . . . . . 401
127. Conditions d'application des relations . . . . . . . . 403
128. Autres formes de la courbe de résonance. . . . . . . 405
129. Résonance dans le cas de systèmes couplés. . . . . . 412
130. Rapport des différences de potentiel dans deux circuits oscillatoires couplés . . . . . . . . . . . . . . 419

131. Amortissement dû à la résistance des circuits . . . . 422
132. Couplage serré et couplage lâche. . . . . . . . . . . 426
133. Influence du couplage sur les oscillations secondaires . .427
134. Transformateur de Tesla. . . . . . . . . . . . . . . 430
135. Action d'un circuit oscillatoire sur un circuit fermé. . 433
136. Réaction du circuit fermé sur le circuit oscillatoire. . 438

INDEX BIBLIOGRAPHIQUE. . . . . . . . . . . . . . . . . 445
TABLE ALPHABÉTIQUE DES AUTEURS ET DES MATIÈRES . . . . 453
TABLE SYSTÉMATIQUE DES MATIÈRES . . . . . . . . . . . 459

octave doin et fils, éditeurs, 8, place de l'odéon, paris

# ENCYCLOPÉDIE SCIENTIFIQUE

## Publiée sous la direction du D<sup>r</sup> TOULOUSE

Nous avons entrepris la publication, sous la direction générale de son fondateur, le D<sup>r</sup> Toulouse, Directeur à l'École des Hautes-Études, d'une Encyclopédie scientifique de langue française dont on mesurera l'importance à ce fait qu'elle est divisée en 40 sections ou Bibliothèques et qu'elle comprendra environ 1000 volumes. Elle se propose de rivaliser avec les plus grandes encyclopédies étrangères et même de les dépasser, tout à la fois par le caractère nettement scientifique et la clarté de ses exposés, par l'ordre logique de ses divisions et par son unité, enfin par ses vastes dimensions et sa forme pratique.

I

### PLAN GÉNÉRAL DE L'ENCYCLOPÉDIE

**Mode de publication.** — L'*Encyclopédie* se composera de monographies scientifiques, classées méthodiquement et formant dans leur enchaînement un exposé de toute la science. Organisée sur un plan systématique, cette Encyclopédie, tout en évitant les inconvénients des Traités, — massifs, d'un prix global élevé, difficiles à consulter, — et les inconvénients des Dictionnaires, — où les articles scindés irrationnellement, simples chapitres alphabétiques, sont toujours nécessairement incomplets, — réunira les avantages des uns et des autres.

Du Traité, l'*Encyclopédie* gardera la supériorité que possède un ensemble complet, bien divisé et fournissant sur chaque science tous les enseignements et tous les renseignements qu'on en réclame. Du Dictionnaire, l'*Encyclopédie* gardera les facilités de recherches par le moyen d'une table générale, l'*Index de l'Encyclopédie*, qui paraîtra dès la publication d'un certain nombre de volumes et sera réimprimé périodiquement. L'*Index* renverra le lecteur aux différents volumes et aux pages où se trouvent traités les divers points d'une question.

Les éditions successives de chaque volume permettront de suivre toujours de près les progrès de la science. Et c'est par là que s'affirme la supériorité de ce mode de publication sur tout autre. Alors que, sous sa masse compacte, un traité, un dictionnaire ne peut être réédité et renouvelé que dans sa totalité et qu'à d'assez longs intervalles, inconvénients graves qu'atténuent mal des suppléments et des appendices, l'*Encyclopédie scientifique*, au contraire, pourra toujours rajeunir les parties qui ne seraient plus au courant des derniers travaux importants. Il est évident, par exemple, que si des livres d'algèbre ou d'acoustique physique peuvent garder leur valeur pendant de nombreuses années, les ouvrages exposant les sciences en formation, comme la chimie physique, la psychologie ou les technologies industrielles, doivent nécessairement être remaniés à des intervalles plus courts.

Le lecteur appréciera la souplesse de publication de cette *Encyclopédie*, toujours vivante, qui s'élargira au fur et à mesure des besoins dans le large cadre tracé dès le début, mais qui constituera toujours, dans son ensemble, un traité complet de la Science, dans chacune de ses sections un traité complet d'une science, et dans chacun de ses livres une monographie complète. Il pourra ainsi n'acheter que telle ou telle section de l'*Encyclopédie*, sûr de n'avoir pas des parties dépareillées d'un tout.

L'*Encyclopédie* demandera plusieurs années pour être achevée ; car pour avoir des expositions bien faites, elle a pris ses collaborateurs plutôt parmi les savants que parmi les professionnels de la rédaction scientifique que l'on retrouve généralement dans les œuvres similaires. Or les savants écrivent peu et lentement : et il est préférable de laisser temporairement sans attribution certains ouvrages plutôt que de les confier à des auteurs insuffisants. Mais cette lenteur et ces vides ne présenteront pas d'inconvénients, puisque chaque livre est une œuvre indépendante et que tous les volumes publiés sont à tout moment réunis par l'*Index de l'Encyclopédie*. On peut donc encore considérer l'Encyclopédie comme une librairie, où les livres soigneusement choisis, au lieu de représenter le hasard d'une production individuelle, obéiraient à un plan arrêté d'avance, de manière qu'il n'y ait ni lacune dans les parties ingrates, ni double emploi dans les parties très cultivées.

**Caractère scientifique des ouvrages.** — Actuellement, les livres de science se divisent en deux classes bien distinctes : les livres destinés aux savants spécialisés, le plus souvent incompréhensibles pour tous les autres, faute de rappeler au début des chapitres les connaissances nécessaires, et surtout faute de définir les nombreux termes techniques incessamment forgés, ces derniers rendant un mémoire d'une science particulière inintelligible à un savant qui en a abandonné l'étude durant quelques années ; et ensuite les livres écrits pour le grand public, qui sont sans profit pour des savants et même pour des personnes d'une certaine culture intellectuelle.

L'*Encyclopédie scientifique* a l'ambition de s'adresser au public le plus large. Le savant spécialisé est assuré de rencontrer dans les volumes de sa partie une mise au point très exacte de l'état actuel des questions ; car chaque Bibliothèque, par ses techniques et ses monographies, est d'abord faite avec le plus grand soin pour servir d'instrument d'études et de recherches à ceux qui cultivent la science particulière qu'elle représente, et sa devise pourrait être : *Par les savants, pour les savants*. Quelques-uns de ces livres seront même, par leur caractère didactique, destinés à devenir des ouvrages classiques et à servir aux études de l'enseignement secondaire ou supérieur. Mais, d'autre part, le lecteur non spécialisé est certain de trouver, toutes les fois que cela sera nécessaire, au seuil de la section, — dans un ou plusieurs volumes de généralités, — et au seuil du volume, — dans un chapitre particulier, — des données qui formeront une véritable introduction le mettant à même de poursuivre avec profit sa lecture. Un vocabulaire technique, placé, quand il y aura lieu, à la fin du volume, lui permettra de connaître toujours le sens des mots spéciaux.

## II

### ORGANISATION SCIENTIFIQUE

Par son organisation scientifique, l'*Encyclopédie* paraît devoir offrir aux lecteurs les meilleures garanties de compétence. Elle est divisée en Sections ou Bibliothèques, à la tête desquelles sont placés des savants professionnels spécialisés dans chaque ordre de sciences et en pleine force de production, qui, d'accord avec le Directeur général, établissent les divisions des matières, choisissent les collaborateurs et acceptent les manuscrits. Le même esprit se manifestera partout : éclectisme et respect de toutes les opinions logiques, subordination des théories aux données de l'expérience, soumission à une discipline rationnelle stricte ainsi qu'aux règles d'une exposition méthodique et claire. De la sorte, le lecteur, qui aura été intéressé par les ouvrages d'une section dont il sera l'abonné régulier, sera amené à consulter avec confiance les livres des autres sections dont il aura besoin, puisqu'il sera assuré de trouver partout la même pensée et les mêmes garanties. Actuellement, en effet, il est, hors de sa spécialité, sans moyen pratique de juger de la compétence réelle des auteurs.

Pour mieux apprécier les tendances variées du travail scientifique adapté à des fins spéciales, l'*Encyclopédie* a sollicité, pour la direction de chaque Bibliothèque, le concours d'un savant placé dans le centre même des études du ressort. Elle a pu ainsi réunir des représentants des principaux Corps savants, Établissements d'enseignement et de recherches de langue française :

*Institut.*
*Académie de Médecine.*

*Collège de France.*
*Muséum d'Histoire naturelle.*
*École des Hautes-Études.*
*Sorbonne et École normale.*
*Facultés des Sciences.*
*Facultés des Lettres.*
*Facultés de Médecine.*
*Instituts Pasteur.*
*École des Ponts et Chaussées.*
*École des Mines.*
*École Polytechnique.*

*Conservatoire des Arts et Métiers.*
*École d'Anthropologie.*
*Institut National agronomique.*
*École vétérinaire d'Alfort.*
*École supérieure d'Électricité.*
*École de Chimie industrielle de Lyon.*
*École des Beaux-Arts.*
*École des Sciences politiques.*

*Observatoire de Paris.*
*Hôpitaux de Paris.*

## III

### BUT DE L'ENCYCLOPÉDIE

Au xvIII<sup>e</sup> siècle, « l'Encyclopédie » a marqué un magnifique mouvement de la pensée vers la critique rationnelle. A cette époque, une telle manifestation devait avoir un caractère philosophique. Aujourd'hui, l'heure est venue de renouveler ce grand effort de critique, mais dans une direction strictement scientifique ; c'est là le but de la nouvelle *Encyclopédie*.

Ainsi la science pourra lutter avec la littérature pour la direction des esprits cultivés, qui, au sortir des écoles, ne demandent guère de conseils qu'aux œuvres d'imagination et à des encyclopédies où la science a une place restreinte, tout à fait hors de proportion avec son importance. Le moment est favorable à cette tentative ; car les nouvelles générations sont plus instruites dans l'ordre scientifique que les précédentes. D'autre part, la science est devenue, par sa complexité et par les corrélations de ses parties, une matière qu'il n'est plus possible d'exposer sans la collaboration de tous les spécialistes, unis là comme le sont les producteurs dans tous les départements de l'activité économique contemporaine.

A un autre point de vue, l'*Encyclopédie*, embrassant toutes les manifestations scientifiques, servira comme tout inventaire à mettre au jour les lacunes, les champs encore en friche ou abandonnés, — ce qui expliquera la lenteur avec laquelle certaines sections se développeront, — et suscitera peut-être les travaux nécessaires. Si ce résultat est atteint, elle sera fière d'y avoir contribué.

Elle apporte en outre une classification des sciences et, par ses divisions, une tentative de mesure, une limitation de chaque domaine. Dans son ensemble, elle cherchera à refléter exactement le prodigieux effort scientifique du commencement de ce siècle et un moment de sa pensée, en sorte que dans l'avenir elle reste le document principal où l'on puisse retrouver et consulter le témoignage de cette époque intellectuelle.

On peut voir aisément que l'*Encyclopédie* ainsi conçue, ainsi réalisée, aura sa place dans toutes les bibliothèques publiques, universitaires et scolaires, dans les laboratoires, entre les mains des savants, des industriels et de tous les hommes instruits qui veulent se tenir au courant des progrès, dans la partie qu'ils cultivent eux-mêmes ou dans tout le domaine scientifique. Elle fera jurisprudence, ce qui lui dicte le devoir d'impartialité qu'elle aura à remplir.

Il n'est plus possible de vivre dans la société moderne en ignorant les diverses formes de cette activité intellectuelle qui révolutionne les conditions de la vie ; et l'interdépendance de la science ne permet plus aux savants de rester cantonnés, spécialisés dans un étroit domaine. Il leur faut, — et cela leur est souvent difficile, — se mettre au courant des recherches voisines. A tous, l'*Encyclopédie* offre un instrument unique dont la portée scientifique et sociale ne peut échapper à personne.

## IV

### CLASSIFICATION DES MATIÈRES SCIENTIFIQUES

La division de l'*Encyclopédie* en Bibliothèques a rendu nécessaire l'adoption d'une classification des sciences, où se manifeste nécessairement un certain arbitraire, étant donné que les sciences se distinguent beaucoup moins par les différences de leurs objets que par les divergences des aperçus et des habitudes de notre esprit. Il se produit en pratique des interpénétrations réciproques entre leurs domaines, en sorte que, si l'on donnait à chacun l'étendue à laquelle il peut se croire en droit de prétendre, il envahirait tous les territoires voisins ; une limitation assez stricte est nécessitée par le fait même de la juxtaposition de plusieurs sciences.

Le plan choisi, sans viser à constituer une synthèse philosophique des sciences, qui ne pourrait être que subjective, a tendu pourtant à échapper dans la mesure du possible aux habitudes traditionnelles d'esprit, particulièrement à la routine didactique, et à s'inspirer de principes rationnels.

Il y a deux grandes divisions dans le plan général de l'*Encyclopédie* : d'un côté, les sciences pures, et, de l'autre, toutes les technologies qui correspondent à ces sciences dans la sphère des applications. A part et au début, une Bibliothèque d'introduction générale est consacrée à la philosophie des sciences (histoire des idées directrices, logique et méthodologie).

Les sciences pures et appliquées présentent en outre une division générale en sciences du monde inorganique et en sciences biologiques. Dans ces deux grandes catégories, l'ordre est celui de particularité croissante, qui marche parallèlement à une rigueur décroissante. Dans les sciences biologiques pures enfin, un groupe de sciences s'est trouvé mis à part, en tant qu'elles s'occupent moins de dégager des lois générales et abstraites que de fournir des monographies d'êtres concrets, depuis la paléontologie jusqu'à l'anthropologie et l'ethnographie.

Étant donné les principes rationnels qui ont dirigé cette classification, il n'y a pas lieu de s'étonner de voir apparaître des groupements relativement nouveaux, une biologie générale, — une physiologie et une pathologie végétales, distinctes aussi bien de la botanique que de l'agriculture, — une chimie physique, etc.

En revanche, des groupements hétérogènes se disloquent pour que leurs parties puissent prendre place dans les disciplines auxquelles elles doivent revenir. La géographie, par exemple, retourne à la géologie, et il y a des géographies botanique, zoologique, anthropologique, économique, qui sont étudiées dans la botanique, la zoologie, l'anthropologie, les sciences économiques.

Les sciences médicales, immense juxtaposition de tendances très diverses, unies par une tradition utilitaire, se désagrègent en des sciences ou des techniques précises ; la pathologie, science de lois, se distingue de la thérapeutique ou de l'hygiène, qui ne sont que les applications des données générales fournies par les sciences pures, et à ce titre mises à leur place rationnelle.

Enfin, il a paru bon de renoncer à l'anthropocentrisme qui exigeait une physiologie humaine, une anatomie humaine, une embryologie humaine, une psychologie humaine. L'homme est intégré dans la série animale dont il est un aboutissant. Et ainsi, son organisation, ses fonctions, son développement, s'éclairent de toute l'évolution antérieure et préparent l'étude des formes plus complexes des groupements organiques qui sont offerts par l'étude des sociétés.

On peut voir que, malgré la prédominance de la préoccupation pratique dans ce classement des Bibliothèques de l'*Encyclopédie scientifique*, le souci de situer rationnellement les sciences dans leurs rapports réciproques n'a pas été négligé. Enfin il est à peine besoin d'ajouter que cet ordre n'implique nullement une hiérarchie, ni dans l'importance ni dans les difficultés des diverses sciences. Certaines, qui sont placées dans la technologie, sont d'une complexité extrême, et leurs recherches peuvent figurer parmi les plus ardues.

**Prix de la publication.** — Les volumes, illustrés pour la plupart, seront publiés dans le format in-18 jésus et cartonnés. De dimensions commodes, ils auront 400 pages environ, ce qui représente une matière suffisante pour une monographie ayant un objet défini et important, établie du reste selon l'économie du projet qui saura éviter l'émiettement des sujets d'exposition. Le prix étant fixé uniformément à 5 francs, c'est un réel progrès dans les conditions de publication des ouvrages scientifiques, qui, dans certaines spécialités, coûtent encore si cher.

# TABLE DES BIBLIOTHÈQUES

Directeur : D<sup>r</sup> Toulouse, Directeur de Laboratoire à l'École des Hautes Études.
Secrétaire général : H. Piéron, agrégé de l'Université.

Directeurs des Bibliothèques :

1. *Philosophie des Sciences.*    P. Painlevé, de l'Institut, professeur à la Sorbonne.

### I. Sciences pures

A. Sciences mathématiques :

2. *Mathématiques* . . .    J. Drach, professeur à la Faculté des Sciences de l'Université de Toulouse.
3. *Mécanique*. . . . .    J. Drach, professeur à la Faculté des Sciences de l'Université de Toulouse.

B. Sciences inorganiques :

4. *Physique*. . . . .    A. Leduc, professeur adjoint de physique à la Sorbonne.
5. *Chimie physique*. . .    J. Perrin, chargé de cours à la Sorbonne.
6. *Chimie* . . . . .    A. Pictet, professeur à la Faculté des Sciences de l'Université de Genève.
7. *Astronomie et Physique céleste.* . . . . .    J. Mascart, astronome adjoint à l'Observatoire de Paris.
8. *Météorologie* . . . .    B. Brunhes, professeur à la Faculté des Sciences de l'Université de Clermont-Ferrand, directeur de l'Observatoire du puy de Dôme.
9. *Minéralogie et Pétrographie* . . . . .    A. Lacroix, de l'Institut, professeur au Muséum d'Histoire naturelle.
10. *Géologie* . . . . .    M. Boule, professeur au Muséum d'Histoire naturelle.

11. *Océanographie physique.* — J. RICHARD, directeur du Musée Océanographique de Monaco.

C. **Sciences biologiques normatives :**

12. *Biologie.*
   - A. *Biologie générale.* — M. CAULLERY, professeur de zoologie à la Sorbonne.
   - B. *Océanographie biologique.* — J. RICHARD, directeur du Musée Océanographique de Monaco.

13. *Physique biologique.* — A. IMBERT, professeur à la Faculté de Médecine de l'Université de Montpellier.

14. *Chimie biologique.* — G. BERTRAND, professeur de chimie biologique à la Sorbonne, chef de service à l'Institut Pasteur.

15. *Physiologie et Pathologie végétales.* — L. MANGIN, de l'Institut, professeur au Muséum d'Histoire naturelle.

16. *Physiologie.* — J.-P. LANGLOIS, professeur agrégé à la Faculté de Médecine de Paris.

17. *Psychologie.* — E. TOULOUSE, directeur de Laboratoire à l'École des Hautes Études, médecin en chef de l'asile de Villejuif.

18. *Sociologie* — G. RICHARD, professeur à la Faculté des Lettres de l'Université de Bordeaux.

---

19. *Microbiologie et Parasitologie.* — A. CALMETTE, professeur à la Faculté de Médecine de l'Université, directeur de l'Institut Pasteur de Lille; et F. BEZANÇON, professeur agrégé à la Faculté de Médecine de Paris, médecin des Hôpitaux.

20. *Pathologie.*
   - A. *Pathologie médicale.* — M. KLIPPEL, médecin des Hôpitaux de Paris.
   - B. *Neurologie.* — E. TOULOUSE, directeur de Laboratoire à l'École des Hautes Études, médecin en chef de l'asile de Villejuif.
   - C. *Path. chirurgicale.* — L. PICQUÉ, chirurgien des Hôpitaux de Paris.

D. **Sciences biologiques descriptives :**

21. *Paléontologie* — M. BOULE, professeur au Muséum d'Histoire naturelle.

| | | |
|---|---|---|
| 22. *Bota- nique.* | A. *Généralités phané- rogames.* | H. Lecomte, professeur au Muséum d'Histoire naturelle. |
| | B. *Cryptoga- mes...* | L. Mangin, de l'Institut, professeur au Muséum d'Histoire naturelle. |
| 23. *Zoologie*...... | | G. Loisel, directeur de Laboratoire à l'École des Hautes Études. |
| 24. *Anatomie et Embryolo- gie*....... | | G. Loisel, directeur de Laboratoire à l'École des Hautes Études. |
| 25. *Anthropologie et Ethno- graphie*..... | | G. Papillault, directeur adjoint du Labora- toire d'Anthropologie à l'École des Hautes Études, professeur à l'École d'Anthropologie. |
| 26. *Économie politique*.. | | D. Bellet, secrétaire perpétuel de la Société d'Economie politique, professeur à l'École des Sciences politiques. |

## II. Sciences appliquées

A. Sciences mathématiques :

| | |
|---|---|
| 27. *Mathématiques appli- quées*...... | M. d'Ocagne, professeur à l'École des Ponts et Chaussées, répétiteur à l'École Polytechnique. |
| 28. *Mécanique appliquée et génie*...... | M. d'Ocagne, professeur à l'École des Ponts et Chaussées, répétiteur à l'École Polytechnique. |

B. Sciences inorganiques :

| | |
|---|---|
| 29. *Industries physiques*. | H. Chaumat, sous-directeur de l'École supé- rieure d'Électricité de Paris. |
| 30. *Photographie*.... | A. Seyewetz, sous-directeur de l'École de Chi- mie industrielle de Lyon. |
| 31. *Industries chimiques*.. | J. Derôme, professeur agrégé de physique au collège Chaptal, inspecteur des Établisse- ments classés. |
| 32. *Géologie et minéralogie appliquées*.... | L. Cayeux, professeur à l'Institut national agronomique, professeur de géologie à l'École des Mines. |
| 33. *Construction*..... | J. Pillet, professeur au Conservatoire des Arts et Métiers et à l'École des Beaux-Arts. |

TABLE DES BIBLIOTHÈQUES

C. Sciences biologiques :

| | |
|---|---|
| 34. *Industries biologiques.* | G. BERTRAND, professeur de chimie biologique à la Sorbonne, chef de service à l'Institut Pasteur. |
| 35. *Botanique appliquée et agriculture.* . . . | H. LECOMTE, professeur au Muséum d'Histoire naturelle. |
| 36. *Zoologie appliquée* . . | J. PELLEGRIN, assistant au Muséum d'Histoire naturelle. |
| 37. *Thérapeutique générale et pharmacologie.* . | G. POUCHET, membre de l'Académie de médecine, professeur à la Faculté de Médecine de l'Université de Paris. |
| 38. *Hygiène et médecine publiques* . . . . | A. CALMETTE, professeur à la Faculté de Médecine de l'Université, directeur de l'Institut Pasteur de Lille. |
| 39. *Psychologie appliquée.* | E. TOULOUSE, directeur de Laboratoire à l'École des Hautes Études, médecin en chef de l'asile de Villejuif. |
| 40. *Sociologie appliquée.* . | TH. RUYSSEN, professeur à la Faculté des Lettres de l'Université de Bordeaux. |

M. ALBERT MAIRE, bibliothécaire à la Sorbonne, est chargé de l'*Index* de l'Encyclopédie scientifique.

34090. — Tours, impr. Mame.